Lorbeer
Literaturverlag

Die Außenlager des KZ Flossenbürg
Eine Buchreihe des Lorbeer Verlags

ISBN 978-3-938969-70-0

KZ Dresden Universelle

Die Bombentoten der Maschinenfabrik

Pascal Cziborra

Lorbeer - Verlag
Bielefeld 2021

Inhaltsverzeichnis

Einleitung

Teil 1 - Das Lager Dresden Universelle
Von der Entstehung bis zur Auflösung

Teil 2: Personen im Lagerumfeld
Wachpersonal, Belegschaft und Bevölkerung

Teil 3: Stationen der Deportation
Häftlingsüberstellungen und Transporte

Teil 4: Statistik, Daten, Diagramme
Forschungsstand und Datenbasis

Geleitwort

Mit etwa 100 Außenlagern und Kommandos sowie über 100.000 Häftlingen im Laufe seines Bestehens, gehörte das Konzentrationslager Flossenbürg – 1938 in der Oberpfalz nahe der tschechischen Grenze gegründet – zu den großen KZ des nationalsozialistischen Lagersystems.[1]

Mehr als 16.000 der Häftlinge waren Frauen und Mädchen, davon die reichliche Hälfte Jüdinnen, die entweder ab September 1944 unter die Verwaltung des KZ Flossenbürg gestellt worden waren oder nach und nach aus anderen Konzentrationslagern den KZ-Komplex Flossenbürg erreichten, um in dessen Verantwortlichkeitsbereich Zwangsarbeit für die deutsche Rüstungswirtschaft zu verrichten. Gerade das Kapitel dieser Außenlager, insbesondere für Frauen, wurde bislang kaum mit ausreichend wissenschaftlichem Ansatz aufgearbeitet und allgemein zugänglich gemacht. Die Buchreihe „Die Außenlager des KZ Flossenbürg“ trägt dazu bei, dieses Manko der Geschichtsschreibung zu beseitigen.

Vor Ihnen liegt bereits der vierzehnte Band dieser Editionsreihe, deren Hauptziele die Klärung der einzelnen Häftlingsschicksale, die zukünftige Unterstützung der Erinnerungsarbeit und Bildung vor Ort, sowie die Anregung der internationalen wissenschaftlichen Aufarbeitung des Holocaust sind.

In intensiver Forschungsarbeit wurden zahlreiche Dokumente zur Auswertung zusammengetragen, die die Ereignisse im Außenlager der Universelle Maschinenfarik J.C. Müller in Dresden von verschiedenen Perspektiven her beleuchten sollen. Anhand diverser Quellen lässt sich die Geschichte des Lagerstandortes detailliert nachvollziehen und es konnte auch ein Großteil der Häftlinge identifiziert und viele Schicksale geklärt werden. Vielleicht ist es möglich, in Zukunft auch noch die offenen Fragen zu Herkunft und Verbleib der übrigen Häftlinge zu lösen. Hinweise nehmen Autor und Verlag entgegen.

---

[1] Vgl. Peter Heigl & Toni Siegert

Die Hauptquellen dieser Wahrheitssuche

Das KZ-Außenlager „Dresden Universelle“ war bereits mindestens zweimal Gegenstand juristischer (Vor-)Ermittlungen in den Jahren 1945 bis 1946 und 1966 bis 1976.
Kurz nach dem Krieg wurden zwei Aufseherinnen in Dresden wegen Verbrechen gegen die Menschlichkeit relativ pauschal verurteilt. Im Prozess sagten lediglich drei[2] ehemalige Häftlinge aus.
18[3] weitere in diesem Band vorliegende Häftlingsaussagen stammen aus den Vernehmungsprotokollen der Zentralen Stelle der Landesjustizverwaltungen zur Aufklärung nationalsozialistischer Verbrechen in Ludwigsburg. Die (Vor-)Ermittlungsakten aus den 1960er und 1970er Jahren mit den Vernehmungen zum Dresdner Lager aus den Jahren 1967 bis 1976 sind ein wichtiger Bestand des Bundesarchivs. Während der Ermittlungen wurden 46 ehemalige Häftlinge bekannt, die in zwei Fällen eine Aussage verweigerten. Von einigen Personen liegen Auszüge aus Entschädigungsakten vor, die anderen finden sich überwiegend in tabellarischen Aufstellungen mit Hinweisen zu entsprechenden Entschädigungsverfahren. Diese waren der Ausgangspunkt bei der Suche nach Zeugen und zur Ladung zur Vernehmung. Die Häftlingsregister des KZ Flossenbürg lagen den Ermittlern nicht vor. Diese befanden sich zu dieser Zeit in amerikanischen Militär-Archiven.
Wo immer möglich, wurden zudem weitere Zeitzeugenberichte in schriftlicher und mündlicher Form herangezogen, um die damaligen Geschehnisse zu erhellen. Wichtige Zeitzeugin ist dabei die Überlebende Rita Sprengel, die 1994 ihre Autobiografie „Der rote Faden“ publizierte.
Für die Erhebung einer Opferstatistik und die Erstellung der Häftlingsseiten wurden in aufwendiger Einzelanalyse die Flossenbürger Häftlingsregister mit Unterlagen des Internationalen Suchdienstes ITS (des Roten Kreuzes) in Bad Arolsen und

---

[2] Anna Hehn (FloNo.: 57349), Walpurga Forkert, geb. Raspe (FloNo.: 57585) und Elisabeth Hannasch geb. Diesel (FloNo.: 57307)

[3] Vgl. FloNo.: 57234, 57247, 57306, 57311, 57458, 57487, 57596, 57630, 57642, 57655, 57657, 62480, 62521, 62543, 62573, 62580, 62641, 62649

standesamtlichen sowie kirchlichen Dokumenten abgeglichen. Bei unsicheren, bzw. mehrdeutigen Daten werden die möglichen Varianten mit angegeben.
Von zwei Frauen sind Fotos aus der Erkennungsdienstlichen Kartei der Gestapo Wien überliefert.[4] Von einzelnen weiteren Frauen liegen Fotos in verschiedenen Archivbeständen vor.
Einen ungewöhnlichen Weg geht die vorliegende Edition mit der Nennung des Wachpersonals und der Aufarbeitung seiner Geschichte. Hierzu wurden in erster Linie Vernehmungsprotokolle und der zum Teil erhaltene Schriftverkehr des Lagers ausgewertet. Namentlich ist damit das Wachpersonal, das im Schnitt aus dem Lagerführer Erich von Berg, vier Wachmännern der Ober- bzw. Erstaufseherin Charlotte Hanakam und 20 Aufseherinnen bestand, fast vollständig überliefert. Es fehlen nur wenige Identitäten, aber für etliche Personen noch die Geburtsdaten, mit denen man genauer zum Nachkriegsschicksal recherchieren könnte. Insgesamt ist die Lagergeschichte damit erstmals umfassend dokumentiert.

---

[4] Margarete Latal FloNo.: 62489 vgl. www.doew.at
Maria Hauswirth FloNo.: 62642 vgl. www.doew.at

Teil 1: Das Lager Dresden Universelle

Von der Entstehung bis zur Auflösung

a) Vorgeschichte und Anbahnung

Mit zunehmendem Arbeitskräftemangel in der Rüstungsindustrie kam es 1944 auf den Gebieten des Deutschen Reiches zu einem Schub von Lagerneugründungen. Um den Arbeitskräftebedarf der Kriegswirtschaft zu decken, verlieh die SS verstärkt KZ-Häftlinge an Unternehmen, die sich durch die Hereinnahme von Häftlingen erhofften, die eigene Lage zu entspannen und in Rüstungsprogrammen vereinbarte Stückzahlen erfüllen oder angestrebte Profite maximieren zu können. Neben dem „Arbeitslohn“, den die SS quasi als Verleihgebühr einforderte, mussten die Unternehmen sich um eine Unterkunft mit entsprechenden Sicherheitsvorkehrungen und um die Verpflegung kümmern. Bei weiblichen Kommandos wurde meist auch die Stellung von Frauen für den Ausbildungslehrgang zur Aufseherin verlangt. Auch das KZ Flossenbürg in der Oberpfalz expandierte ab dem Spätsommer 1944 zusehends. Allein in den Monaten September und Oktober wurden mindestens 25 neue Lager gegründet, 15 davon für Frauen[5]. Eine dieser erwähnten Lagerneugründungen war das KZ-Arbeitslager für die Universelle Zigarettenmaschinenfabrik in der Florastraße im Dresdner Stadtbezirk Altstadt. Die Firma war 1898 vom Ingenieur Otto Bergsträßer gegründet worden.

> „Ab 1915 firmierte das Unternehmen unter dem Namen Universelle-Zigarettenmaschinenfabrik J. C. Müller & Co. Die Firma kaufte verschiedene Maschinenfabriken in Dresden auf. Die Produktionspalette umfasste so unterschiedliche Erzeugnisse wie Tabakröst- und Kühlmaschinen, Tabakauflockerungs-, Misch- und Siebmaschinen, Schachtelautomaten, Packetier- und Banderoliermaschinen, Schokoladenzigarettenmaschinen, Motorräder und Buchdruckmaschinen. Ab 1936 stieg der Anteil der Rü-

---

[5] vgl. Martin Weinmann ; Pascal Cziborra. Frauen im KZ S.23ff. ; Pascal Cziborra. KZ Flossenbürg – Gedenkbuch der Frauen S.7ff & 58ff.

> stungsproduktion. Geliefert wurden unter anderem Flugzeugteile, Maschinengewehre, Scheinwerfer, Torpedos und Leiteinrichtungen für Waffen. Während des Zweiten Weltkriegs wurden in der Produktion Fremd- und Zwangsarbeiter, Kriegsgefangene sowie KZ-Häftlinge eingesetzt. Auf der Grundlage des Volksentscheids in Sachsen vom 30.06.1946 wurde die Firma in Volkseigentum überführt und hieß zunächst VEB Universelle-Werke Dresden, später VEB Tabak- und Industriemaschinen Dresden bzw. VEB TABAKUNI Dresden."[6]

Damit ist die Firmengeschichte grob umrissen. Leider sind die Archivbestände der Universelle Maschinenfabrik J.C. Müller & Co. vor allem aufgrund der Kriegseinwirkungen nur lückenhaft überliefert, weshalb die firmeneigene Perspektive hier etwas vernachlässigt werden muss. Es ist aber denkbar, dass in Zukunft noch Teilbestände in den Archiveinheiten der Nachfolger-Betriebe erschlossen und ausgewertet werden können.

Ausländische Fremd-, Ost- und Zwangsarbeiter waren die Arbeitskräfte, die zum Kriegsdienst eingezogene Arbeitskräfte ersetzen und ambitionierte Rüstungsprogramme erst möglich machten. Doch dieses Reservoir war begrenzt und versiegte mit negativer Frontentwicklung zum Ende des Krieges immer mehr und auch die Zwangsmobilisierung von deutschen Hausfrauen für die Wirtschaft per Dienstverpflichtung durch die Arbeitsämter zeigte kaum Wirkung, sodass in letzter Konsequenz immer mehr KZ-Häftlinge zur Zwangsarbeit in der deutschen Rüstungswirtschaft herangezogen werden mussten.

Während die Bevölkerung den Anblick von Ausländer- und Kriegsgefangenenlager in den Städten bereits gewohnt war, war die Einquartierung von KZ-Häftlingen nur eine kleine weitere Stufe der totalen Kriegsführung.

In einer Aufstellung unter dem Titel „Betriebschronik – Faktenmaterial" verfasst von Fritz Weber in Dresden bei der VEB Tabakuni Dresden am 17. Juni 1958 heißt es:

---

[6] Bestandsbeschreibung Sächsisches Staatsarchiv Dresden Universelle-Werke J. C. Müller & Co., Dresden

> „Zu Anfang des Krieges kamen die Zwangsarbeiter noch in kleinen Gruppen. Später, in den Jahren 1943/44, wurden der „Uni“[verselle Maschinenfabrik] größere Transporte zugeführt.
> So kamen u.a. aus Frankreich ein Transport mit 78 Mann, von Warschau 200 polnische Bürger, aus Herzogenrath 129 Belgier usw. Beachtenswert war ein Transport von 11 Jugoslawen aus Frankreich, die man als „Rotspanier“ bezeichnete. Es stellte sich dabei heraus, daß es sich um 11 Freiheitskämpfer aus den Internationalen Brigaden handelte, die seit Jahren in einem KZ in Frankreich interniert waren.“[7]

Während sich das Hauptwerk der Universelle Maschinenfabrik J. C. Müller & Co. in der Zwickauer Straße 46 – 58 befand, wurde 1944 der aus Österreich stammende Betriebsleiter Aschenwald, mit der Einrichtung eines KZ-Arbeitskommandos in Fabrikräumlichkeiten der Firma Reemtsma betraut, die ihre Maschinen und Produktion wegen Kriegsunwichtigkeit z.T. einstellen bzw. einlagern mussten, um ihre Räumlichkeiten für kriegswichtige Rüstungsproduktion zur Verfügung zu stellen. Die Häftlinge und ein firmeneigenes Schreiben vom März 1945 bestätigen als Lageranschrift die Florastraße 14. In der Materialsammlung für die Betriebschronik ist jedoch zu Beginn von der Florastraße 5 die Rede, die auch in einigen Dokumenten des ITS auftaucht, und in die Bestandsbeschreibung des Sächsischen Staatsarchivs übernommen wurde. In Webers Materialsammlung heißt es:

> „Das KZ Florastraße 5, Nähe Konsum Rosenstraße, war Rüstungsbetrieb unter [sic! und] Unterkunftsstelle zugleich. Werk Florastraße 5 wurde 1943 von Meister Saring eingerichtet. Im November 1943 wurde es von den ersten politischen und kriminellen Häftlingen[8] bezogen.

[7] Staatsarchiv Dresden Bestand 11683 Universelle-Werke J.C.Müller & Co. Signatur 035 „Außenlager des Konzentrationslagers Ravensbrück, Dresden Florastraße 5“ Blatt 1 ; Einer soll Mircutic geheißen haben.

[8] Die weiblichen KZ-Häftlinge kamen erst im Oktober 1944.

> In diesem Werk wurde nur Rüstung produziert, u.a. Lade-druckheber, Benzinpumpen, Ölpumpen, Mentholschalter, Bedienungsgeräte usw."[9]

Wahrscheinlich ist also hier das KZ-Lager Universelle gemeint, was sonst unter Florastraße 14 geführt und erinnert wird. Vielleicht bestand der Fabrikkomplex, wie Überlebende suggerieren, aus verschiedenen Gebäudeteilen, die z. B. mit verschiedenen Ziffern bezeichnet worden sein könnten, oder die „5" ist hier ein Hinweis auf das Stockwerk des eigentlichen Häftlingslagers, also der Schlafunterkunft. Gedenkstättenmitarbeiter Ulrich Fritz konstatiert:

> „Der Gebäudekomplex bestand ursprünglich aus zwei Rohtabaklagern sowie verschiedenen Anbauten, die zwischen 1883 und 1904 von der Jasmatzi AG errichtet worden waren und von der Universelle eigens für die Rüstungsproduktion angemietet wurden."[10]

Fotos vom ehemaligen Fabrikgelände scheinen nicht zu existieren. Nach Bauplänen wurde nicht gesondert geforscht. Für Hinweise sind Autor und Verlag dankbar.

> „Während des Krieges wurde die Universelle ebenso wie viele andere Unternehmen der Tabakindustrie zum Rüstungsbetrieb und montierte unter anderem Scheinwerfer, Teile für Flugzeugmotoren und Torpedos sowie Richt- und Peilgerät, deren Einzelteile von Spezialfirmen angeliefert wurden. Unter anderem führte die Firma Großaufträge für die Junkers-Werke aus."[11]

Aus diesem Grund wird die Fabrik von den Häftlingen teilweise auch als Flugzeugfabrik erinnert.

---

[9] Staatsarchiv Dresden Bestand 11683 Universelle-Werke J.C.Müller & Co. Signatur 035 „Außenlager des Konzentrationslagers Ravensbrück, Dresden Florastraße 5" Blatt 2

[10] Ulrich Fritz. Dresden (Universelle) In: Der Ort des Terrors. Band 4 S.99

[11] Ebd. S.98

b) Ankunft des 1. Häftlingstransportes aus Ravensbrück

Im Oktober 1944 ist es so weit, ein Arbeitstransport aus 500 Personen wird für die Universelle Maschinenfabrik im Frauenkonzentrationslager Ravensbrück zusammengestellt. Der politische Häftling Rita Sprengel, der bereits im KZ Zwangsarbeit für die Elektroindustrie verrichtet hatte, erinnert:

> „Am frühen Morgen des 9. Oktober 1944 durchschritten wir das Lagertor von Ravensbrück. Niemand hatte mich, den Siemenshäftling, erkannt und zurückgehalten. Vor und hinter mir eine seltsam bunte Kolonne: Häftlinge in Zivilkleidern, aus deren Vorder- und Rückseiten Kreuze herausgeschnitten und mit Stoff in Kontrastfarbe über oder unternäht waren. Grotesk und besonders bedauernswert eine Kameradin, über deren knochigen Körper ein hellgelbes, seidenes, ärmelloses Tanzkleid mit tiefem Dekolleté und schwarzen Kreuzen gestülpt war. Zehn Viehwagen standen für uns bereit. Je 50 Frauen stiegen in einen Waggon und kauerten sich auf den Boden.
>
> In der ersten Nacht standen wir in Berlin auf einem Abstellgleis. Als die Sirenen Fliegeralarm ankündigten, verließ die SS die Waggons und schloß die Türen ab. Die Flak begann zu „bellen“. Draußen wurde es hell.
>
> Einige Frauen begannen zu schreien. Sie schlugen an Tür und Wände. Ich hockte in einer Ecke des Waggons, zusammen mit den sieben Sloweninnen[12], die Mara Cepic[13] mir anvertraut hatte. Wir wärmten und beruhigten uns gegenseitig.
>
> Als wir am zweiten Tag schon wieder Stunden auf Abstellgleisen herumstanden, quälten uns Hunger und vor allem Durst. Die Türen der Waggons standen offen. Die Mittagssonne wärmte noch. Eisenbahner öffneten uns gegenüberstehende Waggons und warfen uns Äpfel, Kohl und Mohrrüben zu. Wir freuten uns über die Köstlich-

---

[12] Darunter die als Reichsdeutsche registrierten Darinka Fortunat (FloNo.: 57336), Franziska Nerad (FloNo.:57523) und Ancka Schwigl (FloNo.:57656)

[13] Ein weiblicher Kapo bzw. Funktionshäftling in Ravensbrück.

> keiten und die mutige Menschlichkeit der Männer, wunderten uns zugleich aber auch über „unsere“ SS-Begleitung, die die Eisenbahner nicht behinderte.“ [14]

Dass den gefangenen Frauen Lebensmittel zugeworfen wurden, spricht dafür, dass ihnen die Mangelernährung im KZ Ravensbrück äußerlich bereits anzusehen war. Der hohe Anteil deutscher Frauen des Transports machte aber auch eine Verständigung und ein Betteln um Wasser und Lebensmittel einfacher.
Um Fluchtversuche zu verhindern war ihnen laut Köhler bei Abtransport aus Ravensbrück das Haar (erneut) geschoren worden. Bei dem Transport handelt es sich um einen der heterogensten Frauentransporte der gesamten Lagergeschichte des KZ Flossenbürg. Haftgrund, Länge der bisherigen Haft, Alter und Nationalität der Häftlinge variieren extrem und zeigen damit ein breites Spektrum an Wegen ins KZ und Lagerlaufbahnen auf. Ältester registrierter Häftling ist die im Januar 1884 geborene 60-jährige Frieda Berge[15], jüngster registrierter Häftling, die 14-jährige Lettin Sidra Suters[16], die wohl mit ihrer Mutter ins Lager eingewiesen und nach Dresden überstellt worden ist. 222 (44,4%) Frauen werden als reichsdeutsche Häftlinge registriert, was auch Österreicherinnen und Frauen aus Slowenien einschließt, 71 (14,2%) Personen sind Polinnen, 66 (13,2%) werden als Lettinnen registriert, 63 (12,6%) als Serbinnen und 58 (11,6%) als Russinnen. 9 (1,8%) Tschechinnen, 3 (0,6%) Französinnen, 3 (0,6%) Italienerinnen, 2 (0,4%) Belgierinnen eine (0,2%) Holländerin und eine (0,2%) Litauerin vervollständigen den Transport. In Parallel-Überlieferungen variieren die Nationalitätenangaben bei manchen Häftlingen leicht, da manchmal von der Deportationsherkunft auf die Nationalität geschlossen wurde oder Schreibfehler beim Registriervorgang vorkamen. Etliche Häftlinge wurden bereits 1939 noch vor Kriegsausbruch in das KZ Ravensbrück eingeliefert, andere erreichen Ravensbrück erst im September und Oktober 1944 und das Außenlager Dresden Universelle stellt im Wesentlichen ihren KZ Aufenthalt in Deutschland dar.

---

[14] Rita Sprengel. Der rote Faden. S.238

[15] *21.01.1884 Freibergsdorf (FloNo.: 57257)

[16] *01.01.1930 (FloNo.: 57632)

Das gilt insbesondere für die Serbinnen, die überwiegend am 17.09.1944 aus Belgrad in Ravensbrück eingeliefert wurden, aber auch für viele Polinnen und Deutsche, die noch nach den Serbinnen nach Ravensbrück gelangten. Einige der Häftlinge waren zuvor noch im KZ Auschwitz oder KZ Stutthof inhaftiert, andere wurden zwischendurch in Außenlager des KZ Buchenwaldes in Arbeitstransporte überstellt und gelangten kurz vor Weiterüberstellung nach Dresden aus Altenburg oder Schlieben zurück nach Ravensbrück. Etliche reichsdeutsche Häftlinge waren während des Krieges mehrfach Häftlinge des KZ Ravensbrück und wurden zeitweise wieder entlassen. Bei erneuter Lagereinweisung erhielten sie neue Ravensbrücker Häftlingsnummern, sodass nicht wenigen Frauen zwei Ravensbrücker Häftlingsnummern zuzuordnen, in Einzelfällen sogar drei Nummern einer Person zuzuschreiben sind. Im KZ Flossenbürg wird der Dresdner Transport mit Datum vom 9. Oktober im Flossenbürger Nummernbuch unter den Häftlingsnummern 57231 bis 57730 registriert. Die Stoffnummern zum Aufnähen erhielten die Häftlinge laut Sprengel und Hehn erst im Dezember 1944. Auch bei den Haftkategorien herrscht Diversität. 311 Frauen durch alle Nationen werden als „Schutzhäftlinge" registriert, wobei dieser Begriff die eigentlichen Haftgründe verschleiert. Nur 27 Frauen (10 Reichsdeutsche, 10 Serbinnen, 5 Lettinnen und 2 Polinnen) werden explizit als politische Häftlinge bezeichnet. 13 reichsdeutsche Frauen werden als „asozial" und 49 als Verbeugehäftling wegen Asozialität (VH.Aso.) geführt. Eine Minderheit wird als Kriminelle, sogenannten „Berufsverbrecher" (BV.) registriert. Auch hier taucht in 16 Fällen diesbezüglich eine Vorbeugehaft (VH. BV.) auf. 9 Personen wird eine nicht konkretisierte Vorbeugehaft (VH.) bescheinigt. 34 Frauen werden in den Nummernbüchern als Zivilarbeiterinnen (Z.A.) deklariert. Diese Bezeichnung gibt ähnlich wie der Begriff „Schutzhaft" keinen Aufschluss darüber, was sich die inhaftierte Person eigentlich zu Schulden hat kommen lassen. Der Begriff gibt lediglich den sozialen Status vor Einlieferung ins KZ preis. Bei Zivil- und Ostarbeiterinnen, sind es meist Beschwerden unzufriedener Arbeitgeber, Arbeitsverweigerung, Bummelei oder Arbeitsvertragsbruch, manchmal auch kleinere Diebstähle oder Veruntreuungen mitunter aber auch Krankheitsfälle, die als Simulantentum abgetan werden, die nach meist mehrmaliger Sanktionierung oder Versetzung durch die regionalen Arbeitsämter in eine verhängte Kurz- oder Schutzhaft und schließlich zu einer Einlieferung in ein Konzentrationslager führten. Arbeitsvertragsbrüche konnten aber auch bei dienstverpflichteten deutschen Frauen zu einer Verurteilung und Inhaftierung führen. Einige Frauen des Transportes sind nach Eigenaussagen wegen Fluchthilfe oder Judenbegünstigung ins KZ eingewiesen worden. Einzelne Frauen waren selbst mit Juden verheiratet oder möglicherweise sogenannte „Mischlinge“ aus „Mischehen“. Bei den als „asozial“ deklarierten Frauen, handelte es sich oft um sogenannte „Zigeuner“, die eigentlich unter rassenhygienischen, also ideologischen Gesichtspunkten inhaftiert worden waren und deren Lebensweise pauschal als asozial galt, wonach sie als „Volksschädling“ bezeichnet wurden. Die von den Nazis propagierte Rassenlehre und Rassentrennung machte dabei auch „Liebe“ und „Leidenschaft“ zu einem Verbrechen. So sind, wie den Ravensbrücker Haftunterlagen, jedoch nicht den Flossenbürger Nummernbüchern und Häftlingskarteien zu entnehmen ist, auch etliche Frauen ins KZ eingeliefert worden, weil sie (sexuellen) Verkehr mit Deutschen bzw. Ausländern hatten. Auf all diese strafbaren „Vergehen“ und Wege ins KZ soll noch an anderer Stelle in einem gesonderten Kapitel eingegangen werden. Wichtig für das Verständnis der Lagergeschichte ist jedoch, dass sich die Häftlingszwangsgemeinschaft in Dresden aus diesen diversen Häftlingsgruppen zusammensetzte und die wenigsten von ihnen „selbstverschuldet“ bzw. als Kriminelle oder Verurteilte in einem rechtsstaatlichen Kontext ins KZ geraten waren. Viele hatten dem NS-Regime einen Widerwillen oder Widerstand entgegengebracht, der sanktioniert bzw. politisch motiviert gebrochen werden sollte. Die Einreihung in einen Arbeitstransport für die Rüstungsindustrie stellte dabei eine Chance dar, den miserablen Haftbedingungen im Hauptlager zu entkommen und seine individuellen Überlebenschancen zu erhöhen.

Am 8. Oktober 1944 wurden die 500 Frauen wahrscheinlich offiziell in Dresden vom KZ Ravensbrück übernommen. Dafür sprechen zum einen die firmeneigenen Aufzeichnungen des Arbeiterrates vom 11.01.1946, die vom „Transport vom 8. Oktober“ sprechen, zum anderen der Forderungsnachweis Nr. Flo. 660 der für Montag, den 9. Oktober, erstmals 485 in Dresden eingesetzte

Hilfsarbeiterinnen des KZ Lagers abrechnet.[17] Angesichts der Schilderungen Sprengels ist also davon auszugehen, dass der Transport bereits Sonntagnachmittag oder Sonntagabend in Dresden eintraf. Theresia Richter gibt 1967 bei ihrer Vernehmung an, am 5. Oktober 1944 in Ravensbrück auf Transport gegangen zu sein.[18] Rita Sprengel nennt hingegen den 9. Oktober als Transportbeginn und geht von einer Ankunft frühestens am 10. Oktober aus. Es wäre aber nicht schlüssig, dass die Universelle Maschinenfabrik für noch nicht eingetroffene Häftlinge Lohnzahlungen über die KZ Verwaltung an die Staatskasse abgeführt hat. Es ist daher davon auszugehen, dass die Häftlinge auch spätestens am 9. Oktober angekommen sind. Sollte der Transport wie Sprengel schildert, mindestens anderthalb Tage gedauert haben, dürften die Frauen tatsächlich um den 7. Oktober 1944 in Ravensbrück aufgebrochen sein. Ein Antwortschreiben aus Ravensbrück vom 23.11.1944 nennt sogar explizit den 5. Oktober 1944 als Transport- bzw. Überstellungsdatum.[19]
Die herbstlichen Temperaturen dürften dabei für die unzureichend eingekleideten Häftlinge bereits eine Herausforderung gewesen sein. Elisabeth Wiberg[20] berichtet:

> „Von Ravensbrück wurde ich zusammen mit 500 anderen Frauen im Zug nach Flossenbürg transportiert. Das war bereits im Winter, es war kalt, ich hatte keinen Mantel.
> In Flossenbürg war ich zunächst in der Küche eingesetzt anschließend habe ich in einer Maschinenfabrik gearbeitet. Ich mußte Schraubenmuttern drehen und verpacken. Ich weiß nicht, wer der Lagerkommandant war. Ich habe keine Namen in Erinnerung von den Aufseherinnen, die um uns waren. Ich kann keine Beschreibung von Flossenbürg geben, wo ich im verschlossenen Zuge ankam, im verschlossenen Wagen weitertransportiert wurde und auch innerhalb der Fabrik untergebracht war, so daß ich das Gelände nie von außen gesehen habe.“[21]

---

[17] Forderungsnachweis Nr. Flo. 660 – BArch NS4FL / 393 Bd. 2
[18] Barch, B162 /16325 S.43 – VP Theresia R. 04.07.1967
[19] Antwortschreiben KZ Ravensbrück 23.11.1944 ITS 6.3.3.2 - 118498745
[20] FloNo.: 57657
[21] Barch, B162 /16326 S.250 – VP Elisabeth W. 12.03.1970

Dem Vernehmungsprotokoll dürfte dabei ein Missverständnis zugrunde liegen. Der Bahntransport dürfte nicht über das Stammlager[22], sondern direkt nach Dresden gegangen sein. Der Kohlenbahnhof bzw. Albertbahnhof (heutiges Gelände des Weißeritz-Grünzuges) lag direkt an der Freiberger Straße nur wenige Meter von der Arbeitsstelle und Häftlingsunterkunft in der Florastraße 14 entfernt. Auch auf der anderen Seite des Häuserblockes unterhalb der Rosenstraße schloss sich ein Bahngelände an. Es handelte sich um den zu einem Abstellbahnhof für Personenzüge umfunktionierten ehemaligen Güterbahnhof Dresden-Altstadt, der einige Erweiterungen erfuhr. Vom Bahnhof und Verladegleis aus mussten die Frauen 1944/45 also wohl nur ein paar Schritte zurücklegen und haben bei Einlieferung ins Lager kaum etwas von der Stadt Dresden und der Umgebung der Fabrik gesehen. Die Ludwigsburger Ermittler befragten Wiberg 1970 nach ihren Erfahrungen im KZ Flossenbürg. Teilweise wird Flossenbürg im Vernehmungsprotokoll dabei als Synonym für das Außenlager Dresden Universelle verwendet. Die Häftlinge wurden demnach fast bis vor die Fabrik gefahren und kamen spätestens einen Tag nach Ankunft direkt zum Arbeitseinsatz. In den oberen Etagen der Fabrik wurden sie einquartiert in den unteren Sälen standen die Maschinen der metallverarbeitenden Gewerke, an denen sie arbeiten mussten.
Da sich im Transport auch Frauen befanden, die laut Ravensbrücker Häftlingsnummern wohl erst am 1. oder 2. Oktober dort eingeliefert wurden, täuscht Gertrud Sprenger bestimmt ihr Zeitgefühl und die Erinnerung, wenn sie protokollieren lässt:

> „Der Transport nach Dresden dauerte sicher 8 Tage. Er erfolgte in Güterwagen unter erheblichen Strapazen. Zu Todesfällen ist es meines Erachtens nicht gekommen, ebensowenig zu Übergriffen von Seiten der Bewachung. Den Transportweg kann ich nicht angeben, da wir ja keine Sicht nach draußen hatten.
> Wir waren sehr um unser Leben besorgt, so daß das Geschehen um uns herum in den Hintergrund trat.“[23]

---

[22] Eventuell wird von Wiberg eine von Sprengel geschilderte Standzeit auf einem Abstellgleis als Umleitung im Flossenbürger Stammlager interpretiert.
[23] Barch, B162 /16326 S.239 – VP Gertrud Sp. 17.03.1970

Eine solche Transportdauer ist trotz Lokomotivenmangels und durch Bombardierungen zeitweise unpassierbarer Streckenabschnitte generell für diesen Zeitpunkt des Krieges ziemlich unwahrscheinlich. Schon Sprengels zweitägige Fahrt ist für die Bewältigung der ca. 300km langen Strecke, großzügig angesetzt. Elise Dornieden, die mit dem ersten Transport in einer Gruppe von 500 Frauen Dresden erreichte, gibt 1976 zu Protokoll:

> „Auch hier [Ravensbrück] blieb ich nicht lange, sondern wurde mit 700 (ca.) Personen in das Lager Dresden gebracht. Dieses Lager befand sich auf dem Gelände der Maschinenfabrik „Universelle". In dem Gebäude, in dem ich untergebracht war, d.h. es gab überhaupt nur ein großes Gebäude, in dem Unterkünfte, Aufenthaltsräume und Arbeitsstätten untergebracht waren, befanden sich ca. 300 weibliche Häftlinge. Die restlichen Häftlinge, mit denen wir von Ravensbrück aufgebrochen waren, wurden vorher geteilt und kamen in andere Fabriken."[24]

Ob hierunter die logistische Kombination zweier Transportgruppen für zwei verschiedene Außenlager zu verstehen ist oder aber die Aufteilung auf zwei Arbeitsplätze der Firma Universelle in Dresden, ist nicht ganz eindeutig. Ebenfalls mit Registrierdatum 9. Oktober wurde jedenfalls das Außenlager im Goehle-Werk der Zeiss-Ikon AG eröffnet und mit 200 weiblichen Häftlingen aus dem KZ-Ravensbrück belegt. Es ist daher anzunehmen, dass hier tatsächlich die 700 Frauen gemeint sind, die in einer Gruppe von 500 und 200 Personen auf die Lager aufgeteilt wurden. Die 200 Frauen des Nachbarlagers erhielten später die Flossenbürger Häftlingsnummern 56824 bis 57023.[25]

---

[24] Barch, B162 /16327 S.477 – VP Elise D. 28.10.1976

[25] Vgl. Pascal Cziborra. KZ Flossenbürg. Gedenkbuch der Frauen. S. 62

c) Ankunft des 2. Transportes aus Ravensbrück

Etwa ein viertel Jahr nach Ankunft der ersten 500 Häftlinge, spätestens am 19. Januar 1945[26], treffen weitere 200 weibliche Häftlinge, ebenfalls aus dem KZ Ravensbrück im Arbeitslager ein. Die Lagerbelegung erhöht sich damit auf knapp 700 Personen. Auch dieser zweite Transport ist in seiner Zusammensetzung höchst heterogen. 106 (53%) Frauen sind als reichsdeutsche Häftlinge registriert, 38 (19%) als Russinnen und 36 (18%) als Polinnen. Außerdem vervollständigen 3 (1,5%) Lettinnen, 2 (1%) Tschechinnen, 2 (1%) Belgierinnen und jeweils eine Italienerin, Jugoslawin, Griechin und Rumänin sowie 9 (4,5%) Staatenlose den Transport. Die reichsdeutsche KZ-Belegschaft wächst damit auf 328 von 700 (46,9%) bzw. auf 314 von 687 (45,7%)[27] an. Über 45% der Häftlinge galten damit als reichsdeutsch. Damit sprachen im Außenlager Dresden Universelle prozentual so viele Häftlinge Deutsch wie in keinem anderen Flossenbürger Außenlager für Frauen. Das war durchaus ein Vorteil bei der Anlernung der Arbeiterinnen.

Ältester Häftling des Transports war wahrscheinlich der 45-jährige deutsche politische Häftling Matilde Grascha[28], obwohl Anna Potapiuk[29] mit dem Jahrgang 1893 registriert wird. Laut firmeneigener Unterlagen soll sie aber 1922 geboren worden sein. Es gelangte also vermutlich ein falsches Geburtsdatum in die Ravensbrücker Transportliste, auf der die Flossenbürger Registereinträge basieren. Jüngster Häftling war die ebenfalls politische, in Remscheid geborene 15-jährige Erika Wagenrad[30]. Was ihr zur Last gelegt wurde, ist unbekannt.

Die Häftlinge erhielten laut Flossenbürger Nummernbuch mit Registrierdatum „19.1.45“ die Häftlingsnummern 62458 bis 62657. Wann die entsprechenden Aufnäher Dresden erreichten, ist nicht überliefert. Es ist daher möglich, dass sie noch wochen-

[26] Datum im Flossenbürger Nummernbuch. Laut Kartei:16. Januar überstellt.

[27] 13 Reichsdeutsche wurden bis dahin beurlaubt oder entlassen, 1 Russin gilt als geflohen und 2 Russinnen und eine Reichsdeutsche als verstorben. 2 Polinnen und 2 Französinnen sind einzeln zusätzlich ins Lager gelangt.

[28] *1899 (FloNo.: 62634)

[29] Laut Arbeiterrat/-kartei soll sie 1922 geboren sein. Vgl. FloNo.: 62529

[30] *1929 (FloNo.: 62563)

lang (aufgrund der folgenden Geschehnisse vielleicht sogar bis zum Ende ihrer Haftzeit) ihre alten Ravensbrücker Häftlingsnummern auf der Kleidung trugen. Es scheinen jedenfalls von der KZ-Verwaltung des Stammlagers auch keine Karteikarten mehr für die 200 Nachzügler angelegt worden zu sein. Wann der Transport genau in Ravensbrück abging, scheint nicht dokumentarisch überliefert zu sein. Im *Kalendarium der Ereignisse im Frauen-Konzentrationslager Ravensbrück* von Historikerin Grit Philipp heißt es für den 15. Januar 1945:

> „Aus einer Stärkemeldung an das WVHA geht hervor, daß sich zu diesem Zeitpunkt im Stammlager Ravensbrück 46.070 Frauen und in den [Ravensbrücker] KZ-Außenlagern nochmals 7848 Frauen befanden. [...] Einige Frauen, die nach der Niederschlagung des Warschauer Aufstandes in das KZ Ravensbrück verschleppt worden waren, wurden durch ein Erschießungskommando hingerichtet. [...] Die Frauen, die als Häftlinge die Nummern 61.910 bis 62.124 trugen, wurden auf Transport in das Konzentrationslager Flossenbürg geschickt.“[31]

Bei diesen Frauen handelte es sich um Häftlinge verschiedenster Nationalitäten, die am 30. August 1944 von Auschwitz kommend ins KZ Ravensbrück eingewiesen worden waren. Mindestens ein Teil der Identitäten dieser Frauen ist aus Ravensbrücker Lagerunterlagen rekonstruierbar. In den Flossenbürger Nummernbüchern sind diese Frauen aber nicht nachweisbar. Es scheint sich weder um Betroffene der Überstellung vom 19.01.1945 von 200 Frauen ins Flossenbürger Außenlager nach Helmbrechts noch der hier betrachteten 200 Frauen vom 19.01.1945 nach Dresden zu handeln. Möglicherweise liegt ein Schreib- und Recherchefehler vor. Ein Teil der 215 Frauen wurde in Buchenwalder Außenlager überstellt, z.T. auch nach Taucha bei Leipzig.
Auch der Transport im Januar 1945 dürfte nur wenige Tage gedauert haben. Ob möglicherweise der Transportteil für Helmbrechts bis Dresden oder Leipzig angeschlossen blieb, dazu liegen keine Indizien vor. Logistisch wäre das aber durchaus denkbar.

---

[31] Grit Philipp. Kalendarium. S.189

d) Allgemeine Lagerbedingungen in Dresden

Als die Häftlinge im Oktober 1944 in Dresden ankommen, finden sie folgende Gegebenheiten vor. Rita Sprengel berichtet:

> „In Dresden wurden wir in einem fünfstöckigen Fabrikgebäude in der Florastraße 14, nur etwa 400 Meter von der Eisenbahnlinie Berlin-Prag entfernt, untergebracht. In den unteren Etagen arbeiteten und in der vierten und fünften Etage schliefen wir. Wir verließen das Gebäude nicht. Es gab also weder Zählappell noch Arbeitswege.“ [32]

Die Bahnlinie Berlin-Prag wird dabei über den Hauptbahnhof geführt. Das Fabrikgelände in der Florastraße befand sich in dem Gebäudeblock zwischen der Freiberger und der Rosen Straße. An der Freiberger Straße befand sich der Albertbahnhof auch Kohlenbahnhof genannt und bis an die Rosenstraße reichten die Gleisanlagen des Abstellbahnhofs und des Bahnbetriebswerks Dresden-Altstadt an der Zwickauer Straße. Dort befand sich durch die Gleisanlagen und die Nossener Brücke vom Industriegebiet an der Freiberger Straße getrennt, auch das Hauptwerk der Universelle Maschinenfabrik in der Zwickauer Straße 46 bis 58. Die Überlebende Frieda Bauer gibt 1970 zu Protokoll:

> „Im Lager Dresden hatten wir es schön, dort wurden wir von der Werksleitung der Universelle Maschinen-Fabrik gut und ausreichend verpflegt. Die etwa 700 KZ-Frauen waren in zwei Arbeitsschichten eingeteilt, in Tages- und Nachtschicht. Ich war nur der Nachtschicht zugeteilt, die von abends 18.00 Uhr bis morgens 6.00 Uhr in der Fabrik gearbeitet hat. Beaufsichtigt wurden wir in der Fabrik von Landsern und nur eine SS-Bewacherin war dabei. Alle behandelten uns dort anständig. Tagsüber befanden wir uns im Lager und dort haben wir meist geschlafen. Im Lager war keine Küche. Das Fabrikessen wurde uns ins Lager gebracht. Die Hauptaufsicht im Frauenlager hatte eine Frau in SS-Uniform. Ihr Name ist mir nicht bekannt,

---

[32] Rita Sprengel. Der rote Faden. S.238

doch sie war anständig zu uns und sie hat uns eigentlich nur vom Lager zur Fabrik und ins Lager zurück geführt. Die normale Aufsicht im Lager war den Stubenältesten übertragen, die auch niemanden mißhandelt haben. Wäre es überall so gewesen wie im Lager Dresden, niemand hätte sich beklagen können. Dort gab es weder Stacheldraht, noch elektrischen Draht noch Wachtürme. Die Baracken, so nehme ich an, gehörten zur Fabrik und waren weder umzäunt noch bewacht. In wieviel Baracken wir untergebracht waren, weiß ich heute nicht mehr und ich kann auch keine Handskizze über das Lager anfertigen. Von einem Bewachungspersonal ist mir nichts bekannt. Im Lager Dresden waren wir soviel wie frei. Von dort aus sind auch dienstverpflichtete Häftling[e] fortgelaufen und am Schluß freiwillig wiedergekommen." [33]

Das Bild, das Frieda Bauer hier zeichnet, ist ganz klar als Kontrastierung zu anderen Lagern, vor allem dem selbst erlebten Konzentrationslager Ravensbrück und dem KZ Auschwitz zu verstehen. Häftlinge, die unverschuldet in den nationalsozialistischen Lagern und Haftstätten wertvolle Jahre ihrer Lebenszeit verloren und Familienleben, Freiheit, Bildung, Gesundheit etc. eingebüßt haben, würden sicher andere Formulierungen für das Arbeitslager finden. Recht hat Frieda Bauer aber sicherlich damit, dass es die Ravensbrücker Häftlinge auch noch deutlich schlechter hätte treffen können. Das bestätigt auch die überlebende Lettin Cecilia Lapina-Winkler[34]:

> „Informatorisch befragt erklärte sie, daß die Verhältnisse in der „Universelle Maschinenfabrik" im Vergleich zu anderen Lagern sehr gut gewesen seien. Sie habe nie gesehen oder gehört, daß jemand geschlagen oder getötet worden sei. Der Lagerführer war sehr gut. Einmal seien einige Polinnen[35] geflohen. Eine von ihnen wurde wieder

[33] Barch, B162 /16326 S.209 – VP Frieda B. 05.02.1970

[34] FloNo.: 57458

[35] Ein solcher Vorfall lässt sich anhand der Lagerbücher nicht bestätigen. Vielleicht ist Ilse Dumalsky gemeint, deren Nachname polnischen Ursprungs ist. Sie wurde spätestens am 29.11.1944 in Flossenbürg hingerichtet.

festgenommen. Auch sie sei nicht geschlagen worden, sondern musste lediglich zur Strafe einige Stunden knien. [...] Anschließend bemerkte sie, daß sie nur Gutes über dieses Lager sagen könne.“ [36]

Auch hier ist der gewählte Tonfall des Protokolls sicher tendenziell verharmlosend. Das Umfeld einer zivilen Arbeitswelt scheint ein wenig auf die Haftbedingungen abgefärbt zu haben. Dennoch gibt es auch andere, leicht widersprüchliche Stimmen. Josefa Achatz[37] äußert:

> „Ich habe von Anfang Oktober 1944 bis zum 13. Februar 1945 in der Universelle Maschinenfabrik in Dresden als politischer Häftling gearbeitet. Zu diesem Zweck waren wir in einem vierstöckigen Fabriksgebäude untergebracht. Dieses Gebäude war mit einem ca. 5 Meter hohen Stacheldrahtzaun eingezäunt. Wir wurden Tag und Nacht von SS-Angehörigen mit Bluthunden bewacht. Im 1. und 2. Stock befanden sich die Arbeitsstätten, wo wir unter menschenunwürdigen Verhältnissen arbeiten mußten. Dagegen diente der 3. und 4. Stock als Schlafraum für uns Häftlinge. Im 3. Stock waren ca. 300 und im 4. Stock ca. 400 weibliche Häftlinge, zum Großteil Jüdin[n]en [sic!] und Zigeunerinnen, angehalten.“ [38]

Hinsichtlich der Häftlingszusammensetzung täuschen die Erinnerungen jedenfalls. Im Dresdner Lager der Universellen Maschinenfabrik waren, wenn überhaupt, nur einzelne untergetauchte Jüdinnen, sogenannte Geltungsjuden oder jüdische Mischlinge inhaftiert. Auch Sinti und Roma, sogenannte Zigeunerinnen, waren nur eine Minderheit im Lager. Auf Jüdinnen traf Achatz eher nach ihrer Flucht und Wiederergreifung im Außenlager Freiberg und später im KZ Mauthausen, wo sie möglicherweise im sogenannten Zigeunerlager untergebracht war. Auch kann die Arbeitsatmosphäre in verschiedenen Abteilungen variiert haben.

---

36 Barch, B162 /16326 S.223 – VP Cecilia L. 09.10.1970

37 FloNo.: 57234

38 Barch, B162 /16325 S.40 – VP Josefa A. 29.06.1967

Nach übereinstimmenden Aussagen waren die Häftlinge also in den oberen beiden Etagen im Fabrikgebäude in der Florastraße 14 untergebracht. Es dürfte sich um die 4. und 5. Etage gehandelt haben und nicht um die 3. und 4. wie Josefa Achatz berichtet oder gar den 2. und 3. Stock laut Gertrud Sprenger. Diese Varianz verdeutlicht aber bereits die Verlässlichkeit von Details in Erinnerungen. Leokadia Sehnke[39] gibt 1970 zu Protokoll:

> „Als dann im Oktober 1944 ein Häftlingstransport von ca. 500 Frauen zusammengestellt worden ist, habe ich mich dazu gemeldet. Wir wurden nach Dresden gefahren und kamen in das Lager „Universelle Maschinenfabrik", welches wohl ein Nebenlager des KL Flossenbürg gewesen ist. Wir wurden als Arbeitskräfte in der Maschinenfabrik eingesetzt.[...]
> Wir waren direkt in dem Fabrikgebäude, und zwar im 3. und 4. Stock zu je 250 Frauen untergebracht. Ringsherum schlossen sich andere Bauten wie Hallen und Lager an, so daß sich praktisch ein geschlossenes Viereck ergab, welches nur von zwei Toren unterbrochen war. Das eine Tor war für die Zivilarbeiter. Das andere habe ich nur immer geschlossen gesehen. Unmittelbar neben dem letzteren war die SS untergebracht.
> Die Beschaffenheit des Fabrikgeländes war so, daß eine strenge Bewachung nicht erforderlich war. Ein Fluchtversuch war sehr schlecht möglich.
> Die Häftlingsfrauen gehörten verschiedenen Nationalitäten an. Soweit ich mich erinnere, waren es Ukrainerinnen[40], Serbinnen, Polinnen und Deutsche. Die meisten Häftlingsfrauen waren aus Polen gebürtig. Man hatte sie aufgrund des Warschauer Aufstands festgenommen und im KL Ravensbrück untergebracht." [41]

[39] FloNo.: 57642

[40] Sie waren in den Flossenbürger Nummernbüchern als Russinnen registriert.

[41] Barch, B162 /16326 S.214ff. – VP Leokadia S. 12.02.1970

Bei diesen Polinnen handelte es sich größtenteils um Zivilistinnen, die als Strafaktion gegen die Zivilbevölkerung bereits Mitte August 1944 von der Straße in die Konzentrationslager deportiert worden waren. Die polnische Heimatarmee hatte sich vom 1. August bis 2. Oktober 1944 in Warschau militärisch gegen die deutsche Besatzung aufgelehnt. Der Aufstand wurde blutig niedergeschlagen und Tausende gefangen genommener Zivilisten, vor allem Frauen und Mädchen, in die KZ eingeliefert. Sie waren also ganz frisch im KZ Ravensbrück eingetroffen und wurden dann nach Dresden überstellt. Unter den 500 Frauen des ersten Transportes befanden sich aber überwiegend Reichsdeutsche und nur 71 Polinnen, die auch nicht alle zu den „Geiseln" des Warschauer Aufstandes gehörten.

Walli Nossen[42], die mit dem 2. Transport nach Dresden kam, berichtet 1970:

> „Vom 13.1.45 ab wurden wir mit Güterwagen der Eisenbahn nach Dres[d]en deportiert.
> Vom 18.1.45 ab bis April 1945 war ich im Nebenlager Dresden inhaftiert. Es ist richtig, daß das Lager in dem Gelände der „Universellen Maschinenfabrik", Dresden, Zwickauer Str. 46/58, war.
> Von früh morgens 06.30 Uhr bis nachmittags gegen 17.00 Uhr habe ich in der Munitionsfabrik Zwickauer Straße gearbeitet. Nur die Nachtschicht schlief in der Fabrik im Keller[43].
> Ich selbst marschierte nach Arbeitsschluß in Gruppen unter SS-Bewachung zurück zum Quartier in der Rathenower[44] Straße. Wir waren dort in einem Hinterhaus untergebracht, das ca. 4. Stockwerke hatte. Ich war im

[42] FloNo.: 62543

[43] Möglicherweise ab Mitte Februar 1945.

[44] Rathenow ist ein Stadtteil von Berlin. In Dresden gibt es eine Rathenau Straße oder eine Rabenauer Straße. Beide waren bislang nicht mit einer Häftlingsunterkunft in Verbindung zu bringen. Diese befand sich in der Florastraße 14. Nach der Bombardierung Dresdens im Februar 1945 könnte eine Ausweichunterkunft vielleicht in der Rabenauer Straße in Dresden Löbtau gelegen haben. Die Beschreibung der Häftlingsunterkunft deutet aber auf das Fabrikgebäude in der Florastraße hin.

vierten Stockwerk untergebracht. Von der Straße war der Eingang mit einem Schlagbaum gesichert, der zum Hof führte. Am Schlagbaum standen Posten der SS.
Das Gelände hatte keine Umzäunung.
Auf dem Gelände der Fabrik gab es eine ganze Anzahl großer Hallen. Ich war in einer großen Halle tätig, wo Hebel zum Bombenabwerfen hergestellt wurden.
Eine Zeichnung über die Lage der Fabrikhallen kann ich nicht machen.
Es waren etwa 400 weibliche Häftlinge in der Fabrik beschäftigt. Soweit mir bekannt ist, waren nur deutsche Frauen dort.“ [45]

Die Aussage zur Arbeitsstelle bezieht sich also auf das Außenkommando in der Zwickauer Straße. Dort befand sich der Hauptsitz der Universelle Maschinenfabrik. Über die Nossener Brücke mussten die Häftlinge das Bahngelände überqueren und gelangten dann über die Fabrikstraße oder die Oederaner Straße über die Freiberger Straße zur Florastraße. Diese gehörte zum Stadtteil Wilsdruffer Vorstadt im Stadtbezirk Altstadt.
Der ehemalige 23-jährige Schutzhäftling Elisabeth Braune[46] erinnert zum KZ in der Dresdner Altstadt:

> „Das war das Nebenlager Dresden in Dresden A 1, Florastrasse 14 bei der Firma „Universelle“. Wir stellten dort Flugzeugmotore[n] her, bzw. wir haben daran gearbeitet. Das war ein festes (massives) Fabrikgebäude. Wir waren im 5. Stock unter einem Glasdach untergebracht. Dort schliefen wir auch. Gearbeitet haben wir im 2. Stock. Sonst sind wir nie aus dem Gebäude herausgekommen. Eingezäunt war die Fabrik nicht[,] denn die Bevölkerung sollte nicht wissen, dass dort Häftlinge arbeiten. Wir wurden dort von dem Wachkommando jeden Morgen und abends gezählt. Wir waren also in der Fabrikationshalle untergebracht.

---

[45] Barch, B162 /16326 S.225f. – VP Walli N. 13.02.1970
[46] FloNo.: 57311

Eine Lageskizze vermag ich heute leider nicht mehr anzufertigen. Ich kann nur sagen, daß es ein ziemlich großer Betrieb war, und wir waren mit 700 Frauen – alles Häftlinge – dort beschäftigt. Es waren alles deutsche Frauen, ob es kriminelle Frauen waren, kann ich nicht sagen, überwiegend trugen die Frauen den roten Winkel der politischen Häftlinge. Es waren auch einige asoziale Frauen darunter. Männliche Häftlinge waren mit Sicherheit dort nicht beschäftigt." [47]

Gertrud Sprenger[48] äußert ähnlich:

> „In Dresden wohnten wir im Werksgebäude der „Universelle Maschinenfabrik" an der Florastraße. Der Name J.G.[49]Müller & Co. sagt mir heute nichts mehr. Auch die Zwickauerstraße ist mir nicht mehr geläufig.
> Im Keller des Werkes befanden sich die Luftschutzräume. Im Erdgeschoß und der ersten Etage waren die Arbeitsräume mit den Maschinen. In der zweiten Etage waren die Wohnräume und in der dritte das Krankenrevier. Dieses war ständig überbelegt.
> Die Wohnräume bestanden aus großen Sälen, in denen jeweils etwa 200 Frauen wohnten und auf 4-etagigen Pritschen schliefen.[50]
> Um das Werksgelände zog sich eine hohe Mauer, die einen Fluchtversuch unmöglich machte. Wachttürme gab es nicht.
> Auch hier setzten sich die Häftlinge aus vielen Nationalitäten zusammen, überwiegend aus Deutschen." [51]

---

[47] Barch, B162 /16326 S.235 – VP Elisabeth B. 10.03.1970

[48] FloNo.: 57630

[49] Eigentlich firmierte das Unternehmen unter J. C. Müller & Co.
Im Forderungsnachweis und den Ludwigsburger Ermittlungsakten taucht aber fälschlicherweise J. G. Müller auf, was daher auch z.T. in der Sekundärliteratur zu finden ist. Vgl. Ulrich Fritz in Der Ort des Terrors Band 4 S. 98

[50] vgl. Schilderungen zum Lager Ravensbrück

[51] Barch, B162 /16326 S.241 – VP Gertrud Sp. 17.03.1970

Die Aussagen zum Lager weisen damit zahlreiche Übereinstimmungen, aber auch eine gewisse Varianz und Unsicherheit auf. Im Keller befanden sich höchst wahrscheinlich voneinander getrennt die Luftschutzräume für Belegschaft und Häftlinge, im Erdgeschoss und den ersten drei Stockwerken die Arbeitsräume und Produktionsanlagen, wobei die schwersten Maschinen sicher im Erdgeschoss aufgestellt waren. In der vierten und fünften Etage, den Stockwerken unterm Dach, dürften die Schlaf- und Aufenthaltsräume, sowie ein Krankenrevier für die KZ-Häftlinge eingerichtet worden sein. Das Fabrikgebäude stand nicht direkt an der Florastraße sondern war ein Hinterhaus im Gebäudekomplex der Fabrik, der einen Innenhof bildete. Dieser Innenhof soll von zwei Seiten durch Tore zu betreten gewesen sein. Die bauliche Beschaffenheit des Lagers erinnerte daher weniger an ein klassisches KZ-Barackenlager, sondern wenn überhaupt eher an ein Gefängnis. Dazu wurden möglicherweise die Fenster der Häftlingsunterkunft durch Eisenstäbe oder Stacheldraht gesichert, um Fluchtversuche zu vereiteln. Auch kann derzeit nicht völlig ausgeschlossen werden, dass Gebäudeteile, insbesondere die Einfriedung mit Mauern und Zäunen oder anderweitige Gebäudeteile, durch einen Aufsatz von Stacheldraht ebenfalls fluchtsicher gemacht worden sind, wie dies andernorts Unternehmern zur Sicherung Flossenbürger Außenlager von der Kommandantur des Stammlagers vor der Zuweisung von KZ-Arbeitskräften vorgeschrieben worden ist.[52]

Zählappelle fanden scheinbar nur in der Fabrik und nicht im Innenhof oder im Freien statt und die Häftlinge hielten sich größtenteils während ihres gesamten Aufenthaltes in den Fabrikgebäuden auf. Viele Häftlinge haben die Fabrikgebäude als intaktes Ensemble außerdem nur einmal bei ihrer Ankunft in Dresden wahrnehmen können. Ihr übriges Wissen ergibt sich lediglich durch Blicke aus den Fenstern der Fabrik. Für unwichtig erachtete Details können über die Jahre schnell in der Erinnerung verblichen sein. So gibt Hedwig Steinbach 1970 zu Protokoll:

> „Über das Lager kann ich keine konkreten Angaben machen. Soweit ich mich erinnere, bestand es aus einer

[52] Vgl. KZ Oederan S.13, KZ Zschopau S.51

> Steinbaracke, in welcher m.E. weit über 1.000 Frauen untergebracht waren, die alle in der o.a. [Universelle] Maschinenfabrik arbeiteten. Über die Umzäunung des Lagers und die Lage der Fabrikationshallen kann ich auch nichts mehr sagen.
> Die Stärke des Bewachungspersonals ist mir ebenfalls nicht mehr in Erinnerung. Ich weiß nur noch, daß wir ausschließlich SS-Aufseherinnen hatten, an die ich mich aber auch nicht mehr erinnern kann. Lediglich der Name Guhl ist mir – nachdem er mir genannt worden ist – noch im Gedächtnis. Jedoch vermag ich ihn absolut nicht mit einer bestimmten Person verbinden.“ [53]

Die Wachmannschaft bestand in der Tat für die Häftlinge scheinbar nur aus den SS-Aufseherinnen. In der Stärkemeldung „der Wachmannschaften und Häftlinge der Arbeitskommandos im Dienstbereich des Höheren SS- und Polizeiführers des SS-Oberabschnitts ELBE“[54] sind für den 31. Januar 1945 genau 21 Aufseherinnen ein Kommandoführer und vier Wachmänner für den Lagerstandort Dresden Universelle vermerkt. Letztere waren wohl überwiegend zur äußeren Bewachung des Lagers eingesetzt und kamen wenig mit den weiblichen Häftlingen in Kontakt.

[53] Barch, B162 /16326 S.204f. – VP Hedwig St. 03.02.1970

[54] Vgl. ITS, Historische Abteilung Flossenbürg, Nr. 10 Bl.50ff.

Um die Lagerordnung aufrechtzuerhalten, gab es verschiedene Ämter und Funktionen, in die Häftlinge durch die Lagerverantwortlichen eingesetzt werden konnten. Da diese Häftlinge den Funktionsapparat der Vernichtungsmaschinerie damit, wenn auch in der Regel unfreiwillig unterstützten, mussten sich etliche solcher Funktionshäftlinge und sogenannter „Kapos“ nach dem Krieg auch vor Gerichten verantworten. In den Außenlagern der Rüstungsindustrie war die Vorteilsnahme der Funktionshäftlinge durch eine Besserstellung bezüglich der Haftbedingungen aber meist weniger stark ausgeprägt als in den Stammlagern und es wurden gegenüber Mithäftlingen weniger Verbrechen ausgeübt. Oftmals versuchten sich Lager- und Blockälteste, Lagerärzte und Küchenpersonal sogar für bessere Haftbedingungen einzusetzen und entwickelten hilfreiche Beziehungen zu den Deutschen, die unterm Strich der gesamten Lagerbelegschaft zugutekamen. Auch in Dresden waren sicherlich bestimmte Häftlingsfrauen für verschiedene Lagerbereiche, z.B. auch in der Küche und beim Essenverteilen verantwortlich oder hatten beim Appell Meldung für die „Stube“, den „Block“ oder für „Unterkunft“ bzw. „Etage“ zu erstatten. Es liegen aber nahezu keine aussagekräftigen Berichte vor, die zur Identifizierung einer *Lagerältesten* und anderer Funktionshäftlinge führen könnten. Möglicherweise wollten die Vernommenen aber auch keine ihrer Kameradinnen belasten. Frieda Bauermeister gibt 1967 zu Protokoll:

> „Ich bin nicht in der Lage, die Nummer der Lagerältesten, Häftlingsschreiberin etc. anzugeben. Bei den Vorarbeitern bzw. Vorarbeiterinnen handelte es sich um Zivilisten. Der Betrieb hatte eine Belegschaft von ca. 2.300 Personen.“ [55]

Leokadia Sehnke äußert 1970 ähnlich:

> „Ich kann mich nicht daran entsinnen, daß wir in Dresden eine Lagerälteste gehabt hätten. Diese Funktion wurde praktisch von den SS-Aufseherinnen wahrgenommen.“ [56]

[55] Barch, B162 /16325 S.55R – VP Frieda B. 23.09.1967

[56] Barch, B162 /16326 S.216 – VP Leokadia S. 12.02.1970

Rita Sprengel schreibt in ihrer Autobiografie aber von einer „grünwinkligen“ Lagerältesten, die in Dresden eine serbische Bäuerin schikanierte. Der grüne Winkel, war das Symbol für kriminelle Häftlinge, also Personen, die wahrscheinlich als Berufsverbrecher (B.V. / BV.) oder Vorbeugehäftling (B.V. V.H. oder VH. BV.) registriert waren. Da sonst keine weiteren markanten Merkmale genannt werden, konnte bislang keine Lagerälteste identifiziert werden.

Anna Hehn, auf die selbst wohl das Attribut der „grünwinkligen“ passen würde, sagte am 11. Juni 1945 in Dresden aus, dass die Lagerälteste eine gewisse Mary Meissner gewesen sein. Ein Häftling dieses Namens, ließ sich für das Lager Dresden Universelle bislang aber nicht nachweisen. In Ravensbrück dürfte es aber mindestens einen Häftling dieses Namens gegeben haben.[57]

Es wäre also denkbar, dass die 1901 geborene Anna Hehn aus Karlsruhe selbst zumindest zu den oben erwähnten Stubenältesten zählte, da sie bei ihrer Nachkriegsvernehmung relativ viel zu verschiedenen Aufseherinnen, Meistern und Betriebsangestellten sagen kann und diese scheinbar zumindest namentlich kannte.

Ansonsten ist neben Elisabeth Wiberg, die nach Selbstauskunft zumindest anfangs in der Küche eingesetzt gewesen sein will, lediglich das medizinische Häftlingspersonal bekannt, das laut Betriebsleiter Aschenwald von ihm persönlich angefordert worden war und nachträglich im Lager eintraf. Der medizinischen Versorgung wird noch ein eigenes Kapitel gewidmet.

[57] Marie Meissner, geb. Neumann *06.02.1901 RavNo.: 2407 (BV.)

Spätestens im Frauenkonzentrationslager Ravensbrück hatten die späteren Dresdner Häftlinge ihren persönlichen Besitz abzugeben. Nach dem „Baden“, zu dem die eigene Kleidung selbstverständlich abgelegt werden musste, wurden sie neu eingekleidet. Was häufig nicht bekannt ist, ist, dass die nationalsozialistischen Konzentrationslager nicht generell ein rechtsfreier Raum waren, sondern in gewisser Weise wie rechtsstaatliche Haftanstalten arbeiteten, was bei der Vergabe einer Häftlingsnummer zur Identifikation anfängt. Persönliches Eigentum der Eingewiesenen, wie Kleidungsstücke und Schmuck, wurde den Häftlingen abgenommen und als Effekten eingelagert. Die Gegenstände wurden im KZ Ravensbrück penibel auf Effektenkarten vermerkt und die Besitztümer der Häftlinge sogar bei Überstellung in andere Lager nachgeschickt, um sie nach verbüßter Haftstrafe und Entlassung aus dem KZ, dem Eigentümer auszuhändigen. Eheringe, Ohrstecker und Halsketten, persönliche Kleidungsstücke bis hin zur Unterwäsche, Koffer, Bargeld, Pässe, Fotografien etc. wurden also für die Häftlinge eingelagert. Was in der letzten Kriegsphase damit geschah und ob Überlebende im Einzelfall ihre Effekten später wieder erhielten, ist dem Autor nicht bekannt. Fotos von sichergestellten Effekten sind u.a. im Archiv des Internationalen Suchdienstes in Bad Arolsen zu finden. Es ist daher möglich, dass auch heute noch zahlreiche nicht ausgelöste Effekten archiviert und aufbewahrt werden, möglicherweise ohne dass überlebende Häftlinge davon wussten.

In den Vernichtungslagern wie Auschwitz-Birkenau, wo vor allem Juden systematisch beraubt und ermordet wurden, gab es eine solche Dokumentation persönlicher Effekten jedoch nicht. Der Raub aller Habseligkeiten (bis hin zum Zahngold) war vom Nazi-Regime von Anfang an zur Finanzierung des Staats- und Lagersystems mit eingeplant. Viele Juden mussten sogar ihre Bahnfahrt in Ghettos und Vernichtungslager selbst bezahlen. Die in Koffern mitgebrachten letzten Habseligkeiten wurden von Häftlingskommandos sortiert, im Lager wiederverwertet ins Deutsche Reich geschickt und an Ausgebombte verteilt und/oder zu Geld gemacht. Das war der letzte Schritt der totalen Ent-

eignung, bis hin zum eigenen Leben, nachdem jüdischen Menschen bereits zuvor oftmals jegliche Erwerbsgrundlage, Haus, Wohnung, Firma und Freiheit etc. genommen worden war. Zum Teil rissen sich faschistische und antisemitische Regime auch die Spareinlagen der Deportierten unter den Nagel. So gab es eine Art Deal zwischen den Nazis und den Slowaken, die für jeden Juden ein Kopfgeld von 500 RM zahlten und im Gegenzug das Versprechen erhielten, dass die Deutschen auf Vermögensansprüche verzichten und kein „umgesiedelter" Jude zurückkehren würde.[58]
Die perfide Ideologie, die die Ausrottung der europäischen Juden zum Ziel hatte, zeigte also hinsichtlich der politischen Häftlinge, sowie der Vorbeuge- und Schutzhäftlinge durchaus mildere Züge, die selbst in der Verwaltung der Konzentrationslager bis zuletzt für deren Angestellte und Involvierte den Anschein einer gewissen Rechtsstaatlichkeit wahrte. KZ-Häftlinge konnten beispielsweise nach Regelungen in der Lagerordnung Briefe und Pakete empfangen, die eine Zensur durchliefen und es gelang einzelnen Häftlingen sich sogar Zeitungen ins KZ schicken zu lassen, obwohl das eigentlich laut Verordnung verboten war.[59]
Mit der Abgabe aller persönlicher Habe und Kleidung und der Uniformierung in Häftlingskleidung begann das Lagerleben. Die zivile Identität wurde durch eine Häftlingsnummer ersetzt. Alle 700 Dresdner Häftlinge hatten neben anderen Lagern zuvor auch das KZ Ravensbrück durchlaufen und von dort wohl auch eine Häftlingsnummer (an ihrer Kleidung) mitgebracht. Diese wurde erst im Dezember 1944, für die im Oktober angekommenen Frauen, durch eine neue Nummer des KZ Flossenbürg ersetzt, die die Verwaltung des Stammlagers zusandte.
Rita Sprengel erinnert:

> „Im Zuge einer „territorialen Bereinigung"[60] wurden alle Dresdner KZ-Außenlager dem KZ Flossenbürg unterstellt. Kurz vor Weihnachten erhielten wir neue Häftlingsnummern."[61]

---

[58] Vgl. Cziborra Frauen im KZ. S.137

[59] Vgl. Cziborra. Frauen im KZ. S.275ff.

[60] Das geschah per Stichtag des 1. September 1944. Die zuvor gegründeten Außenlager für Frauen, waren davor dem KZ Ravensbrück unterstellt.

[61] Rita Sprengel. Der rote Faden. S.239

Sie gehört damit zu den wichtigsten Zeitzeuginnen des Lagers, die über die Haftbedingungen detailliert Aufschluss geben kann. Sie schreibt in ihrer 1994 veröffentlichten Autobiografie „Der rote Faden“ über ihre Einkleidung für den Arbeitstransport nach Dresden:

> „Im Bad wurde ich nach dem Duschen in einen kleinen Verschlag geführt. Dort wartete auf mich ein Kleiderpaket mit einem warmen Wollkleid und als besondere Kostbarkeit, mit 2 Paar Strümpfen. Den ganzen Winter über blieben wir, zunächst 500, später sogar 700 Frauen ohne Strümpfe.“ [62]

Anna Hehn[63] gibt am 11. Juni 1945 in Dresden bei einer Vernehmung zu Protokoll:

> „Für die Bekleidung war überhaupt nicht gesorgt. Die Häftlinge hatten nur 1 Hemd, nicht mal eine Hose oder sonst etwas. Aus Putzlappen usw. hat man sich Unterwäsche zusammengenäht.“[64]

Rita Sprengel publizierte außerdem bereits 1960:

> „Wir waren im Spätherbst 1944 ohne Strümpfe aus Ravensbrück gekommen. Wir erhielten auch während des ganzen langen Winters keine Strümpfe von der Lagerleitung. Die meisten Häftlinge trugen Tanzkleider, Sommerkleider und Sommerwäsche der in Auschwitz Vergasten. Nie, bis zur Bombardierung des Betriebes, erhielten wir eine zweite Garnitur Wäsche oder ein Kleid zum Wechseln. Im Gegenteil: Am sogenannten Heiligen Abend wurde einigen Häftlingen ihre einzige Garnitur, die sie endlich einmal waschen wollten, bei einer plötzlichen Kontrolle der Säle durch die SS weggenommen.“ [65]

---

[62] Rita Sprengel. Der rote Faden. S.236

[63] FloNo.: 57349

[64] Staatsarchiv Dresden Bestand 11683 Universelle-Werke J.C.Müller & Co. Signatur 035 „Außenlager des Konzentrationslagers Ravensbrück, Dresden Florastraße 5“ Blatt 17

[65] Staatsarchiv Dresden Bestand 11683 Universelle-Werke J.C.Müller & Co.

Da scheinbar an die Häftlinge Zivilkleidung ausgegeben wurde, die Menschen im Sommer möglicherweise in Auschwitz abgenommen worden war, war für die bevorstehenden Wintermonate keineswegs vorgesorgt. Jozefa Czyz[66] bestätigt 1967:

> „Ich möchte bemerken, daß es auf dem Fabrikgelände sehr kalt war und wir keine Winterwäsche erhalten haben und daß in dem Saal, wo wir wohnten wegen Kohlemangels nie geheizt wurde. So schliefen wir zu zweit oder dritt, um uns ein wenig zu erwärmen, da wir uns dann mit zwei oder drei Decken zudecken konnten. Jeder weibliche Häftling hatte nur eine dünne Decke." [67]

Um die größte Not, verursacht durch die mangelnde Bekleidung, zu lindern, wurde eine „Strumpf-Kommune" eingeführt, von der die Kommunistin Rita Sprengel berichtet:

> „Mit dem Meister, einem älteren, behäbigen Mann, stand ich mich gut. So bat ich ihn schließlich, einen Brief bei Rechtsanwalt Willi Grübner abzugeben. Mit diesem Brief bat ich um möglichst viele, auch gebrauchte Strümpfe und möglichst auch um Stopfgarn und Stopfnadeln. Meine Bitte wurde erfüllt. Nun hatten wir 14 Paar Strümpfe und bildeten eine „Stumpfkommune". Reihum wurde immer ein Paar gewaschen und ausgebessert, während 13 Paare getragen wurden. Die „Strumpf-Kommunarden" wurden nach ihrer Bedürftigkeit ausgewählt. Wir baten in den verschiedenen Häftlingsgruppen diejenigen Kameradinnen auszusuchen, die am meisten unter der Unterkühlung ihrer Beine und Füße litten. Niemand drängte sich vor. Das Heraussuchen der „Bedürftigsten" erfolgte ohne Zank und Streit."[68]

Signatur 035 „Außenlager des Konzentrationslagers Ravensbrück, Dresden Florastraße 5" Blatt 16 ; zitiert nach „Die Frauen von Ravensbrück", Kongreß-Verlag Berlin 1960 S. 68

[66] FloNo.: 57487

[67] Barch, B162 /16325 S.139 – VP Jozefa C. 29.09.1967

[68] Rita Sprengel. Der rote Faden. S.239f.

Später soll es auch zu Kleiderspenden für die KZ-Häftlinge aus Belegschaft und Bevölkerung gekommen sein. Rita Sprengel veröffentlicht 1994 in ihrer Autobiografie:

> „Über vier Monate lang kamen wir nicht ins Freie. Bei unserer unzulänglichen Bekleidung hätten wir den Aufenthalt in frischer Luft auch kaum ausgehalten. Da sich nur einige etwa handgroße Luftklappen öffnen ließen, war der Sauerstoffmangel groß.
> Einmal, im Januar, wurden etwa 15 Kameradinnen zu Außenarbeiten eingesetzt. Der Anblick der völlig unzureichend bekleideten Frauen löste unter der Bevölkerung Mitleid, Hilfsbereitschaft und Empörung aus. Die Aufseherinnen hatten Mühe, sich gegen das Bombardement mit warmen Sachen zur Wehr zu setzen. [...]"[69]

Betriebsleiter Aschenwald will zudem etwa 100 Kleider besorgt haben, die er für die Häftlinge dem SS-Wachkommando übergab. Die Mehrzahl der Dresdner Häftlinge hat aber von Oktober 1944 bis Februar 1945 und darüberhinaus, ein- und dasselbe Kleid getragen und keine Wechselmontur gehabt. Wäschewaschen war daher ein schwieriges Unterfangen, was die Hygiene im Lager maßgeblich erschwerte.

---

[69] Rita Sprengel. Der rote Faden. S.238f.

IV. Verpflegung

Da die Versorgungslage 1944 auch für die deutsche Bevölkerung im Allgemeinen sehr schlecht war, ist es nicht verwunderlich, dass die Häftlinge als unterstes Glied in der Versorgungshierarchie in besonderem Maße litten. Für Häftlingstagesverpflegungen wurden bei der Universelle Maschinenfabrik laut Forderungsnachweisen, vermutlich abhängig von der Abteilung in der die Häftlinge arbeiteten, 65 oder 70 Pfennige abgerechnet. 65 Pfennige entsprechen dem Satz für *Normalarbeiter*, 70 Pfennige dem Betrag für *Langarbeiter*. Wenn Betriebsleiter Aschenwald 1945 davon spricht, die Meister angehalten zu haben, nicht zu streng beim Ausstellen von Schwerarbeiterkarten zu sein, so ist jedoch festzuhalten, dass 1944 für die KZ-Häftlinge keine Verpflegungssätze für *Schwerarbeiter* zu verzeichnen sind. Im Dezember ist jedoch auffällig, dass deutlich mehr *Normalarbeiter* als *Langarbeiter* eingestuft wurden. Dies könnte also durchaus ein Resultat der Intervention des Betriebsleiters sein, um die Versorgungslage im Lager zu verbessern. Der Schwerarbeitertagessatz lag bei 80 Pfennigen und der Schwerstarbeitertagessatz bei 95 Pfennigen. Weibliche KZ-Häftlinge unter der Verwaltung des Konzentrationslagers Flossenbürg wurden in der Regel als *Normalarbeiterinnen* oder *Langarbeiterinnen* abgerechnet. Nur in absoluten Ausnahmefällen wurden Schwerarbeitersätze genehmigt.[70]

Verpflegung	65 Pfennige	70 Pfennige	Summe
Oktober 1944	9491	2478	7903,75 RM[71]
November 1944	11378	3540	9873,70 RM[72]
Dezember 1944	9101	6107	10190,55 RM[73]

[70] Vgl. Cziborra. KZ Hainichen. S.53f.
Laut Forderungsnachweis Nr. Flo. 722 [BArch NS4FL / 393 Bd. 2].
[71] Laut Forderungsnachweis Nr. Flo. 660 [BArch NS4FL / 393 Bd. 2].
[72] Laut Forderungsnachweis Nr. Flo. 717 [BArch NS4FL / 393 Bd. 2].
[73] Laut Forderungsnachweis Nr. Flo. 792 [BArch NS4FL / 393 Bd. 2].

Zulagen im Rahmen der Lebensmittelrationierung hat es wahrscheinlich zusätzlich gegeben. Aschenwald spricht von einer 69-Stunden-Zulage, die sich anscheinend auf die Wochenarbeitszeit bezieht, weswegen er den Zweischichtbetrieb nicht auf einen Dreischichtbetrieb umstellen wollte. Die Regelarbeitszeit im KZ betrug daher 6x12h also 72 Stunden pro Woche, abzüglich Mittagspause. Bei einem Dreischichtbetrieb wären es nur 6x8h gewesen, also 48 Stunden pro Woche.
Die Überlebende Anna Hehn gibt am 11. Juni 1945 zu Protokoll:

> „Am 25.9.[74] von Ravensbrück nach der Universelle gebracht worden. Der Empfang war schön, das Essen sehr gut (am 1. Tag !!) Die Häftlinge hatten sich natürlich gefreut, jedoch schon am nächsten Tag wurde es anders. Das Essen war miserabel, es gab einen Tag Steckrüben und Kartoffeln und den andern Tag Kartoffeln und Steckrüben. Fett so gut wie keins, Margarine zweimal abends in der Woche einen Eßlöffel. Ab und zu gab es mal Heringssalat. Kartoffeln mussten gemaust werden.“[75]

Jozefa Czyz erinnert:

> „Die Lebensmitteration für einen Tag bestand aus 250 g Brot, 3 dg Margarine, 5 dg Kohlrübenmarmelade und aus Kohlrübensuppe. Wenn man in der Nachtschicht gearbeitet hatte, erhielt man um 22.00 Uhr zusätzlich eine Portion Kohlrübensuppe.“ [76]

Josefa Achatz lässt protokollieren:

> „Als Verpflegung bekamen wir nur zu Mittag einen Eintopf, bestehend aus Trockengemüse ohne Fett und Fleisch.“ [77]

---

[74] Dieses Datum ist nicht korrekt und wird hier deutlich zu früh angesetzt.
[75] Staatsarchiv Dresden Bestand 11683 Universelle-Werke J.C.Müller & Co. Signatur 035 „Außenlager des Konzentrationslagers Ravensbrück, Dresden Florastraße 5“ Blatt 17 Stichpunktartiges Vernehmungsprotokoll
[76] Barch, B162 /16325 S.138 – VP Jozefa C. 29.09.1967
[77] Barch, B162 /16325 S.40 – VP Josefa A. 29.06.1967

Rita Sprengel schreibt:

> „Wir arbeiteten für die „Universelle“, eine Zigaretten-Maschinenfabrik, die während des Krieges auf die Herstellung von Flugzeugmotoren bzw. von Flugzeugmotorenteilen umgestellt war. Inhaber war eine Familie Müller. Sie stellte einigen SS-Führern ihr in schöner Gegend liegendes Schloß zur Verfügung, auf daß diese sich von den Strapazen ihres KZ-Dienstes erholen konnten. Als Gegenleistung wurden ihnen Häftlinge als Arbeitskräfte zugewiesen.
> Müller jun. suchte uns einmal in Damenbegleitung auf. Sie amüsierten sich damit, den Gefangenen Lebensmittel zuzuwerfen und den Kämpfen der Halbverhungerten um Kartoffeln und Brotkrusten zuzuschauen. Wobei sich meines Wissens keine politischen Häftlinge an dieser makabren Schaustellung beteiligten.“ [78]

Inwieweit diese Aussage von Sprengels kommunistischem Weltbild des Klassenkampfes beeinflusst ist, muss offen bleiben. In jedem Fall wird deutlich, dass die Häftlinge unter Hunger litten und sich eine gewisse animalische Entmenschlichung ausbreitete. Neben den mageren Häftlings- und Lagerrationen, bestand aber auch noch die theoretische Möglichkeit Lebensmittelpakete von Verwandten zugeschickt zu bekommen.
Ein Brief an das Konzentrationslager Ravensbrück vom 5. November 1944 aus Kattowitz lautet:

> „Endesgefertigte Elisabeth Wendland, bittet um Auskunft über die Mutter, Benigna Wendland geb. am 9.V.1891, und Schwester Iris Wendland geb. am 8.IX.1922, welche am 19. September 1944 vom Myslowitzer Polizei-Ersatz-Gefängnis abtransportiert wurden.
> Von dieser Zeit, habe ich keine Nachricht und frage höfl. an, ob sie sich in K.L. Ravensbrück befinden.
> Gleichzeitig sende ich für Schwester ein Lebensmittelpaket, und bitte Sie, es ihr aushändigen zu wollen.

---

[78] Rita Sprengel. Der rote Faden. S.239

Mit der Hoffnung auf baldige Antwort zeichne ich mit Heil Hitler *Wendland Elisabeth*" [79]

Das Antwortschreiben des KZ Ravensbrück vom 23.11.1944 gibt folgende Auskunft:

„Die umseitig Genannten befanden sich im hiesigen Lager, sind aber am 5.10.1944 in das Konz.-Lager Floßenbürg überstellt worden. –" [80]

Neben den legalen Briefen, die der Zensur durch die Lagerleitung unterlagen, gab es aber auch illegale Briefwechsel mittels Komplizen. Einer dieser Verbindungsmänner der Lagerbelegschaft war Werner Lange, der für mindestens drei Häftlinge, die in Gurkfeld geborene Cyrilla Blaschitsch[81] und die in Jakobstal geborenen Marie Matiaschicz[82] und Veronika Bratschko[83] Kontakt zu ihren Verwandten in Slowenien aufgenommen hatte.
Maria Blaschitsch, Mutter oder Schwester der ersten, schreibt:

Mbg. [Marburg an der Drau heute Maribor in Slowenien] 7.12.44
„Sehr geehrter Herr Lange!
In Namen der Familie, danke ich Ihnen herzlichst, daß Sie so gut sind und unserer lieben Tochter bzw. Schwester Cyrilla durch Ihre Adresse helfen mit uns enger mit Briefwechsel in der Verbindung zu sein. Bitte seien Sie so gut und wollen Sie ihr den beiliegenden Brief aushändigen.
In paar Tagen lasse ich an Sie durch die Post ein Packet eingehen mit der Absenderadresse eines Soldaten aus Graz. Wahrscheinlich werde ich auch ein kleines Päckchen für die Cyrilla auch beipacken. Nochmals herzlichsten Dank für alle Gütte [sic!], die Sie uns und unserer Cyrilla machen

[79] Brief von Elisabeth Wendland 05.11.1944 ITS 6.3.3.2 - 118498745
[80] Antwortschreiben KZ Ravensbrück 23.11.1944 ITS 6.3.3.2 - 118498745
[81] FloNo.: 57265
[82] FloNo.: 57488
[83] FloNo.: 57279

Mit herzlichsten Grüßen
Blaschitsch Maria
für die Familie“[84]

Die Familie der Zweiten schreibt:

„Geehrter Herr Lange!

Ich will nicht viel sprechen was sie damit uns Gutes bereitet haben! Ich muß Ihnen nur den innigsten Dank aussprechen. Für Sie geht am Dienstag 13.12.44 ein Packet ab. Für Frl. Matiaschitz habe ich einen Brief mit Marken und Pfoto [sic!] beigelegt. Wenn es Ihnen wiedermal möglich wird ihr zu helfen, wäre ich Ihnen sehr dankbar. Sie ist eine Mutter – deshalb muß sie leben. Das Bild stellt ihren Sohn dar. Bitte übergeben Sie ihr das.
Nochmals vielen Dank Ihre Mejetz

Die Zigaretten sind zwischen den Äpfeln! Habe den Brief nochmals öffnen müssen! Übergeben Sie ihr doch die 20.-
-RM.

Nochmals besten Dank!“[85]

Nicht ganz klar ist, ob alle Paketinhalte, also auch Zigaretten und Äpfel, für die KZ-Häftlinge bestimmt waren, oder ob sie als Dankesbekundung für Werner Lange gedacht waren. Zigaretten stellten damals auch eine Art Tauschwährung dar. Mindestens 20 RM, ein paar Briefmarken und ein Foto ihres Kindes sollte Marie Matiaschitz jedoch mit einem Brief übergeben werden.
Regina Supanitsch schreibt im Dezember 1944 ebenfalls über Werner Lange an Veronika Bratschko:

---

[84] Staatsarchiv Dresden Bestand 11683 Universelle-Werke J.C.Müller & Co. Signatur 035 „Außenlager des Konzentrationslagers Ravensbrück, Dresden Florastraße 5“ Blatt 19

[85] Staatsarchiv Dresden Bestand 11683 Universelle-Werke J.C.Müller & Co. Signatur 035 „Außenlager des Konzentrationslagers Ravensbrück, Dresden Florastraße 5“ Blatt 19

„An Herrn Werner!
Erlaube mir, höflichst zu ersuchen diesen Brief an die Frau Bratschko zu übergeben ich werde bei ersten Gelegenheit an Ihnen mit einem Packet rewanschieren

Achtungsvoll Supanitsch Regina
Jakobstal bei Marburg/Drau 7.12.44"[86]

Die Abschriften dieser Briefe wurden nach dem Krieg an Fritz Weber anlässlich seiner Materialsammlung für die geplante Betriebschronik übergeben. Der Kontakt scheint nach dem Krieg nicht aufrecht erhalten worden zu sein. Es liegen daher aus dieser Quelle keine weiteren Informationen zum Verbleib der Frauen vor. Ein letzter Brief datiert auf den 25. Februar 1945 und wird in einem späteren Kapitel zur Bombardierung Dresdens behandelt. Unklar ist, ob sich Anna Hehns Aussage aus dem Juni 1945, auf zwei der Sloweninnen bezieht. Sie berichtet:

> „2 Mädels hatten heimlich Briefe geschmuggelt und nach hause geschrieben, daß das Essen äußerst mies sei. Daraufhin bekamen sie Pakete mit Eßwaren. Die Mädels sind jedoch verraten worden und bekamen vom Oberscharführer van Berg persönlich jede 25 Schläge. Die beiden mussten sich über einen Tisch legen."[87]

Möglicherweise war dies nicht der einzige Vorfall dieser Art. Legale Pakete von Angehörigen ließ die Oberaufseherin möglicherweise absichtlich solange nicht aushändigen, bis etwaige Lebensmittel verdorben waren.
Belegschaftsmitglied Arthur Müller schreibt am 17.12.1961:

> „Als im Jahre 1944 von der damaligen „Universelle" auf der Florastraße ein Arbeitslager mit KZ-Häftlingen einge-

[86] Staatsarchiv Dresden Bestand 11683 Universelle-Werke J.C.Müller & Co. Signatur 035 „Außenlager des Konzentrationslagers Ravensbrück, Dresden Florastraße 5" Blatt 19
[87] Staatsarchiv Dresden Bestand 11683 Universelle-Werke J.C.Müller & Co. Signatur 035 „Außenlager des Konzentrationslagers Ravensbrück, Dresden Florastraße 5" Blatt 18

richtet wurde, mußte auch ich die ganze Scheußlichkeit und die unbeschreiblichen Verbrechen der Nazis an unschuldigen Frauen und Mädchen kennen lernen. Ich wurde mit dem Auftrag des damaligen Betriebsleiters Erlich auf die Florastraße geschickt mit dem Bemerken, daß ich dort mit keinen Menschen, sondern nur mit Verbrechern zu tun hätte, diese hätten keine Namen, sondern nur Nummern und ich hätte diese auch danach zu behandeln. Sie haben zu arbeiten und nur zu arbeiten, alles andere ginge mich nichts an, nur solle ich mich ja nicht unterstehen, diesen „Nummern" irgendwelche Vergünstigungen oder gar Lebensmittel zu kommen zu lassen. Da würde mich dieselbe Strafe treffen. Als ich nach 3 Tagen diese[s] furchtbare Elend nicht mehr ansehen konnte, ging ich zurück ins Hauptwerk und bat den Betriebsleiter Erlich, mich dort wegzunehmen. Ich kann das nicht ansehen und habe schon 3 Tage nicht essen und nachts nicht schlafen können. Darauf gab er mit zur Antwort: Ich solle kein Weichling sein und habe dort zu bleiben und diese „Nummern" ja ordentlich ranzunehmen und wenn jemand nicht ordentlich und fleißig sei, der Oberaufseherin namens Hauneken [sic! Hanakam] zu melden sei. Diese hat sich an den armen gequälten Menschen nur brutal und scheußlich benommen. Da ließ sie z.B. Paketchen, die an die armen Menschen geschickt wurden, mit Absicht solange liegen, bis sie meist verdorben waren. Wenn ich diese Bestie, anders kann ich dieses Scheusal nicht bezeichnen, bat, doch die Pakete auszugeben, gab sie mir nur zur Antwort, daß bestimme sie und solle nur sorgen, daß sie richtig arbeiten usw. Aber ich und viele andere Kollegen hatten doch bald erkannt, daß es Möglichkeiten gab, diesen gequälten Menschen auf heimlichen Wegen, an bestimmten Plätzchen, Eßwaren hinzulegen. So konnten wir ihnen doch zu ihrem mehr als kärglichen Essen, wenigstens eine kleine Hilfe zukommen lassen. Wehe, hätte der „Herr" Lagerkommandant in schneidiger SS-Uniform, mit Reitstiefeln, an welche er laut und vernehmlich mit seiner Reitpeitsche klopfte, wenn er durch die Arbeitssäle stolzierte, davon gemerkt, wäre es um uns und die Häft-

> linge geschehen. Man könnte davon ja Bücher schreiben, wenn man diese Knechtschaft an seinen Augen vorüber ziehen läßt. – "[88]

Ein weiterer Vorfall, bei dem Häftlinge Heringssalat stibitzten, führte als Strafe zu einem mehrtägigen Essensentzug (s.u.).
Zu Weihnachten sollen die Häftlinge vom Betrieb jeweils einen halben Weihnachtsstollen erhalten haben und es gab Kartoffelsalat und Wurst. Theresia Richter bestätigt:

> „Als Verpflegung bekamen wir in der Früh einen warmen Kaffee ohne Zucker und zu Mittag einen Eintopf. Nur zu Weihnachten 1944 gab es als Festmahl Kartoffel und ein kleines Stück Wurst." [89]

---

[88] Staatsarchiv Dresden Bestand 11683 Universelle-Werke J.C.Müller & Co. Signatur 035 „Außenlager des Konzentrationslagers Ravensbrück, Dresden Florastraße 5" Blatt 14f.
[89] Barch, B162 /16325 S.42f. – VP Theresia R. 04.07.1967

Der Arbeitseinsatz in Dresden erfolgte im Zweischichtsystem. Die Tagschicht war für die Zeit von 6 bis 18 Uhr[90] und die Nachtschicht von 18 Uhr bis 6 Uhr angesetzt. Gearbeitet wurde in einer Sechs- oder Siebentagewoche. Ein Großteil der Häftlinge hatte am Sonntag frei. Einige Abteilungen arbeiteten aber anscheinend auch sonntags. 1944 waren lediglich der 15. Oktober, 19. November und 31. Dezember für alle Häftlinge frei.
Den „Arbeitslohn" der Häftlinge von einem Hilfsarbeitertagessatz von 4 RM hatte die Universelle Maschinenfabrik J. C. Müller & Co. dabei als eine Art „Verleihgebühr" an die Verwaltung des KZ Flossenbürg und damit über das SS-Wirtschafts- und Verwaltungshauptamt (WVHA) indirekt an den Staatshaushalt abzuführen.
Das waren im Oktober 1944 30.360 RM, im November 40.426 RM und im Dezember 36.225 RM. An Heilig Abend und den beiden Weihnachtsfeiertagen wurden jeweils 30 Häftlinge im Betrieb eingesetzt; an den Adventssonntagen 1. 93, 2. 40 und 3. 28 Personen. Am 12. Oktober kamen in der Spitze 492 und am 2. Dezember immerhin 486 Frauen zum Einsatz. Die Forderungsnachweise für das Jahr 1945 sind nicht überliefert.
Jozefa Czyz erinnert:

> „Am 9. November 1944[91] wurden weibliche Häftlinge zur Arbeit in Dresden ausgewählt und ich meldete mich zu diesem Transport. In Dresden arbeitete ich in der Maschinenfabrik Müller. Insgesamt arbeiteten auf diesem Fabrikgelände ca. 2000 weibliche Häftlinge.[92] Unsere Unterkunft befand sich im 5. und 4. Stockwerk und wir arbeiteten in der 3., 2. und 1. Etage und im Erdgeschoß. Ich habe im Parterre gearbeitet. Wir wurden von SS-Männern und weiblichen SS-Angehörige bewacht. An die Namen dieser Häscher erinnere ich mich augenblicklich nicht, jedoch

---

[90] Vgl. Barch, B162 /16325 S.43 – VP Theresia R. 04.07.1967
Vgl. Nachtschicht: Barch, B162 /16326 S.209 – VP Frieda B. 05.02.1970
[91] Das Datum ist definitiv falsch. Es muss mindestens einen Monat früher gewesen sein.
[92] Max. 700 KZ-Häftlinge + eine unbekannte Anzahl an Zwangsarbeiterinnen

nehme ich an, daß ich ihre Gesichter auf Lichtbildern wiedererkennen würde. An die Namen Guhl und Hanakam erinnere ich mich nicht. Ich war mit der Bearbeitung von Flugzeugteilen und Phosphor beschäftigt. In der 1. Etage arbeiteten meine Kolleginnen bei der Produktion von Granaten. Die Arbeit dauerte 12 Stunden.“ [93]

Rita Sprengel schreibt 1960:

> „Von Oktober bis 13. Februar kamen wir nicht eine einzige Stunde an die frische Luft. Wir arbeiteten in zwei Schichten zu je zwölf Stunden mit einer halben Stunde Essenspause. Das Essen bestand aus Brot und Suppe wie in Ravensbrück. Wir hatten nie Ruhe zum Schlafen, da es keine Tagesräume gab. Das führte zur völligen Erschöpfung der Frauen.“ [94]

Josefa Achatz lässt 1967 protokollieren:

> „Wir mußten täglich von 06.00 bis 19.00 Uhr arbeiten. Während wir Teile für Militärflugzeuge anfertigen. Ich mußte z.B. auf einem Probierstand Regler für Flugzeugmotoren ausprobieren.“ [95]

Theresia Richter äußert:

> „In diesem Frauenlager waren wir in einem vierstöckigen Fabriksgebäude untergebracht. Dieses Gebäude war mit einem hohen Stacheldrahtzaun eingezäunt und wurde Tag und Nacht von SS-Wachmannschaften bewacht. Im 1. und 2. Stock befanden sich die Arbeitsstätten, wo wir unter menschenunwürdigen Verhältnissen gearbeitet haben. Ich mußte z. Bsp. mit einem Schiebekaliber und einer Re-

---

[93] Barch, B162 /16325 S.138 – VP Jozefa C. 29.09.1967

[94] Staatsarchiv Dresden Bestand 11683 Universelle-Werke J.C.Müller & Co. Signatur 035 „Außenlager des Konzentrationslagers Ravensbrück, Dresden Florastraße 5“ Blatt 16 ; zitiert nach „Die Frauen von Ravensbrück“, Kongreß-Verlag Berlin 1960 S. 68

[95] Barch, B162 /16325 S.40 – VP Josefa A. 29.06.1967

chenlehre, Bestandteile für Flugzeugmotoren, kontrollieren. Im 3. und 4. Stock befanden sich für die Häftlinge die Schlafräume. Ich war mit Frau Achatz im 3. Stock untergebracht.“ [96]

Theresia Pfeiffer sagt 1976 aus:

> „Über das Lager Dresden ist mir lediglich in Erinnerung, dass wir dort gegen Kriegsende verhältnismäßig gut behandelt worden sind. Dies war in Ravensbrück nicht der Fall. In Dresden arbeitete ich in einem Flugzeugwerk.“[97]

Elise Dornieden berichtet:

> „In der Fabrik „Universelle“ wurden Ölpumpengehäuse für Flugzeuge bearbeitet. Es gab in diesem Lager nur weibliche Bewachungskräfte. Leute der SS oder männliche Aufseher habe ich dort nie feststellen können.
> Es gab dort lediglich 2 Facharbeiter und einen Obermeister, die die Arbeit beaufsichtigten. Mit den beiden Facharbeitern kamen wir sehr gut aus, nur der Obermeister, es war ein Sachse, hatte dort keinen guten Ruf. Aber irgendwelche Ausschreitungen seinerseits sind mir nicht bekannt.“[98]

Rita Sprengel:

> „Ich arbeitete als Gütekontrolleur. Meine, diesmal bescheidene, Sabotage bestand darin, die Qualitätsnormen zu streng zu nehmen, also nicht ganz einwandfreie, jedoch noch voll brauchbare Teile in den Ausschuß zu geben. Nachdem ich mich überzeugt hatte, daß es keine Nachkontrolle zu meiner Kontrolle gab, wurde ich nach und nach in meinen Anforderungen immer ‚anspruchsvoller‘.“ [99]

---

[96] Barch, B162 /16325 S.43 – VP Theresia R. 04.07.1967
[97] Barch, B162 /16327 S.469 – VP Theresia P. 29.12.1976
[98] Barch, B162 /16327 S.478 – VP Elise D. 28.10.1976
[99] Rita Sprengel. Der rote Faden. S.239

Über die sanitäre Ausstattung des KZ-Lagers bei der Universelle Maschinenfabrik J. C. Müller & Co. ist kaum etwas bekannt. Laut Josefa Czyc stand wohl nur kaltes Wasser zum Waschen zur Verfügung. Wieviele Toiletten den 700 Frauen zugänglich waren, ist nicht überliefert. Duschen soll es in der Fabrik für die KZ-Häftlinge nicht gegeben haben. Jozefa Czyz gibt 1967 zu Protokoll:

> „Während der ganzen Arbeitszeit in dieser Fabrik wurden wir nicht zum Spaziergang herausgeführt; ich hielt mich während der 4 Monate in den Mauern der Fabrik auf. Von den sanitären Anlagen hatten wir nur zum WC und zu den Hähnen mit kaltem Wasser Zutritt. Badeanstalten gab es nicht.“ [100]

Das hatte natürlich maßgebliche Konsequenzen für die Körperpflege und die Ausbreitung von Ungeziefer. Gelegentlich könnten daher Häftlinge in eine externe Entlausungsanstalt geführt worden sein. Dies suggeriert die im Kapitel zur Wachmannschaft wiedergegebene Aussage Gertrud Sprengers. Auch im Nachkriegsbericht der Häftlinge Grascha, Köhler und Mietke ist im Zusammenhang mit dem Ausweichlager Zatzschke (s.u.) von einer Entlausungsanstalt in Pirna-Copitz die Rede.

F1

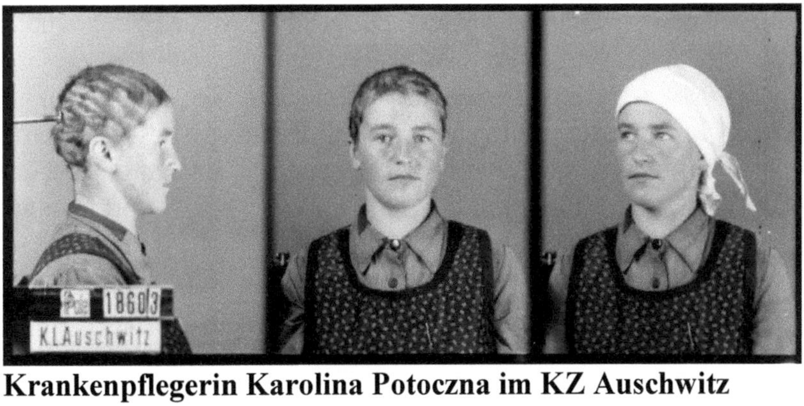

Krankenpflegerin Karolina Potoczna im KZ Auschwitz

[100] Barch, B162 /16325 S.138 – VP Jozefa C. 29.09.1967

In den KZ-Außenlagern gab es in der Regel eine primitive Krankenstation, die *Revier* genannt wurde. Hier konnten akute Verletzungen und schwerwiegendere Krankheiten auf Minimalniveau behandelt werden. Die zur Ausheilung benötigten ärztlichen Utensilien und Medikamente waren jedoch keineswegs in ausreichendem Maß vorhanden. Dennoch wurden auch in Dresden einige Kranke behandelt. Betriebsleiter Aschenwald will sich sogar eigens für die Einrichtung eines Lagerreviers eingesetzt haben.

> „Verbandsmaterial und Medikamente kamen von der SS zu wenig, ich mahnte vergebens, wieder ging ich den Bettelweg, diesmal allerdings mit etwas mehr Erfolg. Sanitäter Kühn half mir aus, zuerst nur wenig, als er sich aber von der Unmöglichkeit der Zustände überzeugen konnte, half er sogar grosszügig.[...]
> Es gab Verletzungen und Kranke, es war kein Revier da, ich liess mit Hilfe von Koll.[ege] Rubitschu eines bauen, vereinbarte mit dem Betriebsarzt, dass eine Schwester vom Werk I kommen sollte. Alles war einverstanden, nur die Bestimmungen waren dagegen. Ich ging daher zum Kommandoführer der SS und bat um eine Lagerärztin oder Sanitäterin, sie wurde mir natürlich zugesagt, doch es dauerte endlos. Wieder half mir Herr Kühne aus der Not, er kam sogar auch spät abends, wenn es notwendig war.
> Mit dem Lagerrevier war aber auch dessen Heizung akut. Ich hatte keine Ofen mehr. Koll. Rubitschu liess auf meine Bitte die alte Heizung reparieren und das Strangsystem nach dem Revier in Ordnung bringen, sodass dort Dampfheizung war.“ [101]

---

[101] Staatsarchiv Dresden Bestand 11683 Universelle-Werke J.C.Müller & Co. Signatur 035 „Außenlager des Konzentrationslagers Ravensbrück, Dresden Florastraße 5“ Blatt 22f.

Nachdem also die Behandlung der KZ-Häftlinge durch eine Betriebsärztin durch die SS abgelehnt worden war, half der Werks-Sanitäter Kühn zunächst provisorisch aus. Obwohl sich in anderen Flossenbürger Außenlagern häufig schon in den Gründungstransporten Lagerärztinnen unter den Häftlingen befanden, wirkt der Bericht Aschenwalds, wegen der nachträglichen Überstellung medizinischen Personals nach Dresden Universelle sehr glaubwürdig.

Spätestens am 28. Januar '45[102] treffen die Häftlingspflegerinnen Karolina Potoczna[103] u. Marie Solange Thabut[104] in Dresden ein. Allerspätestens am 6. Februar 1945[105], erreicht dann auch die polnische Ärztin Janina Kosciuszkowa[106] aus Neurohlau das Lager. Bevor diese Häftlinge eingetroffen waren, muss die medizinische Behandlung der KZ-Häftlinge äußerst mangelhaft gewesen sein, obwohl sich laut Häftlingskartei mit Dr. Danuta Bakowska[107] zumindest eine polnische Zahnärztin und einige Krankenschwestern bzw. -pflegerinnen im Lager befunden hatten.[108]

Jozefa Czyz erinnert:

> „Während der Arbeit kamen häufig Verletzungen vor, die durch Maschinen verursacht wurden; da es jedoch keinen Arzt gab, wurden diese Wunden nicht behandelt. Die weiblichen Häftlinge, die schwer verletzt oder ansteckende Krankheiten hatten, wurden von dem Fabrikgelände abtransportiert, jedoch wußte keine von uns, was mit ihnen später geschah." [109]

---

102 Laut Flossenbürger Nummernbuch; (seit 21.11.1944 in Neurohlau)

103 *1920 (FloNo.: 58297)
Laut Liste des Arbeiterrates am 22.11.1944 (in Dresden?) eingetroffen.

104 *1913 (FloNo.: 58300),
Laut Liste des Arbeiterrates am 22.11.1944 (in Dresden?) eingetroffen.

105 Laut Flossenbürger Nummernbuch an diesem Tag nach Dresden überstellt. Laut Arbeiterrat am 20.12.1944 (nach Dresden) überstellt. Laut Nummernbuch wurde sie am 23.11.1944 in das Außenlager Neu Rohlau überstellt.

106 *1897 (FloNo.: 59945)
Laut Liste des Arbeiterrates am 20.12.1944 (in Neurohlau?) eingetroffen.

107 Vgl. FloNo.: 57274 – in den Lagerbüchern auch als Bonkowska geführt.

108 Die Russinnen Anton. Budanzewa (FloNo.: 57286) und Maria Morosow (FloNo.: 57511) sowie die Holländerin Henderkien Peeks (FloNo.: 57553) und die Deutsche Gertrud Hubrich (FloNo.: 57360).

109 Barch, B162 /16325 S.138f. – VP Jozefa C. 29.09.1967

Ein solcher Abtransport, der in gewisser Weise den Rücktransport von Kranken ins Stammlager und möglicherweise deren Tötung suggeriert, lässt sich dokumentarisch bislang nicht bestätigen und ist für das Lager Dresden Universelle auch weniger glaubhaft. Es ist jedoch möglich, dass eben einzelne Häftlinge aus der einen Unterkunftsetage ins Krankenrevier im anderen Stockwerk umquartiert wurden oder auch in Einzelfällen in Dresdner Krankenhäusern behandelt wurden und damit aus dem Umfeld der KZ-Kameradinnen gerissen wurden. Auch ist eine Verwechslung mit dem Abtransport einiger Frauen ins KZ Flossenbürg zu ihrer geplanten Entlassung denkbar. Elisabeth Braune gibt zu Protokoll:

> „Einen Lagerarzt hatten wir nicht. Es war zwar ein Krankenrevier da, aber Sanitätspersonal habe ich nie gesehen.“ [110]

Leokadia Sehnke berichtet:

> „Es existierte auch ein Krankenrevier im 3. Stock, welches von unserem großen Aufenthaltsraum durch einen Bretterverschlag abgetrennt war. Wir hatten eine polnische Ärztin, die aus dem KL Auschwitz gekommen war.“ [111]

Die polnische Ärztin Dr. med. Janina Kosciuszkowa erinnert:

> „Ich wurde am 22. Februar 1942 in Krakau verhaftet. Ich blieb bis zum 26. November 1943 [!42] im Gefängnis von Montelupich in Krakau. Seit dem Februar 1942 arbeitete ich als Gefängnisärztin im Gefängnis für Frauen "Frauenkloster" in Helclów [Krakauer Stadtteil], wo sich eine Frauenabteilung befand, und von April 1942 bis Februar 1943 im Montelupich-Gefängnis in der Männerabteilung. Am 26.02.1943 wurde ich in das Konzentrationslager Auschwitz deportiert und erhielt die Nummer 36319 - ich

[110] Barch, B162 /16326 S.235 – VP Elisabeth B. 10.03.1970
[111] Barch, B162 /16326 S.216 – VP Leokadia S. 12.02.1970

arbeitete dort im Revier „St“ Stabsgebäude. Im Juli 1943 wurde ich in das Revier Brzezinki / Birkenau / verlegt, wo ich als Arzt arbeitete.
Ende Februar 1944[112] wurde ich in das Lager Flossenbürg gebracht. Dort erhielt ich die Nummer 59945 und arbeitete als Ärztin in Neu-Rohlau / Nowe Role / bei Karlsbad [Karlovy Vary], [und in] Dresden – Flora-Gasse 15[113] / Universelle / [und wurde] nach dem Bombardement in das Lager Zatzschke bei Pirna [„Zalsehte bei Pyrna“] verlegt von dort wieder nach Dresden zum Hauptwerk der Zigarettenmaschinenfabrik „Universelle“ zur Fertigung von Zigaretten[114], wo Flugabwehrlichter[115] produziert wurden. Dort waren über 600 Arbeiter / zivile Deutsche und Häftlinge.
Aber es gab dort keinen deutschen Arzt, der mich zum Fabrikarzt ernannte. Am 19. April 1945 während dem größten Luftangriff auf Pirna floh ich und kehrte am 19. Mai 1945 nach Hause zurück." [116]

Damit werden einige Ereignisse vorweggenommen, die in späteren Kapiteln noch ausführlicher behandelt werden sollen.
Gertrud Sprenger gibt zudem Auskunft über den physischen und psychischen Zustand der Frauen bei Ankunft in Dresden:

> „Ich wurde gefragt, was mit den kranken Häftlingen geschah. Dazu darf ich nachtragen, daß von Ravensbrück aus nur gesunde und arbeitsfähige Frauen und Mädchen nach Dresden kamen. Vor unserem Abtransport aus Ravensbrück mußten wir uns völlig entkleiden und wurden von Ärzten auf unseren körperlichen Zustand untersucht. Dieser war insbesondere in Ravensbrück natürlich sehr schlecht. Wir bekamen je 3 Scheiben Brot pro Tag und

---

[112] Die letzte Ziffer wurde verbessert. Der Zeitpunkt wird zu spät angesetzt. Sollte es 1945 lauten wäre der Zeitpunkt deutlich zu früh angesetzt.
[113] Gemeint ist hier die Florastraße 14
[114] „do glownej fabryki maszyn do wyrobu papierosow „Universelle““
[115] Flak-Scheinwerfer oder Leuchtspurgeschosse?
„gdzie produkowano reflektory przeciwlotnicze“
[116] Brief vom 24.05.1971 ITS 6.3.3.2 / 108892669 Übersetzung Cziborra

> eine Wassersuppe mit Rübenblättern. Verhungert direkt ist in Ravensbrück meines Wissens wohl keine von uns. Dagegen war die Selbstmordquote sehr hoch. Sehr viele liefen in Selbstmordabsicht gegen den unter Hochspannung stehenden Drahtzaun.
> In Dresden war es dann etwas erträglicher. Jede von uns war froh, als sie von Ravensbrück wegkam.“ [117]

Dennoch berichtet auch Elisabeth Braune 1970 von einem Suizid-Vorfall in Dresden:

> „Über Tötungsverbrechen im Nebenlager Dresden kann ich keine Angaben machen. Während meiner Zeit habe ich derartiges dort nicht erlebt oder auch nur davon gehört. Es hat sich nur einmal eine Häftlingsfrau mit Namen Waltraut in der Toilette erhängt. Ich möchte sogar mit Sicherheit angeben, daß zu meiner Zeit ein derartiger Vorfall nicht vorgekommen ist. Das hätte ich erfahren.“ [118]

Sollte sich dieser Fall tatsächlich auf Dresden und nicht auf Ravensbrück beziehen, müsste es sich nach Stand der Recherche und Ausschlussverfahren um den reichsdeutschen Häftling Waltraud Friedrich[119] aus Duisburg handeln. Sie dürfte dann in Dresden bestattet worden sein, sofern der vermeintliche Suizidversuch erfolgreich gewesen ist. Ans Stammlager wurde ein solcher Vorfall nach Dokumentenlage wahrscheinlich nicht gemeldet. Es gibt bislang keine dokumentarische Bestätigung eines solchen Selbstmordes.

---

[117] Barch, B162 /16326 S.242 – VP Gertrud Sp. 17.03.1970
[118] Barch, B162 /16326 S.236 – VP Elisabeth B. 10.03.1970
[119] *24.11.1921 Duisburg, FloNo.: 57339

e) Flucht-, Misshandlungs- und Todesfälle im Lager

Todesfälle mussten an die Verwaltung des Stammlagers gemeldet werden. Diese „Häftlingsabgänge" wurden dann in der Regel ohne Rückdatierung mit einem Abmeldungsdatum in den Flossenbürger Nummernbüchern vermerkt und verminderten bei Stärkemeldungen die Häftlingszahl des Konzentrationslagers. Ihre Karteikarten wurden aus der Lagerkartothek aussortiert und wahrscheinlich in einer nicht überlieferten Kartei der Verstorbenen gesammelt. Denkbar wäre, dass diese Kartei gegen Kriegsende zur Vertuschung bewusst vernichtet wurde oder aber nach dem Krieg in einem anderen Archiv landete. Für registrierte Todesfälle bzw. Verstorbene im Verwaltungsbereich des KZ Flossenbürg liegt also in der Regel (dem Internationalen Suchdienst in Bad Arolsen) keine Häftlingskarteikarte vor. Selbiges gilt für Häftlinge, die in andere Lager überstellt wurden, deren Karteikarten wahrscheinlich ebenfalls separiert wurden und nicht überliefert sind.
Wie mit der standesamtlichen Beurkundung und der Bestattung von KZ-Häftlingen in den Außenlagern des NS-Regimes zu verfahren war, scheint im Vorfeld nicht klar geregelt worden zu sein. Dies zeigen Schriftwechsel, die sich in einigen Außenlagern mit örtlichen Standesämtern[120] oder Pfarreien entspinnen. So entstanden mitunter Begräbniskosten[121], deren Übernahme durch SS oder beschäftigende Firma, nicht geklärt waren. Das konnte mitunter auch zu menschenunwürdigen Bestattungen führen, wo aus logistischen und Kostengründen Leichen auf den Lagergeländen oder angrenzenden Wäldern oberflächlich verscharrt wurden.[122]
In einzelnen Fällen wurden daher auch Leichen aus Außenlagern zurück ins Stammlager überführt[123], wo man zur Beurkundung der KZ-Toten ein Lagerstandesamt eingerichtet hatte.
In den Flossenbürger Nummernbüchern sind für das Lager Dresden-Universelle drei Todesfälle verzeichnet.

---

[120] Vgl. Cziborra. KZ Wolkenburg. S.40
[121] Vgl. Cziborra. KZ Venusberg. S.36
[122] Vgl. Cziborra. KZ Venusberg. S.69ff.
[123] Vgl. Cziborra. KZ Gundelsdorf. S.37ff.

Am 29. November 1944 wird der Tod des reichsdeutschen Schutzhäftlings Ilse Dumalsky[124] durch Sonderbehandlung (S.B.) gemeldet. Dieser Begriff war im SS-Jargon ein Euphemismus für eine Vergasung, Erschießung, Hinrichtung oder Exekution. Am 3. Januar 1945 werden zudem die russischen Zivilarbeiterinnen Wiktoria Bilinska[125] und Tamara Elissewa[126] als in Flossenbürg verstorben abgemeldet. Hintergründe zu diesen Todesfällen werden von keiner Zeitzeugin explizit gegeben. Es werden allerdings einige Vorfälle geschildert, die mit größerer Wahrscheinlichkeit in Zusammenhang mit den drei Todesopfern stehen dürften.
So weiß die Überlebende Jozefa Czyz 1967 nach Tötungshandlungen im Dresdner Lager gefragt, scheinbar genau von drei Todesfällen zu berichten:

> „Ich erinnere mich an einen Vorfall als eine der weiblichen Häftlinge ein bißchen Spülwasser aus dem Behälter, der in der Halle im Erdgeschoß stand, schöpfen wollte um es zu trinken, wurde sie von einem SS-Mann, der das gesehen hat und der sie der Flucht verdächtigte an Ort und Stelle erschossen.
> Dieser SS-Mann war groß, hager und 25-30 Jahre alt. Seinen Namen kenne ich nicht.“ [127]

Da Czyz in einer juristischen Ermittlung sogar eine Personenbeschreibung mitliefert, klingt ihre Aussage zunächst glaubhaft und authentisch. Es gibt aber bislang keine konkrete Bestätigung oder dokumentarische Belege für einen solchen Vorfall.
Nicht alle Häftlinge müssen jedoch davon Kenntnis gehabt haben, auch wenn sich Lagerneuigkeiten und Gerüchte sicher leicht und schnell verbreiteten. Tag- und Nachtschicht waren dennoch in gewisser Weise voneinander isoliert. Zudem gab es diverse Arbeitsgruppen und wahrscheinlich sogar mindestens zwei verschiedene Arbeitsstellen. Elisabeth Braune gibt zu Czyzs Äußerung befragt 1970 zu Protokoll:

---

124 *16.01.1920 Berlin, FloNo.: 57318
125 *05.04.1925, FloNo.: 57261 Wiktorija Bilinskaja (vgl. Totenbuch)
126 *21.03.1922 Sima, FloNo.: 57324 Tamara Elisewa (vgl. Totenbuch)
127 Barch, B162 /16325 S.139f. – VP Jozefa C. 29.09.1967

> „Zu dem Vorfall, daß eine Häftlingsfrau Spülwasser entnommen habe und daraufhin von einem SS-Mann erschossen worden sein soll, habe ich nichts gehört oder gesehen. Wenn das wirklich passiert wäre, wüßte ich es auch.“ [128]

Um Opfer Ilse Dumalsky kann es sich bei dieser vermeintlichen Erschießung auf dem Firmengelände aber nicht gehandelt haben. Sie soll laut Aussage des Arrestverwalters Erhard Wolf im Hauptprozess zum KZ Flossenbürg im dortigen Stammlager wegen Spionage bezichtigt hingerichtet worden sein.[129] Ihre letzte Ruhestätte befindet sich also in Flossenbürg. Die Hinrichtung erfolgte spätestens am 29. November 1944.
Elisabeth Wiberg, die selbst Anfang Dezember 1944 aus der KZ-Haft entlassen wurde, äußert 1970:

> „An irgendwelche Strafaktionen gegen weibliche Häftlinge kann ich mich nicht erinnern. [...]
> Ich habe in keinen Fall gesehen, wo eine der Flucht verdächtig[t]e Frau erschossen worden wäre, aber ich habe häufig von Vorfällen erzählen hören. Einzelheiten der Tatumstände kann ich nicht angeben, ebensowenig weiß ich, wer mir von solchen Zwischenfällen seinerzeit erzählt hat.“ [130]

Czyz berichtet 1967 aber auch von zwei Russinnen, die nach ihrer Einschätzung die Lagerhaft nicht überlebt haben dürften:

> „Ich weiß, daß 2 Russinnen in einen Bunker gestoßen wurden, wohin man ihnen kein Essen brachte und wo sie der Hungertod erwartete. Ich nehme an, daß sie bei der Bombardierung umgekommen sind.“ [131]

---

[128] Barch, B162 /16326 S.236 – VP Elisabeth B. 10.03.1970
[129] Vgl. Martin Broszat. Bayern S.477 National Archives Flossenbürg Hauptprozess R 6907
[130] Barch, B162 /16326 S.251 – VP Elisabeth W. 12.03.1970
[131] Barch, B162 /16325 S.140 – VP Jozefa C. 29.09.1967

Bei dieser recht glaubwürdigen Aussage gibt es zwei Möglichkeiten, sie mit anderen geschilderten Episoden in Einklang zu bringen. Zum einen könnte es sich um die von Theresia Pfeiffer genannten zwei ukrainischen Bibelforscherinnen handeln, die Bunkerhaft[132] erhielten, die gleichzeitig ein wenig an die fünf kriegsgefangenen Russinnen aus Sprengels Autobiografie erinnern. Den Bibelforscherinnen und den Kriegsgefangenen war ihre ablehnende Haltung gegenüber der Rüstungsproduktion gemeinsam. Sprengel könnte also möglicherweise zugunsten ihrer kommunistischen Narration, zwei ukrainische Bibelforscherinnen gegen fünf russische Kriegsgefangene ausgetauscht haben, die durch ihre konsequente Haltung lieber den eigenen Tod in Kauf nahmen, als sich den Nazis gegen ihre innere Überzeugung zu beugen. Dieser Verdacht kommt aber nur auf, weil sich die zum Teil namentlich genannten weiblichen Kriegsgefangenen nicht unter den Häftlingen des KZ Flossenbürg nachweisen lassen.[133]
Die zweite Möglichkeit wäre, dass die zwei Russinnen geflohen und wiederergriffen worden waren und dafür Bunkerhaft erhielten, bis vom Stammlager Flossenbürg das Urteil eintraf, wie mit ihnen weiter zu verfahren sei. Sie könnten daraufhin um den Jahreswechsel 1944/1945 im Stammlager exekutiert worden sein.
Walli Nossen erinnert:

> „Ich habe lediglich einmal zuschauen müssen, wie ein SS-Mann zwei Frauen, die getürmt sind und wieder aufgegriffen worden waren, 25 Schläge mit dem Gummiknüppel aufs Gesäß verabfolgte. Der SS-Mann schoß in die Luft und hatte auch mich mit der Pistole bedroht. Dabei rief er, daß aus unseren Reihen drei erschossen würden, falls nochmal versucht wird zu türmen.
> Den Namen des SS-Mannes weiß ich nicht. Er war klein und hager, vermutlich trug er eine Brille.“ [134]

Es wäre also durchaus denkbar, dass ein Fluchtversuch der Viktoria Bilinska und der Tamara Elisewa im Dezember 1944

---

[132] s.u. Barch, B162 /16327 S.469 – VP Theresia P. 29.12.1976
[133] s.u. Sprengel. Der rote Faden. Zitiert in Kapitel h)
[134] Barch, B162 /16326 S.226 – VP Walli N. 13.02.1970

missglückte. In diesem Zusammenhang könnte auch eine von Sprengel und anderen geschilderte Durchsuchung der Häftlingsunterkunft stehen.[135] Es könnte nach verbotenen Gegenständen, illegalen Briefen und anderen Beweisen, die weitere Häftlinge im Zusammenhang mit der geplanten Flucht belasten, gesucht worden sein. Möglicherweise wurden die geflohenen Delinquenten aus dem Bunker in der Florastraße dann nach Flossenbürg zur Hinrichtung überstellt, die spätestens am 3. Januar 1945 vollzogen worden ist.

Bereits in den Anfängen des Dresdner Lagers soll laut Nummernbuch ein russischer Schutzhäftling namens Veronika Olejnikowa[136] geflüchtet sein. Dieser Vorfall wird am 17.10.44 zunächst in Nummernbuchzeile 54179 eingetragen und später wieder ausradiert, weil der Transport zum Zeitpunkt der Flucht wohl noch nicht ins Nummernbuch übertragen war.

Eventuell hat es auch einen Fluchtvorfall einiger Polinnen gegeben, von denen eine wieder ergriffen worden sein soll. Dokumentarisch belegen lässt sich ein solcher Vorfall aber bislang nicht.

> „Die Zeugin Cecilia Lapina-Winkel war auf den 21. September 1970 geladen worden. Nach Erhalt der Ladung teilte sie mit, daß es ihr aus gesundheitlichen Gründen nicht möglich sei, zur Aussage zu erscheinen.
> Informatorisch befragt erklärte sie, daß die Verhältnisse in der „Universellen Maschinenfabrik“ im Vergleich zu anderen Lagern sehr gut gewesen seien. Sie habe nie gesehen oder gehört, daß jemand geschlagen oder getötet worden sei. Der Lagerführer war sehr gut. Einmal seien einige Polinnen geflohen. Eine von ihnen wurde wieder festgenommen. Auch sie sei nicht geschlagen worden, sondern musste lediglich zur Strafe einige Stunden knien. Frau Lapina ist mit ihrer Schwester und ca. 150 anderen Mädchen am 13. Februar 1945 während eines Bombenangriffs aus dem Lager geflohen. Eine deutsche Vorarbeiterin[137] von der Fabrik habe sie nach der Flucht mit

---

[135] Vgl. Sprengel Kapitel d) III. Kleidung

[136] *15.06.1920 Morschensk, FloNo.: 57368

[137] Möglicherweise Hedwig Kasper sonst Marianne Ulbricht s.u.

> Lebensmitteln versorgt. Abschließend bemerkte sie, daß sie nur Gutes über dieses Lager sagen könne.“ [138]

Der Leidensdruck war für die Inhaftierten KZ-Häftlinge also offensichtlich nicht gleichermaßen groß. Der ehemalige reichsdeutsche Häftling Frieda Bauermeister gibt 1967 sogar explizit zu Protokoll:

> „Mir ist nicht bekannt, daß von diesem Arbeitskommando Häftlinge geflohen sind. Wir hatten dort eine einigermaßen gute Unterkunft und einigermaßen gutes Essen und daher keine Veranlassung zur Flucht.“ [139]

Auch ihre Aussage ist als Vergleich mit den Haftbedingungen im Frauen-Konzentrationslager Ravensbrück zu verstehen. Dass die Lebenswirklichkeit bei der Universelle Maschinenfabrik in Dresden nicht zu rosig war, verdeutlichen die Schilderungen der Jozefa Czyz und der Josefa Achatz diverser schwerer Misshandlungen.

---

[138] Barch, B162 /16326 S.273 – (VP) Cecilia P. 09.10.1970

[139] Barch, B162 /16325 S.55R – VP Frieda B. 23.09.1967

I. Schwere Misshandlungen

Jozefa Czyz:

> „Weibliche SS-Angehörige schlugen uns aus nichtigen Anlässen, so z.B., wenn eine von uns kein Netz auf dem Kopf hatte; wir erhielten jedoch diese Schutznetze nicht, da sie überhaupt nicht vorhanden waren. Ein anderes Mal war ich gegen Ende der 12-stündigen Arbeit so erschöpft, daß ich, während ich an der Maschine arbeitete, 2 Teile der Maschine zerstörte. Daraufhin wurde ich von einer SS-Aufseherin mit einer Reitpeitsche so stark geschlagen, daß man mich fast ohnmächtig zu einer Pritsche brachte. Trotzdem mußte ich zur Nachtschicht gehen.“ [140]

Josefa Achatz:

> „Häftlingstötungen habe ich nicht gesehen[,] jedoch ist mir ein Fall noch gut in Erinnerung wie ein weiblicher Häftling ca. 30 Jahre alt eines Tages von der Blockältesten (die Blockältesten waren alles kriminelle Häftlinge) beschuldigt wurde ein Stück Brot entwendet zu haben. Da sie diesen Brotdiebstahl abgestritten habe, wurde sie von der SS-Wachmannschaft bewußtlos geprügelt und in diesem Zustand vor dem Eingang zum Klosett gelegt. Dort wurde sie mit kaltem Wasser angespritzt mit den Füssen getreten und laufend bei den Haaren gezogen. Wir haben dann diese Bewußtlose in ihren Schlafraum getragen und sie auf die Pritsche in der dritten Etage gelegt. Es kamen dabei 2 SS-Wachmänner hiezu, die diesen Frauenkörper aus ca. 2 Meter Höhe auf den Fußboden warfen, wo sie 2 Tage lang liegen mußte. Diese Frauensperson kam dann zum Außenkommando. Das weitere Schicksal dieser Person ist mir nicht bekannt. Diese beiden mißhandelnden SS-Leute sind mir namentlich ebenfalls nicht bekannt“ [141]

---

[140] Barch, B162 /16325 S.139 – VP Jozefa C. 29.09.1967

[141] Barch, B162 /16325 S.41 – VP Josefa A. 29.06.1967

Josefa Achatz:

> „Wir wurden abwechselnd von der SS-Wachmannschaft mißhandelt. Ich erhielt ohne Grund Fusstritte, Ohrfeigen und Faustschläge. Die weibliche SS-Wachmannschaft war noch brutaler als die männliche SS.
> Die Namen Guhl und Hanakam sind mir leider nicht bekannt, denn die SS-Wachmannschaft trug Decknamen. Ich würde jedoch, wenn man mir Fotos zeigen würde dem [sic!] einen oder den anderen noch erkennen." [142]

Josefa Achatz:

> „Als Strafe für geringe Verfehlungen, wie nicht gleich vom Stuhl aufstehen, wenn ein SS-Wachorgan jemanden angesprochen hat, oder man hat diesem zurückgeredet, bekam man 25 Schläge mit dem Gummiknüppel auf den nackten Körper. Für diese körperliche Züchtigung mußte man sich auf einen Tisch legen, der zu diesem Zweck in einem Schlafraum hinter einer Tür stand und die übrigen Häftlinge mußten zusehen. Diese 25 Schläge habe ich nicht bekommen. Ich habe aber öfters zusehen müssen, wie viele Häftlinge diese Schläge bekamen. Die SS-Wachmannschaft, die meistens alkoholisiert war, hatten dabei ihr Vergnügen." [143]

Achatz bezeichnet das SS-Personal daher auch als „Bestien in Menschengestalt".

---

[142] Barch, B162 /16325 S.40 – VP Josefa A. 29.06.1967
[143] Barch, B162 /16325 S.41 – VP Josefa A. 29.06.1967

f) Dezember 1944 und später – Entlassungen aus der KZ-Haft

Im Dezember 1944 werden elf reichsdeutsche Häftlinge aus dem Lager Dresden Universelle entlassen. Darunter Lotte Diehm[144], die laut Flossenbürger Nummernbüchern[145] am 11. Dezember 1944 zur Stapo Frankfurt am Main entlassen wurde. Sie gibt am 3. September 1970 zu Protokoll:

> „Ich wurde am 21.5.1943 in Frankfurt/M., wo ich seit 1927 wohnte, durch die Gestapo festgenommen […]. Meine Festnahme erfolgte aus politischen Gründen. Nach einigen Tagen Aufenthalt im Polizeigefängnis ging es dann auf Transport nach Ravensbrück.
> In Ravensbrück blieb ich bis zum August[146] 1944, dann kam ich mit einem neuen Transport nach Dresden. Hier wurden wir in einer Fabrik untergebracht und mußten auch hier arbeiten. Es handelte sich um eine Flugzeugfabrik, eine nähere Bezeichnung gab es nicht.
> Im November des gleichen Jahres wurde ich plötzlich mit 8 anderen Frauen in das KL Flossenbürg gebracht. Aus welchen Gründen dies geschehen ist, weiß ich auch nicht. In Flossenbürg wurden wir isoliert untergebracht, zum arbeiten wurden wir nicht eingesetzt. Am 12. Dezember wurden wir zum Lagerleiter gerufen, der uns sagte, daß wir entlassen würden. Anderntags erfolgte dann auch tatsächlich unsere Entlassung. Ich kehrte nach Frankfurt zurück. […]
> In dem Fabriklager in Dresden sind keine Tötungshandlungen vorgekommen, wir mußten wohl schwer arbeiten, aber umgebracht wurde niemand.“ [147]

Die Aussage ist insgesamt glaubhaft, auch wenn möglicherweise kleinere Ungenauigkeiten vorliegen. Zieht man in Betracht, dass sich Diehm nicht nur zeitlich, sondern auch bei der Zahl der

[144] Charlotte Diehm *27.10.1897 Königsberg, FloNo.: 57306
[145] „11.12.44 Entlassen n Stapo Fkft/M.“
[146] Tatsächlich bis zum Oktober 1944.
[147] Barch, B162 /16326 S.275+277 – VP Lotte D. 03.09.1970

betroffenen Mithäftlinge irrt, muss offen bleiben, ob hier einschließlich Diehm acht im Dezember entlassenen Frauen gemeint sind oder ob Ilse Dumalsky zwecks Exekution als neunte mit acht zu Entlassenden (wahrscheinlich Ende November) ins Stammlager Flossenbürg gelangte. Die drei am 25. Dezember Entlassenen dürften, wie der Urteilsbegründung aus dem Jahr 1946 über die Entlassung Raspes bzw. Forkerts in Kapitel 2.1.2 zu entnehmen ist, nachträglich am 18. Dezember 1944 nach Flossenbürg überführt worden sein.

Laut Flossenbürger Nummernbuch wurde Diehm allerdings bereits am 11. Dezember entlassen. Mit ihr oder am selben Tag wurden wahrscheinlich auch Elisabeth Bastin, die Wienerin Hermina Franz, Henriette Winterhoff und die Hamburgerin Maria Zywicki dem Lagerführer vorgestellt.

T1

Entlassungsvermerk	**Entlassene**
entlassen 04.12.1944	Johanna Schnittker[148]
entlassen 04.12.1944	Elisabeth Reiboth[149]
11.12.44 Beurlaubt Kdt. Breslau.	Elisabeth Bastin[150]
11.12.44 Entlassen n Stapo Fkft/M.	Lotte Diehm[151]
11.12.44 Entlassen Grepo Wien	Hermina Franz[152]
Entlassen 11.12.44	Henriette Winterhoff[153]
11.12.1944 Überst. n Amtsgericht Hamburg	Maria Zywicki[154]
entlassen 18.12.44 Stapo Dresden	Wallburga Raspe[155]
25.12.1944 entlassen	Astrid Müller[156]
25.12.1944 entlassen	Edith Poppe[157]
25.12.1944 entlassen.	Gertrud Schulze[158]

---

148 *09.11.1916 Cloppenburg, FloNo.: 57646 RD Sch.H.
149 *12.09.1918 Grifstädt, FloNo.: 57657 RD Sch.H.
150 *09.07.1915 Waldenburg, FloNo.: 57246 RD Sch.H.
151 Charlotte Diehm *27.10.1897 Königsberg, FloNo.: 57306 RD Sch.H.
152 *17.11.1910 Wien, FloNo.: 57338 RD
153 *17.04.1915 Lünern, FloNo.: 57717 RD polit.
154 *22.02.1913 Hamburg, FloNo.: 57730 RD Aso.
155 *10.06.1922 Somsdorf, FloNo.: 57585 RD, Zeugin 1946
156 *12.12.1896 Berlin, FloNo.: 57514 RD Sch.H.
157 *18.02.1921 Erfurt, FloNo.: 57574 RD Sch.H.
158 *17.12.1908 ND Rasslau, FloNo.: 57652 RD Sch.H.

Die Abschrift des Entlassungsscheins vom 11.12.1944 besagt:

> „[...]. Laut Verfügung des Reichssicherheitshauptamtes IV A 1 a B. Nr. 3136/44 g vom 28. Oktober 1944 wurde die Schutzhaft aufgehoben. D.[iehm] hat sich nach Ankunft in Frankfurt/M., sofort bei der dortigen Staatspolizeistelle zu melden."[159]

Maria Zywicki könnte aber möglicherweise auch einzeln, sonst eventuell mit weiteren zu Entlassenden erst am 8. Dezember 1944 nach Flossenbürg überstellt worden sein. So heißt es in einem Schreiben des Personalbüros, Bearbeiter Schmidt/Sg vom 9. Dezember 1944 betreffs „Maria Zywicki geb. 22. 2. 13 zu Hamburg" an das Amtsgericht Hamburg:

> „Wir teilen Ihnen mit, dass die Vorgenannte in der Zeit vom 8. 10. 44 – 8. 12. 44 als KZ Häftling bei uns in Beschäftigung stand. Die Z. wurde am 8. 12. 44 in das KZ Lager Flössenburg (sic!) bei Weiden/Oberpfalz abgestellt und geht dort angeblich Ihrer Entlassung entgegen.
> Aus diesem Grunde geben wir Ihnen beiliegend den Haftbefehl wieder zurück."[160]

Weitere Hintergründe zu dieser Korrespondenz sind nicht überliefert. Zum weiteren Kriegs- bzw. Nachkriegsschicksal Zywickis ist bislang nichts bekannt. Im Jahr 1945 kommt es dann zu weiteren Entlassungen.

T2

Entlassungsvermerk	Entlassene
am 15.1.1945 entlassen Stapo Innsbruck	Anna Breitenlechner[161]
am 15.1.1945 entlassen Komm. Breslau	Käthe Winter[162]
am 7.2.1945 Entlassen nach Stapo Dresden.	Erna Beckmann[163]
am 15.3.1945 nach Zwodau überstellt	Margarete Mauerer[164]

---

[159] ITS 6.3.3.2/108831508

[160] Staatsarchiv Dresden Bestand 11683 Universelle-Werke J.C.Müller & Co. Signatur 035 „Außenlager des Konzentrationslagers Ravensbrück, Dresden Florastraße 5" Blatt 29

[161] *29.05.1922 Auffach, FloNo.: 57280 RD Sch.H.

[162] *22.03.1918 Breslau, FloNo.: 57715 RD Sch.H.

[163] *19.08.1926 Boberrohrsdorf, FloNo.: 57253 RD Sch.H.

[164] *03.07.1912 Regensburg, FloNo.: 57489 RD Sch.H.

Nach der Bombardierung Dresdens kommen weitere ehemalige KZ-Häftlinge in den Besitz von offiziellen Entlassungspapieren. Stanislawa Drab schreibt am 05.12.1977 an den Internationalen Suchdienst (ITS) des Roten Kreuzes in Bad Arolsen:

> „Besitze eine Entlassungsbescheinigung der Gestapo Dresden aus dem U-Gefängnis Radeberg, Dresden vom 19.4.45 auf den Namen Stanislawa Jakubowska geb. 17.4.20.
> Ich wurde dem Arbeitsamt Pirna zur weiteren Verfügung gestellt – die polnischen Behörden zweifeln daran, daß ich (ohne Gegenleistung) einfach entlassen wurde.
> Bitte den ITS um Hilfe und Zusendung einer Erklärung in welchen Fällen aus den Gefängnissen entlassen und den deutschen Behörden (Arbeitsamt) zur Verfügung gestellt wurde – ich bin entlassen worden weil ich schuldlos war und weil es Kriegsende war.“ [165]

Die teils unbefriedigende Antwort vom 19.12.1977 lautet:

> „In Beantwortung Ihres oben angeführten Schreibens teilen wir Ihnen mit, daß dem Internationalen Suchdienst aus überaus zahlreichen Fällen bekannt ist, daß Entlassungen aus Konzentrationslagern und Gefängnissen mit anschließender Überstellung zum zivilen Arbeitseinsatz stattgefunden haben. Unter welchen Gesichtspunkten diese Entlassungen durchgeführt wurden, entzieht sich jedoch unserer Kenntnis, da uns die entsprechenden Unterlagen leider fehlen.“ [166]

Eine Aufgabe des Internationalen Suchdienstes war es Haftbescheinigungen für ehemalige KZ-Häftlinge auszustellen, die diese in der Regel für Entschädigungsbestrebungen benötigten. Verschiedene Opfergruppen blieben jedoch über Jahrzehnte (z.B. Sinti/Roma/„Zigeuner“) oder sogenannte Asoziale u. Berufsverbrecher gar bis 2020 nicht als entschädigungswürdig anerkannt.

---

[165] ITS 6.3.3.2 / 85661598
[166] ITS 6.3.3.2 / 85661605

g) Jahreswechsel 1944/1945

Anna Hehn berichtet über Herrn Beermann, dem Assistenten des Betriebsleiters Aschenwald und die Aufseherinnen Hanakam und Mehnert:

> „Weihnachten auf der Florastr.! Bereits mittwochs hatten Beermann und Frau, Hanakam und Mehnert Weihnachten gefeiert. Am darauffolgenden Morgen lagen sie besoffen in der Revierstube!
> Das Weihnachtsgeschenk von Flossenbürg war in der Form von neuen Nummern. Das Essen bestand an diesem Tag aus Kartoffelsalat und Wurst, dafür mussten die Frauen aber 5 Stunden bei grösster Kälte im Hof stehen. Vom Betrieb bekam jede ½ Christstollen. – Als die Frauen nach dieser Zeit in ihren Schlafraum kamen, war inzwischen alles ausgeräumt worden. Verschiedene hatten Pakete bekommen, dann die Kleider, die sie sich für den nächsten Tag gewaschen hatten. Die Holzwolle aus den Betten hatte man wahllos auf die Erde geworfen.“[167]

Von der Durchsuchung der Häftlingsunterkunft berichtet auch Rita Sprengel.[168] Betriebsleiter Aschenwald zweifelt in seiner Aussage von 1945 ein (vor-)weihnachtliches Saufgelage der Führungsriege an. Eine Vorweihnachtsfeier mit weniger Nachwirkungen aufgrund der begrenzten alkoholischen Genussmittel kann er aber bestätigen.[169]

---

[167] Staatsarchiv Dresden Bestand 11683 Universelle-Werke J.C.Müller & Co. Signatur 035 „Außenlager des Konzentrationslagers Ravensbrück, Dresden Florastraße 5“ Blatt 18

[168] Vgl. Kapitel d) III. Kleidung

[169] Vgl. Kapitel 2.2

h) Bombenangriff auf Dresden

Am 13. Februar 1945 dürften sich laut Flossenbürger Nummernbuch und Häftlingskartei etwa 685 weibliche KZ-Häftlinge in den Werken der Universellen Maschinenfabrik aufgehalten haben. 700 Arbeiterinnen und drei Häftlings-Ärztinnen bzw. Pflegerinnen, sowie ein Häftling aus Holleischen[170] waren nach Dresden überstellt worden. 13 entlassen (davon 2 innerhalb Dresdens), 1 Person „beurlaubt", 1 über Flossenbürg nach Zwodau überstellt und 3 Häftlinge einer *Sonderbehandlung*, d.h. einer Exekution im Stammlager zugeführt worden. Eine Russin war im Oktober 1944 geflohen. Die 200 Frauen des zweiten Dresdner Transportes aus dem Januar 1945 müssten sich alle noch im Lager befunden haben. Wie viele von den 685 bis 687 Frauen in der Florastraße 14 arbeiteten, und wie viele im Werk bzw. Gebäude-Komplex in der Zwickauer Straße 46, ist nicht genau überliefert. Lediglich Walli Nossen[171] erwähnt diese Arbeitsstelle, an der nur deutsche Frauen beschäftigt gewesen sein sollen, während sie mit in der Hauptunterkunft untergebracht gewesen sein will. Diese erinnert sie als Rathenower Straße[172] und nicht als Florastraße. Maximal die Nachtschicht des Kommandos in der Zwickauer Straße habe dort im Keller geschlafen.[173]
Grundsätzlich muss also mindestens in drei, eventuell auch vier, verschiedene Häftlingsgruppen unterschieden werden, zwei lokal voneinander getrennte Arbeitsschichten und den Frauen der Tagschicht, die sich zum Zeitpunkt der Bombardierung zum Schlafen in der eigentlichen Unterkunft des KZ-Lagers in den oberen Etagen der Florastraße oder eventuell in einer Baracke auf dem Lagergelände befunden haben. Leokadia Sehnke gibt 1970 jedenfalls an, dass jeweils 250 Frauen in den beiden Unterkunftsetagen in der Florastraße einquartiert waren.[174] Josefa Achatz

---

[170] Diese Häftlingsüberstellung geht nur aus den Firmenunterlagen hervor.
[171] FloNo.: 62543
[172] Ob hier eventuell eine Verwechslung vorliegt oder die Rabenauer Straße in Dresden-Löbtau gemeint ist, konnte nicht geklärt werden. In Dresden gibt und gab es keine Rathenower Straße. Die Rathenau-Straße in Dresden-Lausa scheint ebenfalls auszuscheiden.
[173] Vgl. Barch, B162 /16326 S.225f. – VP Walli N. 13.02.1970
[174] Vgl. Barch, B162 /16326 S.214ff. – VP Leokadia S. 12.02.1970

geht sogar davon aus, dass nach Ankunft des 2. Transportes sogar alle 700 weiblichen KZ-Häftlinge in den obersten beiden Etagen des Fabrikgebäudes untergebracht gewesen seien. 300 Personen in der dritten Etage, wo sich mit einem Bretterverschlag abgetrennt zusätzlich das Krankenrevier des Lagers befand und 400 Frauen in der 4. Etage. Indizien für eine solche Teilung in zwei Gruppen liefert auch das Vernehmungsprotokoll der Elise Dornieden. Nach Abgleich aller Berichte waren also weder die beiden Arbeitsschichten noch die Frauen in der Haupthäftlingsunterkunft von Schutzräumen ausgeschlossen und der direkten Einwirkung des Luftangriffes ausgesetzt.

Aufgrund der unterschiedlichen Orte und des ausbrechenden Chaos' bei den Ereignissen um den 14. Februar 1945 dürfte also kein einzelner Häftling einen umfassenden Gesamtüberblick über Lage und Opferzahlen der Bombardierung gewonnen haben. Die Vorgänge müssen also in Teilaspekten und mittels der Häftlings-Einzelschicksalsrecherche rekonstruiert werden. Um einen emotionalen und detailreichen Eindruck der Bombennacht zu geben, soll hier zunächst der Bericht Rita Sprengels aus ihrer Autobiografie wiedergegeben werden. Im Gegensatz zu den Vernehmungsprotokollen der Zentralen Stelle zur Aufklärung nationalsozialistischer Verbrechen in Ludwigsburg, werden bei ihr die Vorgänge im Hauptwerk in der Florastraße 14 ausführlich beleuchtet. Bei den Ludwigsburger Vorermittlungen hingegen ging es weniger um die Rekonstruktion von historischen Ereignissen als um die Frage nach noch juristisch zu verfolgenden Tötungs- und Morddelikten. Außer Mord waren alle möglichen Straftatbestände zum Zeitpunkt der Ermittlungen bereits verjährt. Es wurde daher weniger nach den Toten durch Kriegseinwirkung gefragt, sondern nach Tötungsdelikten durch die Wachmannschaft und andere Akteure im Lagerumfeld. Zudem sind die Niederschriften eher durch ein standardisiertes Amts- bzw. Juristen-Deutsch der Protokollanten geprägt. Im Hinterkopf sollte der Leser auch behalten, dass im Wesentlichen nur 16 reichsdeutsche Häftlinge, eine Staatenlose und eine Lettin zu den Vorkommnissen im Lager befragt wurden und somit Stimmen anderer Nationalitäten kaum gehört wurden. Der ausführlichste bekannte Bericht über die Bombardierung Dresdens stammt somit aus der Autobiografie „Der rote Faden" von Rita Sprengel. Sie schreibt 1994:

„[…] Jedenfalls drei Tage vor dem Großangriff auf Dresden wurde uns mitgeteilt, daß wir in Zukunft bei Fliegeralarm in den Keller kamen. Drei Tage vor dem 13. Februar 1945. Sozusagen in letzter Minute. […]
Mit einem zweiten Transport von Ravensbrück kamen fünf weibliche Kriegsgefangene nach Dresden.[175] Die Führung der Gruppe lag bei Natascha[176], einer dunkelhaarigen, schmalen Kameradin. Sie war sehr zurückhaltend, auch und gerade mir gegenüber. Mit einer Sibirierin, Medwedjewa (Bär)[177] mit Familiennamen, freundete ich mich dagegen an. Scherzend nannte ich sie manchmal: „Mein liebes sibirisches Bärchen!“ Sie war keine Schönheit, sah tatsächlich ein wenig einem rotblonden Bären ähnlich, strahlte aber solche Freundlichkeit und Menschenliebe aus, daß man sie einfach liebhaben mußte.
Zunächst arbeiteten die Kriegsgefangenen in der Küche und als Reinigungskräfte. Anfang Februar stellte die SS ihnen dann ein Ultimatum: Entweder ihr arbeitet in der Produktion – oder ihr kommt bei Wasser und Brot in den Bunker, müßt jeden vierten Tag bei vollem Kostentzug im Hof Strafe stehen und werdet danach ausgepeitscht und das – bis ihr euch fügt oder krepiert. […]
Ich wandte mich an die fünf Kriegsgefangenen, vor allem an Natascha. Ich riet ihnen, sich an die Maschinen zu

[175] Es dürfte der 2. Transport mit 200 Frauen im Januar 1945 gemeint sein. Als „Kriegsgefangene“ wird aber niemand in der Lagerevidenz registriert. Da sich die genannten Personen nicht nachweisen lassen, muss aber auch in Betracht gezogen werden, dass es sich nicht um KZ-Häftlinge handelte, sondern wirklich um weibliche Kriegsgefangene, die ebenfalls in der Fabrik arbeiten sollten. Die Formulierung „mit einem zweiten Transport“ bezöge sich dann auf einen Zeitpunkt bzw. die Einordnung in eine Chronologie.

[176] Eine Natascha ist bislang nicht explizit nachzuweisen. Sollte der Name nicht aus persönlichkeitsrechtlichen Gründen verändert worden sein, kämen folgende Häftlinge infrage: Nadjezda Kozlowa (FloNo.: 62478), Nadja Pawluk (FloNo.: 62520), Nadja Procenko (FloNo.: 62531) oder Nadja Jastreba (FloNo.: 62655). Aber nur letztere gilt nicht als beim Luftangriff geflohen und alle werden im Flossenbürger Nummernbuch lediglich als russische Zivilarbeiterinnen (Z.A.) und nicht als Kriegsgefangene geführt.

[177] Beide Nachnamen sind bislang für das Außenlager Dresden Universelle nicht nachzuweisen.

setzen, sich aber dumm zu stellen, endlose Zeit zum Anlernen zu brauchen, dabei Schaden anzurichten, doch immer so zu tun, als bemühten sie sich. Jeder Tag, den sie so gewinnen würden, könne ihnen das Leben retten. Ich wies darauf hin, daß einige Vorarbeiter, ja sogar ein Meister, ihre Fehlleistungen vor der SS vertuschen würden. Ich bat sie zu bedenken, das, was wir jetzt noch produzierten, würde sich ohnehin kaum noch militärisch auswirken.

Natascha unterbrach mich: Ich solle sie endlich in Ruhe lassen. Ihre Entscheidungen träfen sie allein.

Am 9. Februar abends wurden die fünf Kriegsgefangenen von uns getrennt. Am 13. Februar standen sie zum ersten Mal den Tag über im Freien. Danach wurden sie ausgepeitscht. Als wir beim ersten Fliegeralarm in den Keller kamen, saßen sie in engem Kreis auf dem Boden, winzige, graue Häufchen Mensch, in sich zusammengesunken. Menschen, die mit dem Leben abgeschlossen hatten, die nicht mehr zu uns gehörten.

Dann gellte ein Schrei: „Unsere Kranken!" Im dritten Stock waren über fünfzig[178] Kranke und zwei polnische Ärztinnen eingeschlossen. Von allen Seiten gellten Rufe: „Wir müssen sie holen." Es war ein Schreien und Kreischen wie in einem Irrenhaus. Dann stürmten wir hoch und brachten die Kranken nach unten.

Es kam die Entwarnung. Außer einigen geborstenen Fensterscheiben war das Fabrikgebäude noch heil. Sogar das elektrische Licht brannte noch. […]"[179]

Die erste Angriffswelle am 13. Februar hatte das Fabrikgebäude also überstanden. Nach Mitternacht in den frühen Nachtstunden des 14. Februar wird die Stadt von einer zweiten Angriffswelle heimgesucht. Rita Sprengel erinnert:

---

[178] Diese Zahl ist möglicherweise etwas übertrieben. Bis Ende Dezember waren meist um die 470 von 500 Häftlingen im Arbeitseinsatz und die 200 Neuankömmlinge waren ja erst im Januar als arbeitstauglich selektiert worden. Mit fortschreitender Haftdauer und in den Wintermonaten könnte aber der Krankenstand in der Tat noch weiter angestiegen sein.

[179] Rita Sprengel. Der rote Faden. S.241ff.

„Wenige Stunden später der zweite Alarm. Wir hatten die Parole ausgegeben: Decken mitnehmen! Die Aufseherinnen wollten es nicht dulden. Wir drängten – wie verabredet – an ihnen vorbei. Die Kranken nahmen wir diesmal gleich mit.

Im Keller angekommen, entwickelte sich alles mit rasender Schnelle. Zunächst stand ich noch mit meinen slowenischen[180] Freundinnen zusammen, Hand in Hand. Ununterbrochen bebte die Erde beim Einschlag schwerer Sprengbomben und Luftminen. Dann erlosch das Licht. Wir hielten uns aneinander fest.

Auf der anderen Seite des Kellers flammte eine Taschenlampe auf. Sie winkte. Unwiderstehlich zog das Licht die Menschen an. Meine Freunde zogen mich mit, auf die winkende Lampe zu. Von der Decke über uns lösten sich Steine und fielen herab. Ich riß mich von meinen Kameradinnen los und zog mich auf unseren früher ausgesuchten Platz zurück. Nun war ich ganz allein. […]

Dann hörte ich eine Stimme beten. Andere Stimmen schlossen sich ihr an. Es war ein Chor Betender, ein Chor in vielen Sprachen Betender.

Plötzlich Lichtfülle, vor der sich die Augen zupreßten. Getöse, das meine Ohren nicht als Geräusch, sondern als Schmerz aufnahmen. Vorsichtig öffnete ich die Augen. Die südwestliche Wand des Gebäudes, fünf Stockwerke hoch, war verschwunden. Die brennende Stadt erleuchtete den Keller. Nur wenige Häftlinge waren zu sehen. Die anderen waren wohl zu der Stelle gelaufen, an der die

---

[180] Im Flossenbürger Nummernbuch ist kein Häftling des Lagers als Slowenin registriert. Sprengel spricht von einer 7-köpfigen Gruppe, die ihr in Ravensbrück anvertraut worden war. Dazu sollen unter anderem die als reichsdeutsche registrierten Darinka Fortunat (FloNo.: 57336) und Ancka Sviglji (Schwigl) (FloNo.: 57656) gehört haben. In einer firmeneigenen Liste vom 11.01.1946 wird lediglich die als Italienerin registrierte Maria Ivanova (FloNo.: 62656) als Slowenin geführt, die aber nicht zu Sprengels Gruppe gehörte. Slowenien gehörte zu Kriegszeiten bereits zu Jugoslawien hatte aber zuvor lange zu Österreich gehört, weshalb die Sloweninnen gut Deutsch sprachen und möglicherweise österreichische Staatsbürgerschaft besaßen und deshalb als Reichsdeutsche (RD) registriert wurden.

Luftmine eingeschlagen hatte. Waren sie alle umgekommen?
Erneuter Einschlag: Eine zweite Luftmine oder Sprengbombe vollendete das Werk der ersten. Auch sie traf die südwestliche Mauer des Gebäudes. Jetzt hing das Gebäude ohne Stütze seiner südlichen Seite über uns. Und noch immer bebte die Erde von schweren Einschlägen.
Nur langsam beruhigte sich der schwankende Boden. Das Prasseln der Flammen, die an den Balken des Fabrikgebäudes zehrten, übertönte die anderen Geräusche.
Da rief ich den Kameradinnen zu: Hier können wir nicht bleiben! Wir steuerten auf die Treppe zu, über die wir in den Keller gekommen waren. Unsere Schritte stockten. Die Treppe lag voller bewegungsloser Häftlinge. Wir beugten uns über sie. Wir fühlten ihren Puls. Atmung war nicht mehr festzustellen. Eine Frau fand eine Freundin. Sie kauerte sich neben sie, nahm sie in die Arme. Wie abgebrochen fiel der Kopf der Toten nach hinten.
Die auf der Treppe Liegenden hatten keine sichtbaren Wunden. Der Luftdruck hatte ihre Lungen zerrissen.
Über uns knatterten die Feuer der Deckenbalken. Und meine slowenischen Freundinnen, waren auch sie tot? Ich dachte an die fünf Kriegsgefangenen. Langsam und zögernd stiegen wir hoch zum Parterre. Der Fußboden dort war frei von Schutt und Staub. Die Fliesen schimmerten im Schein der flackernden Flammen, so sauber hatte der Luftdruck sie gefegt. Ich fragte mich, wo die fünf Stockwerke hohe Wand geblieben war. Nichts war mehr da. Auch das Tor, das bisher das Gebäude und damit uns ein- und absperrte, existierte nicht mehr. Ungehindert verließen wir das Gelände und gingen die wenigen Schritte zur Freiberger Straße. Dort blieben wir stehen und warteten. In der Hand trug ich ein Päckchen mit Marmeladenbrot, Spenden für die fünf Kriegsgefangenen.
Nummer und Winkel hatte ich nur lose angenäht, sollten sie doch leicht entfernbar sein. Vorsichtig zupfte ich die Fäden heraus. […]
Vom Westen Dresdens her drängten Menschen mit Sack und Pack, mit Kindern und Kinderwagen in die Innen-

stadt. Die Innenstadt mit ihren engen winkligen Straßen war ein Feuermeer. Ich stellte mich auf die Straßenmitte und hielt den Menschenstrom an. Ich riet ihnen, umzukehren. Das ginge nicht, wurde ich belehrt, die Straßen seien voller Rauch und Feuer. Ich schaute mich um: Die Florastraße war durch eine Feuermauer blockiert. Zum Ausweichen blieb uns nur das Bahngelände. Gewiß, auch dort brannte hin und wieder ein Waggon, schwelte und flackerte Phosphor[181] zwischen den Gleisen. Doch das war nicht gefährlich. Da kam man durch. „Wir müssen über das Bahngelände gehen", sagte ich. Mir wurde entgegengehalten: „Das ist verboten!"
„Doch es gibt nur diesen Ausweg. Alles andere wäre Selbstmord."
Eine Frau war noch einmal in ihre Wohnung zurückgegangen. Ihren Kinderwagen mit Kind, Mänteln und Handtasche hatte sie mir anvertraut. Nun kam sie zurück. Sie war bereit, mit uns gemeinsam über das Bahngelände zu gehen. Wir hoben den Kinderwagen über die Mauer. Andere Menschen schlossen sich uns an. Nur langsam kamen wir vorwärts. Immer wieder mußten wir Waggons oder Feuer ausweichen. Da kam uns ein Eisenbahner entgegen. Die vor Rauch und Feuer Flüchtenden wichen angstvoll zurück. Nur wir Häftlinge gingen auf ihn zu. Der Mann war froh, während seines einsamen, sinnlosen „Dienstes" auf Menschen zu treffen. Er übernahm unsere Führung, griff beim Heben der Kinderwagen und des Gepäcks kräftig zu, stützte alte Leute und versicherte uns, er würde uns so führen, daß wir bei einer Laubenkolonie herauskämen. Dort seien wir vor Feuer und Rauch sicher."
[182]

[181] Möglicherweise wird hier auf das Gerücht von abgeworfenen Phosphorbomben angespielt. Eine von der Stadt Dresden berufene Historikerkommission konnte laut Abschlussbericht von 2010 keine Beweise für die Verwendung von Phosphorbomben finden. Phosphor wurde von den Alliierten nicht als Brand-, sondern lediglich als Zündmittel eingesetzt. Im hier vorliegenden Kontext könnte es sich um derartige Rückstände handeln, aber auch eine brennende Chemikalie aus zerstörten Tankwaggons wäre denkbar.
[182] Rita Sprengel. Der rote Faden. S.243ff.

Rita Sprengel gibt damit deutlich Auskunft über die Ereignisse im Fabrikgebäude und der Haupt-Häftlingsunterkunft in der Florastraße 14. Sie dürfte zu der Tagschicht gehört haben und sie und ihre Mithäftlinge, sowie die Kranken des Krankenreviers wurden in den Luftschutzbunker in den Keller der Fabrik geführt. Dass die Ärztin[183] und das Pflegepersonal[184] zu den Überlebenden zählt, stützt ihre Aussage. Sie sind damit von der Zerstörung der Fabrik direkt betroffen gewesen. Für die Rekonstruktion der Häftlingsschicksale gibt Sprengel drei glaubhafte entscheidende Hinweise. Zum einen spricht sie von einer größeren Gruppe Bombardierungsopfern der weiblichen KZ-Häftlinge, denen durch eine Luftmine durch die Druckwelle die Lungen zerrissen worden seien. Außerdem erzählt sie von fünf Russinnen, die wohl erst mit dem Transport im Januar aus dem KZ Ravensbrück nach Dresden gekommen seien und die dem Luftangriff wegen einer Strafaktion weitestgehend schutzlos ausgesetzt gewesen sein sollen. Andererseits schildert Sprengel auch, wie sie weitestgehend unverletzt sich in den brennenden Ruinen selbst unter die Dresdner Zivilisten mischen konnte und sich über nahe Gleisanlagen[185] und eine Schrebergartensiedlung bzw. Laubenkolonie wahrscheinlich in westliche sonst südliche Richtung in den Stadtteil Plauen in Sicherheit bringen konnte. An späterer Stelle erwähnt sie jedenfalls die „Ausgebombten Sammelstelle" Plauener Grund und die Großbäckerei Bienert-Mühle im Stadtteil Plauen, wo parallel zur Bahntrasse die Zwickauer Straße in Altplauen mündet.
Ob die Nachtschicht aus den Fabrikräumen im selben Luftschutzraum Unterschlupf gefunden hatte, geht aus den Schilderungen nicht eindeutig hervor. Dass allerdings zahlreiche Frauen, die Gelegenheit des Bombardierungschaos und die mangelnde Bewachung zur Flucht nutzen konnten, ist durch zahlreiche Vernehmungsprotokolle der Zentralen Stelle Ludwigsburg dokumentiert.

---

[183] Dr. med Janina Kosziuszko (FloNo.: 59945)

[184] Karolina Potoczna (FloNo.: 58297) und Marie Thabut (FloNo.: 58300)

[185] Entweder über den Bahnhof nach Süden nach Dresden-Plauen oder den Güterbahnhof Friedrichstadt in Richtung Westen nach Cotta bzw. Briesnitz zu den Elbauen. Von Westen kommen aber die Zivilisten, die nicht umkehren wollen, weil die Straßen voller Rauch und Feuer seien.

Die aus Polen stammende, zur Zeit der Ereignisse 25-jährige Jozefa Czyz, die als reichsdeutscher Schutzhäftling registriert worden war und vor Ravensbrück in Auschwitz inhaftiert gewesen ist, berichtet:

> „In der Nacht vom 13. zum 14. Februar 1945 wurde Dresden bombardiert und unter anderem verbrannte auch die Fabrik in der wir gefangengehalten und beschäftigt waren. Während der, bei der Bombardierung unter den weiblichen Häftlingen entstandenen Panik, drangen in das Innere des Gebäudes SS-Männer ein, die auf uns schossen und mehrere Hundert Frauen töteten.
> Zusammen mit meiner Freundin mit dem Vornamen Stasia[186], an deren Nachnamen ich mich augenblicklich nicht erinnere; sprang ich aus den Räumen im Erdgeschoß aus dem Fenster und floh.“ [187]

Czyzs Beschuldigungen der Wachmannschaft sind Anlass für die Ludwigsburger Ermittler später vernommene Überlebende konkret nach diesem vermeintlichen Vorfall zu befragen, der sich aber letztlich nicht erhärtet und von etlichen Frauen explizit angezweifelt wird. So gibt beispielsweise Elise Dornieden 1976 in Berlin zu Protokoll:

> „Mir ist bekanntgegeben worden, daß in diesem Lager mehrere Tötungshandlungen u.a. von SS-Männern begangen worden sein sollen. Von diesen Vorfällen ist mir nichts bekannt. Ich kann mir auch nicht vorstellen, daß so etwas vorgekommen ist, da es dort wie gesagt überhaupt keine männlichen Bewachungskräfte gab.“[188]

Vier Wachmänner hat es aber belegbar gegeben.

---

[186] Es kämen folgende Frauen infrage: Anastasia Armatys (FloNo.: 57237), Anastasia Bistrowa (FloNo.: 57263, Anastasia Osipowa (FloNo.: 62517), Anastasia Sanina (FloNo.: 62542), Anastasia Skrinik (FloNo.: 57622), Anastasia Zwetna (FloNo.: 57421). Alle gelten als flüchtig. Als Überlebende bestätigt ist bislang allerdings nur Erstere.

[187] Barch, B162 /16325 S.139 – VP Jozefa C. 29.09.1967

[188] Barch, B162 /16327 S.478 – VP Elise D. 28.10.1976

Maria Hatzl kann die Vorwürfe auch nicht bestätigen:

> „In Dresden-Universelle habe ich keine Häftlingstötungen durch das Bewachungspersonal erlebt, bzw. im Gedächtnis. Ich weiss auch nichts darüber, dass während des Bombenangriffes Mitte Februar 1945 von der SS Häftlinge erschossen worden sein sollen."[189]

Es ist daher in Betracht zu ziehen, dass Jozefa Czyz möglicherweise Zeugin derselben Bombardierungstoten wie Rita Sprengel wurde und sie die äußerlich unversehrten Toten für Opfer von Gewehrkugeln oder anderen Schusswaffen hielt. Eventuell könnte ihre Aussage auch ermittlungstaktischer Natur gewesen sein. Wenn ihr 1967 bewusst war, dass die Ermittler der Justiz, nur vermeintlichen Tötungsverbrechen nachgehen würden, hätte durch ihre Aussage die Möglichkeit bestanden, dass konkrete Bombenopfer ermittelt und als potentielle Erschießungsopfer ausgeschlossen worden wären. Somit hätte eine Falschaussage ihrerseits zur Erforschung der historischen Ereignisse und Gewissheit für Angehörige führen können.
Auch die Ermittlungen zur Wachmannschaft wären dann eventuell intensiver ausgefallen. Nicht gänzlich auszuschließen ist nach derzeitigem Kenntnisstand auch, dass es in dem Durcheinander durchaus einzelne Erschießungen von flüchtigen Häftlingen auf dem Fabrikgelände gegeben haben könnte. Die Vorermittlungen haben aber keine konkreten (Verdachts-)Fälle ergeben. Wie sich andere Überlebende zu den Vorfällen äußern, soll im Folgenden dargestellt werden.
Elisabeth Reinhardt, die als „Zigeunerin" verfolgt wurde und erst im Januar nach Dresden überstellt worden war, berichtet 1970:

> „Am 1.3.42 wurde ich mit meiner Mutter Beate Eckstein, geb. Pfaus, in das KZ in Ravensbrück eingewiesen. Dort waren wir bis etwa Mitte Januar 45 inhaftiert. Anschließend kam ich in das Nebenlager in Dresden. Bei dem Bombenangriff auf Dresden konnte ich aus dem Lager flüchten und hielt mich dann bis zum Einmarsch der Alliierten versteckt.

[189] Barch, B162 /16327 S.473 – VP Maria H. 15.12.1976

> Ich war mit anderen Frauen in dem Lager in Dresden in dem Fabrikgebäude der Fa. „Universelle I" im 5. Stock untergebracht. Wir arbeiteten im Schichtwechsel. Nähere Einzelheiten über Zustände, Unterbringung, das Bewachungspersonal usw. kann ich heute nicht mehr angeben. Ich weiß nur, daß sich unter den Häftlingen Personen verschiedener Nationalitäten befanden. Ich kann nur sagen, daß ich auch wie andere Frauen Schläge mit einer Lederpeitsche oder einem Gummiknüppel erhalten haben. Es waren ausschließlich SS-Frauen, die uns mißhandelten. Die Namen derselben kann ich nicht mehr angeben.
> Eine Handskizze kann ich auch nicht anfertigen. Wie vorstehend erwähnt, war ich nur etwa 3 Wochen in dem Lager in Dresden und ich kann deshalb zu den weiteren Fragen nichts mehr angeben.
> Bei dem großen Bombenangriff auf Dresden befand ich mich im Luftschutzkeller des Gebäudes, in dem ich gewohnt hatte. Ich habe nichts davon gemerkt, daß SS-Männer in das Innere eingedrungen seien und Frauen erschossen haben. Wie ich von einer bereits verstorbenen Frau gehört habe, fanden derartige Erschießungen im Fabrikgelände statt. Weiter sachdienliche[] Angaben über die Zustände im Lager Dresden kann ich heute nicht mehr machen." [190]

Erschießungsopfer sind ihr also nur dem Hörensagen nach bekannt. Die Quelle der Behauptung wird im Protokoll nicht genannt und dem möglichen noch nicht verjährten Straftatbestand seitens der Ermittler anscheinend nicht nachgegangen.
Elisabeth Braune berichtet ebenfalls 1970:

> „Zu den anderen Vorfall, der auch mit dem Datum bekannt ist, kann ich sagen, daß auch ich bei dem genannten Fliegerangriff in der Nacht zum 14.2.1945 in dem Lager war. Mir ist aber nicht bekannt, daß Frauen dabei von der SS erschossen worden sind. D.h. ich bin, wie ich schon angegeben habe, in dieser Nacht geflohen und nicht mehr

[190] Barch, B162 /16326 S.202f. – VP Elisabeth R. 27.01.1970

in das Lager zurückgekommen. Ich kann also nicht sagen, was in der Nacht passiert ist. Gehört habe ich später nichts.“ [191]

Leokadia Sehnke gibt zu Protokoll:

> „Bei den großen Bombenangriffen auf Dresden am 13.2.1945 und an den folgenden Tagen bzw. Nächten wurde auch die Fabrik getroffen. Es entstand eine Panik. Alle Frauen versuchten, durch den einen Ausgang ins Freie zu gelangen.
> Von der SS-Bewachung war nichts mehr zu sehen. Dieser Umstand führte dazu, daß viele zu fliehen versuchten.
> Ich war bis zuletzt im Keller geblieben.
> Zwei Frauen sind, dies kann ich mit ziemlicher Sicherheit sagen, ganz bestimmt ums Leben gekommen. Sie waren wegen eines Fluchtversuches, den sie einige Tage vorher unternommen hatten, gesondert eingesperrt worden. Sie konnten nicht mehr aus ihren Zellen entkommen.
> Es ist möglich, daß es bei dem Gedränge nach draußen weitere Tote gegeben hat, aber ganz gewiß ist, daß von der SS keine Häftlinge erschossen worden sind. Dies hätte ich unbedingt wahrnehmen müssen.
> Auch ich hatte für kurze Zeit meine Freiheit wiedergewonnen, aber bald hatte man uns aufgegriffen und diesmal im Gefängnis inhaftiert. Das Gefängnis ist dann bei einem der folgenden Angriffe ebenfalls zerstört worden, so daß ich erneut fliehen konnte, d.h. der Gefängnisdirektor hat uns einfach herausgelassen, da er für unseren weiteren Aufenthalt nicht mehr die Verantwortung übernehmen wollte.
> Bis zum 7.5.1945 gelang es mir, mich versteckt zu halten, indem ich mich als polnische Fremdarbeiterin ausgab und verschiedene Arbeiten annahm.“ [192]

[191] Barch, B162 /16326 S.236f. – VP Elisabeth B. 10.03.1970
[192] Barch, B162 /16326 S.215 – VP Leokadia S. 12.02.1970

Leokadia Sehnke gehörte also auch zu den geflüchteten Frauen. Sie spricht dabei auch im Plural und Leidensgenossinnen dürften ihre Befreiungsgeschichte geteilt haben. Auf die Untertauchmöglichkeit als Fremdarbeiterin wird an späterer Stelle noch eingegangen. Gertrud Sprenger weiß 1970 ähnlich zu berichten:

> „Des weiteren wurde ich mit zwei Tatkomplexen bekanntgemacht betreffend eine Häftlingsfrau, die einem Behälter Spülwasser entnommen hat, um dieses zu trinken, sowie die Erschießung mehrerer Frauen durch SS-Leute nach der Bombardierung der Fabrik.
> Beide Ereignisse sind mir unbekannt. Das letztere halte ich fast für unwahrscheinlich.
> Ich habe die Bombardierung von Dresden im Februar 1945 im Keller der Fabrik miterlebt. Das Werk selbst wurde total zerstört. Die Häftlinge kamen größtenteils ums Leben. Man erzählte damals, daß nur 98 etwa überlebten. Der Ganze Keller schwankte. Über Leichen und Schwerverletzte gelang es mir zusammen mit der Maria Schubert zu flüchten. Ich selbst hatte Brandverletzungen an den Knien.
> Zu erschießen gab es also für die SS nicht mehr viel. Auf dem Werkshof lag ein toter SS-Mann, evtl. einer von der Bewachungsmannschaft.“ [193]

Auch Gertrud Sprenger[194] und Maria Schubert[195] haben sich also am 13. bzw. 14. Februar 1945 im Luftschutzkeller der Florastraße 14 aufgehalten und auch ihnen gelang eine erfolgreiche Flucht. Von wem Sprenger daher wissen will, dass nur 98 Personen überlebten, ist unklar. Es scheint sich um ein auf falschen Fakten basierendes Nachkriegsgerücht zu handeln, das in etwa mit den in das Auffanglager Mockethal-Zatzschke Überstellten korreliert. Die als „Asoziale“ registrierte Frieda Bauer geht 1970 aber ebenfalls von Hunderten Todesopfern aus:

---

[193] Barch, B162 /16326 S.243 – VP Gertrud Sp. 17.03.1970
[194] FloNo.: 57630
[195] FloNo.: 57297

> „Nach dem Bombenangriff auf Dresden am 13.2.1945 und somit auch auf die Universelle Maschinenfabrik und auf unser Lager, mußten wir erst in der Fabrik und im Lager Aufräumungsarbeiten verrichten. In der Fabrik ist von uns Frauen niemand ums Leben gekommen, denn wir waren in Bunkern. Es sind auch keine SS-Leute eingedrungen und es sind auch keine Frauen erschossen worden. Doch im Lager gab es durch den Bombenangriff viele Tote. Fast alle Frauen, die dort in großen Bunkern waren, sind umgekommen. Wir mußten die Leichen bergen und ich glaube, daß durch den Angriff fast alle Frauen, die im Lager waren, ums Leben gekommen sind. Nachdem wir einige Wochen im Lager Dresden Aufräumungsarbeiten verrichtet hatten, wurde der Rest der Frauen, in das Lager Zatschke (phon.), einige km vom Lager Dresden entfernt, verlegt.“ [196]

Auf das Ausweichlager Mockethal-Zatzschke bei Pirna wird an späterer Stelle noch eingegangen. Unklar an der Aussage bleibt, welches Lager mit den vielen Bombardierungsopfern gemeint ist. Die zum Vernehmungszeitpunkt 60-jährige Putzfrau Frieda Bauer geht von einem Barackenlager als Häftlingsunterkunft aus, kann aber keine genauen Angaben dazu machen. Eingangs ihrer Befragung gibt sie zu Protokoll:

> „Ich bin bereit zur Sache auszusagen, soweit ich dazu in der Lage bin. Vieles hab ich schon vergessen und ich möchte auch nicht, daß das Vergangene immer wieder aufgefrischt wird.“ [197]

Bauer gehörte zur Nachtschicht und war zum Zeitpunkt des Luftangriffes in der Fabrik. Zu den Aufräumarbeiten in der Fabrik und im Lager in den Folgetagen könnten also auch Aufräumarbeiten in einem Ausländerlager bzw. Barackenlager auf dem Fabrikgelände gehört haben. Nicht jede weibliche Leiche aus der Fabrikbelegschaft, unter den Fremd- und Zwangsarbeitern muss

[196] Barch, B162 /163262 S.210 – VP Frieda B. 05.02.1970
[197] Barch, B162 /163262 S.208 – VP Frieda B. 05.02.1970

also zu der hier betrachteten Gruppe der KZ-Häftlinge gehört haben.
Auf dem Firmengelände Florastraße 14 gab es spätestens ab Oktober 1944 auch ein Ausländerlager für Polinnen. Das Personalbüro fordert am 2.10.1944 bei der Stadtverwaltung Dresden (Steuerstelle Wilsdruffer Vorstadt) Lohnsteuerkarten an:

> „Wir bitten Sie, den auf beifolgender Liste aufgeführten polnischen Arbeitskräften, die sämtlich in unserem Lager Dresden A 1, Florastrasse 14, wohnen, je eine Lohnsteuerkarte 1944/46 auszustellen."[198]

Anschließend werden die Personendaten von min. 44 polnischen Frauen aufgeführt.[199] Bereits seit mehreren Kriegsjahren waren Ost-, Fremd- und Zwangsarbeiter für die Firma in der Rüstungsproduktion im Einsatz. Bei den genannten Polinnen handelte es sich also um frisch eingetroffene zusätzliche Arbeitskräfte.
Da Rita Sprengel und andere glaubhaft berichten, dass die Frauen aus der KZ-Häftlingsunterkunft in der Florastraße 14 mit in den Luftschutzkeller gebracht wurden, muss bei Frieda Bauer jedenfalls eine andere Unterkunft gemeint sein. Auch sind Erinnerungstäuschungen nicht gänzlich auszuschließen.
Die Auschwitz Überlebende und als „Zigeunerin" verfolgte Hedwig Steinbach[200] lässt 1970 protokollieren:

> „Im Lager Dresden habe ich keine Tötungsverbrechen erlebt.
> Über den Evakuierungsmarsch [zum Lager Zatzschke] kann ich nichts aussagen, da ich ihn nicht mitgemacht habe. Hierzu darf ich erklären, daß ich in jener Nacht, als der Bombenangriff auf Dresden war, wobei auch die Maschinenfabrik getroffen wurde, mich zusammen mit zwei anderen Frauen aus Dresden abgesetzt habe. M.[eines] E.[rachtens] war dies in der Nacht vom 12. auf den 13. Februar [sic! 13. auf den 14. Februar] 1945.

---

198 ITS 2.1.4 / 71119426
199 ITS 2.1.4 / 71119426, 71119427
200 FloNo.: 62573

Ich hatte in dieser Nacht keine Schicht, mußte aber zusammen mit den anderen Häftlingsfrauen während des Fliegeralarms in einen Keller eines Fabrikgebäudes. Als nun die Fabrik getroffen worden war, entstand ein Durcheinander, das ich zusammen mit zwei Mithäftlingen nutzte und das Lager verließ. Wir marschierten zunächst einmal zu Fuß 15 km, bis wir in einem Ort, dessen Namen ich nicht mehr weiß, ankamen. Dort meldeten wir uns und gaben uns als Flüchtlinge aus Dresden aus. Ich blieb dort aber nur zwei Tage, dann fuhr ich mit der Bahn über Leipzig und Hamburg nach Bremerhaven zu meinen Eltern, wo ich mich bis zum Kriegsende versteckt hielt.
Es mag etwa Ende Februar 1945 gewesen sein, als ich in Bremerhaven ankam.“ [201]

Wer die zwei ebenfalls geflohenen Kameradinnen waren, ist unbekannt und geht aus dem Vernehmungsprotokoll leider nicht hervor.
Zu dem von Frieda Bauer genannten Aufräumkommando in der Fabrik scheint auch Frieda Bauermeister gehört zu haben. Sie berichtet 1967:

> „Mehrere Hundert Häftlinge sind durch Luftangriffe auf Dresden getötet worden. Eine genaue Zahl kann ich nicht angeben. Ich weiß nur, daß das Kommando bei Errichtung aus ca. 500 Häftlingen bestand und etwa Anfang April 1945 nur noch ca. 30 Häftlinge anwesend waren. Zum letztgenannten Zeitpunkt hat sich das Aufsichtspersonal nicht mehr um uns gekümmert und wir konnten ungehindert die Räume der Maschinenfabrik verlassen.“ [202]

Eine hohe dreistellige Opferzahl durch den Luftangriff vom 14. Februar wird durch die Vernommene scheinbar im Wesentlichen von der Tatsache abgeleitet, dass am Ende nur ein winziges Kommando übrigblieb. Das lässt aber die zahlreich geschilderten Fluchtvorfälle und diverse Kleingruppen außer Acht.

---

[201] Barch, B162 /16326 S.205 – VP Hedwig St. 03.02.1970
[202] Barch, B162 /16325 S.55R – VP Frieda B. 23.09.1967

Bauermeister spezifiziert:

> „Das Arbeitskommando Dresden wurde nicht evakuiert. Hierzu möchte ich erwähnen, daß das Arbeitskommando zunächst in der Altstadt untergebracht war. Als dann die Fabrikhallen im Feb.1945 durch Bombenangriff vernichtet wurden, wurden wir in die Fabrikräume der Universellen Maschinenfabrik in der Neustadt untergebracht. Hier verblieben wir bis zu unserer Befreiung Anfang April 1945." [203]

Zusammenfassend lässt sich also folgende Situation rekonstruieren. Alle knapp 700 KZ-Häftlinge dürften in Luftschutzkellern oder Bunkern in der Florastraße 14 und im Gebäudekomplex der Zwickauer Straße 46[204] Zuflucht gefunden haben. Das Fabrikgebäude in der Florastraße, eine Stichstraße der Freiberger Straße, wurde dabei von Bombentreffern weitestgehend zerstört. Der Schutzraum hielt den Explosionen aber stand und verhalf hunderten Frauen zur Flucht. Die Lettin Cecilia Lapina[205] spricht explizit von 150 Frauen, denen eine Flucht gelang. Auch hierbei dürfte es sich allerdings nur um eine grobe Schätzung handeln. In einem Bericht zur Vernehmung heißt es:

> „Frau Lapina ist mit ihrer Schwester und ca. 150 anderen Mädchen am 13. Februar 1945 während eines Bombenangriffs aus dem Lager geflohen. Eine deutsche Vorarbeiterin von der Fabrik habe sie nach der Flucht mit Lebensmitteln versorgt."[206]

Da sicher nicht 150 Frauen von der Vorarbeiterin versorgt wurden, kann das im Wesentlichen nur bedeuten, dass Lapina wie Sprengel u.a. Augenzeugin wurde, wie sich schätzungsweise hunderte Frauen bei der Bombardierung aus dem Keller in der Florastraße befreien und davonlaufen konnten. Auch der reichs-

---

[203] Barch, B162 /16325 S.55R – VP Frieda B. 23.09.1967

[204] Diese Arbeitsstelle Zwickauer Straße 46/58 wird nur von wenigen Zeuginnen, d.h. einem KZ-Häftling, einer ehemaligen Aufseherin und in einzelnen Nachkriegsdokumenten genannt.

[205] Cecilia Lapinsch (FloNo.: 57458)

[206] Barch, B162 /16326 S.223 – VP Cecilia L. 09.10.1970

deutsche Schutzhäftling Elisabeth Braune[207] aus Hessen gehört zu den Geflohenen. Sie gibt zu Protokoll:

> „Angaben über den Evakuierungsmarsch kann ich nicht machen, weil ich nicht dabei war. Ich hatte mich nach dem Fliegerangriff auf Dresden am 13.2.1945 aus diesem Lager abgesetzt und bin geflohen. Ich kam bis nach Frankfurt und wurde auch nicht mehr wieder ergriffen. Ich hielt mich versteckt.“ [208]

Es sollen aber auch KZ-Häftlinge durch Einwirkung einer Luftmine oder anderweitiger Druckwellen ums Leben gekommen sein. Möglicherweise hatten sie den Weg in den Luftschutzkeller nicht rechtzeitig geschafft oder hatten diesen vorzeitig wieder verlassen, um zu flüchten. Diese Toten dürften von im Lager verbliebenen Frauen, einem sogenannten „Aufräumkommando“ in den Folgetagen geborgen und zu einer Leichensammelstelle geschafft worden sein. Ihre Zahl und ihr Bestattungsort sind bis heute unbekannt.
Absolut bedauernswert ist, dass diese Toten scheinbar nirgends offiziell oder inoffiziell bzw. firmenintern erfasst und identifiziert wurden. Dass dies wahrscheinlich möglich gewesen wäre, suggerieren die Schilderungen Sprengels. Denn zahlreiche äußerlich unversehrte Leichen sollen in der Nähe des Kellerausstiegs gelegen haben. Ihrer Kleidung waren Häftlingsnummern angebracht, mit denen man sie über die Unterlagen des Stammlagers Flossenbürg oder über eine Arbeiterkartei der Personalabteilung hätte konkreten Identitäten zuordnen können. Da das Gebäude aber sicherlich noch brannte, könnten bis zur späteren Bergung identifizierende Merkmale (teilweise) verlorengegangen sein.
Eine gänzliche Verbrennung menschlicher Überreste in den Flammen des Dresdner „Feuersturms“ hält die Dresdner Historikerkommission wissenschaftlich jedoch für äußerst unwahrscheinlich. Dazu wären in den Brandherden die notwendigen Temperaturen im Regelfall nicht lang genug erreicht worden.[209]

---

[207] Zu Kriegszeiten hieß sie noch *Döppes.* (FloNo.: 57311)
[208] Barch, B162 /16326 S.236 – VP Elisabeth B. 10.03.1970
[209] Vgl. Neutzner: Abschlussbericht der Historikerkommission

Eine Meldung von Bombenopfern an die KZ-Verwaltung scheint jedenfalls aus dem hier betrachteten Außenlager nicht erfolgt zu sein. In den Nummernbüchern wurden bis Kriegsende weder Todes- noch Fluchtfälle für die Bombardierung Mitte Februar 1945 ein- bzw. nachgetragen. Dass keine konkrete Verbleibsmeldung für einzelne Häftlinge erfolgte, bzw. in Flossenbürg verarbeitet wurde, beweist auch die nahezu vollständig überlieferte Häftlingskartei. Während Abgänge durch Tod, Entlassung oder Abtransport in andere Lager sonst wohl vermutlich in eine oder mehrere eigenständige separate Häftlingskartei(en) aussortiert wurden, die möglicherweise gegen Kriegsende zur Vertuschung der Todesfälle vernichtet wurde(n), kann festgestellt werden, dass die Karteikarten von vermeintlich hunderten Dresdner Todesopfern nicht aus den Häftlingsbeständen des KZ Flossenbürg und damit aus der Belegungsstärke herausgerechnet bzw. aussortiert wurden. Jedenfalls fehlen im Archiv des Internationalen Suchdienstes (ITS) lediglich die Karteikarten derjenigen Frauen, die zu anderen Zeitpunkten geflüchtet, entlassen oder zur „Sonderbehandlung", d.h. zur Exekution ins Stammlager überstellt worden sind. Eine Meldung, wie viele Häftlinge sich nach den Luftangriffen vom 14. Februar noch im Lager der Universelle Maschinenfabrik in Dresden befanden, ist also scheinbar nie bei der KZ-Verwaltung im Stammlager Flossenbürg angekommen.
Der Sohn der Überlebenden Margarete Mauerer Eichinger[210] fragt 1980 also völlig zurecht:

> „Gibt es eigentlich keine Unterlagen, wieviele Häftlinge bei der Universelle Maschinenfabrik J.G.[211]Müller & Co. in Dresden bis zu dem Bombenangriff auf Dresden am 13.2.1945 eingesetzt waren und wieviele das Bombardement überlebt haben? (Die Bomben fielen ja „voll drauf", wie ich höre).
> Meine Mutter wurde nach ihrer „Selbststellung" in diesem Zusammenhang von der „Stapo Regensburg" vernommen, und nach dem Krieg auch von den Amerikanern.

210 FloNo.: 57489

211 Die korrekte Firmenbezeichnung lautet J.C. Müller. Selbst in den Forderungsnachweisen taucht aber fälschlicherweise J.G. Müller auf.

> Daß man die Häftlinge diesbezüglich „vergatterte" wundert mich durchaus nicht. (Eine „Heldentat" war ja das in Dresden sicher nicht!)" [212]

Beide möglichen Vernehmungsprotokolle, die weitere Einblicke in die Vorgänge und Umstände der Bombardierung geben könnten, liegen uns leider nicht vor.

Am 13. April 1945 werden buchmäßig immer noch 679 Häftlinge für das Dresdner Außenlager in der letzten Flossenbürger Stärkemeldung geführt, während eine firmeneigene „Aufgliederung der Gefolgschaftsmitglieder am 26. März 1945" für diesen Tag 685 weibliche KZ-Häftlinge als „entlassen" aufführt.[213] Dieser Fakt spricht dafür, dass keine detailreichere Meldung durch Kriegseinwirkung auf dem Postweg nach Flossenbürg verlorenging. Vielleicht hatte man zunächst noch gehofft, dass sich Häftlinge zurückmelden oder Flüchtige wieder ergriffen werden. Da eine Rüstungsproduktion in der Florastraße 14 längerfristig aber nicht mehr möglich war, waren die KZ-Arbeiterinnen, für die die Firma einen Hilfsarbeitertagessatz von 4 Reichsmark zu zahlten hatte, aber wertlos bzw. sogar zu einer Kostenbelastung geworden. Mit der buchmäßigen pauschalen „Entlassung", die scheinbar nicht mit dem KZ-Stammlager kommuniziert und abgesprochen war, scheint sich die Universelle Maschinenfabrik von entsprechenden Lohnzahlungen entpflichten lassen zu wollen. Es scheinen aber dennoch bis Kriegsende noch Frauen (Frieda Bauermeister spricht von ca. 30 Personen s.o.) in einem Aufräumkommando für die Universelle Maschinenfabrik in Dresden verblieben zu sein. Da generell keine Abrechnungen in Form von Forderungsnachweisen für das Jahr 1945 überliefert sind, lässt sich derzeit leider auch keine Aussage treffen, wie viele KZ-Hilfskräfte genau im März oder April 1945 noch für die Firma eingesetzt und abgerechnet wurden.

Erstaunlicherweise muss es nach den Luftangriffen vom 13. und 14. Februar 1945, aber trotzdem firmenintern eine Erfassung von Häftlings-Schicksalen gegeben haben. Dies beweisen Aufstellun-

---

[212] Brief vom 14.01.1980 ITS 6.3.3.2 - 111176617

[213] Vgl. Ulrich Fritz. Dresden (Universelle). S.100. In: Der Ort des Terrors. B4

gen vom 11. Januar 1946, die der Arbeiterrat der „Universelle“-Werke J. C. Müller & Co. am 15. Januar an den 11. Stadtbezirk in Dresden übermittelt. Bezugnehmend auf den Befehl 163 der Sowjetischen Militäradministration (SMAD) heißt es:

> „Beiliegend erhalten Sie das gewünschte Verzeichnis der ausländischen KZ-Häftlinge. Die KZ-Häftlinge waren in unserem Lager Dresden-A[ltstadt]., Florastr. 14, untergebracht.“[214]

Als „ab 14.2.1945 nach Angriff flüchtig“ werden aus dem ersten Ravensbrücker Transport (vom 08.10.1944) 249 ausländische[215] Häftlinge aufgeführt und aus dem zweiten Transport aus dem KZ Ravensbrück (19.1.1945) 67 Ausländerinnen[216]. Ohne die 328[217] Reichsdeutschen Häftlinge sollen also allein 316 ausländische Frauen geflüchtet sein. Diese Angaben müssen einer firmeneigenen Arbeiterkartei entnommen sein. Das wird aus leicht abweichenden Schreibweisen und variierenden Personendaten zum Teil auch anderen Nationalitätsangaben ersichtlich, die in der Häftlingsliste in Teil 4 des Buches als Varianten eingearbeitet wurden. Vielleicht wäre es daher in Zukunft auch noch möglich, ähnliche Angaben für die deutschen, österreichischen und staatenlosen Häftlinge zu erschließen. Die fehlenden Daten zu den reichsdeutschen Häftlingen wurden für diesen Band versucht, durch standesamtliche Unterlagen und Auskünfte auszugleichen. Das Personenstandswesen ist im Vergleich zu anderen Ländern in Deutschland sehr akkurat und detailreich und vor allem bereits seit 1876 flächendeckend eingeführt. Deutsche Personen, für die ein Geburtsdatum und Geburtsort in den Häftlingsdokumenten vorliegt, können damit in der Regel mit etwas Rechercheaufwand in standesamtlichen Geburtenbüchern nachgewiesen werden, aus denen in der Regel auch Querverweise zur Beurkundung des

---

[214] ITS 1.1.47.1 / 5174273

[215] 66 Polinnen, 61 Lettinnen, 54 Serbinnen, 46 Russinnen und 1 Weißrussin, 8 Tschechinnen (Protektorat), 4 Französinnen, 3 Italienerinnen, 1 Belgierin, 1 Flämin, 1 Holländerin, 1 Jugoslawin, 1 Baltendeutsche und 1 Volksdeutsche.

[216] 32 Russinnen und 1 Ukrainerin, 3 Lettinnen, 28 Polinnen, 1 Französin, 1 Jugoslawin und 1 Tschechin (Protektorat).

[217] Vgl. Pascal Cziborra. KZ Flossenbürg. S.62 u. S.70

Sterbefalls befreiter Häftlinge oder Nachkriegstodeserklärungen zu entnehmen sind. Das trifft vor allem für westdeutsche Häftlinge zu, die nach dem Krieg in die spätere BRD zurückkehrten und auf ostdeutsche bzw. mitteldeutsche Häftlinge, die auf dem späteren Territorium der DDR verstarben, sowie auf Personen, die im wiedervereinten Deutschland starben und in den Staatsgrenzen der heutigen BRD geboren sind. In den verlorenen Ostgebieten, Pommern, Schlesien, Posen, West- und Ostpreußen wurden standesamtliche Unterlagen nach 1945 aber in der Regel nicht lange oder gar nicht mehr fortgeführt. Sofern die standesamtlichen Dokumente den Krieg überstanden und sich in einem Archiv befinden, lassen sich für diese Gebiete zumindest, die Identitäten der Häftlinge bestätigen, wenngleich hier keine Querverweise zur Beurkundung der Sterbefälle zu erwarten sind.

Für die reichsdeutschen Häftlinge bietet sich also aufgrund des deutschen Personenstandswesens eine wichtige zusätzliche Forschungsmöglichkeit, um mittels Einzelschicksalsrecherche und Ausschlussverfahren die möglichen Todesopfer der Bombardierung und die Zahl und den Personenkreis der befreiten Häftlinge näher zu bestimmen.

Da die Sowjetische Militäradministration 1945/1946 nur Aufstellungen der ausländischen KZ-Häftlinge erbat, sind die deutschen Häftlinge in den Listen des Arbeiterrates der Universelle größtenteils durchs Raster gefallen. Nur einzelne werden in den Aufstellungen genannt, da sie möglicherweise nicht im Deutschen Reich geboren worden sind oder ihre Nationalität nicht oder falsch auf einer Arbeiterkarteikarte eingetragen war oder bei ausländisch klingendem Namen gänzlich fehlte.

Prozentual ergeben sich aus den Listen von 1946 folgende Fluchtquoten der ausländischen KZ-Häftlinge:

T3 Fluchtquoten der ausländischen KZ-Häftlinge

Nation	1. Transport		2. Transport		Sonstige	
RD	4/222	(1,8%)	3/106	(3%)	-	-
LAT	58/66	88%	3/3	100%	-	-
RUS	50/59	85%	33/65	51%	-	-
SERB	56/63	89%	-	-	-	-
POL	52/59	88%	27/36	75%	0/2	0%
CZE	7/9	78%	1/2	50%	-	-
FRA	3/3	100%	-	-	2/2	100%
ITA	3/3	100%	0/1	0%	-	-
BEL	2/2	100%	0/2	0%	-	-
HOL	1/1	100%	-	-	-	-
LIT	0/1	0%	-	-	-	-
JUG	-	-	0/1	0%	-	-
GRE	-	-	0/1	0%	-	-
ROM	-	-	0/1	0%	-	-
Ohne	12/13	92%	0/9	0%	-	-
Total	249/500	49,8%	67/200	33,5%	-	-

Da auch Aufstellungen über die Ausländer vorliegen, die am 20. Februar 1945 ins Auffanglager Zatzschke bei Pirna abgestellt worden sind, ergibt sich ein sehr konkretes Bild, welche ausländischen (d.h. nicht reichsdeutschen oder staatenlosen) Frauen auf dem Gelände der Universelle Maschinenfabrik am 14. Februar 1945 ums Leben gekommen sein könnten.

Aus dem ersten Ravensbrücker Transport wird nach Abgleich aller Personen nur der Polin Stanislawa Chalis[218] kein Verbleib zugeordnet. Dies trifft im zweiten Transport aus Ravensbrück auf 14 Ausländerinnen zu. Für die Belgierinnen Leontine Annys[219] und Bertha Engelbeen[220] sowie die Polin Maria Stachowiak[221] sind aber Befreiungsdaten überliefert. Bei den folgenden zwölf Frauen handelt es sich also nur um Personen, die mit einer höheren Wahrscheinlichkeit Todesopfer der Bombardierung sein könnten.

---

[218] FloNo.: 57291

[219] FloNo.: 62577 geflohen bei Luftangriff auf Dresden

[220] FloNo.: 62612 befreit im Mai 1945 in Radeberg (Radebeul)

[221] FloNo.: 62553 befreit 1945 in Hellerau

T4 Potentielle ausländische Todesopfer der Bombardierung

Nationalität	Name	Geburtstag/-ort	Verbleib
Polin FloNo.: 57291	Chalis, Stanislawa	02.11.1923 Treuhausen	ungeklärt
Polin FloNo.: 62628	Goc, Regina	07.09.1922 Bielsk	ungeklärt
Polin FloNo.: 62499	Marciniak, Maria	07.09.1918 Warden	ungeklärt; vgl. ITS TD 1029153
Russin FloNo.: 62586	Belitsch, Schura	23.12.1925 Udarnaya (?)	ungeklärt
Russin FloNo.: 62593	Bolucksawa, Olga	06.07.1923 Nowosibirsk	ungeklärt
Russin /Ukraine FloNo.: 62624	Gasai, Jekaterina	12.01.1914 Mala Rybytsya	ungeklärt
Russin FloNo.: 62654	Iwanowa, Elisabeth	1926 Rostow	ungeklärt
Russin FloNo.: 62655	Jastreba, Nadja	20.04.1919 Juskowzy	ungeklärt
Russin /Ukraine FloNo.: 62518	Pampuschenko, Anna	06.05.1925 Kiew	ungeklärt
Tschechin FloNo.: 62621	Fried, Georgina	19.05.1923 Prag	ungeklärt
Rumänin FloNo.: 62648	Holderbaum, Gisela	31.05.1925 Gura Humora	ungeklärt
Jugoslawin FloNo.: 62524	Pezdir, Maria	21.08.1911 Plešivica	ungeklärt

Sicher kann man sich dessen allerdings nicht sein, da sonst kaum Hinweise auf Todesfälle und Suchanfragen zu Verschollenen etc. vorliegen. Rechnet man 7 Personen heraus, die am 15. Januar 1946 mit als Ausländer an die Stadtverwaltung bzw. die SMAD übermittelt wurden, aber in den Flossenbürger Nummernbüchern als Reichsdeutsche Häftlinge registriert sind, so ergibt sich folgendes Bild: Von den 273[222] Ausländerinnen des 1. Transportes seien 245 geflohen und 27 am 20. Februar ins Auffanglager Zatzschke überstellt worden. Von den 85 Ausländerinnen und 9 Staatenlosen[223] des 2. Transportes seien 64 am 14. Februar geflohen und 9 Frauen am 20. Februar 1945 nach Zatzschke bei Pirna abgestellt worden. Zu 14 Frauen wird seitens des Arbeiterrates kein Verbleib genannt, mindestens drei von ihnen über-

[222] Registriert 278 –(1 geflohene u. 2 exekutierte Russinnen, 2 Tschechinnen)
[223] Ein Teil von ihnen (7?) ist den Reichsdeutschen Häftlingen zuzurechnen.

lebten aber den Krieg. Die zwei Belgierinnen und eine Polin sind am 14. Februar 1945 geflohen.
Von den vier Frauen, die einzeln nach Dresden transferiert wurden, seien die Polinnen (Ärztin und Pflegerin) nach Zatzschke gekommen und die Französinnen geflohen.
Hier lässt sich das Überleben aller vier Frauen bereits durch konkrete Nachkriegsdokumente sicher belegen. Dass die in Zürich geborene und aus Frankreich deportierte Elsa Herzberg(er), geborene Huber aus dem Außenlager Holleischen überhaupt am 4. November 1944 nach Dresden gelangte, geht beispielsweise aus den Flossenbürger Nummernbüchern und der Häftlingskartei des Stammlagers überhaupt nicht hervor. Die Personalabteilung nennt sie im Januar 1946 aber explizit als Zugang im Dresdner Lager vom 4.11.1944. Es ist daher anzunehmen, dass 1946 auch derartige Unterlagen und dokumentarische Quellen zu den deutschen Häftlingen des Lagers existierten. Ob und in welchem Archiv die Originalunterlagen noch aufbewahrt werden, ist unklar.
Am 30. Juni 1946 wurde die Firma in Volkseigentum überführt und hieß zunächst VEB Universelle-Werke Dresden. Sie erhielt wieder Aufträge zum Bau von Druck- und Stanzautomaten, Getränkeabfüll- sowie Zigarettenherstellmaschinen. 1948 wurde der Betrieb in VEB Tabak- und Industriemaschinen (VEB Tabakuni) umbenannt und hieß später dann VEB TABAKUNI Dresden.
Zu möglichen russischen Opfern der Dresdner Bombardierung äußert die als „Zigeunermischling“ verfolgte Theresia Pfeiffer[224] aus dem österreichischen Burgenland 1976:

> „In Erinnerung ist mir lediglich, dass anlässlich der Bombardierung von Dresden zwei Ukrainerinnen (junge Mädchen) als Bibelforscher in einem Bunker inhaftiert waren. Diese sind aber nicht verhungert, sondern meiner Erinnerung zufolge während des Bombenangriffs durch Verbrennen umgekommen. Dies habe ich aber auch nur gehört. Tote Häftlinge habe ich damals viele herumliegen gesehen.“[225]

---

[224] FloNo.: 62649
[225] Barch, B162 /16327 S.469 – VP Theresia P. 29.12.1976

Diese Schilderung ähnelt der Aussage von Leokadia Sehnke, die als Grund für die Bunkerstrafe aber einen Fluchtversuch nennt und ist auch mit der Aussage Rita Sprengels zu den fünf russischen Kriegsgefangenen in gewisser Weise kompatibel. Unter den 12 Ausländerinnen, zu deren Verbleib laut Arbeiterrat im Jahr 1946 scheinbar nichts bekannt war, gab es tatsächlich zwei Ukrainerinnen. Es kämen hier also die 19-jährige Anna Pampuschenko aus Kiew und die 31-jährige in Mala Rybytsya geborene Jekaterina Gasai infrage. Sie sind aber als Zivilarbeiterinnen und nicht als Bibelforscherinnen registriert. (Vgl. FloNo.: 57313 u. 57390)
Aus eigener Erfahrung selbst bezeugen kann Pfeiffer immerhin ganz konkret ein Todesopfer aus ihrem engsten Lagerumfeld:

> „Soviel ich mich entsinne waren wir insgesamt drei Zigeunerinnen aus dem Burgenland im Lager Dresden, und zwar meine Schwester und ich sowie Theresi Karoly[226], aus Wiesfleck. Letztere ist im Lager während des Bombenangriffes 1945 verstorben. Ich habe ihre Leiche selbst gesehen."[227]

Damit ist Theresia Karoly eines von zwei durch Mithäftlinge konkret genannten und identifizierbaren Todesopfern. Möglicherweise handelt es sich bei Pfeiffer und Theresia Karoly gar um den Vorfall, den Rita Sprengel schildert und bei ihrer Flucht aus dem Luftschutzkeller bei der Treppe beobachtet hat.
Während die Aufstellungen des Arbeiterrates von Januar 1946 für die Ausländerinnen des KZ-Lagers eine Fluchtquote von etwa 84% (309/367) und eine Evakuierungsquote ins Ausweichlager Mockethal-Zatzschke bei Pirna von etwa 10% (36/367) konstatieren, ergeben die Ludwigsburger Ermittlungen hinsichtlich der Reichsdeutschen Häftlinge folgendes Bild. Von den 17 vernommenen Frauen sind elf bei der Bombardierung geflohen, zwei 1944 entlassen und eine als Verletzte in ein Krankenhaus eingeliefert worden. Lediglich drei[228] kamen wohl nach Zatzschke. Es ist daher anzunehmen, dass auch unter den deutschen Häft-

---

[226] FloNo.: 62461
[227] Barch, B162 /16327 S.470 – VP Theresia P. 29.12.1976
[228] FloNo.: 57247, 62580, 62649

lingen ähnliche Flucht- und Evakuierungsquoten wie bei den Ausländerinnen herrschten. Für Hunderte Bombardierungsopfer spricht damit außer einigen wahrscheinlich täuschenden Erinnerungsberichten erst einmal nichts. Zwar könnten auch einige seitens des Arbeiterrates als flüchtig geltende KZ-Häftlinge noch auf der Flucht (im Stadtgebiet) ums Leben gekommen sein, die Zahl der bekannt gewordenen Vermisstenfälle oder bestätigten konkreten Todesfälle, ist aber im Verhältnis zu den bislang festgestellten Überlebenden ausgesprochen gering.

Die deutschen Häftlinge dürften dabei aufgrund ihrer Sprache grundsätzlich sogar bessere Untertauchmöglichkeiten gehabt haben als die Ausländerinnen, aber nicht immer den gleichen Leidensdruck oder eine ähnliche Risikobereitschaft.

Elsa Dornieden[229] berichtet:

> „Mitte Februar 1945, als der Bombenangriff auf Dresden stattfand, geriet auch die Fabrik „Universelle“ in Brand. Bei dem Versuch der Insassen, sich in Sicherheit zu bringen, kam es zu panikartigen Vorkommnissen und mir ist aufgefallen, daß hierbei sicherlich einige Frauen ums Leben kamen, einigen gelang es jedoch, sich auf den Hof zu retten; u.a. eine Gruppe von ca. 6 Personen, zu der ich gehörte. In diesem ganzen Durcheinander war das weibliche Bewachungspersonal nicht zugegen gewesen. Wo diese[s] zu diesem Zeitpunkt abgeblieben war, ist mir unbekannt. Ich kann auch nicht angeben, wieviel Personen bei diesem Großbrand ums Leben kamen und wievielen es gelang, sich zu retten. Als wir schließlich durch die heruntergebrannten Torflügel auf die Straße kamen, standen draußen mehrere Lastwagen und es waren Russen und Polen dort versammelt. Vermutlich sollten diese Mannschaften die Frauen aus dem Lager abholen. Unsere Gruppe von 6 Frauen wurde jedoch von diesen Leuten weniger beachtet, weil sie uns lediglich nach Russen und Polen fragten und auf unsere Antwort, wir seien Deutsche, uns unbehelligt ließen. Wir machten uns dann durch das brennende Dresden zu Fuß auf den Weg nach Hermesdorf.

[229] FloNo.: 57655

> Zumindest sind wir schließlich in Hermesdorf [sic!] angekommen. Aufgrund unserer Kleidung, wir hatten auf der Vorder- und Rückseite große weiße Kreuze, die man nicht entfernen konnte, war es uns nicht möglich, uns irgendwie abzusetzen. Wir hielten es daher für das vernünftigste, uns auf einer Polizeidienststelle zu melden. In Hermesdorf [sic!] sagte man uns, daß sich in Ottendorf eine Polizeistelle befinde, bei der wir uns melden sollten. Dort blieben wir auch für ein paar Tage, bis uns schließlich einige SS-Leute abholten und nach Radeberg brachten. Ein höherer Leitender des Lagers Radeberg war ein gewisser Herr Rademacher. Dieser Name ist mir als einziger in Erinnerung geblieben. Im Lager Radeberg erinnere ich mich daran, daß eine junge Frau, es handelte sich um einen Mischling, schwer krank wurde und aus unserer Baracke abgeholt wurde. Diese Frau war kurze Zeit später tot.[230] Woran sie genau gestorben ist, kann ich nicht genau angeben; man redete davon, daß sie eine Spritze bekommen hätte. Aus dem Lager Radeberg wurde ich am 5.3.1945 entlassen."[231]

Wer die mindestens fünf anderen Frauen waren, die mit Dornieden über Hermsdorf und Ottendorf nach Radeberg kamen, ist nicht überliefert. Auch Anna Hehn gelangte über Umwege nach Radeberg. In ihrem Vernehmungsprotokoll vom 11. Juni 1945 lautet es:

> „Nach dem Angriff am 13./14.2.45 sind einige Mädels nach dem Wettinerplatz und dann ins Gymnasium in den Luftschutzkeller. Frau Hehn hat sich dann bei einer Auffangstelle in Pieschen gemeldet und wurde ihr von dort aus die Pflege einer alten Frau übertragen. Die Schwiegertochter derselben hat Frau Hehn bei der Gestapo angezeigt, da sie die Jacke mit dem weissen Kreuz gefunden

[230] Ob es sich um einen Dresdner KZ-Häftling aus Dorniedens Gruppe handelte, oder um eine anderweitige Person, die in Radeberg inhaftiert war, geht aus dem Vernehmungsprotokoll nicht hervor.
[231] Barch, B162 /16327 S.478f. – VP Elise D. 28.10.1976

hatte. Sie wurde von der Gestapo abgeholt und war vom 19.3. – 20.4.45 in der Schiessgasse. Am 19.4. noch mussten alle zu Fuss nach Radeberg ins Sachsenwerk laufen. Von dort aus wurde sie dann entlassen."[232]

Das Arbeitserziehungslager (AEL) Radeberg am heutigen Robert-Blum-Weg diente ab Ende 1944 auch als Außenstelle des Dresdner Untersuchungsgefängnisses. Nachdem bei den Luftangriffen auf Dresden Mitte Februar 1945 die städtischen Gefängnisse zerstört worden waren, überwies man immer mehr Häftlinge ins AEL Radeberg. Sie wurden wegen Platzmangel zum Teil direkt auf dem Lagergelände erschossen und verscharrt.
Mit der Entlassung Anfang März kamen die deutschen ehemaligen KZ-Häftlinge um Dornieden also noch glimpflich davon. Aber auch ausländische Häftlinge kehrten nach gelungener Flucht zur Fabrik zurück oder meldeten sich nach der Bombardierung bei Arbeitsämtern als vermeintliche Ost- oder Zivilarbeiterinnen und konnten so bis Kriegsende untertauchen. So wurde die als serbische Zivilarbeiterin registrierte Polin Janina Cyckowna bzw. Cycek[233] nach ihrer Flucht durch das Arbeitsamt Dresden unter dem Namen Wolska aus Kutno in die Gärtnerei Herman in Radebeul vermittelt und dort im Mai 1945 befreit. Auch Lucie Lubik geborene Kujawa[234] tauchte illegal unter einem anderen Namen unter. Der polnische Schutzhäftling Anna Pankau[235] soll sich nach erfolgreicher Flucht beim Luftangriff im März wieder im Betrieb Universelle eingefunden haben und sich dort vom 22.03. bis 26.04.1945 aufgehalten haben. Kurz vor Kriegsende wurde sie dann in den Gartenbaubetrieb Paul Günther in Gompiz vermittelt. Zudem weiß Belegschaftsmitglied Arthur Müller am 17.12.1961 von sieben Geflüchteten zu berichten:

---

232 Staatsarchiv Dresden Bestand 11683 Universelle-Werke J.C.Müller & Co. Signatur 035 „Außenlager des Konzentrationslagers Ravensbrück, Dresden Florastraße 5" Blatt 18

233 *20.06.1921 Pruszkow, FloNo.: 57299

234 FloNo.: 57476

235 FloNo.: 57543; Schreiben vom 1. Mai 1945, Schmidt/Sch Personalbüro ITS 6.3.3.2 / 86911471

> „Als nach dem Bombenangriff früh 7 Uhr 7 schmutzig, blutig bei mir am Haus vorbeikamen und meine Frau fragte, wo sie herkämen, sagten sie von der „Universelle“ aus der Florastraße. Wir haben sie aufgenommen, damit sie sich waschen konnten. Dann hat meine Frau Essen gekocht und Sachen zusammen gesucht, damit sie sich besser anziehen konnten. Wir haben sie am Tage bei uns behalten und abends den Rat gegeben, nicht nach der Stadt, sondern hinaus aufs Land zu gehen. Eine von ihnen, namens Magdalene, sagte uns beim Abschied, daß sie am Tag, bevor die Sowjetsoldaten einmarschieren, bei uns sein wird. Am 7. 5. 1945 abends gegen 6 Uhr kam sie bei uns an. Sie war in Radeberg in einem Arbeitslager - Gärtnerei - und hatte sich durch die Heide bis zu uns durchgeschlagen. Sie kannte 7 Sprachen und wir haben sie 6 Wochen bei uns beherbergt, bis sie dann mit serbischen Soldaten zurückkehren wollte. Leider haben wir trotz beiderseitiger Abgabe der Adressen nichts mehr von einander gehört.“[236] (Arthur Müller A 38, Kesselsdorfer Str. 117)

Bei der genannten dürfte es sich um Magdalena Horvat[237] aus Belgrad gehandelt haben. Wer die anderen 6 Frauen waren, ist unbekannt. Wie diese Aussage und die Aussage Lapinas (s.o.) belegen, gab es also unter der Belegschaft der Universelle Maschinenfabrik ein Netzwerk des humanitären Widerstands. Scheinbar waren den Häftlingen auch einzelne Adressen der ArbeiterInnen bekannt, wo sie Hilfe erwarten konnten. Sogar einzelne Aufseherinnen sollen den Flüchtigen Unterschlupf gewährt haben. In einer eidesstattlichen Erklärung von 1956 bezeugt die Lettin Cecilia (P.) Lapinsch:

> „Im Oktober 1944 wurde ich nach einer Selektion in eine unter dem Kommando der SS stehende Munitionsfabrik in Dresden, Florastr. mit 700 Schicksalsgenossinnen einge-

[236] Staatsarchiv Dresden Bestand 11683 Universelle-Werke J.C.Müller & Co. Signatur 035 „Außenlager des Konzentrationslagers Ravensbrück, Dresden Florastraße 5“ Blatt 15
[237] FloNo.: 57359

wiesen. Ich war dort bis zum 13. Februar 1945 und mir – und vielen anderen – gelang es zu entfliehen. Wir liefen nach Freitahl bei Dresden und klopften um 4 Uhr morgens an der Türe der Frau Hedwig Kasper, Seilerschuppen 16, welche uns aufnahm, uns Nahrung gab und unsere Kleidung trocknete. Sie gab uns Wolljacken, um die Häftlingsmarkierung auf unseren Kleidern zu verdecken. Am nächsten Tag flohen wir weiter und erreichten Possendorf bei Dresden. Wir wussten, dass dort eine uns freundlich gesinnte Aufseherin wohnte – Marianne Ulrich [Sic! Ulbricht, verheiratete Lux] – Kreisschaarstr. 33. Sie gab uns eine Woche Unterkunft. Dann setzten wir unseren Weg fort, arbeiteten 3 Wochen lang bei dem Bauern Ernst Stahl (März 1945) und warteten dort die Ankunft der amerikanischen Armee ab. Das Gehöft lag zwischen Weilburg und Gießen. März 1945 wurde ich befreit. Von März bis Juni 1945 wohnte ich in Weilburg Kruppstr. 7." [238]

Mindestens zwei lettische KZ-Häftlinge, Cecilia Lapina und ihre Schwester Felicia Lucia Bedrite hatten es also mithilfe der deutschen Zivilbevölkerung und einer SS-Aufseherin rechtzeitig in den Westen des Deutschen Reichs geschafft und wurden in Stockhausen bei Gießen im März 1945 befreit.
Verwandte von slowenischen Häftlingen standen ja auch mit Werner Lange in Kontakt und erkundigten sich am 25. Februar 1945 nach dem Schicksal ihrer Angehörigen. Eine Regina Supanitsch aus Jacobstal bei Marburg bzw. Maribor schreibt:

„Herr Werner Lange in Dresden

Erlaube mir höflichst zu ersuchen und bitte mir bekannt zu geben, was ist mit Frau Bratschko, und Maria Matiaschitz, die [sich] mit in Lager Universelle befin[d]et haben, durch den letzten Bombenangriff in Dresden ist die eine oder die anderen möglich, was passiert.
Zwei Fräulein von hier, sind hier angekommen, doch wißen sie nicht was mit den oben genannten gescha[h].

---

[238] Barch, B162 /16325 S.151 – EE Cecilia P. 06.??.1956

Wenn es Ihnen bekannt bitte nochmals mich zu verständen. Ich möchte mich schön bei Ihnen rewanschieren, aber durch die vielen Bomben- und Tiefflieger, wurde der Verkehr fortwärden eingestellt, u. so bringe nicht zu Versand ein Packet. u. sobald es möglich würde werde dann Versand abschicken. Bitte nochmals.

Mit besten Gruß
Supanitsch Regina
(12a) Post Jakobstal bei Marburg/Drau über Graz
Jakobstal 25.2.1945"[239]

Was Werner Lange über den Verbleib Veronika Bratschkos[240] und der Maria Matiaschitz[241] aus dem slowenischen Jakobstal wusste, ist leider nicht überliefert. Uns liegen bislang keine Informationen zu ihnen vor. Aus dem Brief geht aber hervor, dass spätestens am 25. Februar 1945 bereits zwei Sloweninnen aus dem Lager Universelle in der Region Maribor eingetroffen sind. Dabei könnte es sich z.B. um Katharina Slana[242] und/oder Cyrilla Blaschitsch[243] gehandelt haben. Eine andere Gruppe geflüchteter Sloweninnen will erst nach einer etwa sechswöchigen Wanderung in Slowenien angekommen sein, darunter Darinka Fortunat[244] und Franziska Nerat[245]. Möglicherweise gehörten Bratschko und Matiaschitz also dieser noch auf Wanderschaft befindlichen Gruppe an. Die zersprengten Kleingruppen und die vielen geschilderten und dokumentierten erfolgreichen Fluchten, bestätigen also, dass tatsächlich nicht der Tod Hunderter KZ-Häftlinge verschleiert werden sollte, sondern Hunderte Häftlinge im Wesentlichen der Wahrheit entsprechend als flüchtig galten. Dies bestätigt auch ein Schreiben der Personalabteilung der „Uni-

[239] Staatsarchiv Dresden Bestand 11683 Universelle-Werke J.C.Müller & Co. Signatur 035 „Außenlager des Konzentrationslagers Ravensbrück, Dresden Florastraße 5" Blatt 19r
[240] FloNo.: 57279 – Schicksal ungeklärt
[241] FloNo.: 57488 – Schicksal ungeklärt
[242] FloNo.: 62547 – Schicksal ungeklärt
[243] FloNo.: 57265 – Schicksal ungeklärt
[244] *07.12.1921 Celje (FloNo.: 57366)
[245] *13.04.1905 Masun (FloNo.: 57523)

verselle“ – Werke J. C. Müller & Co. an die Fürsorgeabteilung des KZ Ravensbrück vom 21.03.1945.

Diese hatte sich nach der Bombardierung (wahrscheinlich im Auftrag von Angehörigen) nach den Häftlingen Marina Hohenleitner[246] und Paula Niemann[247] erkundigt. Die Antwort lautet:

> „Durch die ausserordentlich schweren Terrorangriffe auf die Stadt Dresden am 13./14.3.45 [sic!] wurde auch unser Arbeitslager Dresden A 1, Florastrasse 14 gänzlich zerstört. Bei dieser Gelegenheit wurden die sich zu dieser Zeit in unserem Lager befindlichen rund 700 Häftlinge in alle Winde zerstreut. An den darauffolgenden Tagen sammelte sich ein Teil dieser Häftlinge von selbst wieder in unserem Betriebe. Von diesen zurückgefundenen Häftlingen wurden einige Tage später [am 20./24.02.] 65 dem Auffanglager Zatzschke bei Pirna übergeben. Desweiteren lieferten wir nochmals 20 zurückgekehrte Häftlinge am 27. 2. 45 im Lager Zatzschke ab.
>
> Ferner teilte uns das Arbeitsamt Dresden am 20. 2. 45 mit, dass 17 unserer Häftlinge bei der Fa. Emero-Bremsbelag G.m.b.H., Ottendorf-Okrilla, aufgefangen und vorläufig auch dort untergebracht wurden. Alle übrigen Häftlinge müssen als flüchtig betrachtet werden. Hierzu wurde uns ein Fall bekannt, in dem die Ortspolizeibehörde einer kleineren Gemeinde in der näheren Umgebung Dresdens 6 dieser Häftlinge mit Lebensmittelmarken versorgte und verpflegt in die Heimat abgeschoben hat, anstatt diese der nächsten Dienststelle der Geheimen Staatspolizei zu übergeben. Es ist jedenfalls mit Bestimmtheit anzunehmen, dass sich die beiden o.a. Häftlinge mit unter den Flüchtigen befinden. Aus diesem Grunde geben wir Ihnen die beiden Schreiben zurück und bitten Sie, diese der richtigen Form halber selbst zu beantworten.
>
> Bei dieser Gelegenheit geben wir Ihnen einen Brief an die Erstaufseherin Frl. Hanakam zurück, die sich seit dem 13./14.2.45 noch nicht bei uns gemeldet hat. Angeblich

[246] *21.08.1912 Polling (Österreich) (FloNo.: 57357) – Schicksal ungeklärt

[247] *24.12.1925 zu Lübeck (FloNo.: 62515) – Schicksal ungeklärt

> soll diese in Freiberg bezw. Chemnitz nach der Angriffsnacht gesehen worden sein, jedoch können wir über deren Verbleib bis heute noch keine Auskunft geben.
> Abschliessend teilen wir Ihnen mit, dass der damalige für Dresden zuständige Kommandoführer, SS-Oberscharführer Schmerse, von uns über alle diese Vorkommnisse in persönlicher Besprechung unterrichtet wurde.
> Wir nehmen an, dass dessen Bericht bereits in Flössenbürg (sic!) vorliegen dürfte."[248]

Ein Bericht Schmerses ist indes nicht überliefert. Hier wird jedoch noch zu Kriegszeiten glaubhaft berichtet, dass 85 Häftlinge in das Auffanglager Mockethal-Zatzschke überstellt wurden und dass mindestens 17 Häftlinge sich bei einer anderen Firma aufhielten und 6 Personen in die Heimat entlassen worden waren. Das sind immerhin mehr als 100 Überlebende. Von nicht identifizierten Bombardierungstoten ist hier mit keinem Wort die Rede. Seitens der Personalabteilung geht man davon aus, dass nahezu alle Häftlinge geflohen sind oder anderweitig überstellt oder untergebracht wurden.

Während also einige Häftlinge nach der Bombardierung geflohen sind und wiederergriffen wurden oder sich freiwillig bei der Polizei oder dem Arbeitsamt meldeten, berichten einige Überlebende auch davon, wegen Verletzungen in Krankenhäusern behandelt worden zu sein. Anna Kraus[249], die als „Zigeunerin" verfolgt worden ist und die Lager Auschwitz und Ravensbrück überstand, war als Vorbeugehäftling wegen vermeintlicher Asozialität (VH Aso) erst im Januar mit dem 2. Transport nach Dresden gekommen. Ihr Erinnerungsvermögen ist rudimentär, bzw. ihre Erinnerungsbereitschaft gering, aber sie gibt 1976 zu Protokoll:

> „Bei dem Angriff auf das Lager wurde ich hinter dem linken Ohr verletzt und kam danach ins Krankenlager, d.h.

---

[248] Staatsarchiv Dresden Bestand 11683 Universelle-Werke J.C.Müller & Co. Signatur 035 „Außenlager des Konzentrationslagers Ravensbrück, Dresden Florastraße 5" Blatt 33f.

[249] FloNo.: 62480

in eine Ohrenklinik in Dresden. [...] Den Marsch von Dresden nach Pirna habe ich nicht mitgemacht, da ich aufgrund meiner Verletzung in eine Ohrenklinik in Dresden gekommen bin."[250]

Entsprechende Dokumente und Krankenakten belegen ihren Aufenthalt in der Rettungsstelle „Hermann-Göring-Schule Dresden" und im Stadt-Krankenhaus Dresden-Friedrichstadt in der chirurgischen Abteilung und in der Hals- Nasen- Ohren-Klinik. Die als flüchtig geltende Polin Maria Kopec[251] sagt aus:

„Kurz vor Ende des Krieges erkrankte ich an der Diphteritis und wurde im Krankenhaus in Dresden untergebracht. Am 25. Oktober 1945 bin ich in meine Heimatstadt zurückgekehrt"[252]

Nach geglückter Flucht beim Bombenangriff konnten sich also Häftlinge auch in medizinischer Versorgung befinden. So ist die reichsdeutsche Kinderpflegerin und Hausfrau Maria Hergeth, geborene Skwor[253], die als politischer Häftling in Dresden war, am 22. Februar 1945 in Arnsdorf verstorben[254] Wahrscheinlich befand sie sich dort infolge des Luftangriffes in Behandlung in einem Krankenhaus und erlag ihren Verbrennungen oder Verletzungen. Die Überlebende Maria Hatzl[255] gibt 1976 zu Protokoll:

„Mitte Februar 1945 wurde Dresden von den Alliierten schwer bombardiert. Dabei wurde auch unser Lager getroffen. Ich wurde selbst schwer verletzt und in Dresden in das Friedrichstädter Krankenhaus geschafft. Von dort kam ich in ein Krankenhaus in Arnsdorf/Bayern[256]. Dort

---

250 Barch, B162 /16327 S.480 – VP Anna K. 09.12.1976
251 FloNo.: 57431
252 ITS TD 1022280
253 *11.07.1905 Aussig, FloNo. 62645
254 ITS TD 694766
255 FloNo.: 62641
256 Flossenbürg liegt im Bundesland Bayern. Das hier gemeinte Arnsdorf in Sachsen liegt etwa 10km östlich von Dresden. (Verwechslung mit Arnstorf)

> erlebte ich das Kriegsende und somit meine Befreiung.
> [...]
> Ich möchte erklärend anführen, dass ich während meiner gesamten Haftzeit in einem sehr schlechten Gesundheitszustand war und praktisch vieles dadurch nur mehr dunkel in Erinnerung habe. Als ich befreit wurde, wog ich 43 kg und war außerdem schwer krank. [...]
> Ich glaube, dass in Dresden ein paar tausend Häftlinge angehalten worden sind. Ich schätze, dass etwa 60%[257] davon dort den Tod gefunden haben."[258]

Auch Walli Nossen[259] berichtet davon, in Arnsdorf wegen einer Ohrenverletzung nach der Bombardierung im Februar behandelt worden zu sein. Sie lässt protokollieren:

> „Zu den geschilderten Tötungsverbrechen kann ich nichts sagen, da ich in der Nach[t] des Bombenangriffs vom 13.-14.2. nicht in der Fabrik war, sondern in der geschilderten Unterkunft in der Rathenower Straße[260]. [...]
> In der Nacht des letzten Bombenangriffes auf Dresden traf auch eine Brandbombe das Haus, in dem wir untergebracht waren. Die Bombe schlu[g] bis zu dem Keller durch, wo wir standen. Dabei entstand eine Panik, und das Licht ging aus. Ein anderer Häftling stand schon bei mir und zog mich mit zu einer Mauer. Durch ein Mauerloch (Notausstieg) gelang es uns, aus dem Keller zu entkommen. Der SS-Mann am Tor bemerkte mich nicht und es gelang mir, in's Freie zu kommen.

---

257 Es ist möglich, dass Hatzl hier die geschätzte Sterblichkeit in Ravensbrück im Sinn hat. Der Aussage schließt sich an: „Ich muss mich korrigieren, das Ganze, was ich soeben über Pinz [sic! Binz] und die Tötungen angegeben habe, bezieht sich nicht auf das Lager Dresden-Universelle, sondern auf das KL Ravensbrück." Das Vernehmungsprotokoll ist diesbezüglich missverständlich, da unklar bleibt, ob auch die geschätzte Mortalität sich auf Ravensbrück bezieht.

258 Barch, B162 /16327 S.471f. – VP Maria H. 15.12.1976

259 FloNo.: 62543

260 Hier handelt es sich wahrscheinlich um eine Verwechslung und es dürfte die Unterkunft in der Florastraße gemeint sein.

> Nach dem 5. April 1945 wurde ich vom Arnsdorfer Krankenhaus bei Dresden, wo ich Aufnahme gefunden hatte, wieder zum Lager[261] zurückgeholt von einem Gendarm. Ende April 45 gelang es mir, unbemerkt aus dem Lager zu entfliehen und mit dem Zug nach Berlin zu meiner Mutter zu fahren.“ [262]

Da die geflüchteten KZ-Häftlinge aber nicht krankenversichert waren, konnte auch die Wundversorgung zu Problemen führen. Dies verdeutlicht ein Schreiben des Personalbüros (Schmidt/Sg) vom 9. April 1945 an die Allgemeine Ortskrankenkasse [AOK] in Schirigswalde bezüglich der Anna Wendler[263], die ärztliche Hilfe in Anspruch genommen hatte.

> „In Beantwortung Ihrer Karte vom 10. 3. 45, die erst am 4. 4. 45 in unsere Hände gelangte, teilen wir Ihnen folgendes mit.
> Es handelt sich bei der Vorgenannten um einen K.Z. Häftling, dem K.Z. Lager Flössenbürg (sic!) angehörend, von denen sich rund 700 bei uns im Arbeitseinsatz befanden. Durch den am 13./14.2.45 erfolgten Terrorangriff auf Dresden wurde auch unser Lager, in dem sich die Häftlinge befanden, zerstört und der grösste Teil dieser Häftlinge, unter denen sich auch die W. befand, war geflüchtet. Die Angaben der W., sie sei unser Kassenmitglied gewesen, sind falsch, da wir keine Betriebskrankenkasse haben. Die Häftlinge sind überhaupt nicht Krankenversichert, auch nicht bei der Allgemeinen Ortskrankenkasse.
> Es ist uns inzwischen bekannt geworden, dass die geflüchteten Häftlinge die Gelegenheit des Angriffes benützt haben und sich bei den Auffangstellen unrechtmässig Fliegergeschädigten-Ausweise versorgten. Wir teilen dies zu Ihrer Orientierung mit und raten Ihnen, die

[261] Wahrscheinlich nach Mockethal-Zatzschke.
[262] Barch, B162 /16326 S.226 – VP Walli N. 13.02.1970
[263] *16.05.1909 Kunewalde Kreis Löbau

> W. der nächsten Polizeidienststelle evtl. Gestapo zu übergeben bezw. deren sofortige Festnahme zu veranlassen. Wir müssen nach der Lage dieses Falles Ihren Ersatzanspruch leider ablehnen."[264]

Spannend ist an diesem Schreiben auch mit welcher Selbstverständlichkeit hier zwischen Personalbüro und Ortskrankenkasse über KZ-Häftlinge und KZ-Lager korrespondiert wurde. Sie mussten mit keinem Wort erklärt werden. Die Existenz von KZ-Lagern als Haftanstalten und der Arbeitseinsatz von Häftlingen war allgemein bekannt, die systematische Vernichtung von Menschen wie in Auschwitz allerdings nicht unbedingt. Was in den Lagern im Detail geschah, entzog sich vielerorts also trotzdem der genauen Kenntnis der Anwohner und Bevölkerung. Sie hatten oftmals lediglich eine vage Vorstellung oder Ahnung. Auch die ehemalige Aufseherin Margot Schade erinnert 1977 sehr ähnlich wie die vernommenen Häftlinge die Bombardierung Dresdens:

> „Das Nebenlager Dresden-Universelle war so eingerichtet, daß die Frauen in der Florastraße untergebracht waren und in einem anderen Gebäude, meiner Erinnerung nach in der Zwickauer Straße, zu arbeiten hatten. Die Maschinenfabrik Universelle in der Zwickauer Straße war eine Rüstungsfabrik, die Abwehrgeschütze herstellte. Sie hatte etwa 1.000 Arbeitsplätze und auch einen Luftschutzraum, der für diese Anzahl von Arbeitskräften eingerichtet war. In der Florastraße konnten keine tausend Frauen wohnen – wieviele Häftlingsfrauen dort gewohnt haben, weiß ich nicht mehr. Vielleicht 200. Das Gebäude in der Florastraße bestand aus 2 Stockwerken. In dem einen Stockwerk wohnten die Aufseherinnen, in dem anderen Stockwerk die Arbeitskräfte. Im Erdgeschoß waren noch Arbeitsräume. Dort wurden Kleinteile ebenfalls für die Maschinenfabrik Universelle hergestellt. [...]

---

[264] Staatsarchiv Dresden Bestand 11683 Universelle-Werke J.C.Müller & Co. Signatur 035 „Außenlager des Konzentrationslagers Ravensbrück, Dresden Florastraße 5" Blatt 28f.

Während des Bombenangriffes auf Dresden hatte ich zusammen mit [Aufseherin] Hanna Weber Nachtschicht. Ich begab mich mit der Arbeitsgruppe in den Luftschutzraum. Keinem von uns passierte irgend etwas. Wir blieben einige Zeit, in meiner Erinnerung nach einige Tage in diesem Luftschutzkeller, in dem man es gut aushalten konnte, weil er eingerichtet war. Dann erhielt ich die Order – von wem weiß ich nicht mehr, es waren jedenfalls nicht die SS-Oberaufseherinnen, sondern irgend ein Posten, der meiner Erinnerung nach aus Flossenbürg gekommen war – meine Arbeitsgruppe in das Nebenlager Pirna zu bringen.

Zu der Zeit, zu der ich diese Order erhielt, waren neben meiner Arbeitsgruppe noch Häftlingsfrauen aus der Unterkunft in der Florastraße, die den Bombenangriff überlebt hatten, im Luftschutzkeller. Ich war am Morgen nach dem Bombenangriff zusammen mit Hanna Weber in die Unterkunft in der Florastraße gelaufen, um zu sehen, was sich dort ereignet hat. Wir stellten fest, daß das Gebäude total ausgebrannt und zusammengestürzt war und daß viele Leichen herumlagen. Einige Frauen, die herumirrten, weil sich niemand um sie kümmerte, nahmen wir dann mit und betreuten sie. Die gesamte Gruppe bestand nicht [einmal] aus 100 Leuten, die genaue Anzahl weiß ich nicht mehr."[265]

Damit bestätigt Schade auf der einen Seite, dass die Arbeitsschicht in der Zwickauer Straße die Bombardierung unversehrt überlebte und auf der anderen, dass diese bis zum Abtransport in Richtung Pirna dort übergangsweise in einem Luftschutzbunker festgehalten wurden. Dieser Gruppe wurden auch weitere Frauen aus der Florastraße angegliedert, die überlebt und keine Flucht ergriffen hatten. Wie die KZ-Häftlinge spricht Schade ebenfalls von herumliegenden Leichen, die aber weder als weiblich noch als KZ-Häftlinge und nicht zahlenmäßig spezifiziert werden. Schon der Anblick von 20 oder 50 Leichen dürfte sich traumatisch in die Erinnerung eingebrannt haben. Dass hunderte Frauen

[265] Barch, B162 /16327 S.486f. – VP Aufseherin Margot Sch. 23.05.1977

geflohen waren, konnten also auch diese Aufseherinnen nicht wissen. Die Ruine des Gebäudes ließ Schlimmstes vermuten. Lediglich aufgrund solcher Aussagen und Erinnerungen muss sich daher das Gerücht von Hunderten Toten in der Florastraße gebildet und etabliert haben, das sogar zu einer Gedenksteinsetzung im Jahr 1976 mit ähnlichem Wortlaut führte.

> „Im Fabrikgebäude Florastraße 14 in Dresden hatten ab Oktober 1944 700 Häftlinge aus Ravensbrück gelebt und gearbeitet. Etwa die Hälfte von ihnen war bei dem Großangriff auf Dresden umgekommen. Inzwischen war auf den Trümmern dieses Teiles der ehemaligen „Universelle Zigaretten-Maschinenfabrik“, die während des Krieges zum Rüstungsbetrieb umfunktioniert worden war, eine moderne Großwäscherei erbaut. Also ein Frauenbetrieb, der im Interesse der Frauen arbeitet. Zur Erinnerung an die hier gequälten und umgekommenen über 300 Häftlinge wurde 1976 vor dem Fabrikgebäude ein Gedenkstein gesetzt. Zu seiner Einweihung sprach Darinka Vizjak.
> Zu denen, die damals den Tod fanden, gehörte auch Ankidza Sviglji[266]. Als Sechzehnjährige hatte sie für die jugoslawischen Partisanen Kurierdienste geleistet, war verhaftet und gefoltert worden. Eine Brigade der Wäscherei erhielt diesen Ehrennamen.“[267]

Ob auch auf der Inschrift des Gedenksteins von mehr als 300 Todesopfern die Rede war oder es sich nur um eine Schilderung Sprengels handelt, ließ sich bislang nicht klären.
Aber auch in einer Aufstellung unter dem Titel „Betriebschronik – Faktenmaterial“ verfasst von Fritz Weber in Dresden bei der VEB Tabakuni Dresden am 17. Juni 1958 heißt es bereits:

---

[266] *10.01.1925 (FloNo.:57656)

[267] Rita Sprengel. Der rote Faden. S. 297f. vgl. S.249: „Dort wo das Fabrikgebäude Florastraße 14 stand, wurde inzwischen eine moderne Großwäscherei gebaut. Im Vorgarten des Werkes wurde zur Erinnerung an die Häftlinge, die hier 1945 lebten, litten und starben, ein Stein gesetzt. Darinka und Ankidzas Schwester und Schwager nahmen als Gäste an den Einweihungsfeierlichkeiten teil.“

„Beim Bombenangriff am 13.2.1945 kamen weit über die Hälfte der Frauen um, weil es für sie keinen Schutz[268] gab. Die Florastraße wurde bereits am 13.2.1945 weitestgehend zerstört.
Nach dem Bombenterror wurden 6 Frauen unter dem Treppenhaus Florastraße gefunden, die vermutlich von den Faschisten eingesperrt waren.“[269]

Der Straf-Bunker des Lagers soll sich laut übereinstimmenden Aussagen unter der Treppe zum Keller befunden haben.
Die Überlebende Anna Hehn sagte am 11. Juni 1945 aus:

„Der Bunker war unter jeder menschlichen Würde, unter einer schmalen Kellertreppe, nur eine kleine Tür. Luftzufuhr gar keine, nur ein kleines rundes Loch. Weder Sitz- noch Liege-Gelegenheit. Wer in den Bunker musste, hatte weder Schuhe noch Strümpfe oder sonst irgendwelche Bekleidung. Es war in den Wintermonaten !!!“[270]

Wo diese Toten bestattet wurden und ob sie identifiziert werden konnten, vor allem aber woher das Wissen über die 6 Toten stammt, bleibt in den vorliegenden Akten und Archivbeständen im Dunkeln. Wie überlebende Häftlinge berichten, könnte es sich entweder laut Sprengel um 5 kriegsgefangene Russinnen, laut Theresia Pfeiffer um 2 ukrainische Bibelforscherinnen, laut Leokadia Sehnke um 2 wiederergriffene flüchtige Polinnen oder andere in den Straf-Bunker gesperrte Frauen gehandelt haben. Interessant ist, dass sich bei Sprengel der Fundort bezeugter Toter ebenfalls bei der Treppe befand.

---

[268] Das ist falsch. Es wurde anscheinend auf Betreiben des Betriebsleiters Aschenwald gerade noch rechtzeitig ein Luftschutzkeller eingerichtet.

[269] Staatsarchiv Dresden Bestand 11683 Universelle-Werke J.C.Müller & Co. Signatur 035 „Außenlager des Konzentrationslagers Ravensbrück, Dresden Florastraße 5“ Blatt 2

[270] Staatsarchiv Dresden Bestand 11683 Universelle-Werke J.C.Müller & Co. Signatur 035 „Außenlager des Konzentrationslagers Ravensbrück, Dresden Florastraße 5“ Blatt 17

Möglicherweise kannte sie die von Fritz Weber erstellte Betriebschronik der Universelle Maschinenfabrik. Denn Rita Sprengel erinnert bereits 1960:

> „Bei den schweren Luftangriffen auf Dresden mußten wir Häftlinge bis Anfang Februar in unseren Schlafräumen unmittelbar unter dem Dach bleiben, von der SS eingeschlossen, die selbst in den Luftschutzbunker ging. Bei der Bombardierung am 13. Februar 1945 wurde der Betrieb „Universelle“ schwer getroffen. Etwa die Hälfte der Häftlinge wurde dabei getötet oder verwundet.“[271]

Die Häftlingseinzelschicksalsrecherche, vor allem mit Hilfe der Unterlagen des Internationalen Suchdienstes in Arolsen, hat aber nur wenige Verdachtsfälle für Todesopfer dieser Bombennacht erhärtet. Konkrete Bestattungen von Opfern der Luftangriffe waren nur in drei Fällen nachweisbar. Dabei nennen die oben analysierten Listen des Arbeiterrates vom 11.01.1946 zwei Tschechinnen als „an den Folgen der ~~Terror~~angriffe vom 13./14.2.1945 verstorben“. Es gibt aber ein drittes, auf den Ausländer-Listen nicht erwähntes, reichsdeutsches Opfer. Die drei Frauen wurden auf dem Neuen Annenfriedhof Abteilung 29 Reihe 3 im April 1945 in den Gräbern 8 bis 10 in Dresden-Löbtau beigesetzt. Laut Friedhofsunterlagen sind Angela Nezhodova[272], Barbara Pospisilowa[273] und die Wienerin Therese Kobaltz[274] aber (erst) am 17.04.1945 verstorben. An diesem Tag gab es eine weitere große Bombardierung Dresdens, die sich in erster Linie auf die Eisenbahn- und Verkehrsknotenpunkte konzentrierte. Denkbar wäre, dass die Frauen in einem Krankenhaus ums Leben kamen und zu den etwa 450 Todesopfern in Dresden gehörten. Ansonsten gibt es für die Häftlinge des Außenlagers beim Suchdienst des Roten Kreuzes in Bad Arolsen viel mehr Korrespon-

---

[271] Staatsarchiv Dresden Bestand 11683 Universelle-Werke J.C.Müller & Co. Signatur 035 „Außenlager des Konzentrationslagers Ravensbrück, Dresden Florastraße 5“ Blatt 16 ; zitiert nach „Die Frauen von Ravensbrück“, Kongreß-Verlag Berlin 1960 S. 68

[272] *29.03.1905 Neundorf Kreis Freidberg (FloNo.: 57526)

[273] *11.06.1900 Jaroslawitz (FloNo.: 57575)

[274] *22.07.1912 Wien (FloNo.: 62473)

denz Überlebender wegen gewünschten Haftbestätigungen als Suchanfragen Angehöriger zu Vermisstenfällen. Dabei haben sich vier Fälle Verschollener für reichsdeutsche und einen staatenlosen Häftling(e) herauskristallisiert.
So heißt es mit wahrscheinlichem Bezug auf die Bombardierung vom 13. Februar 1945 u.a.:

> „Es wird um Ausstellung einer Sterbeurkunde für die am 13.5.1945 anläßlich eines Bombenangriffes im Konzentrationslager Dresden ums Leben gekommene Maria Pilsner[275] […] ersucht."

Am 11.09.1953 für tot erklärt wurde zudem Elsa Laurent[276]. Ihr Bruder, der Landwirt Max Albert Laurent, hatte die Todeserklärung wegen Verschollenheit beantragt. Ebenfalls am 14.02. 1945 soll die als „staatenlose Zigeunerin" geltende Theresia Karoly[277] ums Leben gekommen sein. Außerdem gilt möglicherweise auch der reichsdeutsche Häftling Christel Stelzer[278] als vermisst. Insgesamt sind aber nicht einmal 20 Personen in den engeren Kreis der allgemein bezeugten Bombentoten gerückt. Die einzigen Toten, die bislang konkret von Mithäftlingen erinnert werden, sind die oben erwähnte Theresia Karoly und die Slowenin Ankidza Sviglelj[279]. Sie soll im Keller in der Florastraße von herabstürzendem Mauerwerk erschlagen worden sein. Ihren sechs slowenischen Kameradinnen gelang die Flucht. Sie ist als einzige im Ravensbrücker Gedenkbuch, allerdings mit falschem Todeszeitpunkt und Ort vermerkt. Rita Sprengel erinnert:

> „Zum dreißigsten Jahrestag der Befreiung der Häftlinge des KZ Ravensbrück kamen zwei Busse aus Jugoslawien nach Ravensbrück. Darinka Vizjak-Fortunat fragte unterwegs nach mir und erhielt noch im Bus meine Adresse und Telefonnummer. Dann trafen wir uns und fragten uns

---

275 Geborene Kraml *03.05.1911 Gallspach in Oberösterreich (FloNo.:57565)
276 *26.01.1905 Dinglingen (FloNo.: 52490)
277 *08.11.1924 Wiesfleck (FloNo.: 62461)
278 *14.02.1924 Königsberg (FloNo.: 62554)
279 *10.01.1925 (FloNo.:57656)

gegenseitig aus. Das Mädchen, Ankidza Sviglji, mit dem ich Hand in Hand im Keller gestanden hatte und von der ich mich löste, als sie dem Licht zustrebte, war von herabstürzendem Mauerwerk erschlagen worden. Den anderen gelang es, mit Hilfe einer geschickten Legende, auch ohne Geld und Ausweise, in wenigen Tagen und Nächten, noch bevor die Nazis vertrieben waren, ihre Heimat zu erreichen.“[280]

Da im brennenden Dresden auch Zivilisten und deutsche Flüchtlinge, Fremdarbeiter und Zwangsarbeiter ihre Bleibe, Hab und Gut und damit oft auch Ausweis- und Arbeitsbuch etc. verloren hatten, boten sich für die geflohenen KZ-Häftlinge zahlreiche Möglichkeiten im Chaos unauffällig unterzutauchen.
Rita Sprengel berichtet:

> „Zwei Tage blieb ich im wunden und noch immer brennenden Dresden, in der Stadt, die immer wieder von kleineren Gruppen von Flugzeugen angegriffen wurde.
> Ich erlebte Hilfsbereitschaft und Freundlichkeit. Mitarbeiter der Großbäckerei Bienert-Mühle ließen mich in einer ihrer Badekabinen heiß und gründlich baden. Schließlich bekam ich noch heiße Suppe mit Brot und als kostbares Geschenk einen Taschenkamm. […]
> Über dem Plauener Grund befand sich eine sogenannte „Ausgebombten Sammelstelle“, deren Funktion es war, die Ausgebombten mit Bescheinigungen zu versorgen, mit denen sie sich als solche ausweisen konnten. Außerdem erhielten sie pro Person 50,- oder 30,- RM und Wehrmachtslebensmittelkarten. Einige Tausend Menschen warteten Tag und Nacht bis sie an der Reihe waren. Da erreichte mich die Aufforderung eines Angestellten des Magistrats Dresden: Kann uns nicht jemand bei der Abfertigung helfen? Und schon zwängte ich mich, im Häftlingskleid, doch darüber eine Decke gewickelt, zur Barriere und saß dann, sozusagen als „Amtsperson“ und gab Ausgebombten-Ausweise und Wehrmachtslebens-

[280] Rita Sprengel. Der rote Faden. S.249

mittelkarten aus und verwies meine „Kunden“ an die Kasse, an der ihnen das Geld ausgezahlt wurde.
Ich erfuhr, Dresdens Einwohnermeldekartei sei verbrannt. Hoppla, dachte ich, das war günstig. Dies zu wissen, war viel wert.
Bei mir ging die Abfertigung rasch. Die bereits blanko unterstempelten und unterschriebenen Ausweise teilte ich ohne kränkende Kontrollen mit vollen Händen aus. Name und bisherige Adresse des Ausgebombten trug ich nur dort selbst ein, wo es sich um ganz alte oder ganz ungebildete Menschen handelte. Den Schreibkundigen überließ ich diese Arbeit selbst. […]
Nach anderthalb Tagen „fleißiger Arbeit“ verließ ich die Sammelstelle und Dresden mit zehn “organisierten“ Blanko-Ausweisen, mit einem ganzen Päckchen Wehrmachtslebensmittelkarten, mit einem von einer „Kollegin“ für mich ausgefüllten Ausweis, auf einen falschen Namen und der Adresse eines total zerstörten Hauses, in dem ich angeblich gewohnt hatte, sowie mit 100,- RM, die mir für meine Arbeit zugebilligt wurden.“ [281]

Es war also nicht allzu schwierig nach der Bombardierung auch unter falscher Identität unterzutauchen. Ausländische Häftlinge gaben sich zum Teil ebenfalls unter falschem Namen als Fremd- oder Zwangsarbeiter aus und nahmen neue Beschäftigungsverhältnisse an. Selbst wenn von ihrem Überleben also dokumentarische Spuren existieren, sind diese wegen der Überlebensstrategien nicht immer sofort zu erkennen. Auch erreichten viele der Geflohenen z.T. innerhalb weniger Tage oder Wochen ihre Heimat oder weit entfernte Orte, wo sie sich bis zum Kriegsende, weit verstreut und meistens unbehelligt, verstecken konnten.
Wenige Tage nach der Bombardierung, laut firmeneigenen Aufstellungen vom 11.01.1946 am 20. Februar 1945 wurden die verbliebenen weiblichen KZ-Häftlinge ins Auffanglager Mockethal-Zatzschke abgestellt.
Die ehemalige SS-Aufseherin Margot Schade erinnert 1977 die Evakuierung aus Dresden:

---

[281] Rita Sprengel. Der rote Faden. S.246ff.

„Der Zug der Frauen wurde von Zivilarbeitern der Universelle begleitet. Möglicherweise waren auch ein oder zwei SS-Männer dabei, daran kann ich mich aber nicht mehr genau erinnern. Auf dem gesamten Marsch gab es keine Zwischenfälle.
Wir meldeten uns bei der Lagerkommandantur. Wir wurden in Baracken eingewiesen, die Häftlingsfrauen in eine, die Aufseherinnen in eine andere Baracke. Als wir ankamen waren bereits Frauen im Lager. Sie waren von Oberaufseherinnen begleitet, die dann auch die Frauen der Universelle unter ihre Fittiche nahmen. Wir beide, Hanni Weber und ich, hatten keinen Dienst mehr. Wir erhielten nach einigen Tagen Order, uns nach Dresden zurückzubegeben. Auf dem Rückweg übernachteten wir einmal in den Goehle-Werken. Dort erreichte uns ein Brief aus dem Lager Flossenbürg, mit dem wir aufgefordert wurden, uns dorthin zu begeben. Wir setzten uns sofort in Richtung Flossenbürg in Marsch und erfuhren dort, daß gegen uns ein Verfahren eingeleitet worden war, weil wir angeblich Kontakte zu männlichen Häftlingen unterhalten hätten. Wir waren in Flossenbürg eingesperrt bis das Lager dort evakuiert wurde. Im Zuge dieser Evakuierungsmaßnahmen konnten wir uns absetzen.“[282]

Mehr zur Plausibilität dieser Vorfälle entnehmen Sie bitte dem Kapitel 2.1 über das Wachpersonal.
Unklar ist der Verbleib der Russin Nina Blaschenkowa[283], die laut Auflistung des Arbeiterrates wie Viktoria Bilinskaja und Tamara Eliseowa als „nach Lager Flössenburg (sic!) abgestellt“ gilt. Ihre Häftlingsnummer unterscheidet sich an fünfter Stelle nur mit einer 4 statt einer 1 von der Bilinskajas. Auf ihrer Flossenbürger Häftlingskarteikarte und im Nummernbuch ist keine Überstellung ins Stammlager vermerkt und ihrer Karteikarte wurde auch nicht aussortiert, was bei den Exekutierten der Fall ist. Entweder wurde sie also nach der Bombardierung nach Flossenbürg überführt oder es handelt sich um einen firmeninternen Buchführungsfehler.

---

[282] Barch, B162 /16327 S.487f. – VP Aufseherin Margot Sch. 23.05.1977
[283] FloNo.: 57264

i) Verlegung nach Mockethal-Zatzschke

Wie die Listen des Arbeiterrates der Universelle Maschinenfabrik von 1946 und die Firmenkorrespondenz von 1945 belegen, wurden am 20. Februar ca. 65 Überlebende in das Auffanglager Mockethal-Zatzschke bei Pirna überstellt. Einige Tage später sollen etwa weitere 20 Häftlinge (wahrscheinlich in Kleingruppen) dorthin überführt worden sein. Sie waren andernorts aufgegriffen worden oder sind aus Eigeninitiative nach dem Abtransport der ersten Gruppe zum Fabrikgelände zurückgekehrt. Bei den Häftlingen der ersten Transportgruppe handelte es sich um 16 Polinnen, darunter auch die Ärztin und die Revier-Pflegerin, 8 Lettinnen, 6 Russinnen, 6 Serbinnen, eine Slowenin bzw. Italienerin, eine Griechin und eine Litauerin. Unter den 65 Evakuierten befanden sich also 39 ausländische KZ-Häftlinge und demzufolge nur etwa 26 reichsdeutsche Häftlinge. Da diese in den Listen von 1946 nicht berücksichtigt wurden, müssen die deutschen und österreichischen Häftlinge, die nach Mockethal-Zatzschke überstellt wurden, durch Selbstauskünfte rekonstruiert werden. Frieda Bauer[284] eine als „asozial" geltende Deutsche, die erst mit dem zweiten Transport nach Dresden deportiert worden war, erinnert:

> „Ich war fast 3 Jahre lang im Frauen-Konzentrationslager Ravensbrück und kurze Zeit auch im Lager Dresden. Dort wurde ich dienstverpflichtet d.h. nach einem halben Jahr Arbeit in der Maschinenfabrik (Flugzeugfabrik) Universelle in Dresden wäre ich entlassen worden.[285] Dann kam aber der große Bombenangriff auf Dresden, die Fabrik wurde durch Bomben zerstört und von den etwa 700 Frauen-Häftlingen kamen etwa 60 mit dem Leben davon, darunter befand auch ich mich. Wir wurden sodann in das

[284] FloNo.: 62580

[285] Der Begriff „Dienstverpflichtung" wird hier wahrscheinlich fälschlicherweise verwendet. Bauer war Zwangsarbeiterin in einem KZ-Lager. War sie aber zu einer befristeten Haftdauer verurteilt, hätte es natürlich ein voraussichtliches Entlassungsdatum geben können. Vgl. Kapitel f) Entlassungen
Auch ist nicht auszuschließen, dass mit ähnlichen Versprechen Häftlinge für Arbeitstransporte „angeworben" wurden.

Waldlager Zatschke (phon.) verlegt. Wir mußten dorthin marschieren. In Zatschke waren wir uns selbst überlassen. Ich ging nach Lohmen zu einem Bauern und arbeitete dort bis zum Einmarsch der Russen.“ [286]

Wenn Frieda Bauer hier von lediglich 60 Überlebenden spricht, so korreliert diese Zahl wohl mit den ca. 65 Häftlingen, die am 20. Februar 1945 nach der Bombardierung von Dresden nach Zatzschke überstellt wurden. Frieda Bauer dürfte also auch zu dieser Gruppe gehört haben.
Die staatenlosen Zigeunerinnen Theresia Pfeiffer geb. Horvath mit Schwester Anna Pfeiffer geb. Karoly aus dem österreichischen Burgenland haben wohl auch zu dieser Gruppe gehört. Erstere gibt an:

> „Ich erinnere mich an die grosse Bombardierung von Dresden. Kurz darauf wurden wir evakuiert. Wir kamen im Zuge der Evakuierung in ein kleines Lager, dessen Bezeichnung mir entfallen ist. In Thüringen oder in Sachsen, wo es war entzieht sich meiner Erinnerung, wurde ich von den Amerikanern befreit. Es war dies am 8. Mai 1945. [...] Die Orte Mockethal-Zatschke sind mir nicht geläufig. An Pirna kann ich mich hingegen erinnern, aber auch nur dem Namen nach. Bestimmte Vorstellungen verknüpfen sich damit nicht.“[287]

Frieda Bauermeisters Fluchtgruppe bestand aus neun Personen, vermutlich überwiegend reichsdeutschen Häftlingen. Da der Bahnverkehr weitestgehend zusammengebrochen war und ein Wegkommen schwierig war, hatten sich diese Frauen zurück zur Fabrik gemeldet und dürften wohl auch zu den 65 Frauen gehört haben, die nach Mockethal-Zatzschke gelangten. Bauermeister gibt zu Protokoll:

> „Die Fabrik Universelle lag in Dresden Altstadt. Von den Häftlingen verblieben nach der Bombardierung Dresdens

[286] Barch, B162 /16326 S.208 – VP Frieda B. 05.02.1970
[287] Barch, B162 /16327 S.468f. – VP Theresia P. 29.12.1976

nur 9 am Leben, worunter auch ich war. Da keine andere Möglichkeit bestand von Dresden wegzukommen, meldeten wir wenigen Überlebenden uns bei der Zweigfabrik in Dresden Neustadt[288], wo die restlichen Häftlinge im Keller untergebracht waren. Es bestand dort weiter Bewachung durch SS-Leute. Eines Tages wurden wir auf Lastwagen verladen und unter SS-Bedeckung nach Zat[z]schke bei Pirna abtransportiert und dort in ein mit Stacheldraht umzäuntes Judenlager gebracht. Als kurz vor Ende des Krieges die SS sich entfernte, aus Sicherheitsgründen, war meine Befreiungsstunde gekommen. Wir 9 übrig gebliebenen Häftlinge sind nach Pirna gewandert und haben uns dann noch bis zum Juni 1945 aufgehalten. Erst dann fuhr wieder eine Bahn und ich konnte nach Berlin zurückkehren.“ [289]

Bei den neun Personen könnte es sich um die Gruppe um Mietke, Köhler und Grascha handeln, die auch bis zuletzt im Lager waren und nach Pirna gingen. Von ihnen liegt eine der ausführlichsten und frühesten Schilderungen zur Evakuierung vor. Aber auch die „Asoziale“ Frieda Bauer gibt 1970 wertvolle Hinweise:

„Zat[z]schke war ein Männerlager. Der Evakuierungsmarsch dauerte nur einige Stunden. Früh sind wir abmarschiert und mittags waren wir bereits im neuen Lager. Ich erinnere mich nicht, auf dem Marsch Ortschaften passiert zu haben. Bewacht bezw. geführt wurden wir 63 Frauen von einer SS-Bewacherin und von vier Landsern. Wir sind in Zivilkleidern gelaufen, nur am Arm hatten wir unsere Lagernummern. Während des Marsches ist niemand an Erschöpfung gestorben, niemand wurde mißhandelt oder gar erschossen. […]
Das Männerlager war im Wald. Wir Frauen vom Lager Dresden, wurden gesondert in einer Baracke untergebracht. Bewacht wurde das Lager von SS-Männern und

[288] Wahrscheinlich ist das Hauptwerk in der Zwickauer Straße 46 bis 58 in der Vorstadt gemeint. Ein konkretes Zweigwerk in der Neustadt ist nicht bekannt.
[289] Barch, B162 /16325 S.28 – VP Frieda B. 14.07.1959

SS-Frauen. Ob das Lager eingezäunt war durch Stacheldraht oder elektrischem Draht und ob Beobachtungstürme dort waren, weiß ich nicht. Von uns 63 Frauen wurde niemand geschlagen und auch niemand getötet. Das Essen war eben Lager- und kein Fabrikessen, doch verhungert ist von uns 63 Frauen niemand. Das Lager war groß und viele Juden und Zigeuner waren dort untergebracht. Ich habe nicht gesehen, daß Lagerinsassen gefoltert oder getötet worden sind. Ich habe aber viele verhungerte KZ'ler gesehen, die nackt aufgeladen und weggefahren worden sind. Man hat auch davon erzählt, daß Juden im Steinbruch durch Genickschüsse umgekommen sind. Gesehen habe ich, daß SS-Männer Häftlinge mit Gewehrkolben geschlagen haben."[290]

Während also im Männerlager deutlich schlechtere Haftbedingungen herrschten, geht Frieda Bauer davon aus, dass alle Evakuierten von der Universelle überlebten. Sie geht von 63 in der ersten Transportgruppe überführten aus.
Mietke, Grascha und Köhler berichten am 15. September 1945 in Mockethal über das Lager Zatzschke:

„Am 15. 1. 1945 wurden wir (ca. 200 weibliche Häftlinge) vom KL'Lager Ravensbrück nach Dresden zum Einsatz in einen Rüstungsbetrieb (Universelle) auf Transport geschickt. Dort befanden sich bereits 500 Häftlinge, ebenfalls aus Ravensbrück. Während des Bombardements auf Dresden (13. 2. 1945) wurden wir von unserer Bewachung (SS Männern) in dem Keller der Fabrik eingeschlossen, während die SS. das Weite suchte. Die Fabrik wurde bereits bombardiert und wir befanden uns noch im Keller, von dem schon die Wände einstürzten. Niemand kam uns zur Hilfe und nirgends fanden wir einen Ausgang, da ja auch das Licht erloschen war. Erst durch den Luftdruck einer niedergehenden Bombe sprang die Tür auf und wir stürzten uns ins Freie. Es ist uns heute noch ein Wunder, daß wir überhaupt noch am Leben sind. Viele unserer

[290] Barch, B162 /16326 S.210f. – VP Frieda B. 05.02.1970

Kameraden waren bereits tot und wir mußten über Leichen gehen und durch Flammen rennen, nur um die Straße zu erreichen. Wir irrten in den Straßen Dresdens herum, bis wir am anderen Morgen von Aufseherinnen[291] ergriffen und in den Bunker des Hauptwerkes der Firma Universelle in die Zwickauer Straße gebracht wurden, wo wir auf den [sic!] nackten Fußboden schlafen mußten. Hier verblieben wir ca. 14 Tage[292] und wurden dann in das Ausweichlager Zatzschke gebracht. Hier befanden sich bereits 400 Häftlinge (männliche und weibliche, selbst Kinder[293]) In den Räumen unserer Baracke befanden sich weder Betten noch Waschgelegenheiten sowie Aborte. Auch hier mußten wir, nur mit einer dünnen Decke versehen, auf den Fußboden schlafen. Es wurde auch keine Rücksicht auf Kranke genommen, auch für sie beschaffte man weder Stroh noch Bett. Die jüdischen Häftlinge hatten noch nicht einmal eine Decke. In unseren [sic!] Raum wurde einfach eine alte Lore aufgestellt, ohne Deckel in die wir unsere Notdurft verrichten mußten. Bei dieser verpesteten Luft mußten wir schlafen, denn die Fenster durften nicht geöffnet werden. Sogar das Wasser wurde uns zugeteilt, so erhielten wir jeder eine Tasse Wasser, zu [sic!] der wir auch noch trinken mußten. Als die Lagerleitung sich einmal an den Gastwirt der "Weißen Taube"[294] mit der Bitte um Wasser wandte, da sich im Lager keine Wasserleitung befand, gab Leubner zur Antwort, daß er für Häftlinge kein Wasser habe, der Brunnen würde sich erschöpfen.
Als Essen bekamen wir Kartoffeln mit Schalen in Wasser gekocht als Suppe und zwar am Tage 1/2 Liter, abends bekamen wir 150 gr. Brot.

---

[291] Die Aufseherin Margot Schade (s.o.) berichtet davon und will herumirrende Häftlinge am 14. Februar mit Aufseherin Hanna Weber eingesammelt haben.
[292] Diese Zeitspanne wird vermutlich überdehnt erinnert. Vgl. Firmenkorresp.
[293] Die jüdischen Überlebenden des Dresdner KZ-Außenlagers in Striesen bei der Rüstungsfirma Bernsdorf & Co. in der Schandauerstraße 68 wurden nach der Bombardierung ebenfalls nach Pirna evakuiert. Unter ihnen befanden sich auch Kinder. Vgl. Pascal Cziborra. KZ Dresden Striesen
[294] Gastwirtschaft an der Lohmener Straße, Ecke Arthur-Thiermann-Str. 58

Wäsche erhielten wir auch nicht zum Wechseln. Wir waren gezwungen, ständig in unseren Kleidern zu bleiben, da uns ja keine Betten zur Verfügung standen. Es war ein Bild des Grauens, die abgemagerten Menschen und kranken Menschen am Boden liegen zu sehen.
Oft kamen wir tagelang nicht ins Freie und dann nur auf einige Minuten. Hier wurden wir von Aufseherinnen, die alle mit Knüppeln versehen waren, bewacht. Wir mußten ohne jegliche Kopfbedeckung im Kreis herumlaufen. Dies war für uns besonders hart, da man uns, als wir nach Dresden auf Transport kamen, sämtlich die Haare abgeschnitten hatten und zwar ganz kahl. Dies tat man deshalb, damit wir bei einen evtl. Fluchtversuch leicht erkennbar waren.
Eine andere Aufseherin, mit Vornamen "Herta", welche früher als Kellnerin in der "Blauen Maus" tätig war, betrog uns sogar noch um die schon so knapp bemessene Brotration.
Infolge der schlechten Ernährung und Fehlen von Medikamenten erkrankten viele Häftlinge und starben täglich mehrere.[295]
Sie wurden einfach jeder Kleidung entblößt, vor das Fenster der Baracke gelegt und blieben dort tagelang liegen, bis wieder einige hinzukamen. Dann wurden sie zur Beisetzung nach Lohmen geschafft, Leiche über Leiche gelegt. Zuletzt gab man sich gar nicht mal die Mühe, sondern legte sie einfach hinter das inzwischen provisorisch erbaute Klosett, wo sie nach Tagen im Freien verbrannt oder im angrenzenden Busch verscharrt wurden.
Besonders hart wurden auch die Juden behandelt. Man schlug wahllos mit Knüppeln auf sie ein, ohne Rücksicht auf Kranke und Kinder. Die Männer mußten im Steinbruch arbeiten, besonders schlecht wurden wir auch von einem SS-Mann mit Vornamen "Max" behandelt, der sich noch längere Zeit nach dem Einmarsch der "Roten Ar-

---

[295] Konkrete Fälle werden hier nicht belegt. In Lohmen wurden aber etliche KZ-Häftlinge bestattet. Ob sich darunter auch einzelne Frauen aus dem Lager Dresden Universelle befanden, ist nicht überliefert.

mee" in der Gegend von Mockethal und Zatzschke aufgehalten haben soll.
Dieser hat mit einem dicken Knüppel auf uns eingeschlagen. Einmal zeigte er uns schöne rotwangige Äpfel und sagte hohnlachend zu uns: "die möchtet Ihr wohl haben" und freute sich über unsere Qual, denn wir waren doch vollständig ausgehungert.
Der Oberscharführer und die Oberaufseherin, deren Namen der Lagerführer der Männerhäftlinge ein gewisser von Berg[296] angeben kann, nahmen abends den Appell ab. Es erklang das Kommando "Still gestanden, Augen rechts" und wir wurden gezählt. Kein Laut durfte fallen und lange Zeit mußten wir in dieser Haltung verharren, bis es wieder hieß, "Rührt Euch", erst dann durften wir auf unsere Plätze zurück.
Briefe an die Angehörigen durften wir nicht schreiben und so blieben wir ohne jegliche Nachricht.[297] Bei Fliegeralarm mußten wir in der Baracke verbleiben und wurden sogar noch extra von SS bewacht, während die Lagerleitung mit Sack und Pack im angrenzend Busch Deckung suchte. In Zatzschke verblieben wir einige Wochen bis auf einmal 1000 Männer-Häftlinge aus dem KZ-Flossenbürg nach hier kamen. Nun ging es zu Fuß hach Dresden. Die Juden zur Firma "Jasmatzi" und wir zur "Universelle". Auch hier war unser Lager der bloße Fußboden. In Dresden wurden wir zu Aufräumungsarbeiten eingesetzt. Im Bunker befand sich der Lagerraum mit Betten versehen. Auch hier duldete die Aufseherin nicht, daß Kranke untergebracht werden. Ich lag in einem Bett in einer dunklen Ecke, da ich inzwischen an Ruhr erkrankt war und hatte das Glück, von ihr nicht entdeckt zu werden. So habe ich selbst beobachtet, wie sie einen Häftling heraustrieb, die sich bei den [sic!] Bombardement das Bein mehrmals gebrochen hatte. Sie selbst schlief abends mit dem Oberscharführer, ohne Rücksicht auf die Anwesenden, in einem Bett. Die Behandlung wurde immer schlechter und

---

[296] SS-Oberscharführer Erich von Berg
[297] In Dresden war das im Rahmen der Lagerordnung noch möglich gewesen.

die Bewachung schärfer. Von den 700 Frauen waren nur noch 85[298] übrig geblieben. Viele der Kameradinnen sind bei den [sic!] Bombardement auf Dresden ums Leben gekommen.[299] Andere hatten die Flucht ergriffen, denn das Leben war kaum noch zu ertragen. Eine Aufseherin war ja sogar so schamlos und schlief mit einem tschechischen Häftling zusammen, eine andere mit einem Matrosen in Gegenwart anderer Häftlinge.[300] Der Oberaufseher und die Oberaufseherin machten uns das Leben zur Qual. Bei der geringfügigsten Kleinigkeit wurden die Haare abgeschnitten oder 25 Schläge auf das Gesäß ausgeteilt. Dann ging es wieder auf Transport. Die jüdischen Häftlinge wurden zur Vernichtung nach Königstein gebracht und wir gingen nach Pirna. Fast jeder Einwohner Pirnas kann sich wohl entsinnen, wie wir vor dem Rathaus standen und auf, Unterbringung warten mußten, Eine Frau äußerte sich sogar: "Wer weiß, weshalb die im Lager sind, umsonst jedenfalls nicht". Wir durften uns ja nicht verantworten, sonst hätte es wieder Schläge gegeben. In der "Mitteldeutschen Spinnhütte" bezogen wir auf einige Zeit Notquartier, dann ging es wieder weiter, der Vernichtung entgegen. Uns log man vor, wir kämen zu einem Bauern und von dort erhielten wir unsere Freiheit. Man hatte aber von unserer Seite die SS belauscht und gehört, daß wir abseits von Pirna getrieben werden sollen, um dort erschossen zu werden. Bei Vollalarm wollte man mit uns über die Brücke. Plötzlich wurden wir von Tieffliegern beschossen und alles rannte auseinander, zuerst die SS, die sich gar nicht mehr um uns kümmerte. Auch hier

[298] Diese Zahl deckt sich mit der Zahl des Personalbüros, das zunächst etwa 65 und dann noch einmal 20 Häftlinge nach Zatzschke überstellte.

[299] Dies lässt sich so bislang nicht belegen. Die meisten Deutschen dürften geflohen sein. Konkrete Todesfälle sind nur in Einzelfällen dokumentiert.

[300] Vgl. Vorwurf des Häftlingskontaktes gegenüber Schade und Weber. Die Schilderungen Schades dürften daher wahrheitsgemäß und authentisch sein. Was an den Vorwürfen gegenüber Schade und Weber dran war, und wie im Stammlager Flossenbürg gegen sie ermittelt wurde, muss offen bleiben. Auf Rassenschande konnte jedenfalls eine Verurteilung und Einweisung ins KZ erfolgen. Vgl. Wege ins KZ Ravensbrück – Verbrechen Liebe

wurden, einige Häftlinge verletzt.[301] Der Kommandoführer saß in einem Keller und zitterte um sein Leben. Jetzt wurden auch wir von der Verzweiflung erfaßt und beschlossen zu fliehen. Eine Kameradin und ich machten uns auf den Weg nach Berlin. Unterwegs fragten wir Passanten nach dem Wege dorthin. Ahnungslos kamen wir an unseren [sic!] alten Lager Zatzschke vorbei, wo wir von der Gendarmerie ergriffen und wieder in [das] Lager gebracht wurden. Hier befanden sich bereits einige Kameradinnen und noch 21 kranke Männerhäftlinge. Das Kommando hatte ein Wachtmeister der Gendarmerie übernommen, der gut zu uns war und sich sehr für uns einsetzte. Endlich durften wir wieder auf einen [sic!] Strohsack schlafen und auch wurde für besseres Essen gesorgt. Wir kamen uns vor wie im Himmel, ein Strohsack für die kranken Glieder und Wasser zum waschen. Nach 2 Tagen erschien der SS-Mann und wollte uns abholen. Wir gingen nicht mit und der Wachtmeister der Gendarmerie stand uns zur Seite. Der SS-Mann bedrohte mich mit erschießen, aber auch das konnte mich nicht erschüttern. 3 Kameradinnen ließen sich von ihm überreden und gingen auch mit, ihrem Tode entgegen.[302] Denn diese hat er erschossen, die Leichen sollen nachher die Landser, die in der Entlausung Copitz tätig, waren, gesehen haben.

Jetzt wurde das Lager von der OT. mit 600 Auslandarbeitern belegt und wir wurden von der OT. verpflegt und beschäftigt. Wir waren nur noch 12 weibliche Häftlinge. 8 Häftlinge sind noch unter dem Kommando des von Berg in Lohmen erschossen und begraben worden, da diese nicht auf Transport kommen konnten, angeblich wegen schwerer Erkrankung.[303]

---

[301] Konkrete Fälle sind nicht bekannt.

[302] Diese 3 Todesfälle konnten bislang nicht dokumentiert werden. Der Bericht lässt offen, ob die genannten Kameradinnen auch zur Häftlingsbelegschaft der Universelle Maschinenfabrik gehörten. Es hört sich aber stark danach an.

[303] Möglicherweise männliche Häftlinge vor der Evakuierung nach Leitmeritz.

Eine Frau Schmidt, Pirna-Copitz, am Kießberg, kann noch die Namen der verstorbenen Häftlinge angeben, da dieselbe die kranken Männer Häftlinge treu verpflegt hat. Ein jüdischer Häftling[304] soll sich noch in hiesigem Krankenhaus befinden.
Die Namen unseres Lagerführers und der Oberaufseherin muß der von Berg angeben können.
Mockethal, den 18. 9. 1945
gez. Anneliese Mietke Mathilde Grascha Hedwig Köhler geb. Chlosta

Die ins Lager Mockethal-Zatzschke evakuierten Häftlinge der Universelle Maschinenfabrik sind laut diesem kurz nach Kriegsende entstandenem Bericht nach ein paar Wochen wieder zurück nach Dresden gelangt und als Aufräumkommando eingesetzt worden. Dieses Aufräumkommando soll im Luftschutzkeller des Firmensitzes in der Zwickauer Straße 46 bis 58 notdürftig eingerichtet worden sein. Aus Dresden wurde dann über Pirna gegen Ende des Krieges ein Zweites Mal evakuiert und dieser Marsch löste sich bei einem Tieffliegerangriff auf. Auch dort soll es Verletzte gegeben haben, aber der Mehrheit der verbliebenen Häftlinge dürfte bei dieser Gelegenheit die Flucht geglückt sein. Einige Frauen werden wiederergriffen und erneut ins Lager Mockethal-Zatzschke eingewiesen, wo einige befreit werden, aber möglicherweise kurz vor Kriegsende auch noch einzelne Frauen erschossen oder anderweitig ums Leben gekommen sind. Konkrete identifizierbare Todesfälle werden aber nicht bezeugt. Frieda Bauer dürfte auch mit zum Aufräumkommando gehört haben und setzte sich schließlich bei dem Tieffliegerangriff bei Pirna ab:

> „Nach einigen Wochen Lageraufenthalt, wollten uns Landser unter Führung der SS-Bewacherin vom Lager

---

Die Zahl der Häftlinge schwankt in verschiedenen Zeugenberichten zwischen 4 und 9 Frauen. Es soll sich um Jüdinnen des Dresdener Außenlagers für die Firma Bernsdorf & Co. in der Schandauerstraße 68 gehandelt haben.

Vgl. Pascal Cziborra. KZ Mockethal-Zatzschke S.72ff.

Vgl. Pascal Cziborra. KZ Dresden Striesen S.87ff.

304 Hersch Weißkohl, er kam aus dem Außenlager Dresden Bernsdorf.

Dresden nach Pirna bringen. Während des Marsches wurden wir von Fliegern angegriffen und beschossen. Der Zug löste sich praktisch auf. Jeder rannte um sein Leben, und auf diese Weise kam ich zu einem Bauern und arbeitete dort bis zum Einmarsch der Russen. Ich war dann frei.“ [305]

Möglicherweise nicht zu den 85 laut Personalbüro der Universelle nach Zatzschke evakuierten weiblichen KZ-Häftlingen gehörten Maria Schubert und Gertrud Sprenger. Letztere gibt 1970 zu Protokoll:

> „Im Februar 45 erfolgte der Bombenangriff auf Dresden. Dabei wurde auch die Maschinenfabrik ausgebombt und es gelang mir, mich zusammen mit einer anderen Häftlingsfrau [Maria Schubert] abzusetzen. In Ockerwitz bei Dresden wurden wir jedoch von SS aufgegriffen und in das Frauengefängnis in Dresden, Georg Bär-Straße o.ä. eingeliefert. Nach etwa 14 Tagen wurden wir dann in das Judenlager „Weiße Taube“[306] nach Pirna gebracht. Nach etwa 4 Wochen konnten wir erneut flüchten.[307] Vor Anrücken der russischen Front begaben wir uns zur Festung Königstein, die damals noch von der SS bewacht wurde. Der Grund war der, daß wir Angst vor den Russen hatten. Irgendjemand hatte uns von Massakern der Russen berichtet und uns entsprechende Lichtbilder [Fotografien] gezeigt. Angeblich sollten alle Deutschen getötet werden. Kurz danach jedoch setzte sich die SS-Bewachung ab.
> Einige Tage später begab ich mich nach Neusalz zurück und blieb dort bis zur zwangsweisen Aussiedlung am 28.7.1946. Mit meinem Mann und anderen Familienangehörigen kam ich über ein Flüchtlingslager nach Peine. Im Jahre 1952 bekamen wir hier in Homberg eine Wohnung und siedelten über.“ [308]

---

[305] Barch, B162 /16326 S.211 – VP Frieda B. 05.02.1970

[306] Name der in der Nähe liegenden Gastwirtschaft.

[307] Das Protokoll lässt offen, ob bei dem Tieffliegerangriff auf Evakuierung im April oder aber direkt aus dem Lager Mockethal-Zatzschke.

[308] Barch, B162 /16326 S.240f. – VP Gertrud Sp. 17.03.1970

Leider waren die Gerüchte über die Russen zum Teil berechtigt. Selbst einige überlebende KZ-Häftlinge gaben an, von ihnen vergewaltigt worden zu sein[309] und mußten anschließend in Frauenkliniken oder gynäkologischen Abteilungen behandelt werden. Dass auch nach den Transporten vom 20. Februar (65) und 24. bzw. 27. Februar (20) noch weitere einzelne Frauen ins Auffanglager Mockethal-Zatzschke eingeliefert wurde, lässt sich anhand von Firmenunterlagen der Universelle aus dem März 1945 dokumentieren. Der Mitarbeiter Rösler/Sg aus dem Personalbüro schreibt am 1. März 1945 an den Bürgermeister der Gemeinde Wallroda bei Radeberg:

> „Durch die Gemeinde ist dem Landwirt Alwin Leuner, Wallroda Nr. 66, eine weibliche Arbeitskraft, die mit Flüchtlingen dort eingetroffen war, zugewiesen worden. Wir teilen Ihnen hierzu mit, dass dieselbe dem bei uns in Arbeit stehenden KZ Häftlingskommando angehörte und unter der Häftlingsnummer 57617 registriert war. Infolge der Totalbeschädigung dieses KZ Lagers, haben wir die verbliebenen Häftlinge an das Auffanglager der SS in Zatzschke b. Pirna, (An der Strasse Pirna Lohmen) z. Hd. des dortigen Kommandoführers SS Oberscharführer Schmerse abgegeben. Wir müssen Sie bitten, diesen Häftling unter Begleitung ebenfalls diesem Lager zuzuführen."[310]

Ob und wann dies geschah, ist nicht überliefert, aber der hier erwähnte lettische Schutzhäftling Kathrina Silinsch[311] muss zurück zum Kommando Universelle überstellt worden sein und ist wohl am 23. März in Zatzschke oder Dresden vermutlich mit der polnischen Zivilarbeiterin Johanna Szadrowska[312] geflohen. Beide werden in den Flossenbürger Nummernbüchern am 4. April als geflüchtet vermerkt.

---

[309] ITS 2.2.2 Dokument 76554626

[310] Staatsarchiv Dresden Bestand 11683 Universelle-Werke J.C.Müller & Co. Signatur 035 „Außenlager des Konzentrationslagers Ravensbrück, Dresden Florastraße 5" Blatt 30

[311] *22.11.1918, FloNo.: 57617

[312] *15.10.19161

Außerdem ist ein Schreiben des Personalbüros (Sd/Fo.) vom 2. März 1945 an „K.L. Flössenbürg Auffanglager Zatzschke b/Pirne (sic!)“ überliefert, das über weitere geflohene Häftlinge Auskunft gibt:

> „die Häftlinge Nr.
> 34080[313] Elisabeth Schmuck, geb. 29.7.1913
> 57539 Irena Osipowa, geb. 24.12.1918
>
> Infolge totaler Beschädigung unseres Lagers durch den am 13/14.2.1945 erfolgten Terrorangriff auf Dresden wurden unsere Häftlinge in alle Winde verstreut. Die beiden Vorstehenden haben sich heute bei uns wieder eingefunden. Wir übergeben Ihnen diese durch unseren Wachmann.
> Gleichzeitig machen wir Sie darauf aufmerksam, dass wir die Osipowa bereits mit unserer Transportliste vom 24.2.1945 an Ihr Lager abgeliefert haben. Die O., die sich heute zum zweiten Male bei uns eingefunden hat, muss also während des Transportes bezw. aus Ihrem Lager erneut geflüchtet sein.“[314]

Zudem wurde laut Flossenbürger Nummernbuch am 11. März die reichsdeutsche Politische Christel Michaelis[315] nach Berlin entlassen. Sie dürfte sich vor diesem Zeitpunkt in Zatzschke oder wieder in Dresden befunden haben. Im Schreiben an die Verwaltung des Konzentrationslagers Ravensbrück aus Floßenbürg vom 15. März 1945 heißt es:

> „Die Obengenannte ist zum 11. März 45 entlassen worden. Es wird gebeten deren Effekten, Geld u.s.w. an Ihre Adresse Berlin NO 34 Memelerstr. 4 bei Helm zu schicken“[316]

---

[313] Hierbei handelt es sich wahrscheinlich um die Ravensbrücker Häftlingsnummer. Ihre Flossenbürger Häftlingsnummer lautet 62552. Die neuen Nummern für den zweiten Transport waren bis zur Bombardierung Dresdens offensichtlich noch nicht angekommen.

[314] Staatsarchiv Dresden Bestand 11683 Universelle-Werke J.C.Müller & Co. Signatur 035 „Außenlager des Konzentrationslagers Ravensbrück, Dresden Florastraße 5“ Blatt 31

[315] *27.11.1919 Danzig, FloNo.: 62505 RD. pol.

[316] ITS 1.1.8.4 / 11077892

T5 Folgende Häftlinge wurden nach Zatzschke evakuiert:

Am 20.02.1945 nach Zatzschke abgestellt:				
Häftling	Name		Geburt	Verbleib
	Griechin			
62459	Kalanski Afrodice		06.06.1923	ungeklärt
	Lettinnen			
57231	Aborlinsch Katrina		22.06.1902	ungeklärt
57441	Krauklis Elviera		16.10.1908	ungeklärt
57455	Kweste Hermine		29.07.1899	ungeklärt
57495	Melderis Elvira		28.11.1918	ungeklärt
57587	Ratinsch Marta		27.09.1901	ungeklärt
57613	Semiks Mirdsa		27.10.1926	ungeklärt
57619	Siromototo Walentina		23.09.1923	ungeklärt
57686	Tschudowskis Vera		26.12.1922	ungeklärt
	Litauerin/Lettin			
57448	Kucepalowa Maria		18.06.1911	ungeklärt
	Polinnen			
62625	Gawlak Stanislawa		15.09.1923	befreit
57390	Jaensch Hedwig		16.05.1896	befreit
59945	Kocziuszkowa Janina		17.05.1897	befreit
57427	Koszorowska Joh.		19.08.1908	ungeklärt
57446	Krzemien Rozalia		20.12.1894	befreit
62485	Kubiak Wanda		16.12.1915	ungeklärt
62494	Lusinska Anna		06.10.1924	ungeklärt
57479	Luszczkiewicz Aurel.		01.06.1915	befreit
57513	Mucha Natalie		09.07.1918	ungeklärt
57537	Orlikowska Halina		26.10.1926	befreit
57539	Osipowa Irena abgestellt 2.3.1945		24.12.1918	ungeklärt
62519	Pawlowska Stefania		16.02.1917	befreit
57573	Poplawska Marianna		09.02.1902	ungeklärt
58297	Potoczna Karolina		02.11.1920	befreit
62567	Wydmach Stanisl.		25.07.1914	ungeklärt
62568	Ziomek Michalina		06.09.1918	befreit

Häftling	Name	Geburt	Verbleib
	Russinnen		
62578	Arsenjuk Olga	08.11.1922	ungeklärt
57240	Babrowa Praskowia	28.10.1890	ungeklärt
57270	Bobrowa Nina	14.01.1925	ungeklärt
57535	Obsor Najda	13.12.1924	ungeklärt
57563	Petryczuk Anna	26.12.1919	ungeklärt
57621	Siwon Maria	30.08.1899	befreit
	Serbinnen		
57438	Kovacovski Ljubica	07.05.1910	ungeklärt
57500	Mihajlovic Stanka	1904	ungeklärt
57507	Milovanovic Milkica	12.09.1920	ungeklärt
57554	Penijn Pauline	12.07.1905	ungeklärt
57666	Stepic Milica	19.04.1907	befreit
57692	Vicentic Mladena	18.02.1908	ungeklärt
	Slowenin/Italienerin		
62656	Ivanova Maria	09.06.1922	ungeklärt
Rekonstruiert: Evakuiert nach Zatzschke im Februar 1945			
	Reichdeutsche		
62580	Bauer Frieda	06.02.1910	befreit
57247	Bauermeister Frieda	03.01.1902	befreit
57293	Köhler Hedwig Chlosta	19.07.1921	befreit
62634	Grascha Mathilde	28.08.1899	befreit
62507	Mietke Anneliese	26.05.1903	befreit
62505	Michaelis Christel	27.11.1919	entlassen
	Nachträglich		
57630	Sprenger Gertrud	28.02.1904	befreit
57297	Schubert Maria	08.01.1912	befreit
	Staatenlose		
62649	Theresia Horvath	23.06.1922	befreit
62460	Anna Karoly	22.06.1921	befreit
Nach dem 1. März nach Zatzschke und vor dem 23.03. geflohen			
	Lettin		
57617	Silinsch Kathrina	22.11.1918	geflohen
	Polin		
62548	Szadrowska Johanna	15.06.1916	geflohen

j) Fliegerangriff vom 17. April 1945

Wenig bekannt ist, dass das zerstörte Dresden am 17. April 1945 noch einmal Ziel einer strategischen Militäroperation war.

> „Die 8th Air Force der USAAF flog mit 572 (590) B-17 und Hunderten P-51 einen letzten Großangriff auf Dresden – dieses Mal als Primärziel. Von 13:48 bis 15:12 Uhr warfen sie als „Teppiche" 1.385 Tonnen Sprengbomben und 150 Tonnen Brandbomben ab. Laut Kriegstagebuch der 8th Air Force wurden insgesamt 1.731 Tonnen Bomben abgeworfen. Es entstanden schwerste Schäden, auch in Stadtvierteln und an Gebäuden (Hauptbahnhof), die von früheren Angriffen her schon überwiegend Ruinen waren. Erst mit diesem Angriff wurde der militärisch und zivil wichtige Bahnverkehr durch Dresden wirksam unterbrochen. Trefferschwerpunkte waren: der Rangierbahnhof Friedrichstadt, der Elbhafenbahnhof Pieschen, der Güterbahnhof Altstadt, der Hauptbahnhof, der Neustädter Bahnhof, Löbtau, Plauen und Übigau. In den Wohngebieten wurden auch die Stadtkrankenhäuser Löbtau und Friedrichstadt getroffen. „Auch diesmal erleidet die Bevölkerung schmerzliche Verluste". Mindestens 450 Tote werden angegeben. Alleine auf dem Neuen Annenfriedhof ruhen Hunderte von ihnen, besonders aus dem Ortszentrum von Löbtau. Flak und Me 262 gelang es, acht schwere Bomber abzuschießen. Die eigenen Verluste der Luftwaffe waren massiv, besonders am Boden – wo die Jagdflugzeuge aus Treibstoffmangel standen."[317]

Mindestens drei Dresdner Häftlinge fielen dem Luftangriff vom 17. April 1945 zum Opfer und sind auf dem Annenfriedhof Abteilung 29 Reihe 3, Gräber 8 bis 10 beigesetzt: nämlich die Wienerin Therese Kobaltz und die zwei Tschechinnen Andela Nezhodova und Barbara Pospisilowa.[318]

---

[317] Wikipedia – Luftangriffe auf Dresden; abgerufen 23.07.2021
Vgl. Roger A. Freeman: Mighty Eighth War Diary. 1981
Götz Bergander: Dresden im Luftkrieg. 1998. S.249f.
[318] FloNo.: 62473, 57526, 57575

k) Evakuierung und Befreiung – eine Opferbilanz

Aufgrund der Bombardierung im Februar hat es gegen Kriegsende kein einheitliches Evakuierungsgeschehen im April 1945 gegeben. Die Stärkemeldung vom 13. April[319] ist hinsichtlich der genannten Häftlingszahl von 679 Personen für das Außenlager Dresden Universelle irreführend. Möglicherweise gab es noch ein kleines, weniger als 100 Personen umfassendes Aufräumkommando, das schließlich (erneut) in Richtung Pirna evakuiert wurde und sich dort nach einem Tieffliegerangriff auflöste. Die Mehrheit der Häftlinge hat sich aber zu diesem Zeitpunkt „in alle Winde" zerstreut. Es gibt daher keine Befreiungsliste der Häftlinge oder einheitliche Dokumente. Das entsprechende Wissen musste in aufwendiger Kleinarbeit gesammelt und generiert werden. Eine Todesopferzahl über 300 Personen erscheint dabei absolut unplausibel, bereits eine niedrige dreistellige Zahl höchst fragwürdig.

Endgültigen Aufschluss kann nur die Identifizierung jeder einzelnen Person bringen. Der Opferkreis ist per Ausschlussverfahren in Zukunft noch weiter einzukreisen.

Neben den drei[320] dokumentarisch belegbaren Lageropfern, die im Stammlager Flossenbürg exekutiert wurden, zwei[321] konkret bezeugten Todesopfern der Bombardierung vom 14.02.1945 und einer[322] wahrscheinlich am 22.02.45 in Arnsdorf ihren Verletzungen Erlegenen sowie drei[323] dokumentierten Bombenopfern vom 17.04.1945, haben die intensiven Recherchen bislang nur vier[324] Fälle von nachträglichen Todeserklärungen aufgedeckt.

Zudem gibt es noch vier wahrscheinliche weitere Todesfälle, die mit der Bombardierung im Februar 1945 in Zusammenhang stehen könnten. So gelten die als „Reichsdeutsche auf Widerruf"

---

319 Arbeitseinteilung am 13. April 1945 B 162/ 8328 S.340ff.
Dresden Universelle 679 Häftlinge Hanakam

320 Dumalsky (FloNo.: 57318), Bilinska (57261) und Elissewa (57324)

321 Theresia Karoly (FloNo.: 62461), Anna Svigelj (FloNo.: 57656)

322 Maria Hergeth (FloNo.: 62645)

323 Andela Nezhodova (FloNo.: 57526), Barbara Pospilow (FloNo.: 57575). Therese Kobaltz (FloNo.: 62473)

324 Elisabeth Nicoley (FloNo.: 57529), Maria Pilsner (FloNo.: 57565), Elsa Laurent (FloNo.: 62490), Ilse Will (FloNo.: 62566),[Christel Stelzer (62554)]

registrierten Maria Baumann, geb. Bardot[325] und ihre Tochter Maria Baumann[326] als am 20. Januar 1945 in Dresden ums Leben gekommen. Das Datum ist höchst wahrscheinlich nicht korrekt und könnte von einem letzten Lebenszeichen, z.B. einem Brief aus der Haft herrühren.
Auch für die Reichsdeutsche auf Widerruf Marie Barbe Boyard[327] wird wohl ein falsches Sterbedatum (15.12.1944 in Gaggenau) geführt. Von Gaggenau wurde die Betroffene nach Ravensbrück und von dort nach Dresden deportiert. In ihrer Heimat wurde für sie als Widerstandskämpferin ein Denkmal errichtet. Ein Kriegsdenkmal gibt es auch für Marie Klindworth[328] in Sittensen-Tiste. Es ist anzunehmen, dass es sich bei der als im April 1945 vermisst Genannten um den ehemaligen Dresdner Häftling handelt.
Insgesamt sind das also drei Lagertote und 14 anzunehmende Bombardierungsopfer. Für zwölf weitere ausländische Häftlinge besteht eine erhöhte Wahrscheinlichkeit, bei der Bombardierung vom 14. Februar 1945 in Dresden ums Leben gekommen zu sein. Realistisch ist also von etwa 30 bis 50 Lagertoten auszugehen. Demgegenüber sind bereits 242 Überlebende konkret dokumentarisch nachgewiesen. Das sind immerhin bereits etwa 35% der Betroffenen. Die Schicksale von 444 Frauen sind ungeklärt. Darunter wurden aber etliche nach Zatzschke evakuiert, viele sind entlassen worden oder geflohen und Überlebende erinnern diverse nicht namentlich Genannte Mitflüchtende. Es ist also deutlich wahrscheinlicher, dass uns Rückmeldungen Überlebender fehlen, als dass Suchanfragen zu Vermissten und Toten bei Gedenkstätten für Todeserklärungen oder zu Entschädigungszwecken ausblieben. Selbst wenn man die bisherigen Erkenntnisse einfach hochrechnet (18 Todesfälle auf 242 Überlebende), käme man bei 704 Häftlingen „nur“ auf 49 Todesopfer. Ihnen und ihren Hinterbliebenen ist dieses Buch gewidmet.

325 FloNo.: 57250
326 FloNo.: 57249
327 FloNo.: 57271
328 Vgl. FloNo.: 57422

l) Wege ins KZ Ravensbrück

Die Lagerlaufbahnen der Dresdner KZ-Häftlinge waren vielfältig und von unterschiedlichster Dauer. Einige hielten sich Jahre, andere nur Tage oder Wochen, im KZ Ravensbrück auf, bevor sie zur Universelle gelangten. Die Haftgründe waren divers. Welchen traumatischen Erlebnissen und Lagerterror die Inhaftierten ausgesetzt waren, lässt sich anhand der überlieferten Vernehmungsprotokolle nur erahnen. Maria Hatzl[329] äußert 1976 über die deutlich zu alt geschätzte Ravensbrücker Oberaufseherin Dorothea Binz:

> „Mir ist in Erinnerung, dass damals in Ravensbrück zahlreiche Häftlinge umgekommen sind. Allein beim sogenannten Zählappell sind täglich Menschen umgefallen und gestorben. [...]
> Ich habe lediglich aus jener Zeit eine Aufseherin namens PINZ (Vorname unbek,), damals 30 – 40[330] Jahre alt, vermutlich Reichsdeutsche, im Gedächtnis. Diese legte ein unmenschliches Verhalten an den Tag. Ob PINZ damals Häftlinge selbst getötet hat, weiss ich nicht. Bekannt ist mir hingegen, dass aufgrund ihrer Machenschaften viele Häftlinge in den „Bunker" gekommen und geschlagen worden sind. Wieviele dabei gestorben sind, weiss ich zwar nicht, doch ist unter uns allgemein bekannt gewesen, dass die geprügelten Häftlinge zumeist die Misshandlungen nicht überlebt haben. Zum Schlagen der Häftlinge wurden Mithäftlinge herangezogen, bzw. dazu befohlen. PINZ hatte damals anordnen können, wer von den Häftlingen zu schlagen war. Von ihr wurden vorher jeweils die Nummern der Häftlinge aufgeschrieben. Diese Häftlinge wurden sodann beim Appell aufgerufen und ausgesondert. Anschliessend wurden die Betreffenden in den „Bunker" gebracht und mit Stöcken oder dergleichen schwerstens geprügelt. Meistens war der Mittwoch der sogenannte

[329] FloNo.: 62641

[330] *16.03.1920 in Düsterlake, Kreis Templin; † 02.05.1947 in Hameln

> „Schlagtag". Die Häftlinge wurden wegen Geringfügigkeiten von PINZ notiert und in weiterer Folge auf die geschilderte Art misshandelt und gequält."[331]

Die ehemalige Oberaufseherin Dorothea Binz wurde wegen Verbrechen gegen die Menschlichkeit zum Tode verurteilt und am 2. Mai 1947 in Hameln hingerichtet. Im Folgenden soll es aber mehr um die Häftlingsbiografien und die Gründe bzw. Anlässe für ihre KZ-Haft bzw. Verurteilung gehen.

I. Politische Häftlinge

Die 1902 in Berlin geborene Frieda Bauermeister[332] schildert ausführlich ihre Haltung gegenüber dem Nazi-Regime. Sie wurde aufgrund ihres unangepassten Verhaltens als politischer Häftling in das KZ Ravensbrück eingewiesen und erhielt als Kennzeichnung einen roten Winkel. In den Flossenbürger Nummernbüchern wird sie jedoch lediglich als Schutzhäftling geführt. Sie gibt zu Protokoll:

> „Mein Mann und ich waren schon vor der Machtübernahme Gegner des aufkommenden nationalsozialistischen Regimes. Ich erinnere mich, daß mein Mann u.a. sagte: „Was da kommt, ist Salonbolschewismus". Nach der Machtergreifung sagte er: Gott sei Dank, daß ich eine Frau habe, die die gleiche Gesinnung hat wie ich, sonst würde ich eines Tages noch in einem KZ-Lager landen. Ferner erinnere ich mich eines Vorgangs, der mich persönlich anging. Wir waren Kunden beim Bankverein Gesundbrunnen, Badstr., und als ich eines Tages Geld einbezahlte, grüßte ich mit dem mir geläufigen „Guten Morgen" oder „Guten Tag", woraufhin der Kassierer, Herr Kroll, zu mir sagte: „Frau Bauermeister, das heißt jetzt „Heil Hitler". Dabei hob er den rechten Arm. Ich erwiderte darauf: „aber bei mir nicht, außerdem habe ich einen steifen

---

[331] Barch, B162 /16327 S.472 – VP Maria H. 15.12.1976

[332] FloNo.: 57247

Arm". Seine Erwiderung hierauf: „Den werden sie Ihnen noch gelenkig machen.[“] Ich konnte daraufhin nur lächeln.
In der Gegend wo wir wohnten, waren wir als Nazi-Gegner verschrien, denn wir haben niemals in aller Öffentlichkeit einen Hehl aus unserer Gesinnung gemacht. Mein Ehemann war deswegen mehrere Male zur Gestapo vorgeladen, ein letztes Mal, weil er sich vor einem „Stürmer“-Kasten eine Zigarette anzündete und nachdem mit dem Streichholz den „Stürmer“ ansteckte. Da meinem Mann der Boden zu heiß wurde, er befürchtete tatsächlich verhaftet zu werden, ging er durch die Beziehungen eines Verwandten (Cousin) nach dem Osten, wo er als ehemaliger Milchgroßhändler im Molkereifach tätig war.
Zwei Jahre nach der Abreise meines Mannes aus Berlin beging ich den großen Fehler, einige meiner früheren Gäste aus dem Lokal hin und wieder zu bewirten. Ich wusch ihnen zeitweise auch mal einige Wäschestücke. Es handelte sich um Fremdarbeiter, die bei den Argus-Werken arbeiteten. Sie brachten mal ein Stück Fleisch mit, welches ich ihnen kochte. Das war mein Vergehen. Es folgten anonyme Anzeigen bei der Polizei, woraufhin ich am 6. Juli 1944 nachts in meiner Wohnung, Grüntaler Str. 50, wo ich auch heute noch wohne, verhaftet wurde. Selbst meine Tochter, damals 14 jährig, nahm man mit. Sie wurde jedoch nach 8 Wochen wegen Krankheit aus der Haft entlassen. Ich war zusammen mit ihr in einer Zelle. Ich war etwa 3 Wochen im Polizeipräsidium, Alexanderplatz, um danach in das Amtsgerichtsgefängnis Charlottenburg [Kaiserdamm 1] überführt zu werden, von wo ich im September 1944 [oder Oktober vgl. VP 23.08.1967] in das KZ Ravensbrück gebracht worden bin. Ich erhielt die Häftlingsnummer 57247 und mußte außerdem an meiner Häftlingskleidung den roten Winkel für politische Häftlinge annähen. Ich gebe die Häftlingsnummer und den roten Winkel, die ich noch in meinem Besitz habe, zu den Akten. Ich war etwa 9 Tage in Ravensbrück, als Häftlinge zur Arbeit angefordert wurden. Ich meldete mich hierzu und man verbrachte mich nach Dresden, wo

ich einem Häftlingskommando des KZ Flossenbürg zugeteilt worden bin. Ich wurde zur Arbeit eingeteilt für die Rüstungsfabrik Universelle, kam jedoch nicht hierzu, weil ich durch seelische Erschütterungen das Bewusstsein verlor und eine Treppe hinunter fiel. Ich lag dann ¼ Jahr in Dresden in diesem Lager als Schwerkranke im Revier.“ [333]

Frieda Bauermeister wurde also denunziert und wegen verschiedener Vorwürfe u.a. auch Umgang mit Fremdarbeitern als politischer Häftling eingestuft. Ähnlich gelagert ist der Fall einer Überlebenden, den ihr Sohn folgendermaßen schildert:

> „[…] Einfacher ist die Sache mit meiner Mutter Margarete MAUERER, geborenen Pomertel (wiederverheiratete bezw. verwitwete EICHINGER), geb. am 3.7.1912, Häftlingsnummer 57489.
> Eine gewisse Frau Hildegard Stadler aus Regensburg (Geburtsdatum und Häftlingsnummer unbekannt) lernte meine Mutter „im Lager“ kennen. Da beide aus Regensburg waren und anscheinend gemeinsame Bekannte dort hatten, freundeten sie sich an. (Ich habe allerdings vergessen, zu fragen, ob Frau Stadler damals noch ihren Mädchennamen trug).
> Diese Frau Stadler jedenfalls kann sich erstaunlich präzise an die „Zeit im Lager“ erinnern. Ihr ist auch bekannt, daß meine Mutter nach der Inhaftierung ihres Ehemannes „die größeren Kinder“ – nämlich meine Schwester und ich – in eine NS-Erziehungsanstalt kamen.
> Da meine Mutter sich einigen Soldaten der Waffen-SS gegenüber, die auf Urlaub von der Ostfront bei ihren Angehörigen weilten, zwar wahrheitsgemäß, aber nach Lage der Dinge negativ über einen der örtlichen „Parteibonzen“ geäußert hatte (-„Ihr müßt draußen den Kopf hinhalten und dieser besoffene Hurenbock redet bloß vom ‚Opfer bringen‘, ist aber zu feig, sich an die Front zu melden“-), wurde sie unter Hinweis auf ein

[333] Barch, B162 /16325 S.27f. – VP Frieda B. 14.07.1959

sogenanntes „Heimtückegesetz“ mündlich „verwarnt“. (Offenbar konnten sich die besagten Waffen-SSler vorher überzeugen, daß die Vorwürfe meiner Mutter nicht aus der Luft gegriffen waren).
Folgender Vorfall war jedoch die Ursache für die Einweisung in’s Konzentrationslager:
Als Dienstverpflichtete bei der Reichsbahn arbeitetet sie zwangsläufig auch oft mit sogenannten „Fremdarbeitern“ (es waren in diesem Falle Belgier) zusammen. Eines Tages kam einer der Belgier mit einem großen Radiogerät an. Er bat meine Mutter, dasselbe an sich zu nehmen und bei sich in der Wohnung aufzustellen. Er komme dann mit ein paar Kameraden vorbei[,] um ihren „Heimatsender“ zu hören, was in dem „Fremdarbeiterlager“ wegen „Interessenunterschiede“ nicht ginge. Die Belgier kamen tatsächlich auch vorbei, bauten den Radioapparat in die Bratröhre eines unbenutzten Herdes ein, zogen eine Antenne auf’s Dach hoch und hörten sich, wie meine Mutter glaubte, Radio Brüssel an. Wie sie jedoch von der Staatspolizei später erfuhr, wurden mit dem Gerät überwiegend Sender wie „BBC London“, „Beromünster“, ein süditalienischer Sender und andere dieser „Feindsender“ abgehört.
Ob diese Sache durch einen belgischen oder einen deutschen Denunzianten „gemeldet“ wurde, entzieht sich meiner Kenntnis. Meine Mutter wurde jedenfalls an der Arbeitsstelle festgenommen und in „Schutzhaft“ gesteckt. Verschiedene Leute aus meinem Bekanntenkreis glauben, die Denunziation stamme von der Frau des zuständigen „Blockwarts“, die meine Mutter ursprünglich der „Unmoral“ verdächtigt hatte.“ [334]

Margarete Mauerer ist in den Flossenbürger Häftlingsbüchern als Schutzhäftling verzeichnet. Ihre Winkelfarbe ist nicht überliefert und die geschilderten „Delikte“ gaben gewissen Spielraum für Interpretationen. Wahrscheinlich wurde sie aber als Politische angesehen.

[334] Brief vom 24.09.1979 ITS 6.3.3.2 – 111176618f.

Politischer[335] Häftling war auch Josefa Achatz aus Österreich, die von einer gewissen *Sippenhaft* gegenüber Angehörigen österreichischer Sozialdemokraten der Partei SPÖ berichtet:

> „Am 22. August 1944 gegen 07.00 Uhr wurde ich in meiner Wohnung von 2 Gendarmeriebeamten des Gend.-Postens Strau verhaftet. Dies deshalb, weil mein Gatte Matthias Achatz kurz vorher durch Flüchten auf den Singerberg sich der Verhaftung entzogen hatte. Anschließend wurde ich in den ehemaligen Karawankenhof nach Unterbergen gebracht, wo bereits die Gestapo auf mich gewartet hat. Gegen 09.00 Uhr wurde ich mit noch weiteren politischen Häftlingen aus den Orten Unterbergen und Ferlach auf einen LKW verladen und nach Klagenfurt transportiert. Dort wurde ich im ersten Stock eines alten Gebäudes in der Paradeisergasse pausenlos den ganzen Tag über durch Gestapomänner abwechselnd über die Flucht meines Gatten, meines Bruders Franz Schmied und des ehemaligen Amtsrates Hans Richter, die sich alle als Angehörige der SPÖ.- der Verhaftung durch Flucht auf den Singerberg entzogen haben, verhört. Gegen 21.00 Uhr wurde ich in das Landesgericht überstellt und im Gefangenhaus in die Zelle Nr.83, wo bereits schon 22 weibliche Häftlinge angehalten waren, gesperrt. Nach ca. 3 Wochen Untersuchungshaft kam ich mit einem Transport an die Ostsee in das ehemalige KZ-Lager Ravensbrück. Nach weiteren 2 Wochen Anhaltung kam ich mit einem Transport in das Ausweichlager des Vernichtungslagers Flossenbürg nach Dresden. Dieses Vernichtungslager wurde kurz vorher[sic!] durch amerikanische Flieger bombardiert. In diesem Ausweichlager war ich bis [...] zum 13. Februar 1945 angehalten. In weiterer Folge kam ich nach Freiberg, Schlesisch-Holstein [sic! Sachsen], in ein Judenlager. Ende April kam ich mit einem Transport von ca. 500 weiblichen Häftlingen, zum Großteil Jüdinnen, in das Vernichtungslager nach Mauthausen bei

[335] In den Flossenbürger Nummernbüchern wird sie als reichsdeutscher Schutzhäftling geführt.

Steyer, OÖ [Oberösterreich]. Am 1. Mai 1945 gegen 02.00 Uhr sollten wir alle in der Gaskam[m]er dieses Vernichtungslagers vergast werden. Es kam aber nicht mehr dazu, weil die SS-Wachmannschaft vor dem Heranrücken der amerikanischen und russischen Truppen geflüchtet ist. Am 5. Mai 1945 wurde ich endlich mit den übrigen politischen Häftlingen von den Amerikanern befreit und am 19.5.1945 kehrte ich schwer krank und am ganzen Körper abgemagert, ich wog nur mehr 42 kg, nach meinem Wohnort Unterbergen Nr. 15 zurück.“ [336]

Auch Theresia Richter wird in diesem Zusammenhang als politischer Häftling in Sippenhaft genommen. Sie berichtet:

„Ich wurde am 15. Mai 1944 gegen 05.00 Uhr in meiner damaligen Wohnung in Ferlach, Neubaugasse 1 von 2 Gestapomännern als politische Geisel verhaftet. Dies erfolgte deshalb, weil mein Gatte Hans Richter, Amtsrat i.R. [im Ruhestand], sich einen Tag vorher, als Angehöriger der österreichischen Widerstandsbewegung der Verhaftung durch Flucht auf den Singerberg entzogen hatte. Ich kam anschließend zur Gestapoaussenstelle in das Bezirksgericht Ferlach, wo ich bis gegen 08.00 Uhr von Gestapoleuten über die Flucht meines Gatten verhört wurde. Nach diesem Zeitpunkt kam ich unter Bewachung eines Gestapomannes in das Gefangenhaus des Landesgerichtes Klagenfurt, wo ich in eine Zelle, in der bereits 20 Frauen angehalten waren, gesperrt wurde. In dieser Zelle saß ich bis zum 2.8.1944 in Untersuchungshaft. Während dieser Zeit wurde ich Tag und Nacht von der Gestapo verhört. Es wurden mir immer die Fragen wegen der Flucht meines Gatten gestellt. Da ich niemanden belasten wollte und auch den Gendarmeriebeamten der meinen Gatten einen Tag vorher wegen seiner Verhaftung informiert hatte, nicht preisgab, wurde ich am 2.8.1944 mit einem Transport in das KZ-Lager Ravensbrück in Mecklenburg überstellt. In diesem Lager war ich von

[336] Barch, B162 /16325 S.39f. – VP Josefa A. 29.06.1967

> 17.8.1944 bis Ende September 1944 als politischer Häftling angehalten. Im angeführten Lager traf ich Josefa Achatz aus Unterbergen, die aus den gleichen Motiven wie ich angekommen war. Am 5.10.1944 wurden wir gemeinsam mit einem Transport von ca. 500 Jüdinnen und Zigeunerinnen in das Arbeitslager „Universelle" nach Dresden A I Florastrasse 14 überstellt. Ich hatte die Schutzhäftlingsnummer 57399." [337]

Ihre Häftlingsnummer im KZ Flossenbürg lautete 57596. Die protokollartigen Fassungen klingen recht nüchtern, abgeklärt und verkürzt, vor allem hinsichtlich einiger wichtiger Sachverhalte und interessanter Episoden. So sind Achatz und Richter aus dem Dresdner Außenlager des KZ Flossenbürg bei der Bombardierung in der Nacht vom 13. auf den 14. Februar geflohen. Sie werden anscheinend mit vier Kameradinnen gefasst und in das Außenlager in Freiberg überführt. An ihrer Seite waren die als „staatenlose Zigeunerinnen" verfolgten Helena Berger[338] und Veronika Christ[339] und die reichsdeutsche in „Asozialer Vorbeugehaft" befindliche Marianne Klein[340]. Alle drei werden am 20.02.1945 in Freiberg erneut als geflüchtet gemeldet. Sie hatten sich als ein Essenkommado ausgegeben und einen Wachmann übertölpelt.[341]

II. Rassisch Verfolgte

Ähnlich wie Juden wurden Sinti, Roma und andere Ethnien als sogenannte Zigeuner von den Nationalsozialisten unter rassenhygienischen Gesichtspunkten verfolgt. Durch ihre häufig nichtsesshafte Lebensweise, einer gewissen Bildungsferne und nachgesagter Kriminalität und Asozialität wurden sie als Volksschädlinge begriffen und in Konzentrationslager deportiert.
Die Österreicherin Theresia Pfeiffer berichtet:

---

[337] Barch, B162 /16325 S.42f. – VP Theresia R. 04.07.1967

[338] *02.08.1921 Jaitendorf, FloNo.: 62584 Stls.Zig. / Berta Berger

[339] *18.05.1907 Stadelhofen, FloNo.: 62603 Stls. Zig.

[340] *16.08.1922 Langen, FloNo.: 62470 RD. Aso. V.H./=Maria Klein*2.2.24?

[341] Vgl. Cziborra. KZ Freiberg. S.68f. Die vierte Beteiligte soll eine Marie Stock *08.08.1919 Unterlangendorf gewesen sein. Vgl. FloNo.: 62491

„Am 23. Juni 1939 wurden meine Schwester Anna Pfeiffer geb. Karoly [...] und ich in Stegersbach/Burgenland von der Gendarmerie und der im Ort befindlich gewesenen SS verhaftet. Stegersbach war damals unser Wohnsitz. Der Grund der Verhaftung lag darin, dass ich als „Zigeunermischling" angesehen wurde. Weitere Gründe für die Festnahme gab es nicht. Nach dieser Verhaftung kamen wir beide nach Graz, wo wir als Gestapo-Häftlinge zählten. Von Graz aus kamen wir mit einem Sammeltransport noch im Jahre 1939 in das Konzentrationslager Ravensbrück. In diesem Lager verblieb ich bis anfangs 1945. Zum fraglichen Zeitpunkt wurde ich abermals mit meiner Schwester nach Dresden in ein Lager verbracht."[342]

Die Deutsche Hedwig Steinbach gibt zu Protokoll:

„Ich wurde im März 1943 als nichtarische Person in Bremerhaven festgenommen. Über das Sammellager in Bremen kam ich in das KL Auschwitz, von dort im Juni 1944 in das KL Ravensbrück und schließlich um die Jahreswende 1944/45 mit etwa weiteren 500 Häftlingsfrauen nach Dresden.
Im KL Auschwitz hatte ich die Häftlingsnummer „Z 3465". Meine Häftlingsnummer aus dem KL Ravensbrück ist mir nicht mehr in Erinnerung."[343]

Die genannte Nummer Z 3465 verweist dabei auf das Zigeunerlager Auschwitz-Birkenau.
Der deutsche Schutzhäftling Elisabeth Braune berichtet:

„Aus rassischen Gründen wurde ich am 20.5.1943 in Frankfurt/M. durch die Gestapo in Frankfurt/Main festgenommen. Ich befand mich dann anschließend 6 Monate lang in Untersuchungshaft in der Haftanstalt in Frankfurt/Main.

[342] Barch, B162 /16327 S.468 – VP Theresia P. 29.12.1976
[343] Barch, B162 /16326 S.204 – VP Hedwig St. 03.02.1970

> Ohne Verurteilung kam ich dann in das KZ-Auschwitz. Dort befand ich mich von Juni 1944 bis August 1944. Von dort aus kam ich dann nach Ravensbrück in das KZ. Im Oktober 1944 wurde ich in das KZ-Flossenbürg verbracht und kam sofort in das Nebenlager Dresden. D.h. ich habe das Stammlager Flossenbürg nie gesehen, sondern kam sofort nach Dresden. Dresden war ein Nebenlager von Flossenbürg." [344]

Dabei bleibt unklar, was sich hinter diesen „rassischen Gründen" verbirgt. Denkbar wäre, dass auch sie als „Zigeunermischling" galt. Anfang August 1944 wurden die letzten verbliebenen als arbeitsfähig selektierten „Zigeuner" aus dem Zigeunerlager des KZ Auschwitz „evakuiert" bevor die verbliebenen knapp 3000 Alten und Kranken, Männer, Frauen und Kinder in einer Sonderaktion trotz Widerstand am 2. und 3. August 1944 vergast und liquidiert wurden.[345]
Rassische Gründe könnten hier aber auch den Vorwurf der „Rassenschande" bedeuten.

III. Rassenschande - Verbrechen Liebe

In der nationalsozialistischen Ideologie waren Verbindungen zwischen Menschen verschiedener Herkunft und Ethnien verpönt und widersprachen den Idealen der Rassenlehre, in der die arische Rasse als Ursprung der Deutschen als die Überlegene angesehen wurde. Eine Vermischung mit „minderwertigen" menschlichen Rassen war daher per Gesetz verboten und beiderseitig strafbar. Ausländische ZivilarbeiterInnen mussten bei Einstellung sogar eine Erklärung unterschreiben, aus der hervorging, dass auf Verkehr mit Deutschen die Todesstrafe stand.

> „Wer mit einer deutschen Frau oder einem deutschen Manne geschlechtlich verkehrt oder sich ihnen sonst unsittlich nähert, wird mit dem Tode bestraft."[346]

---

[344] Barch, B162 /16326 S.234 – VP Elisabeth B. 10.03.1970
[345] Vgl. Cziborra. KZ Wolkenburg S.119ff., Frauen im KZ S. Danuta Czech. Kalendarium S.838, Grit Philipp S. 303
[346] ITS 2.2.2 Dokument 73574386

Die Erklärung war auch in Landessprache übersetzt, wie ein solches Dokument in den Einstellungsunterlagen der Maria Marciniak[347] aus dem Jahr 1940 in Kempten belegt.
In der Regel wurde aber keine Todesstrafe verhängt, sondern die Einweisung in ein Konzentrationslager veranlasst.
Auch Frieda Bauer[348] wurde Untreue und damit möglicherweise „Wehrzersetzung" vorgeworfen. Sie erinnert:

> „Ich wurde deshalb in dieses KZ [Ravensbrück] eingewiesen, weil ich zu einem Zeitpunkt ein Verhältnis mit einem anderen Manne hatte als mein Mann als Soldat an der Front war. Dort hat es halt bei jeder Kleinigkeit viel Schläge gegeben. Ich habe dort nur von einer SS-Aufseherin eine Ohrfeige erhalten, weil ich mich nicht zurückgemeldet hatte. Das Essen war in Ravensbrück schlecht. Von Erschießungen oder Folterungen habe ich nichts gesehen, doch es sollen Erschießungen stattgefunden haben." [349]

Ob das beiläufig erwähnte Verhältnis mit einem anderen Deutschen oder einem Ausländer war, wird im Vernehmungsprotokoll nicht explizit festgehalten. In den Flossenbürger Nummernbüchern wurde sie als „Asoziale" registriert.
Die Österreicherin Maria Hatzl[350], politischer Häftling, erinnert:

> „Anfangs August 1943 wurde ich von der Gendarmerie in Grabenwarth, Steiermark, verhaftet und der Gestapo nach Graz überstellt. Ich hatte damals Beziehungen zu einem polnischen Zwangsarbeiter unterhalten und wurde mir dieser Umstand zur Last gelegt. Auch der betreffende Pole Martin Tichoniak wurde am selben Tag festgenommen. Mir ist bekannt, dass dieser später von Graz nach Auschwitz gekommen ist. Sein Nachkriegsschicksal ist mir unbekannt.

[347] FloNo.: 62499
[348] FloNo.: 62580
[349] Barch, B162 /16326 S.211 – VP Frieda B. 05.02.1970
[350] FloNo.: 62641

> Zu Weihnachten 1943 wurde ich von Graz in das Konzentrationslager Ravensbrück mit einem Sammeltransport von ca 200 verhafteten Frauen überstellt. Im KL Ravensbrück wurde ich etwa ein Jahr hindurch angehalten. Im Dezember 1944[351] erfolgte meine Verlegung in das Lager Dresden-Universelle."[352]

Leokadia Sehnke[353], die im KZ Flossenbürg als reichsdeutscher Vorbeugehäftling wegen Asozialität gilt, gibt zu Protokoll:

> „Ende 1942 oder Anfang 1943 bin ich in meiner Geburtsstadt Lodz von der Gestapo verhaftet worden, da ich mich als Volksdeutsche mit einem Polen eingelassen hatte und man mir außerdem nachsagte, ich hätte einer Untergrundbewegung angehört. Letzteres ist absolut nicht der Fall gewesen. Die Gestapo traf mich bei einer Freundin an, die wohl gegen die deutsche Besatzung gearbeitet hatte.
> Zuerst war ich etwa 3 Monate im Gefängnis, dann kam ich über ein Durchgangslager in Thorn nach Danzig. Auf dem gleichen Weg wurde ich kurz danach wieder in das Frauengefängnis nach Lodz zurückverlegt. Im Sommer 1943 brachte man mich in das KL Ravensbrück." [354]

Im Fall des reichsdeutschen Schutzhäftlings Jozefa Czyz geht der wahre Haftgrund aus dem Vernehmungsprotokoll nicht hervor:

> „Im Frühjahr 1940 wurde ich zur Landarbeit nach Deutschland transportiert und im Frühjahr 1941 in der Ortschaft Liebau (Kreis Landshut) verhaftet. Nach einem kurzen Aufenthalt im Gefängnis in Liebau, wurde ich zur Gestapo nach Walbrzych (Waldenburg – die Dolm.) gebracht, wo ich 7 – 8 Monate war. Anschließend wurde ich in das Gefängnis nach Breslau transportiert und von dort im Dezember 1942 in das KL Ravensbrück überführt." [355]

---

[351] Das ist falsch. Es war im Januar 1945.
[352] Barch, B162 /16327 S.471 – VP Maria H. 15.12.1976
[353] FloNo.: 57642
[354] Barch, B162 /16326 S.214 – VP Leokadia S. 12.02.1970
[355] Barch, B162 /16325 S.138 – VP Jozefa C. 29.09.1967

Aus den Haftunterlagen vor allem des KZ Ravensbrück gehen weitere Verstöße gegen die Rassenschande-Paragraphen hervor. So wurde der reichsdeutschen Walburga Raspe[356] der Verkehr mit einem Russen, Liesbeth Timm[357] der Verkehr mit einem Ukrainer und der Polin Anna Lusinska[358] Verkehr mit einem Deutschen vorgeworfen. Den in den Flossenbürger Nummernbüchern als reichsdeutsche politische Häftlinge geführten Katherina Goldkuhle[359] und Emma Salber[360] wurde hingegen der Verkehr mit Polen zur Last gelegt.
Rita Sprengel schreibt diesbezüglich über die Schikanen bei der Aufnahmeprozedur im KZ Ravensbrück:

> „Nackt mußten wir in einer Reihe antreten, eine hinter der anderen. Nach ein oder zwei Stunden zitterten wir vor Kälte. Dann endlich nahmen zwei SS-Offiziere vor uns Platz. Eine Aufseherin überreichte ihnen die Akte der jeweils vor ihnen Stehenden. Eingehend betrachteten die Herren Offiziere sie. Ein Monokel verzerrte das Gesicht des Wortführers zur höhnisch-zynischen Fratze. Damals kamen viele Mädchen und Frauen wegen verbotener Beziehung zu Ausländern ins KZ. Stand eine „Liebessünderin“ vor den beiden Kerlen, dann wurden sie lustig, wollten wissen, wie sie's getrieben hatten, brüllten die vor ihnen Stehende auch an: „Uns kannst du nichts vormachen. So ein Polenschwein gibt sich nicht mit Händchen-Drücken zufrieden. Da geht's aufs Ganze. Und gewieft ist es auch. Da können wir deutschen Männer noch etwas lernen. Also, wie habt ihr's gemacht? Sprich.“ Manchmal schlugen die Kerle sich auch auf die Schenkel oder trampelten vor Vergnügen. Ihre Opfer standen nackt und hilflos da, ohne zu begreifen, was hier geschah.“[361]

---

356 FloNo.: 57585
357 FloNo.: 57677
358 FloNo.: 62494
359 FloNo.: 62630
360 FloNo.: 62541
361 Rita Sprengel. Der rote Faden. S.196

Eine eigene einheitliche Winkelfarbe oder Haftkategorie gab es für die „Liebessünderinnen" allerdings nicht.
Die politische Reichsdeutsche Christel Michaelis[362] wurde wegen Umgangs mit ausländischen Kriegsgefangenen verurteilt und die später ebenfalls als Politische eingestufte Frieda Rühle[363] gab Fremdarbeitern Brot, das ihrem Arbeitgeber gehörte (s.u.).
Die in den Lagerdokumenten festgehaltenen Haftkategorien waren also in gewisser Weise ebenfalls willkürlich, fehleranfällig, von Lager zu Lager variabel und wenig aussagekräftig.
Die Deutsche Elise Dornieden wird ebenfalls unter der hier gewählten Rubrik „Verbrechen Liebe" wegen einer Beziehung zu einem Juden in Berlin verhaftet. Sie gibt zu Protokoll:

> „Seit 1930 war ich mit einem jüdischen Mann befreundet. Dieser Herr wurde bereits im September 1943 in Berlin verhaftet. Ich wurde aus diesem Grunde auch einmal von der Polizei vernommen aber wieder freigelassen. Am 13.12.43 schließlich wurde ich aufgrund meiner Beziehungen zu diesem Juden endgültig verhaftet. Ich kam in das Sammellager „Große Hamburger". Hier wurden die Gefangenen zu den verschiedensten Transporten zusammengestellt. In diesem Lager blieb ich etwa 5 Monate. Von dort aus kam ich mit einem Transport in ein Arbeitserziehungslager nach Fe[h]rbellin. In Fe[h]rbellin blieb ich 8 Wochen und kam dann wieder in das Lager „Große Hamburger" wieder zurück. Hier blieb ich nur für einige Tage oder Wochen und kam dann in ein Lager nach Ravensbrück."[364]

Wenn der Belegschaft der Dresdner Fabrik Universelle, wie Arthur Müller beschreibt, also suggeriert werden sollte, dass es sich bei den Häftlingen um Kriminelle und Volksschädlinge handele, so entsprach das nicht der Wahrheit. Viele der Frauen hatten keine fairen Gerichtsprozesse bekommen oder waren gar nicht verurteilt und in willkürlichen Verfahrensweisen des Regimes in

---

[362] FloNo.: 62505; Sie wurde am 11. März 1945 aus der Haft entlassen.
[363] FloNo.: 62540
[364] Barch, B162 /16327 S.477 – VP Elise D. 28.10.1976

die Konzentrationslager eingewiesen worden. Diverse Straftatbestände waren zudem basierend auf einer abstrusen rassistischen Ideologie erst von den Nazis eingeführt worden und widersprachen jedem menschlichen Rechtsbewusstsein und humanen Empfinden.

IV. Judenbegünstigung

Ein solcher Straftatbestand war auch die „Judenbegünstigung“, ein Vergehen, das auch deutsche Belegschaftsmitglieder in Rüstungsfabriken, die Zwangsarbeiter und KZ-Häftlinge beschäftigten, schnell treffen konnte.
Gertrud Sprenger, geb. Menzel traf ein solcher Vorwurf in den Gruschwitz-Textilwerken in Neusalz, worauf zunächst Gefängnisaufenthalte und dann die Einlieferung ins KZ Ravensbrück folgte:

> „Aus den Entsch.-Akten geht hervor, daß die Antragstellerin während des Krieges bis zum 6.6.1944 als Textilarbeiterin in den Gruschwitz-Textilwerken in Neusatz N/S [sic! Neusalz Niederschlesien], wo u.a. auch 800 Jüdinnen arbeiteten, tätig war.
> Wegen Judenbegünstigung (sie gab heimlich Brot an die Jüdinnen ab) wurde die Antragstellerin am 6.6.1944 verhaftet […].“[365]

Gertrud Sprenger gibt zudem 1970 zu Protokoll:

> „Am 6.6.1944 wurde ich von der Gestapo Neusalz/Oder verhaftet, da ich jüdischen Arbeiterinnen, mit denen zusammen ich in der Textilfabrik Gruschwitz arbeitete, heimlich Lebensmittel gab. Ein SA-Mann namens Grande – er soll 1945 von den Russen getötet worden sein – hatte davon Kenntnis erlangt und mich angezeigt. Aus dem Bett heraus wurde ich verhaftet und ohne verurteilt worden zu sein zunächst nach Glogau und Ende Juli 1944 von dort mit einem größeren Transport nach Ravensbrück in das

---

[365] Barch, B162 /16325 S.109 – Aktenvermerk 11.08.1969

dortige Frauenkonzentrationslager gebracht. Dort blieb ich bis zur Jahreswende 1944/45 – evtl. auch bis zum 12.1.1945 – und wurde dann wiederum mit einem größeren Transport – ca. 850 Frauen – nach Dresden gebracht. Hier wurden wir in der „Universelle Maschinenfabrik" untergebracht, wo wir auch arbeiteten. Wir stellten Aluminiumteile für Flugzeuge her." [366]

Die Jüdinnen aus dem Lager Neusalz wurden später aus dem Verwaltungsbereich des KZ Groß Rosen in das KZ Flossenbürg auf Todesmarsch geschickt und nach Bergen-Belsen überstellt.
Nach der Bombardierung Dresdens konnte der Schutzhäftling Sprenger[367] fliehen, wurde gefasst und zum Judenlager Pirna (Mochethal Zatzschke) gebracht und wurde am 8. Mai 1945 bei der Festung Königstein durch russische Truppen befreit.
Die Lettin Cecilia Lapina[368], ebenfalls als Schutzhäftling geführt, war sogar mit einem Juden verschwägert. Sie berichtet:

> „Ich wurde im Juli 1943 in Riga verhaftet, weil ich den Gatten meiner Schwester Felicia Lucia Bedrite, (Chaim Wols) welcher Jude war, und andere Juden beschützt hatte. Ich selbst bin Protestantin – lutheranisch. Ich war 3 Wochen lang im Kellergeschosse des Gestapohauses [in der?] Reimerstr. inhaftiert und blieb dort 1 Jahr und 5 Monate in Polizeihaft. Im November 1943 wurde ich mit meiner Schwester Cecilia Lapina [sic! Felicia Lucia Bedrite] (unser Mädchenname Dzirneklis) in das KZ-Lager Salaspils bei Riga gebracht. Wir waren dort mit unserem Zeugen Egil Hermanowski zusammen.
> Am 28.9.1944 wurde ich mit Schiff nach Danzig evakuiert und von dort in das KZ-Lager Ravensbrück gebracht. Dort wurde ich mit Bluthunden gehetzt und [von] SS-Weibern misshandelt. Ich erhielt dort die Häftlingsnummer 17593 [sic! 74592?], meine Schwester 17590 und meine Zeugin Mari Saks, für die ich szt. [seinerzeit] Zeugin gewesen war

---

[366] Barch, B162 /16326 S.239 – VP Gertrud Sp. 17.03.1970
[367] FloNo.: 57630
[368] Cecilia Lapinsch (FloNo.: 57458)

und die inzwischen verstorben ist, die Nummer 17591.“ [369]

In einer eidesstattlichen Erklärung von 1958 heißt es noch ausführlicher:

> „Ich wurde im August 1942 von der Gestapo in Riga abgeholt, verhaftet und in das Gestapo-Quartier in der Reimerstraße gebracht. Ich wurde in eine Einzelzelle gewiesen und befragt, weil ich meine mit einem Juden verheiratete Schwester Felicia Bedrite (Wols) beschützt und andere jüdische Freunde nicht preisgegeben hatte. Ich wurde bis Ende August 1942 in Einzelhaft gehalten und wurde dann in das Zentralgefängnis in Riga eingewiesen, wo ich Zwangsarbeit verrichten musste. Ich war dort bis Oktober 1943. Dann überstellte man mich in das KZ-Salaspils bei Riga. Auch dort musste ich Zwangsarbeit leisten und wurde zur Zeit der Evakuierung des Lagers im Oktober 1944 in das KZ-Lager Ravensbrück eingewiesen. Dort war ich zwei Wochen (beiläufig) in Transit und wurde von dort zur Zwangsarbeit in Dresden gebracht. Ich musste in einer Munitionsfabrik, Florastraße 14 arbeiten. Ich war mit einem roten KZ-Zeichen auf Arm und Brust gekennzeichnet. Meine Häftlingsnummer war 74592. Ich arbeitete in Dresden bis zum großen Luftangriff in der Nacht vom 13. zum 14. Februar 1945. Ich war mit 900 Häftlingen in dem Keller der Fabrik, die von einem Volltreffer zerstört wurde. Ich floh in derselben Nacht mit meiner Schwester nach Freital in Sachsen, wo wir von einer Frau Hedwig Kasper eine Nacht und einen Tag beherbergt wurden. Sie gab uns Kleider, mit denen wir unsere Häftlingsabzeichen bedecken konnten. Von dort flohen wir nach Possendorf, Kreisschaarenstr.[370] 33, wo uns Frau Marianna Ul[b]rich[t] versteckt hielt. Wir waren ca. 2 Wochen in ihrem Haus. Dann flohen wir weiter und gelangten nach Stockhausen bei Gießen. Dort wurden wir

[369] Barch, B162 /16325 S.151 – EE Cecilia P. 06.??.1956

[370] Müsste richtig heißen: Kreischaer Straße.

Ende März 1945 durch die amerikanische Armee befreit. Wir waren dort bei dem Bauern Ernst Stahl, in dessen Stall wir arbeiteten.
Nach der Befreiung, noch vor Kriegsende begab ich mich mit meiner Schwester nach Weilburg/Lahn, wo ich Kruppstraße 7 gemeldet war. Ich befand mich dort bis Anfang Juni 1946.“ [371]

Die Dresdner Häftlinge waren also zu unterschiedlichsten Zeitpunkten aus den unterschiedlichsten Gründen in die Konzentrationslager eingewiesen worden. Eine kriminelle Biografie hatten die Wenigsten von ihnen.
Die polnische Bäuerin Rozalia Krzemien[372], die als Schutzhäftling registriert wurde, soll beispielsweise wegen Kaufs einer Kuh ein halbes Jahr im Gefängnis Wadowice oder Sosnowice inhaftiert gewesen sein, bevor sie nach Ravensbrück überstellt wurde. Die deutschen Besatzer hatten nach dem Überfall Polens Lebensmittel und Vieh konfisziert und den polnischen Landwirten damit nicht selten die Erwerbsgrundlage genommen. Es ist daher anzunehmen, dass die Bäuerin den zulässigen Viehbestand überschritt oder irgendwelche neuen gesetzlichen Formalien der Besatzer beim Kauf nicht korrekt einhielt. Der genaue Erlass, der polnischen Bauern den Handel mit View verbot oder diesen einschränkte bzw. regelte, ist nicht bekannt.
Auch hier wurden also Personengruppen kriminalisiert und nach einer verbüßten Haftstrafe in Konzentrationslager abgeschoben. Gegen die polnische Zivilbevölkerung richteten sich vor allem auch die Strafmaßnahmen beim Warschauer Aufstand, bei dem vor allem Frauen von der Straße und aus den Häusern über Sammellager direkt in die Konzentrationslager deportiert wurden.
Auch Zeugen Jehovas und Angehörige der Internationalen Bibelforscher Vereinigung (IBV[373]) verweigerten aus weltanschaulichen Gründen den Kriegsdienst und wurden dafür mit KZ-Haft bestraft und mit einem lila Winkel gekennzeichnet. Ausländische

[371] Barch, B162 /16325 S.152 – Eidesstattliche Erklärung Cecilia P. 29.12.1958
[372] FloNo.: 57446
[373] In den Haftunterlagen manchmal fälschlicherweise auch JBV.

Zivilarbeiterinnen wurden für Arbeitsversäumnisse oder Arbeitsvertragsbruch gemaßregelt, inhaftiert und in letzter Instanz in Konzentrationslager eingewiesen. Was sich eine Zivilarbeiterin zuschulden kommen ließ, geht aus der Flossenbürger Häftlingskartei und Nummernbüchern in der Regel nicht hervor.
Die russische Zivilarbeiterin Klawdia Jazenko[374] wurde am 29.1.43 wegen kommunistischer Propaganda im Ausländerlager der Merz-Werke festgenommen und in ein KZ eingewiesen. Rita Sprengel ist wegen Beihilfe zum illegalen Grenzübertritt (eines kommunistischen Juden namens Mosbach) in die Schweiz verurteilt worden und erhielt in Ravensbrück ebenfalls den roten Winkel eines politischen Häftlings,[375] wird aber in den Flossenbürger Nummernbüchern nur als Schutzhäftling geführt. Die nachweisbaren Haftkategorien waren später wichtig in der Entschädigungspolitik bei der von den Opfern entsprechende Haftnachweise erbracht werden mussten. Viele Opfergruppen blieben dabei über Jahrzehnte, zum Teil defacto bis heute, von Entschädigungen ausgeschlossen. Weitere Beispiele und Haftlaufbahnen finden Sie in Teil 3 dieses Buches. **F1**

Rückansicht d. zerstörten Hauptwerks Zwickauer Straße 46

---

[374] FloNo.: 62653

[375] Rita Sprengel. Der rote Faden. S.181ff. und S.198

Teil 2: Personen im Lagerumfeld

Wachpersonal, Belegschaft und Bevölkerung

2.1 Das Dresdner Wachpersonal

Die Namen des SS-Wachpersonals des KZ-Außenlagers Dresden Universelle sind insgesamt nur lückenhaft überliefert. Vor allem auf die Identitäten der männlichen Wachleute fehlen handfeste Hinweise. In vielen Fällen, auch für die Aufseherinnen, sind Geburtsdaten und genaue Informationen zum Dienstantritt in Dresden noch nicht greifbar.

Die generelle Bewachungsstärke geht aus den Stärkemeldungen „der Wachmannschaften und Häftlinge der Arbeitskommandos im Dienstbereich des Höheren SS- und Polizeiführers des SS-Oberabschnitts ELBE“[376] und entsprechender Bewaffnungsaufstellungen hervor, die zu den Stichtagen 31. Januar, 28. Februar und 31. März 1945 überliefert sind. Ein konkreter Kommandoführer, der in der Regel mit einer Pistole bewaffnet war, ist dem Lager Dresden Universelle dabei nicht zugeordnet. Die eigentliche Wachmannschaft bestand lediglich aus vier mit Gewehren bewaffneten Wachmännern niederer Dienstränge. Am 31. Januar 1945, also vor der Bombardierung Dresdens, werden zudem 21 (unbewaffnete) Aufseherinnen als zum Lager gehörig gemeldet, wohl inklusive einer Oberaufseherin, unter deren Führung die übrigen 20 standen. Dass es in Dresden Universelle keinen ständig anwesenden Kommandoführer gab, lässt sich auch durch die Tatsache bestätigen, dass Oberaufseherin Hanakam bei der letzten Stärkemeldung des KZ Flossenbürg am 13. April 1945, als Kommandoführer[in] genannt wird.

Eine Verantwortlichkeit fürs Lager hatte aber der SS-Oberscharführer Erich von Berg, der im Auftrag der Verwaltung des KZ Flossenbürg verschiedene Außenlager einrichtete und inspizierte. Auch erledigte er einen Teil der Lager-Korrespondenz, vor allem für die Dresdner Lager, wo er u.a. am 22. November 1944 sich selbst als Kommandoführer des Lagers Dresden Universelle bezeichnet und in dieser Funktion eine Untauglichkeitsmeldung

---

[376] Vgl. ITS, Historische Abteilung Flossenbürg, Nr. 10 Bl.50ff.

einer Aufseherin an den Lagerkommandanten K.L.Flo. unterschreibt.[377]

In seinen Nachkriegsvernehmungen versucht er seine Verantwortlichkeiten herunterzuspielen. Er dürfte aber der SS-Oberscharführer gewesen sein, der neben dem Außenlager der Firma Bernsdorf & Co. in Dresden Striesen parallel auch das Lager Dresden Universelle formal zum Anlaufen brachte. Mit seiner Versetzung aus Dresden im Januar 1945 war dann möglicherweise Oberaufseherin Charlotte Hanakam im Wesentlichen auf sich allein gestellt. Nicht gänzlich auszuschließen ist, dass von Bergs Nachfolger bei der Firma Bernsdorf, Feldwebel Schmerse, auch mit für das Lager Dresden Universelle verantwortlich war. Spätestens nach dem Bombenangriff auf Dresden, wird ihm in Zatzschke Meldung erstattet und auch die Oberaufseherin des Außenlagers Bernsdorf & Co., Ida Guhl, übernimmt provisorisch die Lagerleitung des Kommandos.

Die meisten Häftlinge hingegen hatten nur wenige Berührungspunkte mit dem SS-Wachpersonal und unterschätzen die Anzahl der BewacherInnen in den Nachkriegsvernehmungen meist.

Walli Nossen gibt 1970 zum Lager Dresden Universelle zu Protokoll:

> „Nach meiner Erinnerung waren höchstens 6 Aufseherinnen, die sich untereinander abwechselten, u. 3 SS-Männer dort.
> Zum Bewachungspersonal gehörten noch der Lagerführer, der Einsatzführer und die Bewacher am Tor der Fabrik. Im ganzen waren es schätzungsweise 8 Personen. Namen der Bewacher sind mir damals nicht bekannt geworden.“ [378]

Lagerführer und Einsatzführer sind für den Betrieb Universelle nicht konkret überliefert. Möglicherweise fanden sich diese Bezeichnungen aber auch in einer Lagerordnung, die auszugsweise auf vorgedrucktem Briefpapier für die zulässige, jedoch stark reglementierte Häftlingskorrespondenz, gestanden haben

---

[377] Vgl. Barch, B162 /16326 S.301 unten

[378] Barch, B162 /16326 S.226 – VP Walli N. 13.02.1970

oder bei Ankunft im Lager verlesen worden sein könnte. Dann wären aber wohl Lagerführer und Einsatzführer des KZ Flossenbürg gemeint gewesen. Bertriebsleiter der Firma Universelle war der Österreicher (Johann) Aschenwald.
Leokadia Sehnke erinnert, die Zahl des Bewachungspersonals ebenfalls unterschätzend:

> „Zur Bewachung hatten wir drei SS-Männer und drei oder vier Aufseherinnen. Namen vermag ich heute nicht mehr zu nennen, selbst wenn mir in diesem Zusammenhang welche genannt werden.
> Ich weiß nur noch, daß die Lagerführung einmal gewechselt hat.
> Wenn ich nach Übergriffen oder gar Tötungshandlungen gefragt werde, so kann ich nur sagen, daß es zwar mal Ohrfeigen gegeben hat, wir aber sonst korrekt behandelt worden sind. Mir wäre kein Fall bekannt, daß durch Gewalthandlungen oder Schüsse Häftlingsfrauen ums Leben gekommen wären.“ [379]

Im Vernehmungsprotokoll der Elisabeth Braune heißt es:

> „Über das Bewachungspersonal kann ich sagen, daß dort ein Kommandant war und eine weibliche Oberaufseherin. Der Kommandant war ein SS-Mann, dessen Namen und Dienstgrad ich allerdings nicht mehr angeben kann. Dies war auch der einzige Mann des Wachkommandos. Wir haben ihn nur selten gesehen. Die Aufseherinnen kann ich etwa mit sechs Frauen angeben. Alles Frauen in SS-Uniform.
> Das Wachpersonal bestand mithin aus sieben Frauen und einem Kommandanten (Mann). […]
> Den Namen des Kommandanten kann ich – wie ich schon sagte – nicht angeben. Ich würde ihn mit Sicherheit auch nicht auf einem Bild erkennen, weil wir diesen selten gesehen haben. Den Namen der Oberaufseherin und die Namen der anderen Aufseherinnen kann ich ebenfalls

[379] Barch, B162 /16326 S.216 – VP Leokadia S. 12.02.1970

nicht angeben. Wenn ich aber die Bilder dieser Frauen von der damaligen Zeit sehen würde, diese Frauen würde ich mit Sicherheit wiedererkennen.“ [380]

Gertrud Sprenger spezifiziert:

„Zur Bewachungsmannschaft gehörte u.a. ein Volksdeutscher aus der Tschechoslowakei. Er trug eine SS-Uniform und war mit einem Karabiner [Gewehr] bewaffnet. Er brachte uns immer zur Entlausung. Übergriffe kann ich auch ihm nicht nachsagen. Sonstiges Bewachungspersonal ist mir nicht mehr geläufig.“ [381]

SS-Bewachung in Dresden	**Geburtstag Geburtsort**	**Beitritt zur SS Strafverfolgung**	**Dienstzeit in Dresden**
Lagerkommandant SS-Oberscharführer Erich von Berg	06.07.1908 Hütten/ Steinach	Dienstorte: KZ Mauthausen KZ Flossenbürg Neu Rohlau	„bis“ 22.11.1944 Januar 1945 nach Mockethal
Lagerkommandant Feldwebel bzw. SS-Oberscharführer Schmerse			Personalien nicht ermittelt
SS-Sturmmann Biesener, Reinhold	05.07.1900		nicht bekannt B162/16327 S.401
SS-Schütze ?????, Hans	16.10.1896		nicht bekannt B162/16327 S.401
Wachmann Seliger, Alois [Seeliger]	01.08.1904 01.08.1907		nicht bekannt B162/16327 S.401
SS-Sturmmann Stark, Friedrich	27.??.1898		nicht bekannt B162/16327 S.401
Ein Wachmann war Volksdeutscher	Tschechoslowakei		nicht bekannt; vgl. Gertrud Sprenger

[380] Barch, B162 /16326 S.235 – VP Elisabeth B. 10.03.1970
[381] Barch, B162 /16326 S.242 – VP Gertrud Sp. 17.03.1970

2.1.1 Die Aufseherinnen

Am Stichtag des 31. Januar 1945 wird für das Lager Dresden Universelle eine Zahl von 21 Aufseherinnen dokumentarisch belegt. Durch gewisse Fluktuation können insgesamt über 30 Frauen als SS-Aufseherinnen zeitweise im Einsatz gewesen sein. Im Abschlussbericht der Ludwigsburger Ermittler werden 25 Personen gelistet, deren Identitäten nicht immer vollständig bekannt geworden sind und in einzelnen Fällen auch keine sichere Abgrenzung der Funktion als Aufseherin zur Werksbelegschaft gegeben ist.

Strafrechtlich verantworten mussten sich unseres Wissens nach lediglich die Ober- bzw. Erstaufseherin Charlotte Hanakam und Aufseherin Magda Mehnert, die 1946 zu 5 Jahren bzw. 4 Monaten Zuchthaus unter Anrechnung der erlittenen Untersuchungshaft, verurteilt wurden, sowie Helene Krizek, die bei ihrem Spruchkammerverfahren in Nürnberg als Mitläuferin eingestuft wurde.

Bis September 1944 wurden die Aufseherinnen im Frauen Konzentrationslager Ravensbrück ausgebildet. Ab August, nach einer territorialen Entflechtung, gab es auch Ausbildungslehrgänge im tschechischen Holleischen für die Aufseherinnen der Außenlager des KZ Flossenbürg. Ab. 1. September 1944 waren die Frauenlager jeweils den territorial nächstgelegenen KZ-Stammlagern zugeordnet worden. Die Lehrgänge zur SS-Aufseherin waren im Laufe des Krieges immer weiter verkürzt worden und betrugen zuletzt nur noch ca. 3 Wochen.[382] Dabei sind SS-Aufseherinnen formal als Gefolge der SS, also als Angestellte der SS, anzusehen. Oft wurden sie aus dem eigenen Betrieb heraus für die neue Tätigkeit dienstverpflichtet und zum Teil mit besserem Verdienst als Führungskraft, besserer Verpflegung und angenehmeren Arbeitsbedingungen gelockt.[383] Um welche Tätigkeit es sich genau handelte, wollen viele Frauen erst in den Ausbildungslagern erfahren haben.[384] Zum Teil wird dies aber auch als Schutzbehauptung genutzt.

---

[382] Vgl. Fotini Tzani. Zwischen Karrierismus und Widerspenstigkeit. S.42ff.

[383] Vgl. Cziborra. Frauen im KZ. S.191 und Cziborra KZ Freiberg S.182

[384] Vgl. Barch, B162 /16327 S.485f. – VP Aufseherin Margot Sch.
Vgl. auch Cziborra KZ Freiberg S.153ff., KZ Venusberg S. 214

Einstellungsvoraussetzung war (von einzelnen absoluten Ausnahmen abgesehen) ein Alter zwischen 21 und 45 Jahren und ein ärztliches Gesundheitszeugnis als Tauglichkeitsattest. Die Frauen mussten mindestens 1,60 m groß und körperlich fit sein,[385] um später der Anforderung als Respektsperson gerecht zu werden. Zu den erforderlichen Einstellungsunterlagen gehörten weiterhin ein Polizeiliches Führungszeugnis und ein Politischer Lebenslauf.[386] Die Frauen mussten in der Regel einen Personalfragebogen ausfüllen und verschiedene Verpflichtungserklärungen z.B. zur Geheimhaltung ihrer Arbeit, unterzeichnen und erhielten nach vollendeter Ausbildung, die mit einem theoretischen Test abgeschlossen wurde, in den folgenden Wochen einen Ausweis mit Lichtbild, der sie als Aufseherin bezeichnete und sie berechtigte im Dienst Schusswaffen zu tragen. Eine Ausbildung an der Waffe erhielten die Aufseherinnen des KZ-Flossenbürg jedoch nicht und Schusswaffen gehörten auch nicht zu ihrer Dienstausrüstung. Desweiteren wurde ihnen per Ausweis Schutz und Hilfe durch alle öffentlichen Organe zugesichert.[387]
Ein Teil der Aufseherinnen, die später im Lager Dresden Universelle Dienst versahen, waren also noch in Ravensbrück ausgebildet worden, andere in Holleischen, dem Ausbildungs-Außenlager des KZ Flossenbürg in Holýšov bei Pilsen.

> „Um die KZ-Häftlinge nach den einheitlichen Methoden der SS zu behandeln, wurden entsprechend einer Aktennotiz vom 14. 8. 1944, (aus dem Archiv) am 15. 8. 1944 die Frauen Herrmann, Kampe[388] und Schiller zur SS – Dienstelle Holleischen – Pilsen zwecks Teilnahme an einem Ausbildungslehrgang als Aufseherin für KZ – Häftlinge delegiert.“[389]

Auch Frauen aus anderen Dresdner Betrieben sind dabei.

---

[385] Vgl. Fotini Tzani. Karrierismus. S.36ff.
[386] Einstellungsunterlagen der Hildegard Krüger vgl. Tzani S.38ff.
[387] Vgl. Pascal Cziborra. Frauen im KZ. S.208ff.
[388] Möglicherweise Lisa Kempe.
[389] Staatsarchiv Dresden Bestand 11683 Universelle-Werke J.C.Müller & Co. Signatur 035 „Außenlager des Konzentrationslagers Ravensbrück, Dresden Florastraße 5“ Blatt 2

Die ehemalige Aufseherin Helene Franz, geb. Krizek[390] berichtet:

> „Im April 1944 war ich vier Wochen im Lager Ravensbrück zur Ausbildung. Anschließend war ich in den Lagern Holleischen, Dresden und Mehltheuer als Aufseherin tätig. […] Nach der Bombardierung von Dresden habe ich mich im Lager Flossenbürg gemeldet. Von dort aus wurde ich dann nach Mehltheuer abgeordnet. […]
> Das Lager in Dresden, in welchem ich Dienst verrichtete, befand sich in der Florentiner Straße [Sic! Florastraße]. Wie ich mich noch erinnern kann, wurden dort Flugzeugteile hergestellt.
> Wer der Lagerführer war, weiß ich nicht mehr. Ich kann mir Namen nicht so lange merken. Ich kann mich noch erinnern, daß eine gewisse Frau Hilde Huster, damals ungefähr 23 Jahre alt, als SS-Aufseherin im Lager Dresden war. Die Huster stammte aus Klingenthal oder Graslitz. Wo sie verblieben ist, weiß ich nicht.
> Auch eine gewisse Frau Badua war im Lager in Dresden als Aufseherin. Frau Badua ist im Februar 1945 beim Fliegerangriff auf Dresden ums Leben gekommen.
> Weitere Namen sind mir vom Aufsichtspersonal nicht mehr bekannt.
> Mir ist nicht bekannt, daß im Lager in der Florentiner Straße in Dresden es zu Tötungshandlungen gekommen ist.“ [391]

Über ihre strafrechtliche Verfolgung berichtet dieselbe:

> „Nach Kriegsende kam ich zuerst in das Internierungslager Schwarzenborn in Hessen. Dort befand ich mich bis zum Herbst 1945. Anschließend kam ich in das Lager nach Ludwigsburg. Von Ludwigsburg aus wurde ich in das Internierungslager Göggingen verbracht. Dort wurde ich am 16.2.1948 entlassen. Wie lange ich mich in den einzelnen Lagern aufgehalten habe, kann ich heute

---

[390] *25.07.1923 Suchenthal

[391] Barch, B162 /16325 S.162ff. – VP Aufseherin Helene F. 19.12.1969

ebenfalls nicht mehr sagen. Die Else Haßler[392] war mit mir in den Lagern[393] zusammen. […]
Mein Spruchkammerverfahren wurde am 22.12.1948 unter dem Aktenzeichen HKN 11484 bei der Spruchkammer Nürnberg durchgeführt. Ich wurde als Mitläuferin eingestuft.“ [394]

Die genannte Dresdner Aufseherin Hilde Huster dürfte vermutlich im Oktober 1944 auch aus dem Flossenbürger Außenlager Holleischen oder Graslitz nach Dresden abgestellt worden sein. Helene Krizek verheiratete Franz war nicht die einzige, der von der Verwaltung des Stammlagers Flossenbürg nach der Bombardierung Dresdens ein neuer Einsatzort zugewiesen wurde. Da Hunderte weiblicher Häftlinge geflohen waren und keine Arbeitsabteilungen mehr zu beaufsichtigen waren, wurden sie versetzt. So schreibt SS-Oberscharführer Schmerse am 28. Februar aus Zatzschke handschriftlich an die Kommandantur des Konzentrationslagers Floßenbürg:

„Befehlsgemäß wurden heute am 28.02.1945 die Aufseherinnen Habenicht und Dechandt zum Kommando Bernsdorf
und die Aufseherinnen Schade, Scheidt[395], Neugebauer, Ruschel[396], Weber, Hofmann vom Kommando Universelle nach Floßenbürg in Marsch gesetzt.
Beim Kommando Bernsdorf in Dresden verblieben 2 Aufseherinnen, in Zatzschke 3 Aufseherinnen. Beim Kommando Universelle in Zatzschke verblieb 1 Aufseherin.“ [397]

Offensichtlich wurden also 6 Aufseherinnen des Kommandos Universelle zur Versetzung freigegeben, während eine einzige

---

[392] *04.01.1916 Else Hassler Aufseherin in Plauen vgl. Tzani S.114
[393] Hier sind die Internierungslager gemeint. Evtl. noch das KZ Mehltheuer.
[394] Barch, B162 /16325 S.162ff. – VP Aufseherin Helene F. 19.12.1969
[395] Oder auch Scheit.
[396] Rätsch und Reischik kommen wohl nicht infrage.
[397] B162/16326 - Blatt 300

zur Beaufsichtigung der verbliebenen knapp 100 Frauen in Zatzschke behalten wurde. Es gibt auch eine Versetzungsmeldung der Kommandantur des Konzentrationslagers Flossenbürg vom 3. März 1945, die u.a. fünf der sechs Aufseherinnen, nämlich Margot Schade, Johanna Weber, Maria Ruschel, Dorothea Neugebauer und Elisabeth Scheit zurück nach Dresden in das Lager Zeiss-Ikon Werk Reick in der Mügelnerstr. 40 beordert.[398] Es fehlt dort aber die Vollzugsmeldung dieses Versetzungsbefehls und laut Aufstellung der Aufseherinnen dieses Lagers vom 29. März befindet sich keine der fünf und auch nicht die von Helmbrechts überstellten Aufseherinnen Ella Rietschel und Frieda Weichert in Dresden Reick. Lediglich Irene Thalheimer, die bis zum 9. März zur Erledigung dringender familiärer Angelegenheiten beurlaubt worden war, hatte sich wohl danach im Lager von Zeiss-Ikon eingefunden, was vom dortigen Lagerleiter per Aufstellung vom 29. März 1945 bestätigt wird.[399]

Es ist also daher davon auszugehen, dass die genannten Aufseherinnen nicht am 3. März in das Lager Dresden Reick versetzt wurden. Möglicherweise hatten sich die Aktionen bzw. Schreiben vom 28. Februar und 3. März wegen der Postlaufzeit überschnitten. Margot Schade und Johanna Weber wollen sich jedenfalls laut Aussage ersterer (s.o.) wegen eines Disziplinarverfahrens bis Kriegsende im Arrest in Flossenbürg aufgehalten haben. Auch gegenüber Aufseherin Hoffmann gab es ähnliche Vorwürfe (s.u.). Die Oberaufseherin Charlotte Hanakam hatte sich zum fraglichen Zeitpunkt noch gar nicht zurück zum Dienst gemeldet. So heißt es in einem Schreiben des SS-Oberscharführers Schmerse in Zatzschke am 5. März 1945:

> „Die Erstaufseherin Hanakam von Fabrik Universelle Dresden hat frisch an die Erstaufseherin Guhl von Fabrik Bernsdorf geschrieben, daß sie mit den Nerven zerrüttet sei und sich bei ihren Eltern in Dresden Freital aufhalte. [...] Sie schreibt in ihrem Brief auch, dass die Aufseherin Mehnert von der Universelle mit Brandwunden an Händen und Beinen im Krankenhaus Freital liege.“[400]

---

[398] BArch B 162 / 25688 Blatt 81 vgl. Cziborra KZ Dresden Reick

[399] BArch B 162 / 25688 Blatt 85

[400] BArch B 162 / 8330 S.355 vgl. Cziborra. KZ Dresden Striesen. S. 148

Auch Todesopfer soll es unter den Aufseherinnen gegeben haben. SS-Oberaufseherin De Hueber im Goehle-Werk bei Zeiss-Ikon schreibt am 28. März 1945 an den Kommandanten des KZ Flossenbürg, dass sie in ihrem Kommando in Dresden noch zwei SS-Aufseherinnen vermissen würde:

> „Die Aufseherinnen Kunig, Klara und Reischik, Berta sollen nach Aussagen von Aufseherinnen aus dem Lager Universelle vermutlich verbrannt sein. Eine Aufseherin will von der Aufseherin Reischik Hilferufe gehört haben, seitdem fehlt jede Spur.“[401]

Autorin Fotini Tzani glaubt allerdings, dass Kunig die Gelegenheit nutzte, um unterzutauchen.[402] Laut Historiker Daniel Patrick Brown stammte Berta Reischick, geborene Padua aus Karlsbad. Sie könnte damit identisch mit der unten erwähnten Badua sein. Die ehemalige SS-Aufseherin Margot Schade, die mit fünf weiteren Aufseherinnen der Universelle am 28. Februar 1945 nach Flossenbürg in Marsch gesetzt wurde, berichtet 1977 über ihre Dienstlaufbahn:

> „Ich kam 1940 zum Arbeitsdienst. Nach einem halben Jahr war ich in der Maschinenfabrik Universelle in Dresden als Montagearbeiterin beschäftigt. Im Sommer 1944 wurden verschiedene Arbeiterinnen der Fabrik aufgefordert, sich als „Leiterinnen von Arbeitsgruppen“ ausbilden zu lassen. Zusammen mit meiner Freundin Hanna Weber kam ich im August 1944 etwa in das Ausbildungslager Pilsen[403]. Erst hier haben wir beide dann festgestellt, daß wir als SS-Aufseherinnen tätig werden sollten.
> Die Ausbildung dauerte nur kurze Zeit, etwa 4 Wochen. Nach ihrer Beendigung wurden wir beide nach Dresden zurückbeordert. [...]
> In Dresden warteten wir längere Zeit, meiner Erinnerung nach mehr als einen Monat auf unseren Einsatz. Der

---

[401] BArch Berlin, NS 4-Fl/348, Band 2; zitiert nach Fotini Tzani S.77
[402] Vgl. Tzani S. 78f.
[403] Wahrscheinlich ist das Außenlager Holleischen bei Pilsen gemeint.

> Grund dafür lag darin, daß die „Arbeitsgruppen“ noch nicht eingetroffen waren. Das Nebenlager war auch nicht vollständig eingerichtet, insbesondere die Unterkünfte waren noch nicht fertiggestellt. Das ganze Lager befand sich im Aufbau.
> Auch als die ersten Frauen eintrafen, ging alles noch drunter und drüber. Meiner Erinnerung nach kam es erst gegen Weihnachten zu einem geordneten Betrieb.“[404]

Spannend ist die bereits im Kapitel zur Bombardierung Dresdens geschilderte Episode von der Strafversetzung der Aufseherinnen Schade und Weber.[405]
Gegen sie sei ein Verfahren eingeleitet worden, weil sie angeblich Kontakte zu männlichen Häftlingen unterhalten hätten. Diese Legende wird gewissermaßen durch die Inmarschsetzung durch Schmerse dokumentarisch gestützt. Durch die Aussage des überlebenden KZ-Häftlings Gertrud Sprenger zu einer dritten der sechs nach Flossenbürg versetzten Aufseherinnen werden die Anschuldigungen bekräftigt. Sie lässt protokollieren:

> „Wem das Lager unterstand, kann ich nicht sagen. Die Aufseherinnen waren uniformiert und trugen Gummiknüppel. Die Anzahl kann ich auch hier nicht angeben.
> Namentlich ist mir nur noch eine Frau Hoffmann erinnerlich, der ich jedoch nichts Nachteiliges nachsagen kann. Sie soll erschossen worden sein, da sie sich angeblich mit einem jüdischen Mädchen eingelassen hat. [...]
> Nach Durchsicht der Vernehmungsniederschrift möchte ich bezüglich Zeile 2 der Seite 4 richtigstellen, daß es

---

[404] Barch, B162 /16327 S.485f. – VP Aufseherin Margot Sch. 23.05.1977

[405] „Wir beide, Hanni Weber und ich, hatten keinen Dienst mehr. Wir erhielten nach einigen Tagen Order, uns nach Dresden zurückzubegeben. Auf dem Rückweg übernachteten wir einmal in den Goehle-Werken. Dort erreichte uns ein Brief aus dem Lager Flossenbürg, mit dem wir aufgefordert wurden, uns dorthin zu begeben. Wir setzten uns sofort in Richtung Flossenbürg in Marsch und erfuhren dort, daß gegen uns ein Verfahren eingeleitet worden war, weil wir angeblich Kontakte zu männlichen Häftlingen unterhalten hätten. Wir waren in Flossenbürg eingesperrt bis das Lager dort evakuiert wurde. Im Zuge dieser Evakuierungsmaßnahmen konnten wir uns absetzen.“

nicht ein jüdisches Mädchen war mit der sich Frau Hoffmann eingelassen hat, sondern eine deutsche Prostituierte. Jüdinnen gab es im Lager Dresden nicht.“ [406]

Damit wurden scheinbar mindestens drei von sechs der nach Flossenbürg versetzten Aufseherinnen vom Kommando Dresden Universelle strafbare oder unsittliche Kontakte zu Häftlingen nachgesagt. Vor allem die nachträgliche Berichtigung des Vernehmungsprotokolls lässt die Erinnerungen sehr authentisch wirken. In den Lagerbüchern und Häftlingskarteien werden Käthe Sengersdorf[407] explizit als Prostituierte, die Berlinerin Charlotte Fröscher[408] als Sittendirne und Rosalia Winter[409], Hildegart Hinrichsen[410] und Bertha Wieczorek[411] als Dirnen bezeichnet.
Ob tatsächlich Disziplinarverfahren gegen die genannten Aufseherinnen von der Verwaltung des Stammlagers Flossenbürg eingeleitet wurden, ist nicht überliefert.
Per Vereidigung unterlagen die SS-Aufseherinnen der SS- und Polizei-Sondergerichtsbarkeit. Wären sie wegen *Rassenschande* verurteilt worden, hätte ihnen selbst die Einweisung als Häftling in ein KZ gedroht.[412] Ob eine Dresdner Aufseherin Hoffmann wegen unsittlichem Verkehr mit einer Prostituierten aus der KZ-Belegschaft möglicherweise zum Tode verurteilt und erschossen wurde, muss mangels dokumentarischer Belege offenbleiben.
Dass nicht alle auf Lehrgang geschickten Arbeiterinnen auch für eine Tätigkeit als Aufseherin geeignet waren, aber seitens der Ausbildungsleiter auch nicht für einen solchen Dienst abgelehnt wurden, zeigt wie händeringend Arbeitskräfte auch für eine solche Beschäftigung als Gefolgschaftsmitglieder der SS gesucht wurden. Nur ein kleiner Teil der Frauen meldete sich in den letzten Kriegsjahren noch freiwillig für einen solchen Posten.

---

406 Barch, B162 /16326 S.241ff. – VP Gertrud Sp. 17.03.1970
407 *19.05.1914 Düren, FloNo.: 57614
408 *03.03.1908 Berlin, FloNo.: 57341
409 *25.10.1915 Essen, FloNo.: 57715
410 *22.11.1914 Horstmar, FloNo.: 57354
411 *09.04.1920 Lüneburg, FloNo.: 57711
412 Vgl. Kapitel I) III. Rassenschande – Verbrechen Liebe

So beklagt sich der Kommandoführer SS-Oberscharführer von Berg am 22. November 1944 bei der Kommandantur Flossenbürg unter dem Betreff „Unfähigkeit einer Aufseherin“:

> „Ich habe hier eine Aufseherin Klara Kunig, die nicht für den Dienst als Aufseherin geeignet ist. Dieselbe kann überhaupt nicht reden, sogar auf direkte Fragen gibt sie keine Antwort. Wenn sie von einem Häftling angeredet wird, wird sie rot und dreht sich um. Irgend ein Vergehen eines Häftlings zu rügen ist der K. nicht möglich, ich weiss nichts mit dieser Aufseherin anzufangen und belastet dieselbe nur unsere Stärke.“[413]

Ob Kunig aus der Belegschaft der Universelle oder auf anderem Wege durch das Arbeitsamt dienstverpflichtet wurde, ist nicht überliefert. Bis zur Bombardierung Dresdens ist sie scheinbar aber immer noch im Dienst und soll dann zur Firma Zeiss-Ikon ins Goehle-Werk versetzt werden, wo sie scheinbar ihren Dienst aber nicht mehr aufnimmt. Ob sie zu den Bombenopfern zählte oder sich abgesetzt hat, ließ sich dokumentarisch nicht belegen.
Spannend ist in diesem Zusammenhang auch, dass es trotz knapper Personaldecke beim SS-Aufsichtspersonal, dennoch gelegentlich zu Entlassungen von Aufseherinnen aus dem KZ-Dienst kam. Das konnte z.T. gesundheitliche oder familiäre Gründe haben. Die Lagerkorrespondenz des KZ Flossenbürg belegt aber auch, dass zahlreiche Entlassungs- oder Versetzungsgesuche von Aufseherinnen seitens der KZ-Verwaltung zum Teil sogar mehrfach abgelehnt wurden. Es war also nicht unbedingt einfach, eine einmal angetretene Stelle wieder loszuwerden.[414]
In einigen Fällen wirkt sich das so auf die Dienstauffassung aus, dass mit einer gewissen Unangepasstheit und Widerspenstigkeit, bereits ein gewisser Widerstand gegen das NS-Regime den eigenen Reihen entsprang.[415]
Neben Klara Kunig, der möglicherweise aufgrund ihrer Beurteilung eine Entlassung bevorstand, über deren konkretes Schick-

[413] Barch, B162 /16326 S.298
[414] Cziborra. Frauen im KZ. S.190
[415] Vgl. Fotini Tzani. Zischen Karrierismus und Widerspenstigkeit. S.65ff.

sal aber nichts weiter bekannt ist, wurden im Januar 1945 drei andere Frauen tatsächlich aus ihrer Dienstverpflichtung entlassen. In einem Schreiben vom 15. Januar 1945 heißt es:

> „Die Kommandantur KL.Flossenbürg teilt mit, dass gemäss Verfügung der Amtsgruppe D die Aufseherinnen Kempe Lisa, […] Robel Anna, […] Seifert Waldtraut […] zu entlassen sind.
> Die o.a. Aufseherinnen sind deshalb nach Flossenbürg zwecks Durchführung der Entlassung in Marsch zu setzen. Zivilkleidung ist von den Aufseherinnen mitzubringen.“[416]

Ob die Entlassungsgesuche von den Aufseherinnen persönlich ausgingen oder vom Außenlager-Kommandanten angestoßen worden waren, ist unklar. An die Aufseherin Seifert erinnert sich auch der überlebende Häftling Anna Hehn bei seiner Vernehmung im Juni 1945.

> „Aufseherin Seifert [...] hat die Mädels ohne irgendwelchen Grund geschlagen. Daraufhin hat sich Herr Panzer bei Aschenwald beschwert und bekam nur zur Antwort: „wir [die KZ-Häftlinge] sind nur zum Arbeiten da!“
> Herr Panzer berichtet: als er montags zur Arbeit kam sassen seine 10 Mädels hinter der Maschine und weinten, er fragte nach dem Grund und bekam zur Antwort „wir haben seit Freitag nichts mehr zu essen bekommen!“ Die Aufseherin Seifert hatte Heringssalat auf den Gang am Klosett gestellt und den haben sich die Mädels weggenommen. Als Strafe bekamen sie nun 3 Tage nichts zu essen.“[417]

Dieser Vorfall dürfte sich also vor dem 15. Januar 1945 ereignet haben. Möglicherweise waren die Beschwerden über die (eigen-

---

[416] Barch, B162 /16326 S.298f.

[417] Staatsarchiv Dresden Bestand 11683 Universelle-Werke J.C.Müller & Co. Signatur 035 „Außenlager des Konzentrationslagers Ravensbrück, Dresden Florastraße 5“ Blatt 18

mächtigen) Strafmaßnahmen der Aufseherin sogar Anlass für ihre Entlassung. Vielleicht wurde ihr aber auch die Nachlässigkeit zum Vorwurf gemacht, den Heringssalat für die Häftlinge zugänglich abgestellt zu haben. Möglicherweise haben der Vorfall und ihre Entlassung aber auch gar nichts miteinander zu tun.
Sie könnte daher auch selbst ein Entlassungsgesuch gestellt haben, um einer unliebsamen Verpflichtung zu entkommen.
Die Arbeit in verantwortungsvoller Position unter Wehrmachtsgesichtspunkten in der Rüstungsproduktion, mit Kommandierton, Schichtdienst und Urlaubssperren, war nicht in jedem Fall der verheißene Traumjob, den die Frauen erwartet hatten.
Nur in Ausnahmenfällen, z.B. bei Heirat, ausgebombter Wohnung etc. wurde im letzten Kriegsjahr Urlaub gewehrt.
So wird Aufseherin Erika Möller am 24.2.45 durch die Kommandantur Flossenbürg aufgefordert:

> „Sie werden ersucht, umgehend Ihre Heiratsurkunde und die genaue Urlaubsdauer anher zu senden.
> Sollte die Heiratsurkunde von der Verwaltung schon angefordert sein, dann teilen Sie uns Vor- und Zuname, Geb. Datum u. –Ort, wo beschäftigt, Glaub. Bek. und Beruf des Ehegatten mit.“ [418]

Manchmal wurden Heiraten auch dazu genutzt, um sich aus dem Dienstverhältnis als SS-Aufseherin zu lösen oder damit entsprechende Versetzungs- und Entlassungsgesuche zu verknüpfen. Stark belastende Aussagen aus Häftlingsperspektive liegen gegenüber den Aufseherinnen der Universelle Maschinenfabrik aber nur wenige vor.
Den wenigsten Häftlinge gelingt es, zur Identifikation der ehemaligen Aufseherinnen entscheidend beizutragen.
Im Vernehmungsprotokoll der Gertrud Sprenger heißt es:

> „Mir wurden die Namen Guhl und Hanakam genannt mit dem Hinweis, daß sie nacheinander Lagerführer in Dresden gewesen sind. Der letztgenannte Name kommt mir etwas bekannt vor.

[418] Barch, B162 /16326 S.299

> Anschließend wurden mir eine Helene Krizek und eine Marianne Lux genannt. Sie sollen SS-Aufseherinnen gewesen sein. Auch sie sind mir unbekannt.“ [419]

Die Ober- bzw. Erstaufseherin Ida Guhl, wurde wohl von den Ermittlern bei der Befragung erwähnt, weil sie nach der Bombardierung Dresdens provisorisch auch die Verantwortung über die weiblichen KZ-Häftlinge des Kommandos Universelle übernahm, da Charlotte Hanakam einige Wochen der Dienststelle fernblieb und mit Guhl dazu korrespondierte (s.o.).
Charlotte Hanakam gegenüber findet die Überlebende Anna Hehn im Juni 1945 klare Worte:

> „Hanakam! – war die Hauptschuldige! Bei jeder Gelegenheit hat sie die Leute, ohne Untersuchung ob schuldig oder nicht, in den Bunker gebracht. Mit Gummiknüppel wurden die Frauen geschlagen. Sie selbst hat es nicht getan, sondern die Lagerälteste (Mary Meissner) musste es tun. War ihr ein Häftling unsympathisch, dann wurde ihr eben nachgesagt, daß sie sich etwas habe zu Schulden kommen lassen und dieselbe wurde so lange gedroschen, bis sie es zugegeben hat, auch wenn sie unschuldig war.“[420]

Gegen die einfachen Aufseherinnen liegen kaum Aussagen über Gewaltexzesse vor. Magda Mehnert wurde im Wesentlichen für eine eingestandene Ohrfeige, bei einem auf frischer Tat ertappten Lebensmitteldiebstahl, zu 4 Monaten Haft verurteilt.
Bei der Beurteilung der individuellen Schuld, sollte aber berücksichtigt werden, dass viele der ehemaligen Arbeiterinnen in ihrer eigenen Erziehung wahrscheinlich körperliche Strafen wie einen Klaps oder eine Ohrfeige erfahren hatten und dieses nonverbale Sanktionierungsmittel daher situativ der Persönlichkeitsstruktur und der eigenen Erfahrungswelt nahelag. Heutige pädagogische und rechtliche Maßstäbe an ein solches Verhalten anzulegen,

---

[419] Barch, B162 /16326 S.242f. – VP Gertrud Sp. 17.03.1970

[420] Staatsarchiv Dresden Bestand 11683 Universelle-Werke J.C.Müller & Co. Signatur 035 „Außenlager des Konzentrationslagers Ravensbrück, Dresden Florastraße 5“ Blatt 17

wäre irrig. Erst 1973 wurde die Prügelstrafe in Schulen in der BRD gesetzlich verboten, während sie in der DDR bereits 1949 abgeschafft worden ist. Der Willkürvorwurf gegenüber Hanakam und ihren Schikanen scheint laut Hehn aber eine andere Qualität und Intensität gehabt zu haben.
Es gab aber auch unter den Aufseherinnen Persönlichkeiten, denen das menschenverachtende Regime zuwider war und die deshalb in einen humanitären Widerstand eintraten. Die KZ-Überlebende Theresia Pfeiffer gibt zu Protokoll:

> „In diesem Zusammenhang möchte ich angeben, dass mir die Bezeichnung des Lagers in Dresden „Universelle“ nicht bekannt ist. Auch wusste ich nicht, dass wir zum Hauptlager Flossenbürg gehörten.
> An eine Aufseherin kann ich mich besonders gut erinnern. Diese stammte aus Neustadt bei Dresden. Sie war nämlich außergewöhnlich menschlich zu mir, deshalb habe ich sie gut im Gedächtnis behalten. Namen kann ich auch in diesem Falle nicht anführen.“[421]

Die genannte Aufseherin, vermeintlich aus der Dresdner-Neustadt, ließ sich bislang nicht identifizieren.

[421] Barch, B162 /16327 S.470 – VP Theresia P. 29.12.1976

Aufseherin	Geburtsdaten	Lehrgang & Dienstzeit	Quelle
Badua Siehe Reischik		Soll bei Bombardierung Dresdens ums Leben gekommen sein	B 162 / 16325 S.162ff. vgl. Brown S.195
Brüsick, Anni	01.03.1921 Münsterberg		B162 / 16327 Blatt 401
Deinert, Hertha	06.10.1910	Dresden Universelle	Tzani S.109 B162 / 16327
Gehrke, Erna [*Weiß]	29.08.1922		B162 / 16327 Blatt 401
Goedke, Gerda	06.10.1923		B162 / 16327 Blatt 402
Erstaufseherin Guhl, *Rudolph Ida	07.03.1903 Dresden	Holleischen 14.08.1944 bis 05.09.1944; Dresden Reick (Zeiss-Ikon) seit 1944 bis 25.01.1945 [28.12.1944]; Dreden Striesen (Bernsdorf & Co.) seit 25.01.1945; Dresden Universelle lediglich provisorisch ab 14.02.1945 vor allem in Zatzschke bei Abwesenheit Hanakams	B 162 / 25688 Blatt 86, 89, 90, 91 Provisorische Vertretung: B 162 / 8330 Blatt 355 KZ Striesen S.148
Erstaufseherin Hanakam, Charlotte	22.04.1916 Freital-Deuben	Dresden Universelle wohl seit Gründung Mindestens bis März 1945 / April 1945	Zu fünf Jahre Zuchthaus verurteilt Februar 1946 Schwurgericht Dresden Ort des Terrors S.100
Häder, Katharina	25.01.1899	ausgemustert	Tzani S.113
Herrmann		15.08.1944 Lehrgang Holleischen	Staatsarchiv Dresden Bestand 11683 Signatur 035 Blatt 2
Hoffmann, [Hofmann]		Dresden Universelle Von Zatzschke am 28.02.1945 nach Flossenbürg in Marsch gesetzt.	B162 / 16326 Blatt 300

Huster, Hildegard	06.04.1915 Brunnbebra [wohnhaft in Hundsbach bei Karlstadt]	Dresden Universelle	B162 / 16325 S.162ff; B162 / 16327 Blatt 402
Kempe, [vgl. Kampe] Lisa	01.07.1922	15.08.1944 Lehrgang Holleischen [?] Dresden Universelle bis min. 15.01.1945 Januar 1945 entlassen	StArch Dresd. Bestand 11683 Signatur 035 Blatt 2 B162/16326 Blatt 297
Krizek, Helene [>Franz]	25.07.1923 Suchenthal	Ravensbrück Holleischen bis 22.11.44 Dresden Universelle Mehltheuer seit 03.03.45	B 162 / 8328 Blatt 361
Kunig, Klara		Dresden Universelle wird als untauglich beschrieben [Bombardierungsopfer?]	B162 / 16326 Blatt 298 Tzani S. 77f.
Lenk, Erika	01.06.1903		B162 / 16327 Blatt 402
Mehnert, Gerda Magda	18.12.1920 Niederdorf	Dresden Universelle; 5. März 1945 mit Brandwunden im Krankenhaus Freital	Februar 1946 Schwurgericht Dresden zu 4 Monate Zuchthaus verurteilt Ort des Terrors S.100
Möller, Erika		Dresden Universelle bis min. 24.02.1945	Heiratsurlaub B162/16326 Blatt 298
Neugebauer, Dorothea	19.08.1923	Dresden Universelle Von Zatzschke in Marsch gesetzt. Dresden Reick Seit 03.03.1945	B 162 / 25688 Blatt 81; B 162 / 16326 Blatt 300; Tzani S.122
Opelt		Dresden Universelle um den 20.03.1945	KZ Striesen S.149
Pietzschmann, Erika	09.04.1923	Dresden Universelle	Tzani S.123
Ruschel, Maria		Dresden Universelle; Dresden Reick Seit 03.03.1945 [?]	B 162 / 25688 Blatt 81; B 162 / 16326 Blatt 300;
Reischik, Berta *Padua	09.07.1921 Karlsbad	Holleischen 22.11.1944 Dresden Universelle Bombenopfer? Tzani S.77	B 162 / 8328 Blatt 361 Tzani S.124

Robel, Anna	11.05.1921	Dresden Universelle bis min. 15.01.1945 Januar 1945 entlassen	B162/16326 Blatt 297
Römer, Ingeborg	16.08.1909		B162 / 16327 Blatt 402
Sauer, Irmgard	27.10.1921	Dresden Universelle Dresden Reick Seit Februar 1945 [Zunächst vermisst]	B 162 / 25688 Blatt 77, Blatt 85 KZ Reick S.30
Schade, Margot *Mießlinger	25.01.1922	Dresden Universelle Von Zatzschke am 28.02.1945 nach Flossenbürg in Marsch gesetzt. Reick seit 03.03.1945 [?]	B162 / 16326 Blatt 300; B162 / 16327 S.486f.; B 162 / 25688 Blatt 81
Scheit, [„Scheidt“] Elisabeth	07.01.1922	Dresden Universelle Dresden Reick Seit 03.03.1945 [?]	B 162 / 16326 Blatt 300; B 162 / 25688 Blatt 81 KZ Reick S.71
Schiller		15.08.1944 Lehrgang Holleischen	Staatsarchiv Dresden Bestand 11683 Signatur 035 Blatt 2
Seifert, Waldtraut	21.08.1923	Dresden Universelle bis min. 15.01.1945	Januar 1945 entlassen B162/16326 Blatt 297
Thalheim, Irene	16.08.1909	Dresden Universelle Dresden Reick seit 10.03.1945	Tzani S.130 B 162 / 25688 Blatt 81
Weber, Johanna [Hanna]		Dresden Universelle Von Zatzschke am 28.02.1945 nach Flossenbürg in Marsch gesetzt. ; Dresden Reick seit 03.03.1945 [?]	B 162 / 16326 Blatt 300; B 162 / 25688 Blatt 81; vgl. B162 / 16327 S.486f.; Tzani S. 131
Weinholdt, Ruth	25.12.1922		B162 / 16327 Blatt 403
Weinrich, Charlotte	15.07.1923		B162 / 16327 Blatt 403

Aufseherin? Angestellte? Ulbricht, Marianne [>Lux]	[wohnhaft Possendorf bei Dresden]	Wird von Cecilia Lapina als Aufseherin bezeichnet, die sie und ihre Schwester nach ihrer gelungenen Flucht beherbergte.	B162 / 16327 Blatt 402; B162 / 16325 S.151

Der Verwaltungsakt der Einstellung in die Dienste – also ins Gefolge – der SS als KZ-Aufseherinnen und diverse Versetzungen haben dabei deutlich mehr dokumentarische Spuren hinterlassen als der Einsatz der männlichen Wachmannschaft.
Ergänzende Hinweise richten Sie bitte an Autor oder Verlag.

Urteilsbegründung des Schwurgerichts beim Landgericht Dresden in der Sitzung vom 25. November 1946

„Beide Angeklagte sind ledig und waren nicht Mitglieder der früheren NSDAP. Der Wochenverdienst der Mehnert hat zuletzt etwa 25.—RM betragen.
Sie sind beide angeklagt, in der Zeit vom September 1944 bis 13. Februar 1945 in Dresden Verbrechen gegen die Menschlichkeit begangen zu haben, insofern sie in dem Zweiglager des KZs Ravensbrück, Dresden, Florastrasse, die Insassen des Lagers unmenschlich behandelt haben. Auf Grund der Hauptverhandlung, insbesondere der Aussagen der Zeuginnen Walpurga Forkert, geb. Raspe, 24 Jahre alt, [...] Maria Anna Helm [sic! Hehn], 45 Jahre alt [...] und der Elisabeth Hannasch geb. Diesel [...], ist folgendes festgestellt worden:

Mitte September 1944 wurden etwa 500 Frauen, meist Ausländerinnen von dem KZ-Lager Ravensbrück nach Dresden in das neu eingerichtete Lager Florastrasse eingewiesen. Die Frauen kamen mit nur einem Hemd, einer Hose, einem dünnen Kleid und einem Paar Holzschuhe bekleidet, viele barfuß, im Lager an. Dort wurde in keiner Weise für diese Unglücklichen gesorgt. Weder Kleidung, Schuhe noch Betten waren in entsprechender und genügender Menge da. Bei zwölfstündiger Arbeitszeit war das Essen ungenügend und oftmals sauer. Da keinerlei Lagerordnung bestand, waren die Häftlinge der Willkür der Aufseherinnen und des Lagerleiters van Berg vollkommen ausgeliefert.

Die Angeklagte Hanakam war damals als 1. Aufseherin eingesetzt, d.h. sie war für die Beaufsichtigung und Betreuung der Lagerinsassinnen, wie überhaupt für die Zustände im Lager verantwortlich. Sie hat diese Macht in scheusslichster Weise mißbraucht. Bei kleinsten Vergehen strafte sie mit Kostentzug und Bunker, das bedeutete, daß die Häftlinge entweder 3 Tage nichts zu essen bekamen und trotzdem arbeiten mussten, oder daß sie 3 Tage in einen licht- und luftlosen Raum unterhalb einer Treppe gesperrt wurden, nichts zu essen bekamen, auf dem nackten Steinboden schlafen mussten, da sie keine Decke mitnehmen durften und ihre Notdurft in diesem Raum verrichten mussten, da keinerlei abortähnliche Einrichtung vorhanden war. Das Brot, das durch diese Maßnahmen eingespart wurde, bekamen die Häftlinge, die gut arbeiteten, mit einer Belobigung zugeteilt. Als ein asozialer Häftling, Mary Meisel[422], einen Mithäftling, die Frieda Guggenhahn[423] wegen Diebstahlsverdachtes niedergeschlagen und mit kaltem Wasser begossen hatte, stand die Hanakam dabei und gab die Anweisung, dem gepeinigten Häftling mit einem Kabelende Schläge auf das entblößte Gesäss zu geben. Bei geringen Anlässen gab sie selbst Ohrfeigen. Zwei Russinnen, die geflüchtet und wieder-gefasst worden waren, mussten auf Anweisung der Hanakam 2 Stunden in Eis und Schnee, angeleuchtet vom Scheinwerfer, barfuß auf dem Hofe stehen und kamen anschließend in den Bunker. Obwohl die vor Schmerzen schrieen, wurden sie nicht rausgelassen.[424]

Am 18. Dezember 1944 schickte die Hanakam die Zeugin Forkert nur mit einem Hemd, einer Hose, einem dünnen Kleid und einem Paar Holzschuhen bekleidet zur Entlassung nach Flossenbürg. Am 24. Dezember befahl die Hanakam eine Durchsuchung des Schlafraums. Sie liess die Betten, die nur eine Holzwollfüllung ohne Überzug als Matratze besassen, durchwühlen und duldete es, daß die nassen Sachen der Häftlinge, die jene sich zur Feier des Tages gewaschen hatten, auf den Boden geworfen wurden. Die Bastelarbeiten der Häftlinge, die aus Abfällen gearbeitet wa-

---

422 Die Lagerälteste lässt sich unter diesem Namen nicht belegen.

423 Wahrscheinlich ist hier Susanna Guckenhan (FloNo: 57383) gemeint.

424 Wahrscheinlich Viktoria Bilinska u. Tamara Elisewa. Vgl. Nossen & Czyz

ren, nahm sie an sich und verbrannte sie. Eine Polin, die 4 Kartoffeln genommen hatte, sperrte sie in den Bunker. Halb erfroren kam diese am nächsten Morgen aus diesem Loch. Einem kranken Häftling verweigerte sie die Aufnahme ins Revier. Ein Vorarbeiter trug die Kranke später entschlossen dorthin.[425]
Bei Fliegerangriffen kamen die Insassinnen in einen engen Kellerraum, der verschlossen wurde. Nach der Zerstörung Dresdens verliess die Hanakam das Lager um ihrer eigenen Sicherheit willen und kümmerte sich überhaupt nicht mehr um die überwiegend ausländischen Häftlinge.[426]
Die Angeklagte Hanakam gibt an, dass alle Maßnahmen vom Lagerleiter van Berg angeordnet worden seien. Da die Hanakam aber totale Vollzugsgewalt hatte und die Strafen sofort vollstreckt wurden, van Berg auch selten da war, ist diese Behauptung unglaubhaft. Die Hanakam trifft die volle Verantwortung für ihre Taten, denn sie ist intelligent genug, einsehen zu können, daß ihre Handlungsweise, die sie nach ihrem Willen bestimmen konnte, nicht menschenwürdig war.

Die Angeklagte Mehnert hat sich nach übereinstimmenden Aussagen der Zeuginnen verhältnismässig anständig benommen. Ihr wird nur in einem Falle eine verwerfliche Handlungsweise zur Last gelegt. Sie hat einem Häftling, der eine Scheibe Brot aus Hunger genommen hatte auf frischer Tat eine Ohrfeige gegeben. Im allgemeinen zeigt das Verhalten der Mehnert als Lagferaufseherin, daß sie versucht hat, so gut sie konnte, den Gefangenen Erleichterungen zu verschaffen.
Der volle Umfang der von den beiden Angeklagten begangenen Verbrechen konnte mit Sicherheit nicht festgestellt werden. Der vorliegende, durch eidliche Zeugenaussagen erhärtete Tatbestand genügt jedoch vollkommen, beide Angeklagte als Täter bei der Begehung eines Verbrechens gegen die Menschlichkeit, Gesetz Nr. 10 des Kontrollrates Art. II Ziff. 1c und 2a schuldig zu sprechen und sie zu verurteilen.
Bei der Strafzumessung ist bei der Hanakam strafschärfend ins Gewicht gefallen, daß sie aus verwerflicher Gesinnung gehandelt

---

425 Vgl. Aussage Anna Hehn. Vorfall um Vorarbeiter Zollfrank s. Kapitel 2.2.
426 Vgl. Schreiben Schmerses vom 5. März 1945 s.o.

hat. Ihre Unmenschlichkeiten richteten sich meistens gegen Ausländerinnen, die in ihrer hilflosen Lage der Hanakam vollkommen ausgeliefert waren. Strafmildernd sprach mit, daß die Hanakam wahrscheinlich unter einem ungünstigen Einfluss seitens des van Berg gestanden haben mag und durch ihn zur Gefühlsroheit erzogen wurde.
Bei der Mehnert hat das Gericht zu deren Gunsten angenommen, daß sie bei ihrer Jugend die Tragweite ihrer Handlungsweise nicht vollkommen übersehen konnte, doch dass sie trotz ihrer Jugend die Leiden der Häftlinge nach ihren Kräften verringert hat.
Unter Berücksichtigung aller dieser Gegenstände hat das Gericht für die Hanakam eine Zuchthausstrafe von fünf Jahren verbunden mit fünf Jahren Ehrenrechtsverlust (§ 32 StGB) für angemessen und ausreichend gehalten. Ein Jahr der erlittenen Untersuchungshaft ist der Angeklagten auf die erkannte Strafe angerechnet worden.
Für die Mehnert erscheint eine Gefängnisstrafe von 4 Monate ausreichend und angemessen als Sühne für ihre Tat, die durch die erlittene Untersuchungshaft als verbüßt anzusehen ist.
Die Kostenentscheidung folgt aus §§ 465, 466 StPO."

Minderbelastete Aufseherinnen, die schuldig gesprochen waren, hatten also sehr wahrscheinlich zumindest einen Teil der Gerichtskosten für ihr Verfahren zu tragen. Strafe und Sühneleistung fielen also seitens des ehemaligen SS-Wachpersonals sehr unterschiedlich aus. Viele fielen durchs Entnazifizierungsraster, waren nicht zu ermitteln und blieben unbehelligt.

2.2 Widerstand aus Belegschaft und Bevölkerung

Humanitärer Widerstand unter Personen aus der Belegschaft und Bevölkerung ist für das KZ-Außenlager Dresden Universelle in zahlreichen Fällen dokumentiert und überliefert.
Jegliche Überlebenshilfe für die internierten Frauen und Mädchen muss als Ausdruck genereller Ablehnung solch menschenverachtender Haftbedingungen angesehen werden. Im diktatorischen System erforderten bereits geringfügige „Regelbrüche“ und kritische Meinungsäußerungen ein großes Maß an Zivilcourage und Mut. Die Angst aufzufliegen oder denunziert zu werden und am Ende möglicherweise selbst Repressalien erleiden zu müssen oder gar in einem KZ zu landen, ließ viele Andersdenkende bereits im Keim des Gedankens vor humanitären Hilfsmaßnahmen zurückschrecken.
Dennoch gab es vielfältige Möglichkeiten und diverse Grauzonen schon mit kleinen Gesten den Häftlingen zu helfen und Mut zum Durchhalten zu machen, ohne derartige Bestrafungen riskieren zu müssen.
Auch dem Mühen des Betriebsleiters Aschenwald sind seiner Erklärung vom 27.10.1945 in Bernsbach im Erzgebirge diverse Handlungen und Bestrebungen zu entnehmen, die Haftbedingungen der KZ-Arbeitskräfte erträglicher und humaner zu machen:

„Da mir nun zum zweiten Male Vorwürfe gemacht werden, dass meine Betriebsleitung im Werk III (Florastrasse) nicht einwandfrei gewesen sei, will ich versuchen eine umfassende Darstellung meiner dortigen Tätigkeit zu geben, damit alle Punkte geklärt werden können.
Ich muss dabei etwas weiter ausholen, damit auch gleichzeitig das Gerücht, ich sei als politischer Flüchtling von Oesterreich nach Deutschland gekommen, entkräftet wird.
Seit der Machtübernahme des Vaterländische Front- Heimwehr-Regimes, etwa 1920, wurden die wirtschaftlichen Verhältnisse in Oesterreich immer schlechter und so auch ich im November 1936 arbeitslos. Trotzdem ich auf Grund meiner bisherigen leitenden Stellung in der Industrie sehr bekannt war, konnte ich mir bei aller aufgewendeten Mühe keine neue Existenz schaffen und ich schrieb daher auf eines der vielen deutschen Stellungsangebote in

der Fachzeitschrift *Gesundheitsingenieur.* Am 6.3.1937 wurde ich daraufhin in Wien von einem deutschen Firmeninhaber aus München für dort engagiert. Am 13.3.37 überschritt ich mit einem ordnungsgemässen österreichischen Reisepass in Salzburg die Grenze und suchte um die Aufenthaltsgenehmigung in München nach. (Der Reisepass ist noch in meinem Besitz)

Mit einer vorläufigen Arbeitsbewilligung konnte ich meine Stellung am 15.3.37 antreten.

Ende November oder Anfang desgl. J. erhielt ich meinen Befreiungsschein; damit konnte ich mich um eine bessere Stellung bewerben, die ich bei der Universelle erhielt.

Das Gesuch um Aufenthaltsbewilligung in Dresden reichte ich bei der Polizei am 8.3.38 ein. (Siehe meinen Reisepass)

Meine Aufgabe in der Universelle war der Neuaufbau der Klimaabteilung und ich habe diese auch nach Ueberwindung vieler Schwierigkeiten durchgeführt.

Dass ich schon bei der Auswahl meiner Mitarbeiter nur vom fachlichen Standpunkt ausging, beweist schon, dass ich in meiner Abteilung, die im Laufe der Jahre bis auf 6 Konstrukteure und 4 weibliche Kräfte anwuchs, der einzige Pg war und selbst während des Krieges den Mut hatte eine Halbjüdin (Frl. Benfey) als meine kaufm, Sachbearbeiterin und Sekretärin zu nehmen. Ich wurde damals nicht nur von Kollegen sondern auch von Herren höherer Stellung darauf aufmerksam gemacht.

Unter meinem technischen Personal hatte ich auch einen sogenannten Wehrunwürdigen beschäftigt; in jedem dieser Fälle stellte ich mich immer auf den Standpunkt, dass dies eben meine Arbeitskräfte seien und mich alle anderen Dinge so lange nichts angingen, bis von den Behörden das Gegenteil befohlen wird.

Dass ich dabei auch für meine Mitarbeiter stets gesorgt habe, wird jeder bestätigen. Ich habe die meisten von ihnen um 50% und mehr in ihren Gehältern gehoben und mich dabei auch oft beim Chef persönlich eingesetzt. Dass ich natürlich auch Leistung verlangte ist eine Selbstverständlichkeit.

Ausserdem hatte ich in der Zeit, wo meine Abteilung ausserhalb des Werkes I war (Gutzow- und Florastrasse), stets auf meine Kosten eine Weihnachtsfeier mit Bücherspenden, Zigaretten und anderen Kleinigkeiten durchgeführt, trotzdem dies im Hauptwerk nicht üblich war.

Dass die Klimaabteilung bis in das letzte Kriegsjahr fast zu 80% Friedensaufträge hatte, Reichsbahn u.s.w., kann ich ohne Uebertreibung als mein Verdienst buchen, da ich meine Geschäfte mit nur ganz geringen Ausnahmen selbst suchte und abschloss.
Im September 1944 wurde ich zu Herrn Direktor Körber gerufen, der mir in Anwesenheit des damalige Betriebsdirektors Herrn Herrlich[427] mitteilte, dass ich das neu zu errichtende Werk III in der Florastrasse als Betriebsleiter übernehmen müsse. Dass ich diese Aufgabe nicht gern übernahm, habe ich den Herren unter Darlegung meiner Gründe (viele Reisen und Führung der lufttechnischen Abteilung) kundgetan, jedoch handelte es sich hier um Rüstung, die unbedingt vorging.
Herr Körber versicherte mir auch, dass die Betriebsführung für mich sozusagen eine Nebenbeschäftigung darstellen sollte, da ich eingearbeitete Führungskräfte und einen langjährigen Fertigungsleiter als Unterstützung erhalten werde. Ich könne daher meine Abteilung ruhig weiterführen bzw. ausbauen. Leider ging das nicht so einfach.
Meine Arbeiten beschränkten sich anfangs nur auf die Einrichtung und Beaufsichtigung des Betriebes, erst später machte mich Herr Herrlich zusätzlich für die Einhaltung des Lieferprogramms verantwortlich und damit häuften sich erst die Schwierigkeiten. Als Assistenten wurde mir durch Herrn Schwerin Herr Beermann zugewiesen. Von allem Anfang an gab es nur Schwierigkeiten, schon bei der Einrichtung ging es an. Es waren nicht genug Strohsäcke, Decken, Tische und Schemel vorhanden, ganz abgesehen von den diversen technischen Dingen, die überall fehlten. Alles Mühen, Laufen und Organisieren brachte immer nur Teilerfolge und man wurde seines Lebens nicht froh.
Weder Heizungsanlage noch Oefen waren vorhanden, da der Winter vor der Türe stand, war dies für mich natürlich das wichtigste Problem, das ich lösen musste, wollte ich nicht ganz einbrechen. Mit Hilfe des Kollegen Rubitschu fanden wir endlich eine Heizungsfirma, die die vollkommen deffekte (sic!) Heizung bis Anfang November in Ordnung bringen wollte. Herr Rubitschu montierte im Hauptwerk 2 Reservekessel ab, die er mir zur Verfügung stellte. Da er den Auftrag für die Heizung nicht durch-

[427] Arthur Müller schreibt am 17.12.1961 von einem Betriebsleiter Erlich. s.o.

bringen konnte, habe ich mich bei Herrn Schwerin eingeschaltet und ihn die Schwierigkeiten geschildert und tatsächlich gab Herr Schwerin in meiner Anwesenheit Herrn Böhnig den Auftrag die Heizung zu bestellen. Es war geschafft, doch wir freuten uns zu früh. Am nächsten Tag rief mich Koll. Rubitschu an, es müsse jemand dazwischen gefunkt haben, denn die Bestellung sei wieder abgeblasen. Ich ging nochmals alle Wege und musste hören, dass wir sparen müssten und nach russischem Vorbild improvisieren sollten. Nun stürzte ich mich auf die Ofenbestellung, rechnete und bestellte 60 Grossraumöfen und 10 kleine Oefen. Parallel beauftragte ich Herrn Toch vom Einkauf mit der Sicherstellung der benötigten Ofen.

Am nächsten Tag musste ich wieder erfahren, dass die von mir bestellte Ofenzahl zuerst auf 40 und dann nochmals auf 20 Stück gestrichen wurde. Ich intervenierte nochmals, doch sah ich schön langsam die Zwecklosigkeit meiner Bemühungen ein. Leider waren durch die abermalige Verzögerung auch diese Ofen beim Händler bereits vergriffen.

Ich klagte Herrn Raschke mein Leid, der mir auch sofort half und sofort die Gussteile für 10 Ofen beim Eicos bestellte. Im Hauptwerk wurden die Ofen dann fertiggestellt. In der Zwischenzeit hatte Herr Beermann am Hahneberg 8 kleine und 8 grosse Ofen organisiert, die sofort aufgestellt wurden.

Die geringe Ofenzahl war sehr bedenklich, wir halfen uns aber dadurch, dass wir in der Werkstätte die Ofen sehr sparsam anordneten und dafür ins Lager und in den Häftlingsspeisesaal je einen grossen Ofen stellten. Auch Decken half Herr Rubitschu organisieren, sodass fast alle Häftlinge mit je 2 Decken versorgt werden konnten.

Als nächstes kam die Arbeitsschutzkleidung. Ich schrieb sofort Bestellscheine für Schutzhauben und Schürzen aus, doch umsonst, ich ging selbst zu verschiedenen Bearbeitern, doch wurde mir immer wieder versichert, dass nichts da sei. Merkwürdiger Weise waren aber sofort 50 Schutzhauben da, als die erste Kopfverletzung eintrat. In dieser Form ging es weiter, es kam sogar so weit, dass ich den Posten zur Verfügung stellte.

Verbandsmaterial und Medikamente kamen von der SS zu wenig, ich mahnte vergebens, wieder ging ich den Bettelweg, diesmal allerdings mit etwas mehr Erfolg. Sanitäter Kühn half mir aus,

zuerst nur wenig, als er sich aber von der Unmöglichkeit der Zustände überzeugen konnte, half er sogar grosszügig.
Mit dem Anlauf der Produktion stellte sich heraus, dass die Esserei knapp war, Vorarbeiter Panzer machte mich zuerst darauf aufmerksam, doch im Lager bestimmte die SS. Ich ging zur Lagerverwaltung und bat um Abhilfe, da ich dort keinen Erfolg hatte[,] verhandelte ich mit Herrn Enderlein von der Kantine.
Schwerarbeiterkarten werden zu wenig ausgeschrieben, war seine Gegenklage. Ich rief alle Meister zusammen und ermahnte sie, bei der Ausstellung der Schwerarbeiterkarten nicht kleinlich zu sein; Krankmeldungen dürfen nicht zum Entzug der Zulage führen, da sonst die Ernährung gefährdet sei.
Von der Betriebsdirektion verlangte man die Einteilung in 3 8-Stunden Schichten, damit alle Häftlinge eingesetzt werden können. Ich weigerte mich und ließ 2 mal 12 Stunden arbeiten, weil wir dadurch die 69 Stundenzulage für die Häftlinge erhalten konnten.
Mit der Kohle war es genau so. Kohle war knapp, das ist richtig, ich sollte aber immer erst Kohle bestellen, wenn nur mehr für 2 bis 3 Tage da war, darauf konnte ich mich nicht einlassen, da dann, wenn keine Kohle mehr zur Verfügung war, erfahrungsgemäss auch kurzfristig keine zu erhalten war. Trotz der dadurch auftretenden Differenzen liess ich daher für die Küche Reserven an Kohle anlegen, die in den Garagen eingelagert wurden. Nur dadurch konnte ich das Essen überhaupt garantieren, wenn öfter 2 bis 3 Tage keine Kohle einging. Ich wurde diesbezüglich von den eigenen Leuten angegriffen, dass ich nicht für genügende Werkstättenheizung sorge. Was sollte ich tun, meiner Ansicht war essen wichtiger und die Kohlendecke zu kurz.
Es gab Verletzungen und Kranke, es war kein Revier da, ich liess mit Hilfe von Koll. Rubitschu eines bauen, vereinbarte mit dem Betriebsarzt, dass eine Schwester vom Werk I kommen sollte. Alles war einverstanden, nur die Bestimmungen waren dagegen. Ich ging daher zum Kommandoführer der SS und bat um eine Lagerärztin oder Sanitäterin, sie wurde mir natürlich zugesagt, doch es dauerte endlos. Wieder half mir Herr Kühne aus der Not, er kam sogar auch spät abends, wenn es notwendig war.
Mit dem Lagerrevier war aber auch dessen Heizung akut. Ich hatte keine Ofen mehr. Koll. Rubitschu liess auf meine Bitte die

alte Heizung reparieren und das Strangsystem nach dem Revier in Ordnung bringen, sodass dort Dampfheizung war.
Die Letten kamen zu mir, das Essen sei zu wenig gesalzen; ich setzte mich sofort bei der SS ein, dass Salz auf die Tische kam. Ich sah gelegentlich der Mittagspause, dass Häftlinge beim Essen stehen mussten, stellte fest, dass noch immer zu wenig Stühle und Tische da waren. Mit Herrn Enderlein und der SS besprach ich sofort, dass die Mittagspause geteilt werden müsse, damit alle Leute sitzend essen können.
Das schrecklichste war, dass keine Kleidung, keine Strümpfe und auch kein Luftschutzraum für die Häftlinge vorhanden waren. Man sagte mir bei der SS, es sei Auftrag, dass die Häftlinge bei Alarm im Lager bleiben müssen, Strümpfe und Kleider seien eben keine da. Wieder mein Standpunkt, es sind meine Arbeitskräfte, veranlasste mich, dass ich mich umgehend mit Herrn Dir. Schuster von der Fa Reemtsma ins Einvernehmen setzte um Kellerräume frei zu bekommen.[428] Es gelang mir und ich möchte mir das Bild gar nicht ausmalen, was am 13. Februar passiert wäre, wenn ich mich einfach damit abgefunden hätte, dass die Aufträge anders lauten.
Die zusätzliche Abstützung des Kellers machte wieder Schwierigkeiten, ich veranlasste den Werksluftschutzwart, Herrn Petermann mir durch das Revier zu helfen, doch der Amtsweg ging eben nicht so schnell.
Strümpfe konnte ich nicht besorgen, ich erbat mir aber vom Verwalter des Gebäudes Sackleinen, damit sich die Leute wenigstens die Füsse einwickeln konnten. Es reichte zwar nicht für alle aber wenigstens für die im Freien beschäftigten konnte Abhilfe geschaffen werden.
Kleider erhielt ich dann etwa 100 Stück von Herrn Rösler zugeteilt und gab sie der SS zur Verteilung; gleichzeitig erbettelte ich mir im wahrsten Sinne des Wortes vom Hahneberg eine alte

---

[428] Die Firma Reemtsma war Vermieterin der Fabrikgebäude in der Florastraße. Als weniger kriegswichtige Industrie, hatten diverse Zigarettenfabriken ihre Produktionsmaschinen einlagern und ihre Produktionsstätten für die Rüstungsindustrie räumen müssen. Die Kellerräume wurden möglicherweise also noch zur Einlagerung eigener Maschinen oder Inventar genutzt und mussten erst angemietet und unter Luftschutzgesichtspunkten ausgebaut werden.

Nähmaschine, damit alte Kleider ausgebessert werden konnten, dabei war es gleichzeitig möglich, eine Bibelforscherin, die bisher Aufzugführerin war, auf ihre Bitte hin von diesem Posten zu befreien und in die Nähstube zu versetzen.[429]
Ich stelle hier nochmals fest, dass mich das alles gar nichts anging, es war mein ausdrücklicher Auftrag mich um derartige Dinge nicht zu kümmern, ich versuchte aber immer ein gutes Verhältnis mit der SS-Aufsicht zu behalten, da dann manches zu erreichen war. Ich habe dies natürlich nicht getan[,] um mich bei irgend jemand Liebkind zu machen, das hatte ich nicht nötig und allen konnte ich es ja doch nicht recht machen, aber als Mensch wollte ich frei von Schuld sein und ich fühle mich auch frei.
Auch für meine deutsche Gefolgschaft hatte ich zu sorgen. Manche Dummheit in Bezug auf die SS – Vorschriften habe ich durch gute Worte glatt gemacht. Am besten wusste über alle diese Sorgen Frl Benfey, da ich manches Mal nicht ein noch aus wusste und doch mal mit jemand sprechen musste, dass ich da bei ihr das meiste Verständnis voraussetzen konnte ist durch ihre eigene Abstammung klar.
Wenn mir am Schluss noch der Vorwurf gemacht wird, dass ich an einem Saufgelage der SS am Weihnachtsabend 1944 teilge-[nommen] hätte, dann stelle ich fest, dass meine Frau und ich an die[s]em Weihnachtsabend gar nicht in Dresden, sondern bei Freunden in Glashütte waren, die auch Herr Körber kennt. Ich musste allerdings zu einer Vorweihnachtsfeier der SS- Aufsicht als Vertreter des Chefs gehen, da dieser durch Volkssturmdienst verhindert war. Diese Vorfeier war aber am 18. oder 20. 12. , dabei konnte aber niemand besoffen sein, da nur 2 bis 3 Flaschen Wein von der SS und 1. [=eine] Flasche Weinbrand vom Chef vorhanden waren, wovon 7 anwesende Personen bestimmt nicht betrunken werden konnten.
An diesem Tag bzw. Abend arbeitete aber der Betrieb, sodass auch zu dieser Zeit kein Apell der Häftlinge im Freien stattgefunden haben kann.[430]

---

[429] Vgl. Pelagia Dokrzewska FloNo.: 57313 und Hedwig Fach FloNo.: 57390

[430] Hier reagiert Aschenwald auf Anschuldigen, die aus der Aussage Hehns stammen. Die Vorweihnachtsfeier könnte unter Umständen auch eine „Sonnenwendfeier“ der SS gewesen sein. Der Appell mit Unterkunfts-

Für mich persönlich möchte ich dabei festhalten, dass ich im Geschäft oder Betrieb überhaupt noch nie betrunken war.
Ich glaube mit vorstehenden Ausführungen meine Tätigkeit im Werk III genau umrissen zu haben, wobei ich natürlich noch viele andere Beispiele anführen könnte und ich bitte um Hilfe, damit ich endlich von diesen ungerechten Vorwürfen befreit werde. Am Neuaufbau Deutschlands arbeite ich gerne mit und dass mir dabei keine Arbeit zu schlecht war und ist, wird jeder meiner Kollegen bestimmt bestätigen."[431]

Viele Teile der Aussage Aschenwalds lassen sich durch Zeugenaussagen und diverse Dokumente belegen. Er scheint in Dresden tatsächlich eine der treibenden Kräfte gewesen zu sein, die Haftbedingungen der KZ-Arbeitskräfte zu erleichtern. So scheint die Reparatur und Installation der Heizungsanlagen, Besorgung von Kleidung und Decken, die Verbesserung der Verpflegungssituation, die Einrichtung des Krankenreviers und insbesondere die Schaffung eines Luftschutzraumes im Keller, in erster Linie durch seine Initiative vorangetrieben worden zu sein. Einige dieser Errungenschaften stellten sich erst während des Lageraufenthaltes ein, sodass einige Häftlinge von entsprechenden Mängeln berichten, die aber unter den herrschenden Bedingungen einer Rationierungspolitik und Mangelwirtschaft zu verstehen und zu bewerten sind. Glaubhaft ist daher auch, dass von Gründung des Lagers im Oktober 1944 bis zur Inbetriebnahme des Luftschutzkellers Anfang Februar 1945 vier Monate vergingen, da die Gespräche und Verhandlungen mit Firmenleitung, Vermieter, SS und Behörden und der Ausbau und die Abstützung des Raumes, Genehmigungen etc. eben gewisse Zeit in Anspruch nahmen.
Deutlich wird in der Aussage Aschenwalds auch, dass er von verschiedenen Stellen und Kollegen im Betrieb auch handfeste Unterstützung für seine Vorhaben erhielt. Ein Vorarbeiter na-

---

durchsuchung soll dann am 24.12.1945 oder den Weihnachtsfeiertagen stattgefunden haben, wo sich Aschenwald wahrscheinlich nicht im Dienst befand.

[431] Staatsarchiv Dresden Bestand 11683 Universelle-Werke J.C.Müller & Co. Signatur 035 „Außenlager des Konzentrationslagers Ravensbrück, Dresden Florastraße 5" Blatt 20 bis 24

mens Panzer soll ihn auf die unzureichende Ernährungslage der Häftlinge aufmerksam gemacht haben.
Die Arbeiterinnen dessen Abteilung waren auch in den oben beschriebenen Heringssalat-Vorfall verwickelt und hatten für den Lebensmitteldiebstahl als Strafe mindestens drei Tage Essensentzug erhalten.
Auch andere Vorarbeiter, Abteilungsleiter oder Handwerksmeister waren den Häftlingen wohlgesonnen und setzten sich mit Zivilcourage für diese ein.

> „Zollfrank hatte eine Arbeiterin, welche in der Nachtschicht zusammengebrochen war. Er hatte den Fall der Hanakam gemeldet. Doch das Mädel durfte nicht in das Lager zurück, da es bereits nach 22 Uhr war. Die Hanakam hatte angeordnet, das Mädel habe weiterzuarbeiten. Daraufhin haben Zollfrank und ein Häftling das Mädel selbst in die Revierstube gebracht."[432]

Im Vernehmungsprotokoll der Überlebenden Anna Hehn vom 11. Juni 1945 heißt es außerdem:

> „Frau Hehn hatte in ihrer Freizeit, da die Nachtschicht nur 5 Tage dauerte, mit einer Kameradin den Fußboden zwischen den Maschinen gereinigt, da wurden sie von „Schröder" mit „Faule Hunde" bezeichnet."[433]

Es gab also auch Fabrikarbeiter und Vorgesetzte, die die Häftlinge mit Verachtung straften und zur Arbeit antrieben. Mitgefühl, Verständnis oder humanitäre Hilfe konnten die KZ-Häftlinge also längst nicht von jedem erwarten. So gibt Anna Hehn zu Protokoll: *„Wächtler[434] – hat ebenfalls mehrere in den Bunker*

[432] Staatsarchiv Dresden Bestand 11683 Universelle-Werke J.C.Müller & Co. Signatur 035 „Außenlager des Konzentrationslagers Ravensbrück, Dresden Florastraße 5" Blatt 17 – Aussage Anna Hehn
[433] Staatsarchiv Dresden Bestand 11683 Universelle-Werke J.C.Müller & Co. Signatur 035 „Außenlager des Konzentrationslagers Ravensbrück, Dresden Florastraße 5" Blatt 18
[434] Identität unklar. Es ist fraglich, ob es sich um einen Werksmeister oder eine ehemalige Aufseherin handelt. Es gab eine Aufseherin Ella Wächtler im nahen Flossenbürger Außenlager in Freiberg. Vgl. Tzani S.131

gebracht“[435] oder *„Gleisberg hat ebenfalls ein Mädel in den Bunker gebracht, weil dieselbe gesagt hatte „für die Bonzen sind noch nicht genug Bomben gefallen.“*[436]
Da für das Dresdner Außenlager keine Aufseherinnen mit diesen Namen überliefert sind, dürfte es sich bei diesen Personen um Belegschaftsmitglieder gehandelt haben, die sich mit Meldungen an Oberaufseherin oder Lagerführer wandten und irgendwelche Dinge beanstandeten, die damit Auslöser einer Bunkerstrafe waren.
Für etliche andere Belegschaftsmitglieder liegen hingegen Entlastungsaussagen vor. Josefa Achatz erinnert:

> „Mir ist nur der Zivilmeister unter dem ich arbeiten mußte namentlich bekannt. Er hieß Rudolf Krumpolz und war in Dresden, Rosentalerstrasse 15 wohnhaft. Dieser Meister war zu uns Frauen sehr gut und gab uns öfters ein Stück Brot. Ich habe Krumpolz im Jahre 1947 während meines Aufenthaltes in Ostberlin, das letztemal gesehen. Dieser Mann hat uns durch seinen Trost das Leben gerettet, denn wir trugen uns alle mit Selbstmordgedanken.“[437]

Auch Rita Sprengel berichtet von deutschen Fabrikarbeitern und Angestellten, die für die Häftlinge großes Mitgefühl und Einsatz zeigten:

> „Eine besonders gute Rolle spielte ein Fräulein Heinrich. Sie hat für uns den Medikamentenschrank im Stammbetrieb regelmäßig geplündert. Mit Medizin und Verbandszeug waren wir durch sie versorgt. Wenn sich unsere Schuhe auflösten, Fräulein Heinrich hatte dafür einen Blick, nahm sie die Schuhe abends mit und brachte sie am nächsten Morgen repariert zurück. Also gab’s einen

---

[435] Staatsarchiv Dresden Bestand 11683 Universelle-Werke J.C.Müller & Co. Signatur 035 „Außenlager des Konzentrationslagers Ravensbrück, Dresden Florastraße 5“ Blatt 18
[436] Staatsarchiv Dresden Bestand 11683 Universelle-Werke J.C.Müller & Co. Signatur 035 „Außenlager des Konzentrationslagers Ravensbrück, Dresden Florastraße 5“ Blatt 18
[437] Barch, B162 /16325 S.40 – VP Josefa A. 29.06.1967

> Schuhmacher, der nachts unsere Schuhe kostenlos in Ordnung brachte.
> In den Monaten November/Dezember erlebten wir in Dresden den ersten Fliegeralarm. Die SS brachte uns nicht in den Keller, sondern schloß uns im vierten und fünften Stock hinter Eisentüren ein. Darauf entfalteten wir eine Kampagne, um zu erreichen, daß die SS uns in Zukunft bei Fliegeralarm in den Keller ließ. Fräulein Heinrich sagte uns sofort ihre rückhaltlose Unterstützung zu.“ [438]

Andernorts ergänzt Rita Sprengel:

> „Besonders erinnere ich mich der Kollegin Heinrich, damals etwa 25 Jahre alt, eine entschlossene Frau, die unter der Belegschaft und in ihrem Dorf gleichgesinnte Verbündete hatte. Regelmäßig versorgte sie uns mit Verbandmaterial und Medikamenten. Nicht selten nahm sie abends unsere Schuhe mit, die auseinanderzufallen drohten, und brachte sie am nächsten Morgen bereits repariert wieder mit.
> Als wir mit ihr über die drohende Quarantäne sprachen und dabei erwähnten, daß das für viele von uns wahrscheinlich den Hungertod bedeuten würde, war sie bereit, Häftlingen zur Flucht zu verhelfen. Sie sagte: „Wir lassen euch nicht im Stich!“ Sie gab uns ihre Adresse in Possendorf bei Dresden für den Fall, daß sich unerwartet eine Gelegenheit zur Flucht ergeben sollte. Nach dem 14. Februar nahm ihre Familie zwei lettische Kameradinnen bei sich auf.“[439]

Außerdem erwähnt Sprengel einen wohlgesinnten Facharbeiter namens Paul. Ob es sich um seinen Vor- oder Nachnamen handelte, weiß sie nicht mehr.

---

[438] Rita Sprengel. Der rote Faden. S.240
[439] Rita Sprengel. Lager Florastraße 14.
Zitiert nach Brenner. Dissertation S.293

Die Rettung der zwei Lettinnen klingt nach Cecilia Lapina und ihrer Schwester, die in Possendorf Unterschlupf fanden. In ihrer eidesstattlichen Erklärung von 1956 heißt es:

> „Wir liefen nach Freitahl [sic! Freital] bei Dresden und klopften um 4 Uhr morgens an der Türe der Frau Hedwig Kasper, Seilerschuppen 16, welche uns aufnahm, uns Nahrung gab und unsere Kleidung trocknete. Sie gab uns Wolljacken, um die Häftlingsmarkierung auf unseren Kleidern zu verdecken. Am nächsten Tag flohen wir weiter und erreichten Possendorf bei Dresden. Wir wussten, dass dort eine uns freundlich gesinnte Aufseherin wohnte – Marianne Ulrich [Sic! Ulbricht, verheiratete Lux] – Kreisschaarstr. 33. Sie gab uns eine Woche Unterkunft. Dann setzten wir unseren Weg fort, arbeiteten 3 Wochen lang bei dem Bauern Ernst Stahl (März 1945) und warteten dort die Ankunft der amerikanischen Armee ab.“ [440]

Es könnte demnach sein, dass die Kollegin Heinrich und Marianne Ulbricht aus Possendorf ein und dieselbe Person waren. Es ist aber auch nicht auszuschließen, dass Sprengel etwas durcheinander wirft oder Ulbricht und Heinrich zum selben Helferkreis gehörten. Erinnern möchten wir hier auch noch einmal an Werner Lange, der Briefe für die Sloweninnen aus und in das Lager schmuggelte und mit deren Angehörigen in Verbindung stand. Darinka Vizjak-Fortunat schreibt:

> „Andere meiner Kameradinnen, die an kleineren Bohrmaschinen arbeiteten, haben mit Dresdener Arbeitern und Arbeiterinnen viel mehr Verbindungen gehabt. Mira Gregorc – meine slowenische Kameradin aus Maribor – erinnert sich an einen Arbeiter, der ihr und Mara Lešnik geholfen hat beim Entkommen aus dem brennenden Dresden. Er hatte ihnen Adressen gegeben und mit Nahrungsmitteln geholfen.“[441]

---

[440] Barch, B162 /16325 S.151 – EE Cecilia P. 06.??.1956

[441] Betriebsarchiv VEB Verpackungsmaschinenbau Dresden, Mappe Florastraße, Bl. 20/21. Zitiert nach Hans Brenner. Dissertation. S. 293

Auch Arthur Müller beherbergte geflohene Häftlinge nach der Bombardierung Dresdens (siehe Kapitel zur Bombardierung). Eine Hilde Luen (?) soll laut Brenner ebenfalls geholfen haben. So heißt es auch bei Fritz Weber in seiner Materialsammlung zur Betriebschronik:

> „Bekannt ist [...] daß die Ehefrau eines Fleischermeisters aus Polen, die als KZ-Häftling bei uns war, nach dem Einmarsch der Roten Armee einige unserer Kollegen besuchte, die ihr geholfen hatten.“[442]

Zwischen Arbeitern und KZ-Häftlingen wurden also in Dresden in mehreren Fällen Adressen ausgetauscht und Hilfe zugesagt. Möglicherweise legten Häftlinge gegenüber den Sieger- und Besatzungsmächten auch ein gutes Wort für ihre Helfer und Lebensretter ein. Rita Sprengel zieht diesbezüglich das Resümee:

> „Unsere stärkste Stütze in diesem Lager war es aber wohl, daß die uns anleitenden Zivilarbeiter einschließlich der Meister sich uns gegenüber anständig verhielten und daß wir zu ihnen rasch gute Beziehungen hergestellt hatten. Ein Meister [...] hat uns wochenlang regelmäßig heimlich die Lokalzeitung gebracht, manchmal auch einen Apfel und ähnliches. Das Wichtigste aber war die Zeitung und – die Tatsache, daß er einmal – heimlich – einen Brief von mir zu Freunden brachte. [...] Eines Tages erschien er mit einer Armbinde: NSBO (d.i. Nationalsozialistische Betriebsorganisation). Er schämte sich sehr vor uns und – mir lief es heiß und kalt den Rücken runter.“[443]

Die Zugehörigkeit zu Parteiorganisationen ist also nicht immer ein Gradmesser für die innere Einstellung der Personen gewesen.

---

[442] Staatsarchiv Dresden Bestand 11683 Universelle-Werke J.C.Müller & Co. Signatur 035 „Außenlager des Konzentrationslagers Ravensbrück, Dresden Florastraße 5“ Blatt 4

[443] Brief an Dr. Hans Brenner vom 07.02.1978. Zitiert nach Brenner S.291f.

Teil 3: Stationen der Deportation
Häftlingsüberstellungen und Transporte

3.1 Der 1. Transport vom „09.10.1944“

Am 5. Oktober 1944 werden 500 weibliche Häftlinge aus dem KZ Ravensbrück in die Universelle Maschinenfabrik nach Dresden überstellt. Dort erhalten sie laut Registereintrag per 09.10.1944 die Häftlingsnummern 57231 bis 57730 des KZ Flossenbürg und sind wohl am 8. Oktober in Dresden eingetroffen.

3.1.1 Die reichsdeutschen Häftlinge

Ca. 222 Frauen sind als reichsdeutsche Häftlinge registriert. Davon galten nur 14 explizit als Politische und knapp 100 als Schutzhäftlinge. Etwa 50 Frauen waren in Vorbeugehaft wegen Asozialität, was weiteren etwa 15 Frauen ebenfalls vorgeworfen wurde. Lediglich 25 Personen (=5%) galten als Berufsverbrecher also als Kriminelle. Für mindestens 90 Frauen (=40%) liegen Befreiungsdaten vor, die Schicksale von ca. 120 Frauen sind ungeklärt. Acht Frauen (=3,6%) sind infolge ihrer KZ-Haft ums Leben gekommen. Zu den Todesopfern gehören Maria Baumann und ihre gleichnamige Tochter, Barbara Boyard, Ilse Dumalsky, Marie Klindworth, Elisabeth Nicoley, Maria Pilsner und die als reichsdeutsche registrierte Slowenin Anna Schwigl.[444]
Lotte Diehm, die im Dezember 1944 entlassen wurde, berichtet den Ludwigsburger Ermittlern hinsichtlich ihrer Erfahrungen im Frauenkonzentrationslager Ravensbrück:

> „In Ravensbrück war ich zunächst im Block 7 untergebracht, später kam ich dann in einen anderen Block. Ich mußte in einem Fabrikgelände den Boden planieren, dann wurde ich zu anderen Arbeiten (waschen, Sachen wegräumen usw.) eingeteilt.

---

444 FloNo.: 57249, 57250, 57271, 57318, 57422, 57529, 57565, 57656

Ich war niemals Zeuge von Hinrichtungen, davon habe ich nur vom Hörensagen erfahren. So habe ich z.B. gehört, daß man Frauen erschossen hat, weil sie von SS-Männern Kinder bekamen. Ich weiß nicht, an welcher Stelle diese Frauen erschossen worden sind, ich weiß auch nicht, wer den Befehl hierzu gegeben hat. Ich habe eben nur gehört, daß die Frauen, wieviele es waren ist mir nicht bekannt, erschossen wurden.
Der Ausdruck „Kaninchen" ist mir bekannt. Es handelte sich bei diesen Kaninchen um polnische Frauen und Mädchen an denen die Ärzte Versuche unternahmen. Daß diese Mädchen und Frauen später, nach ihrer Heilung, umgebracht worden sind, das habe ich nicht erfahren.
Ich habe wohl gehört, daß bei uns im Lager Frauen erschossen und vergast worden sind. Es sollen sogar aus anderen Lagern Frauen deswegen zum Lager Ravensbrück gebracht worden sein. Näheres darüber weiß ich nicht, es wurde nur davon gesprochen. Es wurde auch davon gesprochen, daß männliche Häftlinge bei den Vergasungen dabei gewesen sein sollten.
Das Lager Uckermark ist mir so dunkel in Erinnerung. Aus diesem Lager sollen Frauen gekommen sein, die man dann vergast hat.
Hingerichtete Frauen habe ich nie gesehen, wohl tote Frauen, die eines natürlichen Todes gestorben sind.
Das ist alles, was ich zu den Tötungshandlungen im Lager Ravensbrück sagen kann.
Von den mir bekanntgegebenen SS-Angehörigen habe ich noch den Schutzhaftlagerführer Bräuning in Erinnerung. Über ihn kann ich nichts Schlechtes sagen, er war ja auch kaum im Lager. Von ihm war allgemein bekannt, daß er ein Verhältnis mit der SS-Aufseherin Binz hatte.
Die Binz war sehr brutal zu uns Häftlingen, sie schlug mit ihrer Peitsche bei jeder Gelegenheit auf die Häftlinge ein. Außerdem hatte sie fast immer ihren abgerichteten Schäferhund dabei. Den Vornamen der Binz habe ich nicht erfahren, ich kann auch nicht sagen, aus welcher Gegend Deutschland[s] sie stammte. Sie war noch verhältnismäßig jung, schlank, und hatte langes, blondes Haar.

Ein SS-Aufseher namens Conrad war noch da, aber ich kann keine näheren Angaben über ihn machen.
Dr. Winkelmann ist mir noch in Erinnerung, denn er hat veranlaßt, daß mir 4 Zähne ohne Betäubung gezogen wurden, als ich Zahnschmerzen hatte und dies bei der Untersuchung angab.
Weitere Namen sagen mir nichts, es ist möglich, daß ich diese SS-Angehörigen im Lager gesehen habe, aber ihre Namen nicht erfahren habe.
Welche Bedeutung die Blöcke 27 – 30 hatten, das weiß ich nicht, ich war damals der Meinung, in diesen Blöcken sei der Zugang.
Das ist alles, was ich über die Vorgänge in Ravensbrück sagen kann.“[445]

Gertrud Sprenger erinnert:

„Das FKL Ravensbrück war sehr groß. Es waren mehrere tausend Frauen darin. Innerhalb von Holzbaracken waren wir in sehr großen Räumen untergebracht. Die Raumbelegung könnte bestimmt 150 bis 200 Personen betragen haben. Wir schliefen auf 4-etagigen Holzpritschen. Die Räume waren vollständig verwanzt und verlaust.
Die Häftlinge setzten sich aus sehr vielen Nationalitäten zusammen. Bei der Größe des Lagers ist eine Schätzung der Stärke des Bewachungspersonals unmöglich. Lagerleiter, Arbeitseinsatzführer, Wachmannschaften, SS-Aufseherinnen und Lagerärzte sind mir nicht mehr namentlich in Erinnerung.
Augenzeuge von Tötungen bin ich nicht gewesen. Allerdings sah ich häufig, daß Leichen auf zweirädrigen Karren weggefahren wurden. Sie wurden in dem Krematorium verbrannt. Ich vermute, daß auch Frauen vergast wurden, insbesondere Jüdinnen. Auch Experimente wurden an Häftlingen durchgeführt. So erinnere ich mich, daß man einer Belgierin die Sehnen herausoperiert hat. Sie ist kurz darauf gestorben.

[445] Barch, B162 /16326 S.275ff. – VP Lotte D. 03.09.1970

> Auch von sonstigen Exzessen wurde erzählt, doch sind sie mir nicht mehr in Erinnerung. Namen von Opfern, SS-Angehörigen usw. kann ich nicht benennen.“ [446]

Über die als Asoziale registrierte Irma Schlifter[447] heißt es:

> „Fräulein Irma Schlifter wurde im Jahr 1937 von der Gestapo in Hamburg verhaftet, weil sie sich geweigert hat in einem Rüstungsbetrieb zu arbeiten. Für die Verweigerung der Arbeit waren weltanschauliche Gründe massgebend. Sie hat von 1935 bis 1937 sich versteckt gehalten. Sie wurde dann über die Konzentrationsläger Fuhlsbüttel und Lichtenberg (sic! Lichtenburg) nach Ravensbrück überführt. Im Jahre 1944 brachte man sie nach Dresden-Universelle. Hier konnte sie im Februar 1945 nach einem Bombenangriff flüchten.
> Während der KZ-Zeit wurde sie ohne vorangegangenen Beschluss sterilisiert.
> Der Hamburger Stadtteil, in dem sie vor der Inhaftierung wohnte, ist durch einen Bombenangriff völlig zerstört, sodaß sie keine Bekannten aus der Zeit vor der Verhaftung ausfindig machen konnte.
> Soweit mir bekannt ist, wurde Fräulein Schlifter im Lager Ravensbrück als „asozial“ geführt.
> Sie hat erst im Jahre 1969 einen Antrag auf Wiedergutmachung in Hamburg gestellt.
> Verständlicherweise sind die 7 Jahre Konzentrationslager, verbunden mit der Sterilisation nicht ohne Einfluss auf den Gesundheitszustand geblieben. […]“[448]

Außerdem ist überliefert:

> „Die Obengenannte hatte die Arbeit, die sie in einem Rüstungsbetrieb während der Nazizeit machen sollte, verweigert, aus diesem Grunde wurde sie in Haft genommen

---

446 Barch, B162 /16326 S.240f. – VP Gertrud Sp. 17.03.1970
447 FloNo.: 57641
448 Schreiben Otto Nehrings vom 16.04.1970 ITS 6.3.3.2 - 109702275

> am 26.11.1937. Zunächst kam sie ins KZ Fuhlsbüttel (Kolafu), dann mit einem Transport nach KZ Lichtenburg, 1938 von Lichtenburg nach KZ Ravensbrück. Im Sept. 1944 mit einem Güterwagen nach Dresden in eine Flugzeugfabrik. Am 13.2.1945 bei der Bombardierung Dresden geflüchtet. Im März 1945 zurück nach Hamburg gekommen und zwar schwer krank. Im Ravensbrück ohne Gerichtsurteil sterilisiert worden – (Versuche gemacht worden.)[…]“ [449]

Das Auskunftsersuchen zur Durchsetzung von Entschädigungsansprüchen wird vom zuständigen Internationalen Suchdienst in Arolsen am 10. Juni 1970 wie folgt beantwortet:

> „Hinsichtlich der an Irma SCHLIFTER während der Haftzeit vorgenommenen Sterilisation müssen wir leider bemerken, dass uns hierüber keine Unterlagen vorliegen. Gleichzeitig teilen wir Ihnen mit, dass uns die Gründe, die zur Verhaftung und zur anschließenden Einlieferung von Fräulein SCHLIFTER in das KL. führten, nicht bekannt sind, da uns der Schutzhaftbefehl nicht vorliegt.“ [450]

Für sogenannte „Asoziale“ sah das Bundesentschädigungsgesetz keine Wiedergutmachung vor. Sie wurden erst 2020 vom Bundestag als NS-Opfer mit der Gruppe der Berufsverbrecher offiziell anerkannt und für sie somit ein Zugang zu Entschädigungen ermöglicht. Auch Sinti und Roma blieben über Jahrzehnte von Entschädigungen ausgeschlossen. Im Urteil des Bundesgerichtshof vom 7. Januar 1956 (AZ IV ZR 211/55) heißt es, Sinti und Roma seien aufgrund ihrer „asozialen“ Eigenschaften und nicht aus rassischen Gründen verfolgt worden. Kommunisten verweigerte man als angeblichen Feinden der „freiheitlich-demokratischen Grundordnung“ ebenfalls Entschädigungszahlungen.
Ein bewusst eng geschnürtes Bundesentschädigungsgesetz, das zunächst nur Entschädigungen an Personen mit (ehemaligem) Wohnsitz in der BRD vorsah, die während der Zeit des National-

---

[449] Schreiben der Freien Beratungsstelle 01.06.1970 ITS 6.3.3.2 - 109702276
[450] Antwortschreiben ITS Bad Arolsen 10.06.1970 ITS 6.3.3.2 - 109702284

sozialismus aus politischen, rassischen, religiösen oder weltanschaulichen Gründen verfolgt worden sind und dadurch Schäden an Leben, Körper, Gesundheit, Freiheit, Eigentum oder Vermögen sowie im beruflichen oder wirtschaftlichen Fortkommen erlitten haben, war auch wegen der erschwerten Bewilligungswege mit begrenzten Antragsfristen Ausdruck einer Ventilpolitik. Nicht wenige überlebende KZ-Häftlinge hatten sich daher jahrzehntelang frustrierenden Korrespondenzen, juristischen Auseinandersetzungen und unverständlichen Antragstellungen ausgesetzt und sich in einer aussichtslosen Entschädigungsbürokratie aufgerieben.
Im Brief der Janina Pilch Cwikla vom 30.10.1980 aus Curitiba in Brasilien, an den Obersten Gerichtshof in Genf heißt es.

> „Ich wende mich an das Obere Gericht mit der Bitte, dieses Schreiben an den Obersten Gerichtshof zu leiten, der über die Fragen der ehemaligen KZ-Häftlinge aus der Zeit der Hitler-Okkupation in den Jahren 1939-1945 entscheidet.
> Seit 20 Jahren dauert der Briefaustausch zwischen mir und dem Bundesverwaltungsamt in Köln, Habsburger Ring 9. Dieses Amt hat alle Informationen, Fragebögen, Bescheinigungen über meinen Aufenthalt im Konzentrationslager Ravensbrück gesammelt, wo ich als politischer Häftling festgehalten worden war.
> Dieses Amt hat absolut alle Informationen einschliesslich die Bescheinigung über den sehr hohen Gesundheitsverlust infolge der Sklavenarbeit und des Hungers im KZ-Lager, und trotzdem hat es mir bis heute weder Entschädigung noch Rente ausgezahlt.
> Ich bin polnischer Nationalität und habe vor dem Krieg mit meinen Eltern in Oberschlesien in Wisla gewohnt. Infolge des Einmarsches der deutschen Armee ist Wisla zusamment (sic!) mit Oberschlesien an das Deutsche Reich angeschlossen [worden] und den Einwohnern ist die Volksliste 3 aufgeworfen worden, was mit dem Verdeutschungsprozess der polnischen Bevölkerung gleich gewesen ist. Die polnische Bevölkerung ist damals „Gorallen Volk“ bezeichnet worden.

In 1944 bin ich wegen der Zusammenarbeit mit Partisanen festgenommen und mit meiner ganzen Familie nach Ravensbrück geschickt worden, wo meine Mutter gestorben ist.

Im Lager Ravensbrück sind meine Akten unter dem Schild „Deutsche“ geführt worden, infolge der mir aufgeworfenen Volksliste 3. Nach dem Krieg ist das ganze „Gorallen Volk“ von Polen rehabilitiert worden und ich bin als Polin nach Brasilien gekommen, wo ich seit 30 Jahren wohne.

Weil meine Interventionen in Köln keinen Nachhall finden, und ich schon 60 Jahre alt und krank bin, und deshalb nach Köln nicht reisen kann, um diese Frage persönlich zu erledigen /dazu fehlen mir auch finanzielle Mitteln/, bitte ich das Obere Gericht, sich mit meiner Frage zu befassen und zu bewirken, damit die Invalidenrente oder die Entschädigung mir ausgezahlt wird.“ [451]

Die Organisationen schieben sich die Schreiben und den Fall gegenseitig zu. Das Obere Gericht in Genf leitet den Brief Pilchs an den ITS und der ITS (da er nur die Verantwortlichkeit zur Erstellung von Haftbestätigungen hat) wiederum an das Bundesverwaltungsamt in Köln. Ob Janina Pilch jemals entschädigt wurde, ist im Rahmen der Recherchen nicht bekannt geworden. Aus welchen juristischen Gründen (Formalien) ihr Antrag abgelehnt oder nicht weiterbearbeitet wurde, ist unbekannt. Derartige Fälle sind aber typisch für die politisch gewollte Verschleppung der Entschädigungsangelegenheiten und Ansprüche. Elisabeth Wiberg gibt zu Protokoll:

„Im Sommer 1943, glaube ich, wurde ich von Fichtengrund, wo ich mit meiner Familie wohnte, abgeholt und nach Berlin zum Alexanderplatz zum Verhör gebracht. Vom Polizeipräsidium wurde ich ins Gefängnis gebracht. Das dauerte etwa vier Wochen, ich glaube, es war das Frauengefängnis Moabit. Von dort wurde ich wieder zum Präsidium gebracht zu weiteren Vernehmungen, dann

[451] Brief von Janina Pilch Cwikla 30.19.1980 ITS 6.3.3.2 – 107957838f.

kam ich ins Arbeitslager. Ich weiß nicht genau wann es gewesen ist, ich weiß auch nicht wo das Lager war, wie das Lager hieß, wer der Leiter des Lagers war. In dem Lager mußten wir Hanf und Flachs von Zügen abladen. Den Leiter des Arbeitslagers würde ich wiedererkennen, wenn ich ihn auf einem Foto sähe. An seinen Namen kann ich mich aber nicht erinnern. Von dort bin ich wieder ins Polizeipräsidium zurückgebracht worden und nach mehreren Verhören kamen wir alle, die wir dort versammelt waren, zum Transport. Ich glaube, der Transport ging vom Stettiner Bahnhof ab. Die Männer wurden nach Sachsenhausen gebracht und die Frauen nach Ravensbrück.
Das Lager Ravensbrück hatte etwa 30 Baracken, es können auch mehr gewesen sein. Ich erinnere mich an eine Baracke mit der Nr. 37. Die Baracken wurden durchgehende von 1 … folgende num[m]eriert. Ich war in Baracke Nr. 7. Ich hatte eine Bekannte in Baracke Nr. 6, sie hieß mit Vornamen Frieda, sie war aus dem Sudetengau.
[…] Das Lager war mit elektrisch geladenem Draht umzäunt. Ich erinnere mich, häufiger Leichen in dem elektrischen Draht hängen gesehen zu haben. Das Lager war von Wachttürmen umstanden.
Auf der einen Seite schloß sich an unser Lager ein Männerlager an. Es war von unserem Lager durch einen elektrischen Draht und eine Mauer getrennt.
Ich habe in dem Lager z. B. Schienen verlegen müssen, Steine auf Lastwagen aufladen müssen, Kloakenarbeit als Strafarbeit tun müssen.
In dem Lager waren Juden, Polen, Zigeuner, Ukrainer, Deutsche, Russen, Franzosen, Holländer. […]
Das Aufsichtspersonal bestand aus Männern und Frauen, auch Hunde wurden auf uns angesetzt.
Von den Aufsichtspersonen erinnere ich mich an die Oberaufseherin Bins [sic! Binz]. Sie leitete immer die Appelle im Lager und kam dann die Lagerstraße herauf mit dem Lagerkommandanten, der, glaube ich, Sauer hieß. Oberaufseherin Bins (Binz ?) war, glaube ich, etwa in meinem damaligen Alter, vielleicht etwas älter, sie war

blond und gutaussehend. Sie trug immer feldgraue Uniform mit einem Käppi. An irgendwelche Strafaktionen, die sie geleitet oder durchgeführt hat, kann ich mich nicht erinnern. Was aus ihr geworden ist, weiß ich nicht.
Ich habe im Lager Ravensbrück gesehen, daß Frauen, die flüchten wollten, von den Wachthunden eingeholt wurden und dann blutend ins Lager zurückgebracht worden sind. Ich habe gesehen, wie eine Frau, es war eine Russin, ins Schilderhäuschen gebracht, wie der Eingang vernagelt wurde und sie in diesem Schilderhäuschen eine lange Zeit zubringen mußte. Ich habe gesehen, wie Frauen, die in den Krankenbaracken als Versuchskaninchen benutzt wurden, starben und deren Leichen aufgeschnitten wurden. Ich kann mich aber an keine Namen erinnern, ich kann keinen einzelnen Tatumstand wiedergeben, ich kann keine Zeitangaben machen.“ [452]

Außerdem lässt Wiberg protokollieren, die im Dezember 1944 aus dem KZ Flossenbürg entlassen worden war:

„Abschließend gebe ich zu den Akten (Anlage II) Fotokopie meines Entlassungsscheins vom 4.?12.1944 abgezeichnet vom Kriminaloberassistent Bloemberg?.“ [453]

In den Vernehmungsdokumenten von 1970 heißt es außerdem:

„Ich bin bisher in einem strafrechtlichen Verfahren über die Zeit, die ich in Konzentrationslagern zugebracht habe, noch nicht vernommen worden. Ich habe hierzu lediglich im Rahmen meines Antrags auf Wiedergutmachung einige Erklärungen bei dem Landesentschädigungsamt Schleswig-Holstein, Kiel, Gartenstraße 7, abgeben müssen. Das Wiedergutmachungsverfahren lief unter dem Aktenzeichen „RK V 2 SE 5545 (Wiberg)“. Mein Antrag wurde abgelehnt mit der Begründung, daß ich keine Jüdin sei.

[452] Barch, B162 /16326 S.248ff. – VP Elisabeth W. 12.03.1970
[453] Barch, B162 /16326 S.251 – VP Elisabeth W. 12.03.1970

> Frau Wiberg legte ein Schreiben des Finanzministerium des Landes Schleswig-Holstein vom 6.8.1968 – Az.: A-SG 1221 - 3 - vor, aus dem hervorgeht, daß der Antrag mangels Voraussetzungen des § 1 BEG abweisend entschieden werden mußte.“ [454]

In den Flossenbürger Nummernbüchern war Wiberg unter der Häftlingsnummer 57657 als reichsdeutscher Schutzhäftling registriert. Auch sie konnte scheinbar keinen gültigen Nachweis erbringen, dass sie aus politischen, rassischen, religiösen oder weltanschaulichen Gründen verfolgt und inhaftiert gewesen ist. Es stellt sich daher die berechtigte Frage, wie angesichts der Dokumentenvernichtung und Spurenverwischung der Täter, für die Mehrheit der betroffenen Opfer ein solcher Nachweis herbeizuschaffen sein sollte.
Ein weiterer Härtefall, aber wohl kein Einzelfall ist das Schicksal des ebenfalls reichsdeutschen Schutzhäftlings Helene Brendel[455], die 1967 wegen unerfolgreicher Wiedergutmachungsklage über 22 Jahre gegenüber den Ludwigsburger Ermittlern von ihrem Aussageverweigerungsrecht Gebrauch machte. Bereits am 30. Juli 1964 schilderte sie folgendermaßen ihre missliche Situation:

> „Durch die schwere Mißhandlung im KZ, wurde mir die Schädeldecke tief eingeschlagen, ich bin fast erblindet, so daß ich eine Blindenbinde mit Ausweis tragen muß und dadurch arbeitsunfähig bin.“[456]

Anfang September 1988, weitere 20 Jahre später, hatte sie immer noch keine Wiedergutmachung erhalten. Die Behörde für Arbeit, Jugend und Soziales Hamburg, konstatierte am 06.09.1988:

> „Aufgrund der jetzt von der Bundesregierung erlassenen Richtlinien über Härtefalleistungen an Opfer von nationalsozialistischen Unrechtsmaßnahmen im Rahmen des allgemeinen Kriegsfolgengesetzes vom 7.3.88 hätte Frau

---

[454] Barch, B162 /16326 S.248 – VP Elisabeth W. 12.03.1970
[455] FloNo.: 57281
[456]ITS TD 255344

> Brendel eventuell die Möglichkeit, eine einmalige Leistung für das erlittene Unrecht zu bekommen."[457]

Ob das deutsche KZ- und Gewaltopfer tatsächlich jemals eine Entschädigungszahlung erhalten hat, muss angesichts des beschrittenen Klageweges offenbleiben. 1988 befand sich Brendel im Alter von 74 Jahren angeblich als Entmündigte unter der Vormundschaft der genannten Behörde.
Ebenfalls zu den Reichsdeutschen (zum Teil auf Widerruf) zählten Frauen aus Österreich, Slowenien oder Elsaß-Lothringen.
Die Slowenin Darinka Vizjak[458] war als Reichsdeutsche registriert, denn ihre Heimat hatte bis 1918 zu Österreich-Ungarn gehört:

> „Festgenommen wurde ich am 20.5.1944 in Celje /Cilli/ und nach ungefähr viermonatiger Haft im Gefängnis in Cilli und Marburg a.d. Drau, um den 15. September 1944 ins KL Ravensbrück transportiert. Da ich zu der Zeit noch nicht verheiratet war, wurde ich unter dem Namen Fortunat ewidentiert. Die Häftlingsnummer, die mir im KL Ravensbrück zugeteilt wurde, ist mir aus dem Gedächtnis entschwunden, wenn ich mich nicht irre war es die Nummer 72692 oder 73692. Nach ungefähr einmonatlichem Aufenthalt im KL Ravensbrück, wurde ich um den 15. Oktober 1944 in ein Aussenkommando des KL Flossenbürg nach Dresden transportiert, wo mir eine neue Häftlingsnummer zugeteilt wurde, die ich leider nicht in Erinnerung bringen kann, es war ungefähr um die 57000. In Dresden war ich in der Universellen Maschinenfabrik bei der Herstellung von Flugzeugteilen beschäftigt. Bei der Bombardierung Dresdens um den 15. Februar 1945 gelang es mir, mit noch einigen Leidensgefährtinnen aus dem Lager zu entfliehen, und nach sechswöchentlicher Wanderung in meine Heimat rückzukehren." [459]

---

[457] Ebenda

[458] FloNo.: 57336

[459] ITS 6.3.3.2 / 88278160

Zwei Sloweninnen sollen bereits spätestens am 25. Februar in ihre Heimat in der Region um Maribor zurückgekehrt sein. Die Gruppe um Vizjak-Fortunat befand sich da noch auf ihrer Wanderung.

3.1.2 Die lettischen Häftlinge

66 Frauen des Transportes sind in den Nummernbüchern als Lettinnen registriert. Eine davon wird in den Aufstellungen des Arbeiterrates als Russin bezeichnet und soll in Leningrad geboren worden sein.[460] 58 Personen gelten nach der Bombardierung Dresdens als geflohen und acht wurden ins Ausweichlager Zatzschke überstellt. Für lediglich sechs der geflohenen Frauen liegen bisher Befreiungsdaten vor. Ergänzende Hinweise sind erwünscht.

3.1.3 Die serbischen Häftlinge

63 Frauen des Transportes sind als Serbinnen registriert, davon 51 als Schutzhäftlinge. 10 galten als Politische und zwei als Zivilarbeiterinnen. 56 Personen sind laut Aufstellungen des Arbeiterrates nach der Bombardierung Dresdens geflohen, Therese Koropatnicki[461] wird diesbezüglich wieder von der Liste gestrichen und sechs Frauen wurden ins Ausweichlager Zatzschke überstellt. Von 23 (36,5%) liegen Befreiungsdaten vor, die Schicksale von 40 Frauen sind unbekannt. Todesopfer aus dem Kreis der Serbinnen sind bislang nicht zu belegen. Rita Sprengel erinnert:

> „Eines Tages begann die grünwinklige Lagerälteste, eine serbische Bäuerin zu schikanieren. Sie war eine majestätisch wirkende Frau und Mutter vieler Kinder. Ihre sieben Söhne waren Partisanen. Ihre zwei Töchter waren mit ihr zusammen bei uns. Meine slowenischen Kameradinnen baten mich, einzuschreiten. […]“[462]

---

[460] Vgl. Anna Temovile / Timofejewa FloNo.: 57679

[461] FloNo.: 57433

[462] Rita Sprengel. Der rote Faden. S.240

Sollte die Aussage Sprengels korrekt sein, dürfte mindestens eine der Töchter bereits verheiratet und unter einem anderen Familiennamen registriert worden sein. Die Bäuerin ließ sich daher noch nicht identifizieren.

3.1.4 Die russischen Häftlinge

59 Frauen sind in den Nummernbüchern als russische Häftlinge registriert. 10 sind explizit als Zivilarbeiterinnen die übrigen als Schutzhäftlinge registriert. Einige von ihnen stammten aus Leningrad. Stanislawa Lupanow[463] war aber eine Polin. Mit ihr gelten 50 Frauen nach der Bombardierung Dresdens als flüchtig. Mit Lupanow liegen für sechs dieser Frauen Befreiungsdaten vor. Fünf Russinnen wurden nach Zatzschke evakuiert. Nina Blaschenkowa[464] wurde angeblich nach Flossenbürg abgestellt. Dort im Stammlager waren spätestens am 3. Januar 1945 die russischen Zivilarbeiterinnen Wiktoria Bilinska[465] und Tamara Elissewa[466] hingerichtet worden. Veronika Olejnikowa[467] gelang bereits am 13. Oktober 1944 eine Flucht vom Kommando Dresden Universelle. Befreiungsbestätigungen sind erwünscht.
Als Russinnen registriert waren auch Margarita Jarkoslewna Nedoliwko[468] und ihre Schwester, die wohl auch aus der Leningrader Gegend stammten. Nedoliwko berichtet:

> „1944 wurden meine Schwester und ich aus Riga, Lettland per Schiff nach Deutschland transportiert. […] Nach der Quarantäne wurden wir nach Dresden überstellt, arbeiteten in einer Fabrik: Herstellung von Flugzeugteilen. Im Februar 1945 wurde unsere Fabrik durch Bomben zerstört. Wir flüchteten nach Meißen. Dort haben wir in einem Lager, wo Serben wohnten, Unterkunft gefunden. Da wurden wir durch SU-Truppen befreit.“[469]

[463] FloNo.: 57478
[464] FloNo.: 57264
[465] *05.04.1925, FloNo.: 57261 Wiktorija Bilinskaja (vgl. Totenbuch)
[466] *21.03.1922 Sima, FloNo.: 57324 Tamara Elisewa (vgl. Totenbuch)
[467] FloNo.: 57368
[468] FloNo.: 57415
[469] ITS 6.3.3.2 / 119263489

Im Oktober 1945 kehrten die Schwestern nach Posno in ihre Heimat zurück:

> „Wir trieben Kühe aus Deutschland, aber in Prag erkrankten diese an Maul- und Klauenseuche, es wurde verboten, sie weiter zu treiben. Wir kamen nach Prag zu einer Verschickungsstelle und weiter nach Hause, nach Posno.“[470]

Die deutschen Kühe waren wahrscheinlich als Reparationsleistung für die Sowjetunion gedacht.

3.1.5 Die polnischen Häftlinge

59 Frauen des Transportes sind als polnische Häftlinge registriert. 48 gelten als Schutzhäftlinge, 8 als Zivilarbeiterinnen, 2 waren Politische und eine Person war Vorbeugehäftling wegen vermeintlicher Asozialität.[471] 52 Frauen gelten nach der Bombardierung Dresdens als flüchtig und sieben Personen wurden nach Zatzschke überstellt. Für 28 Personen (=47,5%) liegen Befreiungsdaten vor, 31 Schicksale sind noch ungeklärt. Todesfälle waren bislang nicht zu belegen.
Einige weitere Polinnen sind lediglich als Zivilarbeiterinnen ohne Nationalitätsangabe registriert worden.[472]

3.1.6 Die tschechischen Häftlinge

Über die neun tschechischen Häftlinge des Transportes ist kaum etwas bekannt. Sieben Frauen[473] gelten seit dem Bombenangriff auf Dresden vom 14.02.1945 als „flüchtig“. Zwei Frauen Andela (Angela) Nezhodova[474] und Barbara Pospilow[475] sollen bei einem

---

[470] ITS 6.3.3.2 / 119263517

[471] Vgl. Pascal Cziborra. KZ Flossenbürg. S.62

[472] Vgl. FloNo.: 57333, 57364, 57374, 57377, 57378, 57382, 57390 57392, 57393, 57394, 57434, 57443

[473] Barbara Henselowa (57351), Anna Goldbachowa (57371), Rosa Janouscowa (57396), Margarete Kuncowa (57452), Anna Libenska (57468), Maria Prokop (57578) und Cecilie Stablowa (57658).

[474] FloNo.: 57526

[475] FloNo.: 57575

weiteren Luftangriff am 17. April 1945 in Dresden verstorben sein. Sie wurden auf dem Annenfriedhof Dresden Abteilung 29 Reihe 3 Grab 9 und 10 (an der Chemnitzer Straße) mit einem weiteren Wiener KZ-Häftling aus der Universelle Maschinenfabrik beigesetzt.

3.1.7 Die italienischen Häftlinge

Drei Frauen des Transportes sind als italienische Häftlinge registriert. Antonietta Barbieri[476], Silvana Fabri[477] und Assunta Peperoni[478] gelten seit der Bombardierung als flüchtig. Die Befreiung Letzterer ist bereits anderweitig bestätigt.

3.1.8 Die französischen Häftlinge

Drei Personen des Transportes sind als französische Häftlinge registriert. Margarette Regnier[479], Raymonde Moser[480] und Yvonne/Ivette Chedal[481] sollen alle drei befreit worden sein und den Krieg überlebt haben. Einige weitere als reichsdeutsch oder Reichsdeutsche auf Widerruf registrierte Frauen, stammten aus dem ehemaligen Reichsgebiet Elsaß-Lothringen.

3.1.9 Die übrigen Häftlinge

Die Belgierinnen Fernande Messe[482] und Berthe von Bommel[483] sowie die holländische Krankenschwester Henderkien (Henny) Peeks[484] gelten seit der Bombardierung Dresdens als flüchtig.
Die Litauerin möglicherweise auch Lettin Maria Kucepalowa[485] wurde im Februar 1945 in das Auffanglager Zatzschke überstellt. Informationen zum Befreiungstag und -ort sind erwünscht.

---

[476] FloNo.: 57243
[477] FloNo.: 57327
[478] FloNo.: 57555
[479] FloNo.: 57588
[480] FloNo.: 57512
[481] FloNo.: 57292
[482] FloNo.: 57498
[483] FloNo.: 57272
[484] FloNo.: 57553
[485] FloNo.: 57448

3.2 Der 2. Transport vom „19.01.1945“

3.2.1 Die Reichsdeutschen

106 Frauen aus dem KZ Ravensbrück sind in den Flossenbürger Nummernbüchern als reichsdeutsche Häftlinge registriert. 57 galten als politische Häftlinge, vier weitere als politisch auf Widerruf. 4 Frauen sind explizit als Zigeunerinnen registriert, weitere 32 galten als Asoziale und 9 als sogenannte „Berufsverbrecher“. Bei den Ludwigsburger Ermittlungen wurden Nossen, Bauer, Steinbach, Reinhardt, Kraus und Hatzl aus ihrer Transportgruppe vernommen, die laut Kartei am 16. Januar überstellt worden sei. Bislang liegen für 47 Personen (=44,3%) Befreiungsdaten vor, das Schicksal von 54 Frauen gilt noch als ungeklärt. Mindestens fünf Frauen (=4,7%) sind ums Leben gekommen. Am 22. Februar 1945 erlag Maria Hergeth, geborene Skwor[486] in Arnsdorf wohl ihren Verletzungen vom Luftangriff des 14. Februars. Am 17. April stirbt auch Therese Kobaltz[487] bei einem Luftangriff auf Dresden, von dem auch die Stadtkrankenhäuser Löbtau und Friedrichstadt betroffen waren. Außerdem wird Elsa Laurent[488] am 11. September 1953 für tot erklärt. Auch Ilse Will[489] gilt 1950 immer noch als vermisst und auch für Christel Stelzer[490] scheint eine Vermisstenanzeige vorzuliegen.

Aufgrund der Datenlage ist davon auszugehen, dass weit über die Hälfte der reichsdeutschen Häftlinge, die Bombardierung auf Dresden überlebten. Für einige Personen stehen noch die Ergebnisse der standesamtlichen Recherchen aus. Auch wurden noch keine Entschädigungsakten und -anträge systematisch ausgewertet.

Haftzeiten und deren Bestätigung waren auch notwendig für die Berechnung von Altersrenten. Auch hier wurde den ehemaligen Häftlingen die Bringschuld aufgebürdet, die sich alle erforderlichen Unterlagen selbst beschaffen mussten. Die als politischer

486 *11.07.1905 Aussig vgl. FloNo.: 62645
487 *22.07.1912 Wien vgl. FloNo.: 62473
488 *26.01.1905 Dinglingen vgl. FloNo.: 62490
489 *15.05.1922 Gladbeck vgl. FloNo.: 62566
490 *14.02.1924 Königsberg vgl. FloNo.: 62554

Häftling geltende Frieda Thron, geborene Rühle[491] schreibt am 1. Dezember 1978 an den Internationalen Suchdienst:

> „Sehr geehrte Damen/Herren,
>
> da ich meine Unterlagen für meine bevorstehende Rente benötige, wende ich mich an Sie mit der Bitte, eine Bestätigung meiner Haft-Zeit im KZ zu überweisen. Für Auslagen bin ich bereit, das Benötigte zu überweisen.
> Ich wurde im Dezember 41 in Schwabach/Kreis Öhringen verhaftet. Ich war dort im Landdienst und habe den ausländischen Gefangenen (Polen, Männer Frauen und Kindern) zu essen gegeben, der Bauer Wilhelm Weidner hat mich dann angezeigt und ich wurde dann verhaftet. Nach 1 Jahr Untersuchungshaft und 6 Monate Strafe (weil das Essen vom Bauer war), kam ich im Dezember 42 nach Ravensbrück. Im Januar 45 kam ich in eine Munitionsfabrik nach Dresden. Als im Februar 45 der große Angriff war (12. auf 13.2.45) konnte ich nach Hause. Ab Mai 1945 habe ich mich um meine Papiere bemüht, konnte aber immer nur die Antwort erhalten, daß alles vernichtet wurde. Ich brauche diese 4 Jahre für meine Rentenzeit.
> Als Anlage übergebe ich Ihnen eine Eidesstattliche Erklärung einer Kameradin von Ravensbrück. Wenn Sie noch mehr Namen brauchen mit den Frauen mit denen ich zusammen war, kann ich sie Ihnen schicken.
>
> Freundlichen Gruß
> *Frieda Thron* "[492]

Ob die Haftzeiten in diesem Fall als volle Berufsjahre für die Rente angerechnet wurden, ist nicht bekannt. Als Deutsche und Politische waren Throns Chancen sicher besser als die der Frauen anderer Nationalitäten und Haftkategorien. Der Fall zeigt somit, dass viele ehemalige KZ-Häftlinge auch noch späte Benachteiligungen durch ihre KZ-Haft erfahren konnten.

---

[491] FloNo.: 62540

[492] Brief von FriedaThron, geb. Rühle 01.12.1978 ITS 6.3.3.2 - 111228010

So erhielt Ingeborg Hoffmann[493], die als Berufsverbrecherin galt, wohl keine Entschädigung, da diese Opfergruppe erst 2020 durch Bundestagsbeschluss offiziell anerkannt wurde.
In einem Brief vom 30.08.1966 heißt es:

> „Würden Sie mir bitte umgehend noch einmal die Bestätigung schicken, das (sic!) ich zur Nazi Zeit im K.Z. war. 1943 kam ich im Dez. nach Ravensbrück u. bekam die No 25857. Im Januar 1945 nach Dresden Flossenbürg, meine dortige No. weis (sic!) ich nicht.
> Sie hatten mir schon mal die Papiere geschickt, allerdings sind sie unvollständig.
> Auch bestehen nur Unterlagen über mich als B.V. das stimmt aber nicht. Denn als Politischer Häftling wurde ich eingeliefert u. im Lager nach Ankunft der Judentransporte 1944, bekam ich den B.V. Winkel u. kam in die Strafkompanie.
> Vielleicht haben Sie noch die Abschriften von dem was Sie mir, vor längerer Zeit zuschickten. Es ist für mich von großer Wichtigkeit. Denn ich bin Invalide u. Witwe habe aber drei Schulpflichtige Kinder zu ernähren.
> Vielleicht bekomme ich doch die Rente. Die Hauptsache ist, das (sic!) auch Ihnen bekannt ist, das (sic!) innerhalb des Lagers Winkeländerungen vorgenommen wurden.
> In der Hoffnung[,] das (sic!) Sie mir helfen werden. Verbleibe ich hochachtungsvoll […]“[494]

In einem weiteren Schreiben vom 29.09.1966 beklagt sie:

> „Bezugnehmend auf Ihr Schreiben vom 15.9.1966, möchte ich mich in erster Linie für Ihre Bemühungen herzlich bedanken.
> Leider kann ich damit bei unseren Behörden nur den Beweis meiner Kz. Zeit erbringen. Der Inhaftierungsgrund stimmt aber nicht. Ich wurde 1943 wegen Wehrkraftzersetzung und Dienstpflichtverweigerung in Stettin inhaf-

[493] FloNo.: 62623
[494] ITS 6.3.3.2 / 108831220f.

tiert. Und auf sogenannter Vorbeugungshaft nach Ravensbrück gebracht.
Erst 1944 bekam ich im Zuge einer Lagerstrafe den B.V. Winkel. Bei einlieferung (sic!) erhielt ich den Politischen Winkel. Und darum geht es jetzt. Denn mit diesem, von Ihnen angeführten Inhaftierungsgrund werde ich hier nie anerkannt.
Ich wurde als Politischer Häftling eingeliefert. Der rote Winkel war auch der Grund, weswegen ich bei schwerer erkrankung (sic!) im Lager nicht behandelt werden durfte. Daher habe ich wahrscheinlich nach Ansicht der Ärzte auch meine [doppelseitige] T.b.c. Es ist für mich von außerordentlicher Wichtigkeit diesen Beweis zu erbringen. Da ich unter anderen Umständen hier nicht anerkannt werde. Und damit auch keine Rente bekommen werde. Da ich nun aber Vollinvalide bin u. drei Schulpflichtige Kinder habe, ist die Rente für mich wichtig. Denn mein Mann ist auch schon sechs Jahre tot, sodass wir keinen Ernährer haben.
Bitte sehen Sie doch mal nach, ob nicht doch noch ein Hinweis zu finden ist, das [sic!] ich als Politischer Häftling eingeliefert wurde. Sonst habe ich keine Hoffnung auf Hilfe.
Wie Sie schreiben sind die Unterlagen aus Ravensbrück nicht vollständig. Kann es daran liegen[,] das [sic!] es anders eingetragen ist?
In der Hoffnung[,] das [sic!] Sie mir doch noch helfen können verbleibe ich hochachtungsvoll […]“[495]

Die Antwort des ITS vom 24.10.1966 lautet:

„Sehr geehrte Frau H.

In höflicher Beantwortung Ihres Schreibens vom 29.9. 1966 müssen wir Ihnen zu unserem Bedauern mitteilen, daß eine erneute Überprüfung unserer Unterlagen keine

---

[495] ITS 6.3.3.2 / 108831222

> zusätzlichen oder anderslautenden Informationen ergeben hat.
> In den hier vorliegenden Zugangsbuch des KL. Flossenbürg ist als Haftart für Sie „BV“ (Berufsverbrecherin) eingetragen.
> Die unvollständigen Unterlagen des KL Ravensbrück enthalten keine Eintragungen über Ihre Person, wobei wir darauf hinweisen, daß die Unvollständigkeit der Ravensbrück-Unterlagen darauf zurückzuführen ist, daß sie seitens der SS vor Einmarsch der Alliierten Streitkräfte größtenteils vernichtet worden sind.
> Wir bedauern daher, Ihnen diese für Sie schwerwiegende Bestätigung des Haftgrundes geben zu müssen, und nicht in der Lage zu sein, Ihnen die fehlenden Beweise zu beschaffen. Uns ist allerdings bekannt, daß in den Konzentrationslagern häufig Haftartänderungen vorgenommen wurden. Vielleicht ist dieser Hinweis bei Vorlage des Dokumenten-Auszuges für Sie nützlich. […]“[496]

Ob letztlich die Invaliden-Rente für Verfolgte des Nazi-Regimes für Frau H. genehmigt wurde, ist nicht bekannt. Die Korrespondenz aber zeigt wie aufwendig es war, entsprechende Haftbestätigungen als Beweis herbeizubringen und mit welchen Tücken die Überlebenden zu kämpfen hatten. Auch bei der gewöhnlichen Altersrente sorgte die Anrechnung der KZ-Haft und Zwangsarbeitszeiten häufig für bürokratische Hürden oder persönliche Nachteile, da nicht alle Haft- und Arbeitszeiten lückenlos zu dokumentieren waren. Auch waren Krankengeschichten nicht immer eindeutig und Gesundheitsschäden oder Folgeerkrankungen mit der KZ-Haft ursächlich und zweifelsfrei in Verbindung zu bringen.
Das führte in vielen Fällen zu ungünstigen Bescheiden und damit zu berechtigtem Frust und herben Enttäuschungen.
Nicht wenige Überlebende kamen sich von der Wiedergutmachungspolitik Deutschlands weiterhin diskriminiert vor und fühlten sich zum Narren gehalten.

---

[496] ITS 6.3.3.2 / 108831229

3.2.2 Die Russinnen

38 Frauen des Transports sind als russische Häftlinge registriert. 35 gelten als Zivilarbeiterinnen und nur 3 als politische Häftlinge. Nach der Bombardierung Dresdens wird nur eine von ihnen in das Auffanglager Zatzschke überstellt. 31 Frauen gelten nach Listen des Arbeiterrates als geflohen. Bislang konnte nur für eine Betroffene die Flucht und Befreiung bestätigt werden. Zu den anderen Personen liegen keine eindeutigen Suchanfragen oder Informationen beim Internationalen Suchdienst vor. Das Schicksal von sechs Frauen ist gänzlich unbekannt. Sie gelten 1946 laut Listen des Arbeiterrates nicht als geflohen und könnten damit mit etwas höherer Wahrscheinlichkeit bei der Bombardierung Dresdens ums Leben gekommen sein.
Hinweise zum Kriegs- und Nachkriegsschicksal dieser Frauen sind erwünscht. Todesopfer aus der Gruppe der Russinnen sind bislang nicht bekannt.

Nationalität	Name	Geburtsdatum	Verbleib
Russin FloNo.: 62586	Belitsch, Schura	23.12.1925 Udarnaya (?)	ungeklärt
Russin FloNo.: 62593	Bolucksawa, Olga	06.07.1923 Nowosibirsk	ungeklärt
Russin /Ukraine FloNo.: 62624	Gasai, Jekaterina	12.01.1914 Mala Rybytsya	ungeklärt
Russin FloNo.: 62654	Iwanowa, Elisabeth	1926 Rostow	ungeklärt
Russin FloNo.: 62655	Jastreba, Nadja	20.04.1919 Juskowzy	ungeklärt
Russin /Ukraine FloNo.: 62518	Pampuschenko, Anna	06.05.1925 Kiew	ungeklärt

3.2.3 Die Polinnen

36 Frauen sind in den Nummernbüchern als Polinnen bezeichnet. 27 von ihnen gelten nach Listen des Arbeiterrates von 1946 als nach der Bombardierung Dresdens geflüchtet. Davon ließen sich bereits ein Drittel der Fälle bestätigen. Acht wurden nachweislich befreit und eine Person ist laut Vermerk vom 4. April 1945 erneut geflohen. Sechs Polinnen wurden nach Zatzschke überstellt. Mindestens die Hälfte von ihnen wurde befreit.
Todesfälle unter den Polinnen des zweiten Transportes sind bislang nicht bekannt. Lediglich drei Personen galten dem Arbeiterrat nicht als geflohen oder überstellt. Maria Stachowiak[497] wurde befreit, die Schicksale der Regina Goc und Maria Marciniak sind unbekannt.

Nationalität	Name	Geburtstag/-ort	Verbleib
Polin FloNo.: 62628	Goc, Regina	07.09.1922 Bielsk	ungeklärt
Polin FloNo.: 62499	Marciniak, Maria	07.09.1918 Warden	ungeklärt

3.2.4 Die Lettinnen

Alle drei[498] Lettinnen des Transportes gelten als flüchtig. Die Fälle ließen sich bislang noch nicht anderweitig bestätigen. Todesfälle sind nicht bekannt.

3.2.5 Die Belgierinnen

Beide Belgierinnen des Transportes überlebten KZ und Krieg. Bertha Engelbeen, war gebürtig wohl eine Deutsche und hatte einen Belgier geheiratet. Ihr Bildungsniveau war generell eher gering oder sie hatte eine stark ausgeprägte Rechtschreibschwäche. Sie schreibt am 07.06.1965 an den Internationalen Suchdienst:

---

497 FloNo.: 62553

498 Vgl. FloNo.: 62517, 62576, 62602

„Wie ich sie mitteilen möchte bin ich durch meine Heirat Belgierin, bin aber schon Jahre geschieden und besitze noch immer die belgische Staatsangehörigkeit. Habe 4 Kinder, Die schon inzwischen gros sind. Ich wohnte damals von 1930 bei meinen Eltern in Oberhausen Sterkrade. 2 Kinder wurden dort geb[oren]. Ich arbeitete in Alstaden Auf der Kristall Fabrik. Es ging gut bis 1933 bei der Machtübernahme von Hitler. Von dann hatte ich keine ruhe mehr, weil ich Ausländerin war obwohl mein Aufenthalt und mein Pass in Ordnung war kwälten sie mich Und liesen mir keine Ruhe. Es ging so bis ende Junie 1939. Eines Tages holten [sie] mich, meine vier Kinder haben sie schon ein par Tage vorher abgeholt. Und ich wusste nicht was los war von Polletick hatte ich keinerlei Ahnung ich hatte mich mit nichts befasst. Wählen durfte ich nicht weil ich doch Belgierin war. Aber der damilge Obergestappo von Sterkrade Herr Oberrittmeister Busche, Holte mich und ich kahm in Konzentrationslager Rawensbrück, in Mecklenburg. Dort war ich einige Jahre die ich dort in Angst und Sorgen verbracht habe. Eines Tages kommt denn die Lagerkommandantin von der SS. Und stellte wieder 700 Frauen zusammen für nach Dresden auf Transport wir waren alle xxxxxx xxxxx. Dort mussten wir Granaten machen. Eines Tages wurde dann ganz Dresden bombardiert. Wer noch über wahr am Leben die kamen denn nach Radebäul in KZ bis der Krieg denn zu Ende war, befreit wurde ich von den Russen. Als ich wieder nach meinen Vater zurück kahm war ich halb tot wo ich noch heute drunter leide. Bitte wen es Ihnen möglich ist mir zu helfen. Geben sie mir recht bald bescheid denn ich brauche dringend eine Bescheinigung. Mit besten Dank im Voraus Hochachtungsvoll […].[499]

Eventuell gehörte Engelbeen zu den Frauen, die im Arbeitserziehungslager Radeberg (nicht Radebeul), das auch als Außenstelle und Untersuchungsgefängnis Dresdens diente, gefangengehalten und zum Teil gegen Kriegsende entlassen wurden.

---

[499] ITS 6.3.3.2 / 87132149f.

3.2.6 Die übrigen Nationen

Zwei Tschechinnen und jeweils eine Rumänin, Jugoslawin, Italienerin und Griechin vervollständigen das Nationalitätenspektrum. Eine Tschechin gilt als flüchtig, die Griechin und die Italienerin bzw. Slowenin wurde nach der Bombardierung nach Zatzschke überstellt.
Zu folgenden drei Personen lag dem Arbeiterrat 1946 scheinbar keine Information vor. Sie könnte daher mit etwas größerer Wahrscheinlichkeit bei der Bombardierung im Februar 1945 ums Leben gekommen sein.

Nationalität	Name	Geburtstag/-ort	Verbleib
Tschechin FloNo.: 62621	Fried, Georgina	19.05.1923 Prag	ungeklärt
Rumänin FloNo.: 62648	Holderbaum, Gisela	31.05.1925 Gura Humora	ungeklärt
Jugoslawin FloNo.: 62524	Pezdir, Maria	21.08.1911 Plešivica	ungeklärt

3.2.7 Die Staatenlosen

Neun Frauen sind als staatenlose Häftlinge registriert, darunter auch Theresia Pfeiffer, die „Zigeunerin" aus dem österreichischen Burgenland, die von den Ludwigsburger Ermittlern vernommen wurde. Weitere 6 Frauen werden ebenfalls als „staatenlose Zigeunerinnen" und zwei weitere Sinti oder Roma bzw. Mischlinge als „staatenlose Asoziale" geführt. Sechs Frauen aus dieser Gruppe wurden befreit, Theresia Karoly[500] ist bei der Bombardierung Dresdens ums Leben gekommen. Zwei Frauen konnten fliehen, wurden gefasst und sind im Außenlager Freiberg erneut geflohen.[501] Das Schicksal von Muschla Ernst[502] ist ungeklärt.

---

500 FloNo.: 62461
501 Vgl. FloNo.: 62584, 62603
502 FloNo.: 62613

Teil 4: Statistik, Daten, Diagramme

Forschungsstand und Datenbasis

Da eine Reihe statistischer Daten bereits in die Dokumentation eingeflossen ist, sollen in diesem Kapitel die Diagramme weitestgehend unkommentiert bleiben. Sie dienen in erster Linie Visualisierungszwecken und als wissenschaftliches Bonusmaterial. Generell wird bei der Analyse der Altersstruktur in registrierte und reale Geburts-Jahrgänge unterschieden. Bei den Nationalitätsangaben genügt es hier die registrierte Nationalität darzustellen.

4.1 Die Häftlingszwangsgemeinschaft

D1: Zusammensetzung der Häftlingszwangsgemeinschaft nach registrierter Nationalität [im Uhrzeigersinn, 704 Pers.]

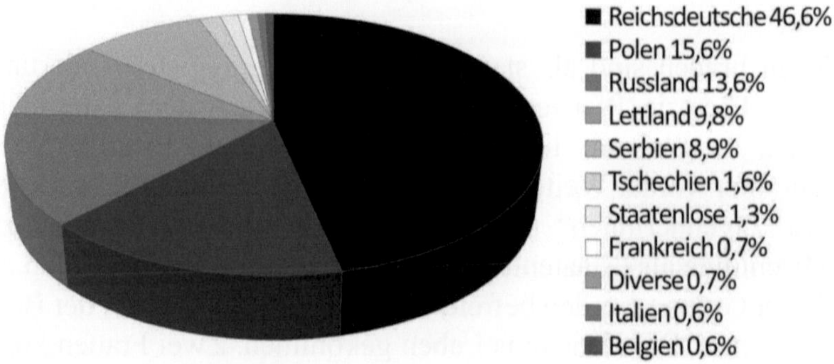

D2: Altersstruktur Transport v. Ravensbrück – 500 Personen

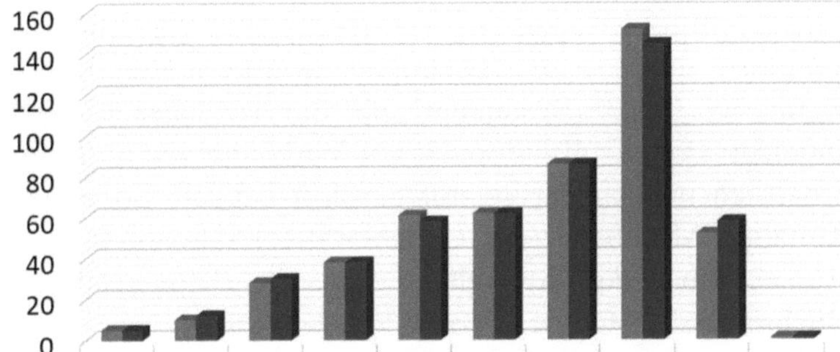

	vor 1890	1890-1894	1895-1899	1900-1904	1905-1909	1910-1914	1915-1919	1920-1924	1925-1929	nach 1929
registriert	5	10	28	38	61	62	86	152	52	1
real	5	12	30	38	58	62	86	145	58	1

* Von den 500 Personen sind 11 ohne Geburtsdaten registriert.
Aus der Liste des Arbeiterrates gehen für 5 von ihnen die Geburtsdaten hervor.
Hier wird also die bekannte Altersstruktur für 495 Personen abgebildet.

D2: Altersstruktur Transport v. Ravensbrück – 200 Personen

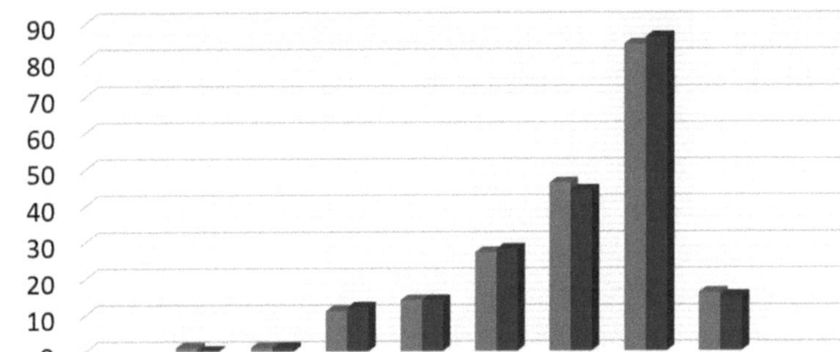

	vor 1890	1890-1894	1895-1899	1900-1904	1905-1909	1910-1914	1915-1919	1920-1924	1925-1929	nach 1929
registriert		1	1	11	14	27	46	84	16	
real		0	1	12	14	28	44	86	15	

4.2 Fehlerhafte Literatur und falsche Daten

Um künftige Irrtümer zu vermeiden und fehlerhafte Informationen explizit zu berichtigen, wurde dieses Kapitel als thematisch fester Bestandteil für die vorliegende Buchreihe angelegt. Dabei soll hier auch vor Verkürzungen in der wissenschaftlichen Sekundärliteratur gewarnt werden. So schreibt der damalige Mitarbeiter der Gedenkstätte Flossenbürg in seinem Aufsatz über das Außenlager Dresden (Universelle) in der Buchreihe „Der Ort des Terrors" im Jahr 2006:

> „Ebenfalls übereinstimmend berichten die Frauen von Bombenvolltreffern, die das Werk und die Bunker in der Florastraße beim großen Luftangriff auf Dresden am 14. Februar 1945 fast völlig zerstörten und die meisten Frauen töteten. Verschiedenen Aussagen zufolge blieben zwischen neun und 150 Frauen am Leben."

Beide Zahlen stammen aber von Geflohenen, die jeweils mit der Zahlenangabe eine gewisse, nämlich ihre eigene, Fluchtgruppe oder ein unübersichtliches Fluchtgeschehen bezeichnen. Erstaunlich ist hierbei insbesondere, dass eine solche vermeintliche Opfer- bzw. Überlebendenzahl nicht relativiert oder in Relation zu einer eigenen Häftlingsdatenbank der Gedenkstätte gesetzt wird. Eine solche Aussage bedeutet ja, dass der Gedenkstätte scheinbar 2005 nicht einmal 9 Überlebende des Lagers bekannt waren, obwohl ja bereits in den von Fritz zitierten Ludwigsburger Beständen des Bundesarchivs Selbstzeugnisse von etwa 20 überlebenden Häftlingen vorliegen und 46 ehemalige Häftlinge, überwiegend Überlebende, im Abschlussbericht der Vorermittlungen explizit genannt werden. Es liegt daher der Verdacht nahe, dass sich Fritz hier mehr an dem juristischen Abschlussbericht der Ludwigsburger Ermittler orientiert, der ebenfalls beide Zahlen als Unter- und Obergrenze nennt[503], dabei aber deutlich offener formuliert ist. Die Zahl der fast 100 nach Zatzschke überstellten Frauen und deren Befreiung und diverse weitere Fluchtgruppen werden in beiden Fällen nicht berücksichtigt.

---

[503] Barch B 162 / 16327 S.400

Auch hätte hier die suggerierte Häftlingssterblichkeit in Relation zu bekannten Todesfällen gesetzt werden können. Es ist doch auffällig, dass selbst das 2005 erschienene Ravensbrücker Gedenkbuch nur eine Tote von 700 ehemaligen Ravensbrücker Häftlingen kennt und nennt und selbst das noch mit falschem Todeszeitpunkt und Ort.[504] Sollten tatsächlich mehrere Hundert Frauen in der Dresdner Bombennacht ums Leben gekommen sein, würde man doch ein deutlich anderes Bild hinsichtlich der Einträge erwarten.
Falsch ist auch Ulrich Fritz' Aussage:

> „Als Oberaufseherinnen fungierten im Außenlager Universelle die als brutal geschilderte Charlotte Hanakam und ab Ende November 1944 Ida Guhl, die zuvor Oberaufseherin im Außenlager Dresden Reick gewesen war."[505]

Ida Guhl war vom 14. August bis zum 5. September mit auf Ausbildungslehrgang in Holleischen und übernahm danach als Oberaufseherin das Lager Dresden-Reick. Von dort wurde sie als Oberaufseherin in das Lager Dresden-Bernsdorf versetzt und tritt am 25. Januar 1945 dort ihren Dienst an.[506]
Ida Guhl scheint lediglich vertretungsweise und provisorisch das Kommando Universelle in Zatzschke nach der Evakuierung Dresdens übernommen zu haben, da Hanakam nach der Bombardierung mehrere Wochen der Dienststelle fernblieb.
Wie Fritz auf die Versetzung Ende November kommt, lässt sich mangels Quellenangabe nicht klären.[507]

---

[504] Gedenkbuch S. 598 –
Svigelj, Ancka Todesort Ravensbrück, verstorben 1944
[505] Ulrich Fritz. In: Der Ort des Terrors. Band 4. S. 100
[506] Pascal Cziborra. KZ Dresden Striesen. S.149f.
[507] Vgl. Pascal Cziborra. KZ Dresden Reick S.14, S.65

4.3 Unstimmige Häftlingserinnerungen:

Wie in diesem Buch an diversen Stellen bereits deutlich wurde, sind Zeitzeugen in ihren Angaben nicht immer verlässlich. Vor allem bei zeitlichen und quantitativen Angaben sind menschliche Aussagen und Schätzungen häufig nicht sonderlich präzise. Solche Angaben wurden in der Regel innerhalb der Zitate [durch Einfügungen] korrigiert oder anderweitig kommentiert.

Sprachliche Kompetenz, Bildungsniveau und zeitlicher Abstand können sich ebenfalls stark auf Erinnerungen auswirken. Aber auch kompetent und versiert wirkende Berichte und Autobiografien, wie die Rita Sprengels, können irren. So ist aufgrund des derzeitigen Forschungsstandes nicht von mehr als 300 Todesopfer bei der Bombardierung Dresdens auszugehen. Schon eine niedrige dreistellige Opferzahl dürfte wegen fortschreitenden Ausschlussverfahrens schwierig zu belegen sein. Auch einzelne Episoden wie die der fünf russischen weiblichen Kriegsgefangenen und deren Identitäten bzw. Schicksale sind fraglich.

Einen Beleg für durchwachsene, vor allem zeitliche Erinnerungsqualität liefert auch Franciska Krzyzaniak am 06.07.1976:

> „Die erste Verfügung war ungefä[h]r August 1943. Aus grund schwerer Krankheit – wurde ich 14 Tage beurla[u]bt, sol[l]te mich persöhlich (sic! persönlich) melden. Doch ich wartete bis mich „Gestapo“ selbst holte. Anfa[n]gs des Jahres 1944 holte mich „Gestapo“ aus meiner Wohnung mit Urteil bis zum Tode [=lebenslänglicher Haft] „als Vaterlandsschädling“ nach „Fort 7“ zu Posen (Politisch[es] Lager). Dort verblieb ich bis 25.9.1944 und wurde weiter befördert nach „Rawensbrück“ (sic!) am 25.11.1944 (sic!) weiter zum Konzentrationslager „Flossenbürg“ Dresden A I. Flora-str. 14. Dort verblieb ich bis Ende 1945 (sic!) in „Gebelzig“ Dorf“ bis Ende am Ufer der Neiße, in ständigen Kämpfen an Grenze zu Görlitz (eingekesselt) Russenfront.
>
> Für alle Angaben habe [ich] Beweise – Originelle [gemeint: Originale], die Häftlings-Post welche mein Mann aufbewa[h]rte (und [ich] noch besitze).“ [508]

---

[508] ITS 6.3.3.2 / 110431135 – vgl. FloNo.: 57447

FloNo. Nation	**Name**, *Mädchenname **Vorname** [Varianten]	**Geburtsdaten** **Deportationsdaten**	**Opferstatus** **Quellennachweis**
		Transport vom 5. Oktober bzw. „09.10.1944" aus Ravensbrück	
57231 **LAT** **Sch.H.**	Aborlinsch, {Abolinsch} Katrina B: -	22.06.1902 {22.06.1902 Alschwanga}	**Schicksal ungeklärt** „abgestellt nach Lager Zatschke b/Pirna, Auffanglg. d.KZ-Lagers Flössenbürg am 20.2.1945" ITS 1.1.47.1 / 5174281
57232 **RUS** **Sch.H.**	Abramowa, Sinaida B: -	24.10.1906 Pleskau	**Schicksal ungeklärt** „ab 14.2.1945 nach Angriff flüchtig" ITS 1.1.47.1 / 5174274 ITS 6.3.3.2 / 86911456
57233 **LAT** **Sch.H.**	Abramowitsch, Bron.	25.01.1925 Silene	**Schicksal ungeklärt** „ab 14.2.1945 nach Angriff flüchtig" ITS 1.1.47.1 / 5174274
57234 **RD** **Sch.H.**	Achatz [‚Achacz'], *Schmied Josefa B: Arbeiterin	18.06.1901 Unterbergen [Freiberg/Sachsen]	Befreit Mai 1945 in Mauthausen Barch B 162 – 16325 VP 29.06.1967
57235 **SERB** **Sch.H.**	Acimov, Kovinka B: Schneiderin	18.09.1896 Poliski Sweti {18.08.1907 Podiski}	**Schicksal ungeklärt** „ab 14.2.1945 nach Angriff flüchtig" ITS 1.1.47.1 / 5174274
57236 **RUS** **Sch.H.**	Aljochina, Klaudija B: Arbeiterin	15.06.1924 Werchnaja-Gniluscha {16.06.1924 Woronech}	**Schicksal ungeklärt** „ab 14.2.1945 nach Angriff flüchtig" ITS 1.1.47.1 / 5174274
57237 **POL** **Sch.H.**	Armatys, *Knapik Anastasia [>Anastazja Armatys] B: - RavNo.: 72807 (?)	16.12.1900 Rychwald [„Richwaud"] Dep.: Warschau 16.08.1944 [29.09.1944]	Befreit 1945 Ort unbekannt „ab 14.2.1945 nach Angriff flüchtig" ITS 1.1.47.1 / 5174274 ITS TD 1029748
57238 **RD** **VH**	Arndt, Elli B: Landarbeiterin	29.06.1923 Trebitsch [Trebitsch-Feld]	**Schicksal ungeklärt**

57239 **RD** **VH.** **Aso.**	Arzdorf, Gertrud B: -	26.03.1920 Bad Godesberg Dep.: Kripo Bad Godesberg: 1943 wegen Diebstahl und Arbeits-vertragsbruch, Vergehen gegen Paragraph 242 zu 4 Monaten Gefängnis verurteilt. Haftanstalt Bonn: 09.11.1942 bis 19.02.1944	**Schicksal ungeklärt** Standesamtliche Anfrage unbeantwortet ITS 1.2.2.5/12150396
57240 **RUS** **Sch.H.**	Babrowa, Praskowia {Praskowica} B: -	28.10.1909 {28.10.1890 Kalinin}	**Schicksal ungeklärt** „abgestellt nach Lager Zatschke b/Pirna, Auffanglg. d.KZ-Lagers Flössenbürg am 20.2.1945“ ITS 1.1.47.1 / 5174281
57241 **RUS** **Sch.H.**	Balasch, Natalia B: - [Weißrussin]	28.08.1921 {07.08.1921 Wilejka}	**Schicksal ungeklärt** „ab 14.2.1945 nach Angriff flüchtig“ ITS 1.1.47.1 / 5174274
57242 **POL** **Sch.H.**	Banas Apolonie [Apolonia] B: Hausmädchen RavNo.: 72804/72809?	19.07.1918 Sofiendorf {Wriezen} Dep.: Warschau 15./16.08.1944 ? [29.09.1944]	Befreit 1945 Ort unbekannt „ab 14.2.1945 nach Angriff flüchtig“ ITS 1.1.47.1 / 5174274 ITS TD 1042244 PWR: Sieradz
57243 **ITA** **Sch.H.**	Barbieri Antonietta B: Arbeiterin	13.01.1924 Palermo {01.01.1924}	**Schicksal ungeklärt** „ab 14.2.1945 nach Angriff flüchtig“ ITS 1.1.47.1 / 5174274
57244 **LAT** **Sch.H.**	Barielinsch {Praulinsch} Anna {Erna Anna} B: -	16.12.1927 {16.12.1927 Riga}	**Schicksal ungeklärt** „ab 14.2.1945 nach Angriff flüchtig“ ITS 1.1.47.1 / 5174278
57245 **RD** **Sch.H.**	Barth Hildegard B: Blumenbinderin	16.04.1928 Seeben	**Schicksal ungeklärt**

57246 **RD** **Sch.H.**	Bastin Elisabeth Karteikarte vorhanden [keine Effektenkarte]	09.07.1915 Waldenburg [in Schlesien]	**Schicksal ungeklärt** „11.12.44 Beurlaubt Kdt. Breslau“ NB „11.12. entlassen“ ITS 1.1.8.4/11056553
57247 **RD** **Sch.H.**	Bauermeister, *Laabs Frieda B: Haushälterin	03.01.1902 Berlin Dep.: Berlin Ravensbrück: 24.09.1944	Befreit April 1945 Mockethal-Zatzschke [Zu neunt nach Pirna] B 162 – 16325 S. 55ff. ITS TD 692523
57248 **RD** **VH.** **Aso.**	Baum Anna B: -	17.09.1920 Strassenau Straßenau = Benešov [27.09.1920]	**Schicksal ungeklärt**
57249 **RD** **a.W.** **Sch.H.**	Baumann Maria F: vgl. 57250 B: Haushälterin AC 21 P 422216	24.10.1924 Lubeln 05.10.1924 (03.10.) = Longeville-lès-Saint-Avold Dep.: 03.06.1944	**Starb 1945** décédé à Dresden (Allemagne) le 20/01/1945 (date de disparition)
57250 **RD** **a.W.** **Sch.H.**	Baumann, *Bardot Maria F: vgl. 57249 B: Haushälterin AC 21 P 422215	20.10.1895 Lubeln = Longeville-lès-Saint-Avold Dep.: 03.06.1944	**Starb 1945** décédé à Dresden (Allemagne) le 20/01/1945 (date de disparition)
57251 **RD** **Sch.H.**	Bayer Josefine [>Malchus] B: Schafnerin sic! [Schaffnerin]	02.10.1920 Bonn [Gestapo Bonn] [21.09.1944]	Befreit 1945 Ort unbekannt; Standesamtliche Anfrage unbeantwortet; PWR: Bad Godesberg ITS 1.2.2 / 12150483
57252 **RD** **VH.** **Aso.**	Becker, *Kaschubeck Maria B: Putzfrau	19.12.1917 Grünhof 12.12.1917 Schlochau/Westpr.	Befreit 1945 Ort unbekannt B 162 / 16325 S.5
57253 **RD** **Sch.H.**	Beckmann Erna [keine Karteikarte] [keine Effektenkarte]	19.08.1926 Boberrohrsdorf Boberröhrsdorf = Siedlęcin	**Schicksal ungeklärt** 7.2.45 Entlassen nach Stapo Dresden

57254 **LAT** **Sch.H.**	Bedrite, *Dzrnaklis [verw. Chaim Vols] Aulia {Julia} [>Felicia Lucia Bedrite] F: Schwester v. 57458 B: - RavNo.: 74590?	24.08.1910 [24.08.1905] {24.08.1905 Riga} Dep.: Riga KL Salaspils Ravensbrück: 9/44? Jüdischer Ehemann im Zentralgefängnis Riga erschlagen; PWR: USA	Beim Luftangriff vom 13.02.1945 geflohen über Freital und Possendorf nach Stockhausen b. Gießen Ende März dort befreit o. 13.04.45 in Beilstein DP: Weilburg/Lahn B 162 – 16325 S.151f. Verstorben: 25.01.1960 B 162 – 16325 S. 148 ITS TD 460555 „ab 14.2.1945 nach Angriff flüchtig" ITS 1.1.47.1 / 5174274
57255 **LAT** **Sch.H.**	Belkowski Adela B: -	11.12.1916 Riga	**Schicksal ungeklärt** „ab 14.2.1945 nach Angriff flüchtig" ITS 1.1.47.1 / 5174274
57256 **RUS** **Sch.H.**	Beresnizkaja Elena B: Studentin [>Michalewa Jelena Michailowna]	21.01.1924 Rostow Dep.: 1942 bis 1944 bei Karl Hans in einer Kunstwoll-fabrik gearbeitet, geflohen und verhaftet worden; Ravensbrück: April 1944	Befreit 1945 Ort unbekannt „ab 14.2.1945 nach Angriff flüchtig" ITS 1.1.47.1 / 5174274 ITS TD 3060061 [nicht eingesehen] PWR: Rostow am Don
57257 **RD** **SV.** **BV.**	Berge Frieda B: Hausgehilfin [Anna Valeska Frieda]	21.01.1884 Freibergsdorf [zu / bei Freiberg] [21.08.1884]	**Schicksal ungeklärt** [Standesamtliche Anfrage ergebnislos, kein Todeseintrag]
57258 **LAT** **Sch.H.**	Berkans Irma B: -	01.10.1913 Riga	**Schicksal ungeklärt** „ab 14.2.1945 nach Angriff flüchtig" ITS 1.1.47.1 / 5174274
57259 **SERB** **Sch.H.**	Bersedski Ivonka B: Hanschuhmacherin	07.07.1904 Turia	**Schicksal ungeklärt** „ab 14.2.1945 nach Angriff flüchtig" ITS 1.1.47.1 / 5174274
57260 **RUS** **Sch.H.**	Besgrebelnaja Soja B: Studentin	11.05.1925 Rostow [„Turia" Zeilenspr.]	**Schicksal ungeklärt** „ab 14.2.1945 nach Angriff flüchtig" ITS 1.1.47.1 / 5174274

57261 **RUS** **Z.A.**	Bilinska{Bilinskaja} Wiktoria {Viktoria} [keine Karteikarte] [keine Effektenkarte]	05.04.1925 {05.04.1925 Weliki}	**Verstorben 1944/1945** Abmeldung:03.01.1945 „nach Lager Flössenburg abgestellt" ITS 1.1.47.1 / 5174280
57262 **RD** **Sch.H.**	Birot Erika B: Telegrafistin	10.03.1917 Oberndorf	**Schicksal ungeklärt** Standesamtliche Anfragen erfolglos
57263 **LAT** **Sch.H.**	Bistrowa Anastasia B: -	20.09.1911 Gauri	**Schicksal ungeklärt** „ab 14.2.1945 nach Angriff flüchtig" ITS 1.1.47.1 / 5174274
57264 **RUS** **Sch.H.**	Blaschenkowa {Blaschenko} Nina B: -	05.02.1913 {05.01.1913 Sapadjaja}	**Schicksal ungeklärt** „nach Lager Flössenburg abgestellt" ITS 1.1.47.1 / 5174280
57265 **RD** **Sch.H.**	Blaschitsch Cyrilla B: Kontoristin	01.07.1920 Gurkfeld = Krško /Slowenien	**Schicksal ungeklärt** Wahrscheinlich befreit nach Flucht, Sprengel
57266 **POL** **Sch.H.**	Blaszkiewitsch {Blaszkiwicz} Michalina B: -	29.09.1921 Pruszkowo {Bruszukuw}	**Schicksal ungeklärt** „ab 14.2.1945 nach Angriff flüchtig" ITS 1.1.47.1 / 5174274
57267 **RD** **VH.** **BV.**	Blumenrath Sibilla B: Näherin	19.02.1907 Köln	**Schicksal ungeklärt** Standesamtliche Anfrage unbeantwortet
57268 **POL** **Sch.H.**	Bober Bronislawa B: -	01.05.1896 Wloclawek {28.05.1896 Leslau}	**Schicksal ungeklärt** „ab 14.2.1945 nach Angriff flüchtig" ITS 1.1.47.1 / 5174274
57269 **RUS** **Sch.H.**	Bobrowa Tatiana [Tatjana] B: -	12.01.1924 {19.01.1924 Leningrad}	**Schicksal ungeklärt** „ab 14.2.1945 nach Angriff flüchtig" ITS 1.1.47.1 / 5174274
57270 **RUS** **Sch.H.**	Bobrowa Vina{Nina} B: -	14.02.1925 {14.01.1925 Kalinin}	**Schicksal ungeklärt** „abgestellt nach Lager Zatschke b/Pirna, Auffanglg. d.KZ- Lagers Flössenbürg am 20.2.1945" ITS 1.1.47.1 / 5174281

57271 **RD** **a.W.** **Sch.H.**	Boyard Barbara [Marie Barbe] B: Haushälterin	10.12.1914 Baumbiedersdorf = Bambiderstroff Moselle	**Starb 1945 (Denkmal)** Starb nicht 15.12.1944 Gaggenau (sic!) AC 21 P 429799
57272 **BEL** **Sch.H.**	von Bommel Bertha B: Hausgehilfin	04.05.1907 Lommel	**Schicksal ungeklärt** „ab 14.2.1945 nach Angriff flüchtig" ITS 1.1.47.1 / 5174274
57273 **RD** **a.W.** **Sch.H.**	Bonichot [Bonichok] *Clement Lucia [Lucie] B: Schranken-Wärterin SL Schirmeck 07/44	12.04.1912 Bermeringen = Bermering / Fra. Dep.: Rodalbe 12.06.1944	Befreit 1945 nach Flucht im Februar bei der Bombardierung https://asso-flossenburg.com
57274 **POL** **Sch.H.**	Bakowska [‚Bonkowska'] {Binkowska} Danuta [>Lozowska] B: Zahnärztin B: Bürogehilfin RavNo.: 9072 RavNo.: 72816	24.04.1924 Inowroclaw {=Hohensalza} Dep.: Warschau ? August 1944 ? 29.09.1944	Befreit 28.04.1945 Ort unbekannt ITS TD 1011297 „ab 14.2.1945 nach Angriff flüchtig" ITS 1.1.47.1 / 5174280
57275 **RUS** **Sch.H.**	Borowizkaja Anna [>Jarowaja] B: Studentin RavNo.: 73001	05.08.1923 Rostow {01.08.1923} Ravensbrück: 30.09.1944 [nicht eingesehen]	Befreit 1945 Ort unbekannt „ab 14.2.1945 nach Angriff flüchtig" ITS 1.1.47.1 / 5174274 ITS TD 3062438 PWR: Rostow am Don
57276 **RD** **Sch.H.**	Bottling Josefine B: Landwirtin	25.03.1921 Harresheim Dep.: Konstanz	Befreit 1945 Ort unbekannt, starb 1984 Deggenhausertal ITS 12058067
57277 **LAT** **Sch.H.**	Brackmans [Brackmanns] Lise [Lisa] B: -	20.11.1907 Osolnieku	**Schicksal ungeklärt** „ab 14.2.1945 nach Angriff flüchtig" ITS 1.1.47.1 / 5174274
57278 **RD** **VH.** **Aso.**	Brammerloh Hilde B: -	18.10.1919 Bliesbrücken = Bliesbruck Lothringen/ Frankreich	**Schicksal ungeklärt**
57279 **DR** **a.W:** **Sch.H.**	Bratschko Veronika B: Wirtschafterin {Jugoslawin} [Slowenin]	27.01.1914 Jakobsthal [Jacobsthal] [„Jakobschal"] [Slowenien]	**Schicksal ungeklärt** „ab 14.2.1945 nach Angriff flüchtig" ITS 1.1.47.1 / 5174274

57280 **RD** **Sch.H.**	Breitenlechner Anna RavNo.: 72414 [Keine Karteikarte] Effektenkarte aus Ravensbrück	29.05.1922 Auffach [Österreich]	**Schicksal ungeklärt** 15.1.45 entlassen Stapo Innsbruck ITS 1.1.8.4 /11058833
57281 **RD** **Sch.H.**	Brendel, geb. Breier Helene B: Postangestellte RavNo.: 49940 Entmündigt … und unter der Vormundschaft der Behörde für Arbeit, Jugend und Soziales Hamburg 06.09.1988 „Aufgrund der jetzt von der Bundesregierung erlassenen Richtlinien über Härtefalleistungen an Opfer von nationalsozialistischen Unrechtsmaßnahmen im Rahmen des allgemeinen Kriegsfolgengesetzes vom 7.3.88 hätte Frau Brendel eventuell die Möglichkeit, eine einmalige Leistung für das erlittene Unrecht zu bekommen.“	04.05.1914 Bismarckhütte Dep.: Troppau Ravensbrück: 30.07.1944 „Durch die schwere Mißhandlung im KZ, wurde mir die Schädeldecke tief eingeschlagen, ich bin fast erblindet, so daß ich eine Blindenbinde mit Ausweis tragen muß und dadurch arbeitsunfähig bin.“ 30.07.1964	Befreit 30.04.1945 Ort unbekannt Barch B 162 – 16325 19.07.1967 Aussageverweigerung wegen unerfolgreicher Wiedergutmachungsklage über 22 Jahre PWR: München ITS TD 255344 [möglicherweise Misshandlungsopfer mit psychischer Folgeerkrankung und körperlichen Schäden]
57282 **RD** **VH.** **BV.**	Breninek Frieda B: Arbeiterin	22.08.1903 Rixdorf [=Berlin-Neukölln]	**Schicksal ungeklärt** Standesamtliche Anfrage unbeantwortet
57283 **LAT** **Sch.H.**	Briedys Leonida B: -	02.06.1909 Riga	**Schicksal ungeklärt** „ab 14.2.1945 nach Angriff flüchtig“ ITS 1.1.47.1 / 5174274
57284 **RD** **VH.** **BV.**	Broszeit Frieda B: Köchin	11.07.1909 Krauleidahlen	**Schicksal ungeklärt**

57285 **RD** **Sch.H.**	Bruckner Theresia B: Hausgehilfin	31.10.1907 Euratsfeld [Österreich] Starb: 26.06.1992	Befreit 1945, Ort unklar Vgl. Standesamt Starb nicht 12.04.1945 Vgl. ITS 84610895
57286 **RUS** **Sch.H.**	Budanzewa Anton. B: Krankenschwester	23.06.1912 Leningrad	**Schicksal ungeklärt** „ab 14.2.1945 nach Angriff flüchtig“ ITS 1.1.47.1 / 5174274
57287 **RD** **Sch.H.**	Bülher Maia [Maria] B: Hausfrau	24.12.1905 Behr	**Schicksal ungeklärt**
57288 **RD** **Sch.H.**	Bühner Paula [P. Maria Anna] B: Verkäuferin	15.01.1919 Wandhofen [Starb 2002]	Befreit 1945 Ort unbekannt; Standesamt Schwerte
57289 **RUS** **Sch.H.**	Buli Lise [Lisa] [Liesa] B: Studentin	02.10.1923 Mariupol 7.8.1942-7.9.1944 Schaumann & Co Morsbach	**Schicksal ungeklärt** „ab 14.2.1945 nach Angriff flüchtig“ ITS 1.1.47.1 / 5174274 ITS 70710795
57290 **RD** **[aso.]**	Cassens Margarette [Margarete] B: - =? RavNo.: =? RavNo.: =? RavNo.: 41796	[ohne] =? *08.08.1913 Norden Ravensbrück Frauengefängnis Berlin Barnimstr.10 8.12.1940-8.4.1941 Ravensbrück Dep.: Riga Ravensbrück: 12.06.1944	**Schicksal ungeklärt** Standesamtliche Anfrage unbeantwortet ITS 129642953 ITS 12073881 ITS 129643382
57291 **POL** **Sch.H.**	Chalis Stanislawa B: Arbeiterin StuNo.: 17271 RavNo.:	02.11.1923 Treuhausen [Arbeitsflucht] KZ Stutthof 19.11.42-14.1.1943	**Schicksal ungeklärt** ITS 4439458
57292 **FRA** **Sch.H.**	Chedal Yvonne[Yvonn] Yvette B: Friseur	25.02.1926 Neully, Paris Dep.: Paris	Befreit 1945 Ort unbekannt Repatriiert www.bddm.org „ab 14.2.1945 nach Angriff flüchtig“ ITS 1.1.47.1 / 5174274
57293 **RD** **Sch.H**	Chlosta Hedwig [>Hedwig Köhler] B: Köchin	19.07.1921 Mokainen	Befreit 1945 in Pirna Mockethal-Zatzschke Bericht vom 18.9.1945

57294 **POL** **Sch.H.**	Chrobak Marie [>Jarzabek] B: Streckenarbeiterin RavNo.: "75812" ?	18.06.1921 Mikulice [„24.06.1922"] {24.06.1922} Dep.: Warschau 08.10.1944	Befreit 1945 Ort unbekannt „ab 14.2.1945 nach Angriff flüchtig" ITS 1.1.47.1 / 5174274 ITS TD 1037990
57295 **POL** **Sch.H.**	Ciunna [Ciuna] Zofia B: Haushalt	11.04.1925 Wisniowczyk {Wicinowcyk}	**Schicksal ungeklärt** „ab 14.2.1945 nach Angriff flüchtig" ITS 1.1.47.1 / 5174274
57296 **POL** **Z.A.**	Cmiel *Klimek Susanna B: -	14.02.1901Milikaw [Milikau]	**Schicksal ungeklärt** „ab 14.2.1945 nach Angriff flüchtig" ITS 1.1.47.1 / 5174274
57297 **RD** **VH.** **Aso.**	Cordks [Cordts] Elisabeth [>Maria Schubert] B: Arbeiterin	08.01.1912 Travemünde Dep.: Travemünde	Befreit 1945 Ort unbekannt PWR: Lübeck B 162 / 16326 S.242
57298 **SERB** **Sch.H.**	Cvetkovic Radmila [Simonovic] [>Radojevic] B: Schneiderin RavNo.: 70225	29.04.1926 Smederewo Dep.: Bajica, Belgrad: 17.09.44 Ravensbrück: "Mai 1944"	Befreit 1945 Ort unbekannt „ab 14.2.1945 nach Angriff flüchtig" ITS 1.1.47.1 / 5174274 ITS TD 117803
57299 **[SERB** **Z.A.]** **<u>POL</u>** **<u>Z.A.</u>**	Cyckowna [Cycek] Janina ["Wolska"] [>J. Sylwina Sawczuk] B: Fabrikarbeiterin RavNo.: 72820	20.06.1921 Pruszkow [„Kutno"] Ravensbrück: 29.09.1944	Befreit Mai 1945 in Radebeul „Nach der Bombardierung des Lagers am 13.02.45 durch das Arbeitsamt Dresden unter dem Namen Wolska aus Kutno in die Gärtnerei Herman in Radebeul vermittelt worden" ITS TD 110123 „ab 14.2.1945 nach Angriff flüchtig" ITS 1.1.47.1 / 5174274
57300 **LAT** **Sch.H.**	Czarnowskis Elsa B: -	04.12.1923 Jekabpils	**Schicksal ungeklärt** „ab 14.2.1945 nach Angriff flüchtig" ITS 1.1.47.1 / 5174274

57301 RD VH. Aso.	Dahm Pauline [>Matschke] B: Hilfsarbeiterin RavNo.: 64641 [„asozial“]	08.10.1913 Hamburg Dep.: Hamburg Ravensbrück: 06.09.1944	Befreit 1945 Ort unbekannt [Von Transport geflohen und versteckt] B 162 – 16325 S.129 B 162 – 16326 S.230 PWR: Hamburg ITS TD 490872
57302 RD Z.A. Sch.H.	Derech Kristina [>Krystyna Mayer] RavNo.: 72839 ? [vgl. „57249“ ?!]	11.03.1925 Bydgoszcz [11.03.1920] Bromberg Dep.: Hohensalza Häftling 9087 des AEL	Befreit 1945 Ort unbekannt ITS TD 227603 „ab 14.2.1945 nach Angriff flüchtig“ ITS 1.1.47.1 / 5174274
57303 RD Sch.H.	Deutschmann Herta [Herta Gertrud] B: - [>Ulfig]	20.08.1920 Neuruppin	Befreit 1945 Ort unbekannt, starb 29.08.1959 in Berlin
57304 RD VH. Aso.	Dicks Erna B: -	26.03.1916 Wilhelmshaven	Befreit 1945 Ort unbekannt Verstorben 1969 in Wilhelmshaven
57305 RD VH. Aso.	Dieckmann, *Barth Emilie B: Arbeiterin	29.12.1914 Soest	Befreit 1945 Ort unbekannt; 1946 in Bochum verstorben
57306 RD Sch.H.	Diehm Charlotte [verwitw. Fleckenstein] [>Charlotte Schwarz] [keine Karteikarte] [keine Effektenkarte] Abschrift des Entlassungsscheins vom 11.12.1944: „Der Schutzhäftling Charlotte Diehm, geb. 27. Oktober 1897 zu Königsberg war bis zum heutigen Tage im Konzentrationslager Flossenbürg verwahrt. Laut Verfügung des Reichssicherheitshaupt amtes IV A 1 a B. Nr. 3136/44 g vom 28.	27.10.1897 Königsberg Dep.: Frankfurt a.M. Ravensbrück Oktober 1944 wurde die Schutz-haft aufgehoben. D. hat sich nach Ankunft in Frankfurt/M., sofort bei der dortigen Staatspolizeistelle zu melden.“ ITS 6.3.3.2/108831508 Zuchthaus von 1934 bis 1936 Vorb. Hoch.	11.12.44. Entlassen n Stapo Fkft/M. Befreit 1945 Ort unbekannt ITS TD 945840 „Aus dem bei der Entschädigungsbehörde befindlichen Entlassungsschein der politischen Abteilung des KZ Flossenbürg vom 11.12.1944 ist ersichtlich, daß die Antragstellerin am 28.10.1944 aus der KZ-Haft entlassen wurde.“ ITS 6.3.3.2/108831506

57307 **RD** **VH.** **Aso.**	Diesel Elisabeth [>Hannasch] B: Hausmädchen	15.07.1920 Dresden	Befreit 1945 Ort unbekannt; PWR: Dresden Zeugin 1946
57308 **LAT** **Sch.H.**	Djemetrewa {Dimitrews} Anna B: -	07.06.1915 Pietruju	**Schicksal ungeklärt** „ab 14.2.1945 nach Angriff flüchtig" ITS 1.1.47.1 / 5174274
57309 **SERB** **Sch.H.**	Djukicin Tinka [Zinka] B: Hausfrau	??.??.1898 Welika Kikinda [Wlika Kikinda] {13.04.1902 Verliko}	**Schicksal ungeklärt** „ab 14.2.1945 nach Angriff flüchtig" ITS 1.1.47.1 / 5174274
57310 **SERB** **Sch.H.**	Djuricin Kristina B: Hausfrau RavNo.: 70235	11.11.1900 Kumane	Befreit 1945 Ort unbekannt ITS TD 1618497 [nicht eingesehen] „ab 14.2.1945 nach Angriff flüchtig" ITS 1.1.47.1 / 5174275
57311 **RD** **Sch.H.**	Döppes Elisabeth [>Braune] B: Arbeiterin **AuNo.:** RavNo.:	27.11.1921 Frankfurt a.M. Dep.: Frankfurt Auschwitz: 06/44 Ravensbrück:08/44	Befreit März 1945 in Frankfurt a.M. nach Flucht bei Luftangriff auf Dresden PWR: Frankfurt a.M. B 162 - 16326 S.234ff. ITS TD 1057002
57312 **POL** **Z.A.**	Dokrzewska Marie F.: vgl. 57313 B: Arbeiterin [IBV. Bibelforscherin?]	29.01.1907 Wronki {Wronke}	**Schicksal ungeklärt** „ab 14.2.1945 nach Angriff flüchtig" ITS 1.1.47.1 / 5174275
57313 **POL** **Z.A.**	Dokrzewska Pelagia [>Bogusz] B: Schneiderin RavNo.: 72822 [„72846"??] [IBV. Bibelforscherin]	20.02.1915 Nadolnik{Wronke} Dep.: Lenzingen Posen Ravensbrück: 09/44 29.09.1944	Befreit 1945 Ort unbekannt ITS TD 109534 „ab 14.2.1945 nach Angriff flüchtig" ITS 1.1.47.1 / 5174275
57314 **POL** **Sch.H.**	Domaschewitsch Alexandra [Alex.] [Aleksandra] {„Baltendeutsche"} B:	20.05.1909 Riga	**Schicksal ungeklärt** „ab 14.2.1945 nach Angriff flüchtig" ITS 1.1.47.1 / 5174275

57315 **RUS** **Sch.H.**	Kerikerscha Maria [Effektenk.: Theodora Doroschenko *10.07.1921 Smiele"] B: Landarbeiterin	07.12.1919 Luseniewka	**Schicksal ungeklärt** „ab 14.2.1945 nach Angriff flüchtig" ITS 1.1.47.1 / 5174275 {Doroschenko, Theodora 7.10.21 Smelo}
57316 **RD** **VH.** **Aso.**	Drache Herta [>Hagen] B: Haushälterin RavNo.: 72525	03.11.1921 Berlin Dep.: Ravensbrück: 06/42 Lichtenburg (?) Maerzdorf/ Schlesien (?); 9.9.1942-8.9.1944 Gefängnis Berlin; Frauenzuchthaus Jauer ITS 12159749; Ravensbrück: 27.09.1944	Befreit 1945 Ort unbekannt nach Flucht bei Luftangriff PWR: Herford ITS TD 1146058 [am 9. September 1942 wegen schweren Diebstahls zu 2 Jahren Gefängnis verurteilt durch Staatsanwaltschaft Berlin][u.a.]
57317 **RUS** **Sch.H.**	Drozdzal Janina B: Arbeiterin	10.10.1927 Rowno	**Schicksal ungeklärt** „ab 14.2.1945 nach Angriff flüchtig" ITS 1.1.47.1 / 5174275
57318 **RD** **Sch.H.**	Dumalsky Ilse [keine Karteikarte] [keine Effektenkarte]	16.01.1920 Berlin	**Exekution 11/1944** „Sonderbehandlung" Abmeldung: S.B. 29.11.44; RGB S.181
57319 **RD** **Z.A.**	Dymyd Pawline [Pawlina] B: Landarbeiterin {Polin}	09.10.1910 Dunajew {11.09.1910 Dunajow}	**Schicksal ungeklärt** „ab 14.2.1945 nach Angriff flüchtig" ITS 1.1.47.1 / 5174275
57320 **RD** **BV.**	Dzida Luzie B: Hausfrau	13.12.1896 Lipine = Lipiny / Polen	**Schicksal ungeklärt**
57321 **RD** **VH.** **Aso.**	Eichler, Berta [Gerda] B: Kontoristin	24.05.1920 Berlin	**Schicksal ungeklärt** Standesamtliche Anfrage unbeantwortet
57322 **RD** **Sch.H.**	Eichmann Ella B: Hausgehilfin	18.05.1910 Lichtentanne	**Schicksal ungeklärt** Standesamtliche Anfrage unbeantwortet
57323 **RD** **VH.** **Aso.**	Eikamp [?] Anna [Anna Sofia] B: - 1946 verzogen (?) B: Arbeiterin	14.09.1908 Siegburg „Siechburg" Haftanstalt Bonn	**Schicksal ungeklärt** Anfrage ergebnislos [Arbeitsvertragsbruch] ITS 12151177

57324 **RUS** **Z.A.**	Elissewa{Eliseowa} Tamara [keine Karteikarte] [keine Effektenkarte]	28.03.1922 Sima {21.03.1922 Sima}	**Verstarb 1944/1945 in Flossenbürg** Abmeldung: 3.1.1945 „nach Lager Flössenburg abgestellt“ ITS 1.1.47.1 / 5174280
57325 **RD** **Sch.H.**	Esser, *Firmenich Theresa [Resi] B: Hausfrau	22.04.1909 Lessenich [Gestapo Bonn]	**Schicksal ungeklärt** ITS 12151226 [Brief an Resi]
57326 **RUS** **Sch.H.**	Ewdokimowa Ljuba B: Studentin [Ostarbeiterin]	17.01.1926 Smolensk[Roslawl] Gestapo Köln Haftanstalt Bonn 6.5.1944-2.6.1944 Beschäftigt bei Leop. Krawinkel Vollmerhausen 5.6.1944-3.9.1944	**Schicksal ungeklärt** „ab 14.2.1945 nach Angriff flüchtig“ ITS 1.1.47.1 / 5174275 ITS 12151236 ITS 70710853
57327 **ITA** **Sch.H.**	Fabri Silvana B: Hilfsarbeiterin	06.07.1924 Bologna 25.11.1943 Keller & Knappich Augsburg Arbeitsamt 27.03.1944 KZ Ravensbrück: 01.09.1944	**Schicksal ungeklärt** „ab 14.2.1945 nach Angriff flüchtig“ ITS 1.1.47.1 / 5174275 ITS 69813067 ITS 69813193
57328 **RD** **Sch.H.**	Fabian Albine B: Landarbeiterin	09.06.1911 Rohow	**Schicksal ungeklärt**
57329 **RD** **VH.** **Aso.**	Fahnert Johanna B: Arbeiterin	04.08.1920 Wüstenbrand	**Schicksal ungeklärt** Anfrage negativ Standesamt Hohenstein-Ernstthal
57330 **RD** **Sch.H.**	Fast [Fest] Anna B: B: Hilfsarbeiterin	01.01.1895 Danzig Berlin Gefängnis Barnimstraße 10	**Schicksal ungeklärt** ITS 12074450 [Arbeitsverweigerung]
57331 **RD** **Sch.H.**	Fehle Alice [>Scholz] [jüdisch] B: -	20.05.1915 20.05.1921 München	Befreit 1945 Ort unbekannt ITS TD 1857627 [nicht eingesehen] Anfrage ergebnislos
57332 **VH.** **Aso.**	Feist Elisabeth B: -	13.11.1920 Oppeln = Opole/Polen	**Schicksal ungeklärt**

57333 **[RD]** **Z.A.** **POL** **Z.A.**	Filipiak [Filipak] Janina [>Wojtow] B: Arbeiterin RavNo.: 72829	03.01.1928 Hohensalza = Inowroclaw [03.08.1928] Dep.: Warschau? 15./16.08.1944 29.09.1944	Befreit 1945 Ort unbekannt nach Luftangriff in Gensdorf/Dresden ITS TD 1054982 „ab 14.2.1945 nach Angriff flüchtig" ITS 1.1.47.1 / 5174275
57334 **LAT** **Sch.H.**	Filipowa Olga B: -	??.??.1911Gauru	**Schicksal ungeklärt** „ab 14.2.1945 nach Angriff flüchtig" ITS 1.1.47.1 / 5174275
57335 **RD** **VH.** **Aso.**	Fohrk [Fahrt] Dorothea B: Hausgehilfin	26.11.1920 Königsberg	**Schicksal ungeklärt** Effekten: 1 Ehering, 1 Halskette mit Kreuz, Koffer mit Kleidung
57336 **RD** **polit.**	Fortunat Darinka [>Vizjak] B: Fernschreiberin RavNo.: 72692 [~~73692~~] [Slowenin]	07.12.1921Celje Dep.: Celje Marburg a.d. Drau Ravensbrück: 27.09.1944	Befreit 1945 in Slowenien nach Flucht beim Luftangriff und 6 Wochen Marsch ITS TD 213364 Brenner S.293
57337 **RD** **VH.** **Aso.**	Franke Ursula B: Glasprüferin	02.12.1924 Jena	**Schicksal ungeklärt** Anfrage ergebnislos Standesamt Jena
57338 **RD**	Franz Hermina [keine Karteikarte] [keine Effektenkarte] RavNo.: 404 RavNo.: 2560 RavNo.: 41800	17.11.1910 Wien Ravensbrück: 28.12.1939; 02.02.1940 nach Wien zum Termin; Von Riga nach Ravensbrück: 12.06.1944	11.12.44 Entlassen Grepo Wien; Befreit 1945 Ort ubekannt; starb 03.09.1973 in Wien ITS 129642884 ITS 129642871 ITS 129643382
57339 **RD** **Sch.H.**	Friedrich Waltraud B: -	24.11.1921 Duisburg	**Schicksal ungeklärt** Standesamtliche Anfrage unbeantwortet
57340 **RD** **Sch.H.**	Frink Frieda B: Arbeiterin	06.08.1923 Deutsch Gabel = Jablonné v Podještědí	**Schicksal ungeklärt**
57341 **RD** **VH.** **Aso.**	Fröscher Charlotte B: Sittendirne	03.03.1908 Berlin	**Schicksal ungeklärt** Standesamtliche Anfrage unbeantwortet

57342 **RD** **VH.** **Aso.**	Frohmüller Hildegard B: Hausgehilfin RavNo.: 30518	16.12.1922 Mücheln [München] Jugendschutzlager Ravensbrück: 10.03.1944	**Schicksal ungeklärt** ITS 3769691 Standesamtliche Anfrage unbeantwortet
57343 **RD** **VH.** **Aso.**	Fuhr Maria B: -	24.12.1903 Mousingen	**Schicksal ungeklärt**
57344 **RD** **VH.** **BV.**	Fuhrmann Philippine [Philipine] B: -	14.06.1901 Pirmasens	**Schicksal ungeklärt** Standesamtliche Anfrage unbeantwortet
57345 **RD** **Sch.H.**	Haberstroh Margot B: Hausfrau	24.01.1925 Berlin	**Schicksal ungeklärt** Standesamtliche Anfrage unbeantwortet
57346 **RD** **Sch.H.**	Hallmann Maria B: Hausfrau	12.08.1909 Grünwalde [Grünwald]	**Schicksal ungeklärt** Anfrage erfolglos Kein Hallmann
57347 **RD** **Aso.**	Hammer Ilse B: -	17.03.1921	**Schicksal ungeklärt**
57348 **RUS** **Sch.H.**	Hartmann Else B: -	24.12.1904 Riga	**Schicksal ungeklärt** „ab 14.2.1945 nach Angriff flüchtig" ITS 1.1.47.1 / 5174275
57349 **RD** **VH.** **Z.A.** **BV.**	Hehn, *Hammer Anna [Anna Maria] B: - =Maria Anna „Helm" [>Rittershofer]	29.01.1901 [28.01.1901] Karlsruhe	Befreit 1945 in Dresden nach Flucht Aussage 11.06.1945 Starb 08.01.1967 in Karlsruhe
57350 **RD** **Sch.H.**	Heimann Erna B: Weberin	09.06.1922 Schönberg	**Schicksal ungeklärt** Anfrage ergebnislos Schleswig-Holstein
57351 **CZE** **Sch.H.**	Henselowa Barbara B: Fabriksarbeiterin	21.01.1908 Suchomast {21.01.1898 Suchomasde}	**Schicksal ungeklärt** „ab 14.2.1945 nach Angriff flüchtig" ITS 1.1.47.1 / 5174275
57352 **RD** **VH.** **Aso.**	Herbsk Lieselotte B: Arbeiterin	22.02.1923 Magdeburg	**Schicksal ungeklärt** Standesamtliche Anfrage unbearbeitet
57353 **RD** **Sch.H.**	Hering Ilse B: -	08.08.1922 Iserlohn Starb: 12.04.1972 in Bremen	Befreit 1945 Ort unbekannt Standesamt Iserlohn

57354 **RD** **Sch.** **Aso.**	Hinrichsen Hildegart B: Dirne	22.11.1914 Horstmar [Horkmar]	**Schicksal ungeklärt** Standesamt Lemgo Anfrage ergebnislos
57355 **RD** **VH.** **BV.**	Höhle Margarethe B: Hausfrau	18.10.1889 Strelno [Skrelno] = Strzelno / Polen	**Schicksal ungeklärt**
57356 **RD** **Sch.H.**	Hotko Maria B:	05.02.1923 Klinkenberg	**Schicksal ungeklärt** Standesamt Jarmen Anfrage unbeantwortet
57357 **RD** **Sch.H.**	Hohenleitner Martina [Marina] B: Hilfsarbeiterin RavNo.: 2552	21.08.1912 Polling Ravensbrück: 21.12.1939	**Schicksal ungeklärt** [politisch] geflohen? ITS 129642868 Anfrage unbeantwortet
57358 **RD** **VH.** **Aso.**	Hornecker Emma B: Küchenmädchen	06.05.1908 Freiburg [Breisgau] Dep.: Innsbruck?	Befreit 1945 Ort unbekannt, starb 27.01.1982 in Selb Standesamt Freiburg
57359 **SERB** **Sch.H.**	Horvat Magdalena [>Helene Ziegler] B: Haushalt RavNo.: 70246	13.04.1923 Belgrad Dep.: Belgrad Ravensbrück: 17.09.1944 Vgl. Bericht Arthur Müller	Befreit 1945 Ort unbekannt ITS TD 1110548 „ab 14.2.1945 nach Angriff flüchtig" ITS 1.1.47.1 / 5174275
57360 **RD** **BV.** **Aso.**	Hubrich Gertrud B: Krankenpflegerin	02.10.1916 Zoppot [Zappot] = Sopot / Polen	**Schicksal ungeklärt**
57361 **RD** **VH.** **Aso.**	Hübner Katarina [Katharina] B: Fabrikarbeiterin	16.03.1918 Pechgraben	Befreit 1945 Ort unbekannt Verstorben: 18.04.2007 in Bindlach
57362 **RD** **Sch.H.**	Husselstein Frieda B: Haushalt	10.10.1914 Leiweiler	**Schicksal ungeklärt** Anfrage Leinsweiler ergebnislos; Leitzweiler Baum- holder unbeantwortet
57363 **RD** **Sch.H.** **POL** **Sch.H.**	Gaikowska [Gajkowska] *Lewandowska Josefa [Jozefa] [>Jaroszewska] B: Fabrikarbeiterin RavNo.: 72832 [~~72363~~]	25.10.1919 Stanowo [24.10.1919]	Befreit 1945 Ort unbekannt ITS TD 1042787 „ab 14.2.1945 nach Angriff flüchtig" ITS 1.1.47.1 / 5174275

57364 POL Z.A.	Galinska Halina [>Halszka Galinska] B: Landarbeiterin RavNo.: 72837	28.05.1925 Wyskon [28.01.1925 Birkendorf] Ravensbrück: 29.09.1944	Befreit 1945 Ort unbekannt ITS TD 1061039 „ab 14.2.1945 nach Angriff flüchtig" ITS 1.1.47.1 / 5174275
57365 RUS Sch.H.	Geisler Antonina B: -	14.03.1915 Salci	**Schicksal ungeklärt** „ab 14.2.1945 nach Angriff flüchtig" ITS 1.1.47.1 / 5174275
57366 RD Sch.H.	Geist Cäcilie [>Böttcher] B: - RavNo.: 44400	21.07.1915 Nordhausen	Befreit 1945 Ort unbekannt Verstorben: 08.03.2009 in Nordhausen
57367 RD Sch.H.	Gerlach Anna [>Fink ?] B: -	26.02.1920 Offenbach	Befreit 1945 Ort unbekannt Verstorben: 01.02.1988 (Gießen)
57368 RUS Sch.H. Z.A.	Olejnikowa Veronika B: Hausgehilfin	15.06.1920 Morschensk [Morschansk]	**Schicksal ungeklärt** „am 13.10.44 beim Kdo. Universelle Dresden entflohen" ITS 1.1.8.4 / 11079901 „geflüchtet 17.10.44 von Dresden Universelle" FloNB [„siehe 54179" = ausradierte Zeile im Nummernbuch]
57369 SERB Sch.H.	Glischowic Danica B: Gastwirtin	25.03.1920 Martinci {09.09.1920 Martinci}	**Schicksal ungeklärt** „ab 14.2.1945 nach Angriff flüchtig" ITS 1.1.47.1 / 5174275
57370 RD Sch.H.	Gmeiner Maria B: Landwirtin	18.02.1914 18.02.1924 Kerschbach =Črešnjovci /Slow.	**Schicksal ungeklärt** Wahrscheinlich befreit nach Flucht 1945 Slowenin, Sprengel
57371 CZE Sch.H.	Goldbachowa Anna B: Haushalt	24.07.1884 Prag	**Schicksal ungeklärt** „ab 14.2.1945 nach Angriff flüchtig" ITS 1.1.47.1 / 5174275
57372 RD a.W. Sch.H.	Golob Amalia B: Haustochter	19.11.1921 Fahring	**Schicksal ungeklärt** Standesamtliche Anfrage unbeantwortet

57373 **LAT** **Sch.H.**	Golobowskaja Martha B: - {Russin}	20.02.1912 {20.01.1905 Istra}	**Schicksal ungeklärt** „ab 14.2.1945 nach Angriff flüchtig“ ITS 1.1.47.1 / 5174275
57374 **[ohne]** **Z.A.** **{POL}**	Goral *Kowalik Josefa B:	18.07.1893 Klein-Strzemieszyce {Schemjischiedze}	**Schicksal ungeklärt** „ab 14.2.1945 nach Angriff flüchtig“ ITS 1.1.47.1 / 5174275
57375 **RD** **VH.** **Aso.**	Goronzy, *Schlothauer [>Lieselotte Gembis] B: - RavNo.: 41481	16.11.1919 Eisenach Ravensbrück: 07.06.1944	Befreit 1945 Ort unbekannt ITS 129643361 ITS 3.2.1 / 79114502
57376 **LAT** **Sch.H.**	Gorschanowa Matrona B: -	23.11.1913 Brigu	**Schicksal ungeklärt** „ab 14.2.1945 nach Angriff flüchtig“ ITS 1.1.47.1 / 5174275
57377 **[ohne]** **<u>POL</u>** **Z.A.**	Gorska *Reder {Gorszka} Janina B: Lehrerin	22.12.1907 Warschau	**Schicksal ungeklärt** „ab 14.2.1945 nach Angriff flüchtig“ ITS 1.1.47.1 / 5174275
57378 **[ohne]** **<u>POL</u>** **Z.A.**	Gortat Anna B: Arbeiterin	23.06.1917 Turek [23.06.1912] ITS 70392672	**Schicksal ungeklärt** „ab 14.2.1945 nach Angriff flüchtig“ ITS 1.1.47.1 / 5174275
57379 **RD** **a.W.** **Sch.H.**	Gregorz [Gregorc] Gottfriede [Mira] B: Büro-Angestellte Slowenin, Sprengel	23.09.1919 Neumarkel Neumarktl = Tržič Dep.: Slowenien	Befreit 1945 nach Flucht bei Luftangriff Ort unbekannt; vgl. Fortunat Brenner S.293
57380 **SERB** **Sch.H.**	Grujic Radojka F: vgl. 57381 B: - RavNo.: 70241	14.05.1898 1894 Suvodol Smederevo Dep.: Drugovac Banjica, Belgrad Ravensbrück: 17.09.1944	Wahrscheinlich befreit Ort unbekannt ITS TD 126914 „ab 14.2.1945 nach Angriff flüchtig“ ITS 1.1.47.1 / 5174275 {28.11.1894 Swota}
57381 **SERB** **Sch.H.**	Grujic Zora F: vgl. 57380 B: Haushälterin	*ca. 1919 Vodanj [25 Jahre] {23.04.1920 Vodan}	**Schicksal ungeklärt** „ab 14.2.1945 nach Angriff flüchtig“ ITS 1.1.47.1 / 5174275
57382 **[ohne]** **<u>SERB</u>** **Z.A.** **{POL}**	Grzegorczyk *Misiak Marianne [Marianna] B: Landarbeiterin AuNo.: RavNo.: 72831	15.07.1894 Borowo Dep.: Lodz Koschmin u.a. Berlin, Auschwitz: 24.10.1944 Ravensbrück: 12/44 29.09.1944	Befreit Mai 1945 Ort unbekannt [Dresden] ITS TD 995577 „ab 14.2.1945 nach Angriff flüchtig“ ITS 1.1.47.1 / 5174275

57383 **RD** **BV.** **VH.**	Guckenhan Susanna B: Dienstmädchen	02.07.1906 Höchst a.N. [a.M.] [am Neckar]	Befreit 1945 Ort unbekannt; starb 20.09.1965 Wiesloch
57384 **RD** **BV.** **VH.**	Guttke Frieda B: Lageristin	23.06.1897 Strigau [Strigaw] = Strzegom / Polen	**Schicksal ungeklärt**
57385 **LAT** **Sch.H.**	Ignazewa Pelagija B: - {Russin}	04.05.1894 Solujonska	**Schicksal ungeklärt** „ab 14.2.1945 nach Angriff flüchtig" ITS 1.1.47.1 / 5174275
57386 **SERB** **Sch.H.**	Ilic {Illic} Zagorka {Zagerka} B: Hausfrau RavNo.: 127387 ??? 75987 ??? Banjica: 17319 ???	02.02.1920 Pakovraca Pakowracje {02.02.1922 Pakovrace} Dep.: Banjica	Befreit 1945 Ort unbekannt ITS TD 786829 „ab 14.2.1945 nach Angriff flüchtig" ITS 1.1.47.1 / 5174275
57387 **RUS** **Sch.H.**	Iwano {Iwanowa} Pulcheria B: - {Lettin}	25.08.1925 Dünaburg = Daugavpils	**Schicksal ungeklärt** „ab 14.2.1945 nach Angriff flüchtig" ITS 1.1.47.1 / 5174275
57388 **RUS** **Sch.H.**	Iwanowa Valentina B: - {Lettin}	03.04.1925 {09.04.1925} Dünaburg = Daugavpils	**Schicksal ungeklärt** „ab 14.2.1945 nach Angriff flüchtig" ITS 1.1.47.1 / 5174275
57389 **POL** **Sch.H.** **Z.A.?**	Jach Joseppa [Josepha] B: Fabriksarbeiterin Zivilarbeiterin polnischen Volkstums Laut fernmündlicher Auskunft der Gestapo in ein Konzentrationslager überführt. ITS 2.2.2.1/72664716	04.12.1914 Berlin {20.12.1914 Wieliny} [04.12.1914 Huta- Nowa Kreis Kielce] Seit 24.04.1944 Werkzeugfabrik Kurt Hässner, Gera Oststr. 23/25 Unterkunft: Gemeinschaftslager Greizerstr. Gera Vermerk21.09.1944	**Schicksal ungeklärt** „ab 14.2.1945 nach Angriff flüchtig" ITS 1.1.47.1 / 5174275

57390 **[ohne]** **Z.A.** **{POL}**	Fach [„Faen"] *Kolle {Jaensch} Hedwig [>Jensz] [>Jadwiga **Jaensch**] [JBV Bibelforscherin] B: Tagmädchen RavNo.: 72844 {Polin}	16.05.1906 Posen [16.05.1896 Posen]	Befreit 1945 Ort unbekannt ITS TD 1005570 „abgestellt nach Lager Zatschke b/Pirna, Auffanglg. d.KZ-Lagers Flössenbürg am 20.2.1945" ITS 1.1.47.1 / 5174281
57391 **SERB** **Sch.H.**	Jakovljevic Sanica [Stanica] B: Haushalt	10.04.1906 Bovan ??.??.1908 Bovan {28.01.1907 Bovane}	Wahrscheinlich befreit Ort unbekannt ITS TD 1544211 [nicht eingesehen] „ab 14.2.1945 nach Angriff flüchtig" ITS 1.1.47.1 / 5174275
57392 **[ohne]** **SERB** **Z.A.** **{POL}**	Jakubowska [Jakubowski] {Jakobowski} Maria [>Skrzydlewska] B: Hausangestellte RavNo.: 72843 {Polin}	28.03.1917 Roznorka [Rosenhagen] Dep.: Posen Ravensbrück: 29.09.1944	Befreit 17. Mai 1945 in Rawitsch (Rückkehr) Radeberg: 23.02. bis 19.04.1945 „als Angestellte zu einer Dienststelle in Dresden" ITS TD 1037286 „ab 14.2.1945 nach Angriff flüchtig" ITS 1.1.47.1 / 5174275
57393 **[ohne]** **SERB** **Z.A.** **{POL}**	Jakubowska [Jakubowski] {Jakobowski} Stanislawa [>Drab] B: Arbeiterin RavNo.: 72845 {Polin}	28.04.1920 Ostrowek [Kl. Werder] {Kleinwerda} Dep.: Ravensbrück: 29.09.1944	Befreit 1945 Ort unbekannt Radeberg bis 19.04.45 nach Entlassung dem Arbeitsamt Pirna zur Verfügung gestellt ITS TD 111537 „ab 14.2.1945 nach Angriff flüchtig" ITS 1.1.47.1 / 5174275
57394 **[ohne]** **SERB** **Z.A.** **{POL}**	Janczak Antonia B: Landarbeiterin {Polin}	20.05.1923 Ossa	**Schicksal ungeklärt** „ab 14.2.1945 nach Angriff flüchtig" ITS 1.1.47.1 / 5174275

57395 SERB Sch.H.	Jankovic Milica B: Landarbeiterin	20.12.1907 Moraca [1906] [Hrgar] {21.11.1906 Rgar} Dep.: Kolasin, Kuks/Albanien	Befreit 1945 Ort unbekannt ITS TD 1115357 „ab 14.2.1945 nach Angriff flüchtig" ITS 1.1.47.1 / 5174275
57396 CZE Sch.H.	Janouscowa {Januscowa} Rosa B: Beamtin	12.01.1905 Trebichowitz [Trebischowitz]	**Schicksal ungeklärt** „ab 14.2.1945 nach Angriff flüchtig" ITS 1.1.47.1 / 5174275
57397 RD VH. Aso.	Jantschko Martha B: Hausgehilfin	07.07.1923 St. Jakob [07.06.1923]	**Schicksal ungeklärt** Anfrage unbeantwortet Standesamt Leutenberg
57398 RUS Sch.H.	Jawremowa {Jegremowa} Helena {Maria} B: -	12.03.1923 {12.03.23 Ladwie}	**Schicksal ungeklärt** „ab 14.2.1945 nach Angriff flüchtig" ITS 1.1.47.1 / 5174275
57399 SERB Sch.H.	Jerkovic Felica [>Jelica Popovic] B: Hausfrau RavNo.: 70257	12.05.1912 Velika Teremija [Marienfeld] Ravensbrück: 17.09.1944	Befreit 1945 Ort unbekannt ITS TD 677573 „ab 14.2.1945 nach Angriff flüchtig" ITS 1.1.47.1 / 5174276
57400 VD V. BH. Aso.	Jeschka Maria B: Landarbeiterin	28.02.1916 Rybnik	**Schicksal ungeklärt**
57401 LAT Sch.H.	Jilwinska Alexandra B: -	16.07.1909 Riga	**Schicksal ungeklärt** „ab 14.2.1945 nach Angriff flüchtig" ITS 1.1.47.1 / 5174276
57402 RD Sch.H.	Johannsen Berta B: Hausfrau	30.09.1914 Breslau	**Schicksal ungeklärt**
57403 SERB Sch.H.	Jovanovic Marta B: Dienstmädchen	??.??.1919 Kavacevic {Sojnovic}	**Schicksal ungeklärt** „ab 14.2.1945 nach Angriff flüchtig" ITS 1.1.47.1 / 5174276
57404 SERB Sch.H.	Jovanovic Rada B: Haushalt	??.??.1909 Leskovac {02.11.1909 Leskovac}	**Schicksal ungeklärt** „ab 14.2.1945 nach Angriff flüchtig" ITS 1.1.47.1 / 5174276

57405 **SERB** **Sch.H.**	Jovanovic [„Jovanovitsch“] Ruzica B: Hilfsarbeiterin	21.01.1928 Wratschergai Wratschergat {Vracev}	**Schicksal ungeklärt** „ab 14.2.1945 nach Angriff flüchtig“ ITS 1.1.47.1 / 5174276
57406 **SERB** **Sch.H.**	Jovic Radonka B: Hausfrau	17.06.1914 Stubla [??.??.1916 Stublja] Stubla/Leskovac {1919}	Befreit 1945 Ort unbekannt ITS TD 198169 „ab 14.2.1945 nach Angriff flüchtig“ ITS 1.1.47.1 / 5174276
57407 **RUS** **Sch.H.**	Juksche {Jukscha} Helene B: - {Lettin}	02.04.1920 Ludsen	**Schicksal ungeklärt** „ab 14.2.1945 nach Angriff flüchtig“ ITS 1.1.47.1 / 5174276
57408 **RD** **Sch.H.**	Jungk Linda B: Hausgehilfin	26.07.1925 Tüngeda	**Schicksal ungeklärt** Anfrage unbeantwortet Hörselberg-Hainich
57409 **RD** **VH.** **Aso.**	Käbitzsch Waltraut B: Arbeiterin	25.10.1921 Meissen	Befreit 1945 Ort unbekannt; Verstorben 1993
57410 **RD** **Sch.H.**	Kallies Traute B: Haustochter	03.04.1921 Blumenwerder [Polen]	**Schicksal ungeklärt**
57411 **SERB** **Sch.H.**	Kaloperovic [Kaloparovic] Kosara B: Arbeiterin RavNo.: 70322	08.06.1923 Obrenovac Dep.: Lebane Banjica, Belgrad Ravensbrück: 17.09.1944	Befreit 1945 Ort unbekannt ITS TD 1015514 „ab 14.2.1945 nach Angriff flüchtig“ ITS 1.1.47.1 / 5174276
57412 **POL** **Sch.H.**	Kaminska {Kaminsky} Krystina B: -	09.11.1928 Lodz [Litzmannstadt]	Befreit 1945 Ort unbekannt „ab 14.2.1945 nach Angriff flüchtig“ ITS 1.1.47.1 / 5174276 ITS 67572724 DP 06.07.1945
57413 **POL** **Sch.H.**	Kaminska Maria B: -	31.01.1909Leslaw [=Leslau] {31.01.1911 Leslau}	**Schicksal ungeklärt** „ab 14.2.1945 nach Angriff flüchtig“ ITS 1.1.47.1 / 5174276

57414 **RUS** **Sch.H.**	Kateschenkowa Katerina [>Jekaterina] F: Schwester v. 57415 B: Weberin RavNo.: 74751	10.01.1924 Krassnogwardjesk [„Czenstochau“] {10.01.1924 Gatschino} Dep.: Riga Ravensbrück: Oktober 1944	Befreit 1945 in Meißen nach Flucht bei Luftangriff ITS TD 1428724 „ab 14.2.1945 nach Angriff flüchtig“ ITS 1.1.47.1 / 5174276
57415 **RUS** **Sch.H.**	Kateschenkowa Margarethe [Marg.] [>Margarita Nedoliwko] F: Schwester v. 57414 B: - RavNo.: 74752	19.02.1929 Ribinsk Dep.: Riga Ravensbrück: Oktober 1944	Befreit 1945 in Meißen nach Flucht bei Luftangriff ITS TD 1428725 „ab 14.2.1945 nach Angriff flüchtig“ ITS 1.1.47.1 / 5174276
57416 **RD** **VH** **Aso.**	Kerwien Ilse B: Hausangestellte	27.07.1922 Königsberg	**Schicksal ungeklärt**
57417 **RD** **VH.** **Aso.**	Kessler Klara B: Arbeiterin	21.05.1921 Essen	Befreit 1945 Ort unbekannt; seit min. 30 Jahren tot
57418 **POL** **Sch.H.**	Kielczewska Janina B:	30.03.1924 Warschau	**Schicksal ungeklärt** „ab 14.2.1945 nach Angriff flüchtig“ ITS 1.1.47.1 / 5174276
57419 **RD** **[ohne]**	Kirstges Amalia B: -	[ohne] [=?05.08.1923?]	**Schicksal ungeklärt**
57420 **LAT** **Sch.H.**	Klawinskis Genowefa B: -	20.02.1915 Dünaburg	**Schicksal ungeklärt** „ab 14.2.1945 nach Angriff flüchtig“ ITS 1.1.47.1 / 5174276
57421 **RUS** **Sch.H.**	Zwetna Annastasia [„Anna Klimenko“] {Klimenko Anna} B: Schülerin	25.09.1927 Belarukow [„20.08.1926 Nowosuila“] {20.08.1927 Smila}	**Schicksal ungeklärt** „ab 14.2.1945 nach Angriff flüchtig“ ITS 1.1.47.1 / 5174276
57422 **RD** **Sch.H.**	Klindworth [Klindworch] Marie B: Bäuerin	10.01.1910 Tiste [13.01.1910 Tische]	**Schicksal ungeklärt** Vermisst April 1945 Kriegerdenkmal Sittensen-Tiste

57423 **RD** **VH.** **Aso.**	Kludcke *Stockmann Catharina [Kludtke] [„Chakharina“] [>Catharina Kühn] B: - AuNo.: **845** RavNo.: 9474/5976	28.11.1915 Hamburg [Hamburg-Altona] Dep.: Ravensbrück, Auschwitz: 1941 bis Oktober 1944[?] Ravensbrück: 17.02.1942	Befreit 1945 Ort unbekannt ITS TD 151146
57424 **SERB** **Sch.H.**	Knezevic Rosa [Kasa] B: Hausfrau	??.??.1894 Prencane {12.09.1894 Prencane}	**Schicksal ungeklärt** „ab 14.2.1945 nach Angriff flüchtig“ ITS 1.1.47.1 / 5174276
57425 **SERB** **Sch.H.**	Knezevic Milewa {Milena} [>Milicevic] RavNo.: 70262	15.06.1924 30.06.1924 Plevlje {13.07.1924 Plevlje} Ravensbrück: 17.09.1944	Befreit 1945 Ort unbekannt ITS TD 2135083 [nicht eingesehen] „ab 14.2.1945 nach Angriff flüchtig“ ITS 1.1.47.1 / 5174276
57426 **SERB** **Z.A.** **POL** **<u>CZE</u>**	Kozáková [Kocak], Bozena [>Vernerová] B: Schneiderin RavNo.: 72853	07.01.1924 Radomilov [=Rodamühl] Dep.: Chromec, Sumperk, Opava Ravensbrück: 29.09.1944	Befreit 09.05.1945 Ort unbekannt [Dresden?] ITS TD 148109 „ab 14.2.1945 nach Angriff flüchtig“ ITS 1.1.47.1 / 5174276
57427 **POL** **Sch.H.**	Koszorowska {Koszorwoska} Johanna {Jana} B: Schneiderin	19.07.1908 Juncewo {19.08.1908 Jounzewo}	**Schicksal ungeklärt** „abgestellt nach Lager Zatschke b/Pirna, Auffanglg. d.KZ- Lagers Flössenbürg am 20.2.1945“ ITS 1.1.47.1 / 5174281
57428 **RD** **VH.** **Aso.**	Kolbow Lucie B: Landarbeiterin	15.08.1921 Krummbeck	**Schicksal ungeklärt** Standesamtliche Anfragen ergebnislos
57429 **RD** **VH.** **Aso.**	Kollakowski, Maria [M. Theresia Magdal.] [>Maria Ruhase] B: -	07.07.1915 Mielenz Mielenc Gefängnis Zwickau	Befreit 1945 Ort unbekannt ITS TD 126688
57430 **LAT** **Sch.H.**	Komarowska Helena B: -	??.??.1907 {10.01.1907 Silani}	**Schicksal ungeklärt** „ab 14.2.1945 nach Angriff flüchtig“ ITS 1.1.47.1 / 5174276

57431 **POL** **Sch.H.**	Kopec Maria [>Radziwilowicz] B: Schneiderin RavNo.: 72857	09.06.1922 Inowroclaw Dep.: Hohensalza Ravensbrück: 29.09.1944	Befreit 1945 in Dresden „Kurz vor Ende des Krieges erkrankte ich an der Diphteritis und wurde im Krankenhaus in Dresden untergebracht. Am 25. Oktober 1945 bin ich in meine Heimatstadt zurückgekehrt" ITS TD 1022280 „ab 14.2.1945 nach Angriff flüchtig" ITS 1.1.47.1 / 5174276
57432 **RD** **Sch.H.**	Korn Wilhelmine [Wilhelmina] B: -	29.01.1915 Duisburg	**Schicksal ungeklärt** Standesamtliche Anfrage unbeantwortet
57433 **SERB** **Sch.H.**	Koropatnicki Therese B: Arbeiterin	25.02.1900 Brocko Vinogorje [„Borocko Win."] {25.12.1901}	**Schicksal ungeklärt** Von der Liste gestrichen: „ab 14.2.1945 nach Angriff flüchtig" {Slovenski / Volksdeutsch} ITS 1.1.47.1 / 5174276
57434 **[ohne]** **Z.A.** **SERB** **{POL}**	Kelsowska {Koslowska} Kazimiera B: Arbeiterin {Polin}	13.02.1923 Koloszyn {Kaluszyn}	**Schicksal ungeklärt** „ab 14.2.1945 nach Angriff flüchtig" ITS 1.1.47.1 / 5174276
57435 **POL** **Sch.H.**	Kosmala Zofia [Sophie] B: Landarbeiterin RavNo.: 72009	26.11.1927 Chmielow [„Cmielow"] Ravensbrück: 18.09.1944	Befreit 1945 Ort unbekannt ITS TD 941572 „ab 14.2.1945 nach Angriff flüchtig" ITS 1.1.47.1 / 5174276
57436 **RUS** **Sch.H.**	Kocik {Kotik} Anna B: Schülerin F: vgl. 57437	01.01.1927 Stalino {Stalinow}	**Schicksal ungeklärt** „ab 14.2.1945 nach Angriff flüchtig" ITS 1.1.47.1 / 5174276
57437 **RUS** **Sch.H.**	Kotik Maria B: Schülerin F: vgl. 57436	05.01.1928 Stalino {23.01.1928 Stalinow}	**Schicksal ungeklärt** „ab 14.2.1945 nach Angriff flüchtig" ITS 1.1.47.1 / 5174276

57438 **SERB** **Sch.H.**	Kovacovski Ljubica B: Hausfrau	??.??.1909 Umionica Valivsk {07.05.1910 Valjevska}	**Schicksal ungeklärt** „abgestellt nach Lager Zatschke b/Pirna, Auffanglg. d.KZ-Lagers Flössenbürg am 20.2.1945" ITS 1.1.47.1 / 5174281
57439 **POL** **Sch.H.**	Kowalczyk Stanislawa B: Landarbeiterin	23.04.1905 Wylany {Wilane}	**Schicksal ungeklärt** „ab 14.2.1945 nach Angriff flüchtig" ITS 1.1.47.1 / 5174276
57440 **POL** **Sch.H.**	Krasuska Janina {Kaina} [>Skibińska] [Alternativ: Hofman] [„*Wozniak oder Krajozinska"] [Wozniak ist der Geburtsname der Mutter Franciszka] [Der Vater hieß Jan] B: Hilfsarbeiterin RavNo.: 72012	16.04.1922 [15.04.] Warschau {06.04.1922 Warschau} Dep.: diverse Haftanstalten: Lübeck-Lauerhof [Urteil: 6 Monate Straflager], Kiel ; Fa. Hutschenreuther in Selb [17.12.1943 bis 22.02.1944] Gerichtsgefängnis Hof/Saale, Polizeigefängnis Nürnberg Langenzenn, Nürnberg, Ansbach Landgerichtsgefgn. Ravensbrück: 18.09.1944	Befreit 1945 Ort unbekannt; starb 1999 [www.myheritage.com] ITS TD 1023025 Anfrage durch Bruder Boleslaw Krasuski „ab 14.2.1945 nach Angriff flüchtig" ITS 1.1.47.1 / 5174276
57441 **LAT** **Sch.H.**	Krauklis Elviera B: -	16.10.1908 {16.10.1918 Riga}	**Schicksal ungeklärt** „abgestellt nach Lager Zatschke b/Pirna, Auffanglg. d.KZ-Lagers Flössenbürg am 20.2.1945" ITS 1.1.47.1 / 5174281
57442 **RD** **VH.** **Aso.**	Kretschmer Margarete [>Szczudlowska] B: Näherin RavNo.: 10389	07.08.1920 Breslau Dep.: Breslau [April 1942?] Ravensbrück: 11.04.1942 ITS 129643055	Befreit 1945 Ort unbekannt nach Flucht bei Luftangriff PWR: Sao Paulo Brasilien ITS TD 698544

57443 **[ohne]** **Z.A.** **RD** **{POL}**	Krubinska Irene [>Irena Komorowska] B: Landarbeiterin RavNo.: 72849 {Polin}	02.07.1922 Drozdowo 03.07.1922 {03.06.1922} Ravensbrück: 29.09.1944	Befreit 1945 Ort unbekannt ITS TD 1138889 „ab 14.2.1945 nach Angriff flüchtig" ITS 1.1.47.1 / 5174276
57444 **RUS** **Sch.H.** **{LAT}**	Kruschonok Olga B: - {Lettin}	??.??.1911 {20.06.1911 Weleika}	**Schicksal ungeklärt** „ab 14.2.1945 nach Angriff flüchtig" ITS 1.1.47.1 / 5174276
57445 **POL** **Sch.H.**	Kruszewska Zofia [Zofja] B: Arbeiterin	13.05.1926 Harnau	**Schicksal ungeklärt** „ab 14.2.1945 nach Angriff flüchtig" ITS 1.1.47.1 / 5174276
57446 **POL** **Sch.H.**	Krzemien *Olstarczyk Rozalia B: Bäuerin [eigene Landwirtschaft] B: Arbeiterin RavNo.: 72859	20.12.1893 [1884 vgl. Arbeitsbuch] Monowice 20.12.1894 Monowitz {20.12.1904 Monowitz} Ravensbrück: 29.09.1944	Befreit 1945 Ort unbekannt „Wegen Kaufs einer Kuh hielt sie sich ein ½ Jahr im Gefängnis in Wadowice oder Sosnowice auf." Verstarb: 28.05.1952 ITS TD 1222049 „abgestellt nach Lager Zatschke b/Pirna, Auffanglg. d.KZ-Lagers Flössenbürg am 20.2.1945" ITS 1.1.47.1 / 5174281
57447 **[ohne]** **Z.A.** **POL**	Krzyzaniak *Kendzia Franciska [Franziska] B: - RavNo.: 72845 72848 ?	30.09.1897 Lissa Dep.: Posen Ravensbrück: 29.09.1944 [Häftlingspost an den Mann]	Befreit 1945 Ort unbekannt bei Görlitz „Gebelzig Dorf" an der Neiße PWR: Poznan ITS TD 1029207 „ab 14.2.1945 nach Angriff flüchtig" ITS 1.1.47.1 / 5174276
57448 **LIT** **Sch.H.** **{LAT}**	Kucepalowa Maria B: - {Lettin}	18.06.1911 Riga	**Schicksal ungeklärt** „abgestellt nach Lager Zatschke b/Pirna, Auffanglg. d.KZ-Lagers Flössenbürg am 20.2.1945" ITS 1.1.47.1 / 5174281

<table>
<tr><td>57449
POL
Sch.H.</td><td>Kuczajowska
Maria
B: Ehefrau</td><td>30.11.1898
Warschau</td><td>Schicksal ungeklärt
„ab 14.2.1945 nach Angriff flüchtig“
ITS 1.1.47.1 / 5174276</td></tr>
<tr><td>57450
RD
[ohne]</td><td>Küpper
Maria
B: -</td><td>[ohne]</td><td>Schicksal ungeklärt</td></tr>
<tr><td>57451
LAT
Sch.H.</td><td>Kukeos {Kukeus}
Wilma
B:</td><td>12.05.1921
Birsgalle</td><td>Schicksal ungeklärt
„ab 14.2.1945 nach Angriff flüchtig“
ITS 1.1.47.1 / 5174276</td></tr>
<tr><td>57452
CZE
Sch.H.</td><td>Kuncowa {Kunzova}
Margarete
B: Fabriksarbeiterin</td><td>17.06.1901 Brünn</td><td>Schicksal ungeklärt
„ab 14.2.1945 nach Angriff flüchtig“
ITS 1.1.47.1 / 5174276</td></tr>
<tr><td>57453
POL
Sch.H.</td><td>Kurbiel
Boguslawa
{Bohuslawa}
B: Ehefrau</td><td>18.01.1903
Warschau
{18.01.1902
Warschau}</td><td>Schicksal ungeklärt
„ab 14.2.1945 nach Angriff flüchtig“
ITS 1.1.47.1 / 5174276</td></tr>
<tr><td>57454
SERB
Sch.H.</td><td>Kusovac
Maria [Marija]
B: Schneiderin
RavNo.: 70323 / 70333</td><td>16.08.1910 Zacir
[„16.08.1911
Ljubotinje“]
{06.08.1911
Cetinje}
Ravensbrück:
17.09.1944</td><td>Wahrscheinlich befreit
Ort unbekannt
ITS TD 1462605
[nicht eingesehen]
„ab 14.2.1945 nach Angriff flüchtig“
ITS 1.1.47.1 / 5174276</td></tr>
<tr><td>57455
LAT
Sch.H.</td><td>Kweste
Hermine
B: -</td><td>29.07.1909
{29.07.1899
Weinisch}</td><td>Schicksal ungeklärt
„abgestellt nach Lager Zatschke b/Pirna, Auffanglg. d.KZ-Lagers Flössenbürg am 20.2.1945“
ITS 1.1.47.1 / 5174281</td></tr>
<tr><td>57456
RD
Sch.H.</td><td>Läbe
Gertrud
B: -</td><td>05.01.1920
Leopschütz
[Leobschütz]</td><td>Schicksal ungeklärt</td></tr>
<tr><td>57457
RD
[ohne]</td><td>Lebe
Maria
B: -</td><td>[ohne]</td><td>Schicksal ungeklärt</td></tr>
</table>

57458 **LAT** **Sch.H.**	Lapinsch, *Dzrnaklis Cecilie [>Cecilia Lapina-Winkler] F: Schwester v. 57254 B: - RavNo.: 74592 [‚17592',‘17593‘]	10.04.1907 Riga Dep.: Riga KL Salaspils Ravensbrück:9/44? Dresden Universelle [Florastraße 14] Ravensbrück: Oktober 1944 ITS 67976365	Beim Luftangriff vom 13.02.1945 geflohen Über Freital und Possendorf nach Stockhausen b. Gießen Ende März dort befreit Barch B 162 – 16326 VP 09.10.1970, B 162 – 16325 S.152 PWR: New York ITS TD 342390 „ab 14.2.1945 nach Angriff flüchtig“ ITS 1.1.47.1 / 5174276
57459 **RD** **VH.** **BV.**	Lauber, [*Hauser?] Anna B: - [Mutter a. Empfingen]	04.10.1895 Zürich	**Schicksal ungeklärt** Anfrage ergebnislos Stadtarchiv Zürich Kein Todesvermerk
57460 **RD** **VH.** **Aso.**	Lauker Elisabeth B: Hausfrau	05.11.1919 Koblenz	**Schicksal ungeklärt** Anfrage ergebnislos Standesamt Koblenz
57461 **LAT** **Sch.H.**	Lawreno {Lawrenowa} Gustina {Ustina} B: -	07.11.1922 Resekne	„**Schicksal ungeklärt** ab 14.2.1945 nach Angriff flüchtig“ ITS 1.1.47.1 / 5174276
57462 **LAT** **Sch.H.**	Lazirewa [Laviriava] {Lasirewa} Nira [Nina] B: -	30.04.1918 {13.04.1918 Indsen}	**Schicksal ungeklärt** „ab 14.2.1945 nach Angriff flüchtig“ ITS 1.1.47.1 / 5174276
57463 **RD** **VH.** **Aso.**	Ledwon Adelhaid [>Adelajda Antoniuk] B: Landarbeiterin RavNo.: 35546	01.01.1922 Górniki [Friedrichswille] [Friedrichswill] Dep.: Stolarzewice	Befreit 1945 Ort unbekannt ITS TD 1293439
57464 **RD** **a.W.** **Sch.H.**	Leschnik [Lešnik] Maria [Mara] B: Hausgehilfin	10.05.1925 Nußdorf = Orehek [Nussdorf] Slowenien	Befreit 1945 nach Flucht; Ort unbekannt Slowenin,vgl. Sprengel Fortunat Brenner S.293
57465 **RD** **Sch.H.**	Lewerenz Gertrud B: Hausgehilfin	26.10.1925 Hohen Neundorf	**Schicksal ungeklärt** Anfrage unbeantwortet Hohen-Neuendorf
57466 **RUS** **Sch.H.**	Lewina Nadja B: Schülerin	15.09.1924 Kiew {15.08.1925 Kiew}	**Schicksal ungeklärt** „ab 14.2.1945 nach Angriff flüchtig“ ITS 1.1.47.1 / 5174277

57467 **RD** **VH.** **Aso.**	Lewitt [„Lewiff"] Margarette B: Köchin	01.03.1897 Berlin	**Schicksal ungeklärt** Standesamtliche Anfrage unbeantwortet
57468 **CZE** **Sch.H.**	Libenska Anna B: Fabriksarbeiterin	27.02.1919 Semtschitze	**Schicksal ungeklärt** „ab 14.2.1945 nach Angriff flüchtig" ITS 1.1.47.1 / 5174277
57469 **LAT** **Sch.H.**	Lievmanis Anna B: -	29.07.1920 Jasmuiza	**Schicksal ungeklärt** „ab 14.2.1945 nach Angriff flüchtig" ITS 1.1.47.1 / 5174277
57470 **RD** **Sch.H.**	Lill Marianne B: Haushalt	23.03.1886 Steinbach	**Schicksal ungeklärt** Anfrage unbeantwortet VG Oberes Glantal
57471 **RD** **VH.** **BV.**	Lipp Eleonore B: Kontoristin	16.03.1911 München	**Schicksal ungeklärt** Standesamtliche Anfrage unbeantwortet
57472 **POL** **Sch.H.**	Lisowski Stanislawa *Brzozowska-Jaskula [>Ryncarz] B: Schneiderin RavNo.: 57628	09.09.1906 Sosnowitz Ravensbrück: August 1944	Befreit 1945 in Scherding „Polnisches Haus" durch US-Armee ITS TD 1433537 „ab 14.2.1945 nach Angriff flüchtig" ITS 1.1.47.1 / 5174277
57473 **RD** **VH.** **Aso.**	Löltgen Hildegard B: -	23.05.1920 Wuppertal	**Schicksal ungeklärt** Standesamtliche Anfrage ergebnislos Anderer Vorname?
57474 **RD** **Sch.H.**	Lorenz Dora Herta B:	15.02.1915 Burkerdsdorf [Borkedsdorf]	**Schicksal ungeklärt**
57475 **RD** **VH.** **Aso.**	Lott Gertrud B: -	20.06.1914 Grümmen	**Schicksal ungeklärt** Anfrage ergebnislos Standesamt Grimmen
57476 **RD** **Sch.H.**	Lubik *Kujawa Lucie [>Lucja Kujawa] B: Schneiderin RavNo.: 69356	17.01.1917 Sembowo Zebowice Dep.: Lodz Polizeigefängnis Ravensbrück: 15.09.1944	Befreit 1945 Ort unbekannt nach Flucht bei Luft- angriff in Dresden, „illegal unter einem anderen Namen gelebt" Rückkehr nach Polen ITS TD 1022996

57477 **RUS** **Sch.H.**	Luckocka {Wisocka} Olga B: -	20.04.1916 {22.04.1916 Kronstadt}	**Schicksal ungeklärt** „ab 14.2.1945 nach Angriff flüchtig" ITS 1.1.47.1 / 5174280
57478 **RUS** **Sch.H.** **POL**	Lupanow {Lupanowa} Stanislawa B: - RavNo.: 66202 {Polin}	20.04.1899 Warschau {24.03.1899 Josefow} Ravensbrück: September 1944	Befreit 1945 Ort unbekannt PWR: Warszawa ITS TD 156253 „ab 14.2.1945 nach Angriff flüchtig" ITS 1.1.47.1 / 5174277
57479 **POL** **Sch.H.**	Luszczkiewicz Aurelie [>Aurelia Gontkiewicz] B: Bürokraft RavNo.: 72862	01.06.1915 Rajsko Dep.: Oswiecim, Breslau Ravensbrück: 29.09.1944	Befreit 09.05.1945 Bad Kreischa bei Dresden ITS TD 1005173 „abgestellt nach Lager Zatschke b/Pirna, Auffanglg. d.KZ-Lagers Flössenbürg am 20.2.1945" ITS 1.1.47.1 / 5174281
57480 **RD** **VH.** **BV.**	Lux Lieselotte B: -	11.06.1913 Eisenach	**Schicksal ungeklärt** Standesamtliche Anfrage unbeantwortet
57481 **POL** **polit.**	Machay Cecilie [>Cecylia Ledas] B: - RavNo.: 72865	06.10.1928 Zytyn [Rowno] [„06.10.1926"] Ravensbrück: 29.09.1944	Befreit 1945 Ort unbekannt PWR: Warszawa ITS TD 1066060 „ab 14.2.1945 nach Angriff flüchtig" ITS 1.1.47.1 / 5174277
57482 **POL** **polit.**	Maciejewska Ceilie [Cecilie] B: Hausgehilfin [Kein Hinweis auf Tod]	26.11.1912 Sandhofen [Anfrage Standesamt Mannheim]	**Schicksal ungeklärt** „ab 14.2.1945 nach Angriff flüchtig" ITS 1.1.47.1 / 5174277
57483 **RD** **BV.**	Mahrhold *Mender Gertrud [Gertrud Marie] B: Arbeiterin RavNo.:12499	08.11.1903 Arnstadt Ravensbrück: 17.07.1942	Befreit 1945 Ort unbekannt Starb Erfurt 25.10.1979 ITS 129643193
57484 **SERB** **Sch.H.**	Maljugic Mileva B: Hausfrau [BdS Belgrad]	24.04.1914 Vranievo {12.03.1914 Vranjevo} Dep.: Belgrad Rav.: 17.09.1944	**Schicksal ungeklärt** „ab 14.2.1945 nach Angriff flüchtig" ITS 1.1.47.1 / 5174277

57485 **SERB** **Sch.H.**	Marinkovic [‚Marincowic‘] Leposava B: Arbeiterin RavNo.: 72999 ?	12.07.1927 Tuzla [12.07.1926] {12.07.1929 Dusla} Dep.: Belgrad BdS und S.D. Belgrad Rav.: 30.09.1944 ?	Befreit 1945 Ort unbekannt PWR: Jugoslawien ITS TD 830599 „ab 14.2.1945 nach Angriff flüchtig“ ITS 1.1.47.1 / 5174277
57486 **RD** **VH.**	Marquardt [Marquart] Hildegard [>Hildegard Cziesla] B: Kranführerin	04.12.1919 Sgpolno [Zempelburg] Dep.: Duisburg [Fa. Demag]	Befreit 1945 Ort unbekannt ITS TD 1054739
57487 **RD** **Sch.H.**	Matyjaszek [‚Matiaschek‘] Josefine [>Josefa Czyz] B: Schneiderin **AuNo.: 27922** RavNo.: 47011	19.07.1919 19.12.1919 Grojec bei Krakau Dep.: Breslau Auschwitz: 12/1942 Ravensbrück: 8/44 26.07.1944	Befreit 30.04.1945 Ort unbekannt Geflohen bei Bombardierung Dresdens Februar 1945 PWR: Warszawa B 162 – 16325 S.137ff. ITS TD 896082
57488 **RD** **a.W.** **Sch.H.**	Matiaschicz Marie B: -	31.01.1924 Jacobstal =Jakobski Dol Slowenien	**Schicksal ungeklärt** Briefwechsel Slowenin Bei Marburg a.d. Drau
57489 **RD** **Sch.H.**	Mauerer *Pomertel Margarete [>Margarete Eichinger] B: -	03.07.1912 Regensburg „Am 13.-14.2.45 durch Feindeinwirkung vom Kdo. Universelle geflohen und sich bei der Heimat-Dienststelle / Stapo. Regensburg gemeldet. Am 13.3.45 nach dem K.Z. Flo. rücküberstellt.“ ITS 1.1.8.4. /11077400	Am 13. /14. Februar 1945 vom Kommando Universelle geflohen und bei der Heimatdienststelle der Staatspolizei Regensburg gemeldet. Am 13. März 1945 erneut in das Konzentrationslager Flossenbürg (Hauptlager) eingeliefert und am 15. März 1945 zum Konzentrationslager Flossenbürg/Kommando Zwodau überstellt 14.3.45 rücküberst. 15.3.45 Zwodau ITS TD 1055295
57490 **RD** **Sch.H.**	Mayer Luise B: Landwirtin	20.05.1916 Julienfelde [Ostpreußen]	**Schicksal ungeklärt**

57491 **LAT** **Sch.H.**	Medorus Meclorus? {Meidrops} Maiga [>Maiga Skrodere] B: -	13.12.1923 Lettland {13.12.1925 Sitgunda}	Befreit 1945 Ort unbekannt PWR: Riga ITS TD 3061207 [nicht eingesehen] „ab 14.2.1945 nach Angriff flüchtig“ ITS 1.1.47.1 / 5174277
57492 **RD** **VH.** **Aso.**	Mehlhorn [Meklhorn] Anneliese B: Landwirtin	28.09.1919 Auer	**Schicksal ungeklärt** Anfrage unbeantwortet Standesamt Aue
57493 **RD** **Sch.H.**	Meindl *Weninger Wiktorie [Viktoria] B: - B: Haugehilfin [> Viktoria Decsei]	17.12.1903 Graz [17.12.1908] Heimatort: Ebensee	Befreit 1945 Ort unbekannt PWR: Passau 09/1946 ITS 70176629 ITS 73688228 ITS 71998646
57494 **RD** **VH.** **Aso.**	Meinert Berta B: -	20.06.1917 Belkau	**Schicksal ungeklärt** Anfrage ergebnislos Standesamt Bismark (Altmark)
57495 **LAT** **Sch.H.**	Melderis Elvira {Elwiera} B: -	28.11.1918 Lettland {28.11.1918 Riga}	**Schicksal ungeklärt** „abgestellt nach Lager Zatschke b/Pirna, Auffanglg. d.KZ-Lagers Flössenbürg am 20.2.1945“ ITS 1.1.47.1 / 5174281
57496 **RD** **a.W.** **Sch.H.**	Mensler Katharine [Catherine] B: Haushälterin SL Schirmeck 05/44	21.04.1906 Machern = Maizières-lès-Metz [Frankreich]	Befreit 06.05.1945 in Brüx https://www.bddm.org
57497 **RD** **Sch.H.**	Merklein Lina [Luise Lina] B: Landarbeiterin	30.06.1921 Rötlein/Lautenbach [St. Amt Fichtenau]	Befreit 1945 Ort unbekannt, starb 19.03.2013 Speyer
57498 **BEL** **Sch.H.**	Messe Fernande B: Hilfsarbeiterin ITS 70041532	30.08.1925 Pont a Celles ; Dornier-Werke GmbH München	**Schicksal ungeklärt** „ab 14.2.1945 nach Angriff flüchtig“ ITS 1.1.47.1 / 5174277
57499 **POL** **Sch.H.**	Michalska Wladyslawa [>Kubasik] B: Maschinennäherin RavNo.: 72017	13.10.1913 Kosciejow {Koserjow} Dep.: Regensburg Ravensbrück: 18.09.1944	Befreit 1945 Ort unbekannt ITS TD 1334200 „ab 14.2.1945 nach Angriff flüchtig“ ITS 1.1.47.1 / 5174277

57500 **SERB** **Sch.H.**	Mihajlovic Stanka B: Hausfrau	??.??.1904 Stublja {1904 „Stanka“}	**Schicksal ungeklärt** „abgestellt nach Lager Zatschke b/Pirna, Auffanglg. d.KZ-Lagers Flössenbürg am 20.2.1945“ ITS 1.1.47.1 / 5174281
57501 **SERB** **Sch.H.**	Mijatovic Ljubica B: -	*ca. 1928 Lipe [16 Jahre] {28.04.1928 Lipe}	**Schicksal ungeklärt** „ab 14.2.1945 nach Angriff flüchtig“ ITS 1.1.47.1 / 5174277
57502 **SERB** **Sch.H.**	Mijatovic Milena B: Hausfrau	*ca. 1904 Uradinac [40 Jahre] {21.01.1903 Radinace}	**Schicksal ungeklärt** „ab 14.2.1945 nach Angriff flüchtig“ ITS 1.1.47.1 / 5174277
57503 **SERB** **Sch.H.**	Mijatovic Natalia B: Hausfrau	*ca. 1902 Brezeny [42 Jahre] {1902 Brezene}	**Schicksal ungeklärt** „ab 14.2.1945 nach Angriff flüchtig“ ITS 1.1.47.1 / 5174277
57504 **SERB** **Sch.H.**	Mijatovic Zagorska{Zagorka} B: Hausfrau	*ca.1898 Vrbovac [46 Jahre] {1893Rbowac}	**Schicksal ungeklärt** „ab 14.2.1945 nach Angriff flüchtig“ ITS 1.1.47.1 / 5174277
57505 **POL** **Sch.H.**	Milczarska Antonina B: Arbeiterin	01.05.1896 Czermno {Termenow}	**Schicksal ungeklärt** „ab 14.2.1945 nach Angriff flüchtig“ ITS 1.1.47.1 / 5174277
57506 **SERB** **Sch.H.**	Milovanovic Marija [Maria] B: Hausfrau	14.04.1922 Milosevo [Miloschewa] Dep.: Milosevo	Befreit 1945 Ort unbekannt ITS TD 1101523 „ab 14.2.1945 nach Angriff flüchtig“ ITS 1.1.47.1 / 5174277
57507 **SERB** **Sch.H.**	Milovanovic Milkica B: Hausfrau	12.09.1920 Schabac	**Schicksal ungeklärt** „abgestellt nach Lager Zatschke b/Pirna, Auffanglg. d.KZ-Lagers Flössenbürg am 20.2.1945“ ITS 1.1.47.1 / 5174281

57508 **SERB** **Sch.H.**	Mirilow [Mirilov] [Jelic] Iwanka [Ivanka] B: Hausfrau RavNo.: 70270	03.04.1921 Kumane [1921] {01.07.1921 Alexandrovo} Ravensbrück: 17.09.1944	Befreit 1945 Ort unbekannt PWR: Jugoslawien ITS TD 943955 „ab 14.2.1945 nach Angriff flüchtig“ ITS 1.1.47.1 / 5174277
57509 **SERB** **Sch.H.**	Mladnovic {Mladenovic} Natalije B: Hausfrau	??.??.1908 Prokupie {26.02.1908 Prokuplje}	Befreit 1945 Ort unbekannt ITS TD 1624151 [nicht eingesehen] „ab 14.2.1945 nach Angriff flüchtig“ ITS 1.1.47.1 / 5174277
57510 **SERB** **Sch.H.**	Mojsin {Mojazin} Millva B: Hausfrau	??.??.1897 Melenzi-Banat {1895 Melence} [nicht eingesehen] ITS TD 1624151	Befreit 1945 Ort unbekannt „ab 14.2.1945 nach Angriff flüchtig“ ITS 1.1.47.1 / 5174277
57511 **RUS** **Sch.H.**	Morosow Maria B: Krankenschwester	11.03.1919 Aleksandrowska {Charkow}	**Schicksal ungeklärt** „ab 14.2.1945 nach Angriff flüchtig“ ITS 1.1.47.1 / 5174277
57512 **FRA** **Sch.H.**	Moser Raymonde B: Haushalt	26.09.1926 Valences	Befreit 1945 Ort unbekannt „ab 14.2.1945 nach Angriff flüchtig“ ITS 1.1.47.1 / 5174277 Repatriiert http://www.bddm.org
57513 **POL** **Sch.H.**	Mucha Natalie {Natalia} B: -	09.07.1918 Warschau	**Schicksal ungeklärt** „abgestellt nach Lager Zatschke b/Pirna, Auffanglg. d.KZ- Lagers Flössenbürg am 20.2.1945“ ITS 1.1.47.1 / 5174281
57514 **RD** **Sch.H.**	Müller, *Atterling Astrid [keine Karteikarte] [keine Effektenkarte] RavNo.: 42890	12.12.1896 Berlin Ravensbrück: 20.06.1944	**Schicksal ungeklärt** 25.12.44 entlassen ITS 1.1.35 ID 3769735 Standesamtliche Anfrage unbeantwortet
57515 **LAT** **Sch.H.**	Muischnicks {Muischnieks} Elisa{Elina} B: -	26.10.1922 Lettland {26.10.1922 Pasene}	**Schicksal ungeklärt** „ab 14.2.1945 nach Angriff flüchtig“ ITS 1.1.47.1 / 5174277

57516 **RD** **a.W.** **Sch.H.**	Muletz Franziska B: Feldarbeiterin [Slowenin?]	15.08.1925 Ober-Teubling [=Obertäubling] [=Zgornji Duplek]	**Schicksal ungeklärt** Wahrscheinlich befreit 1945 nach Flucht in Slowenien, Sprengel
57517 **LAT** **Sch.H.**	Musko (Busko) {Busko} Lydia {Lidia}	??.??.1905 Lettland {22.01.1905 Riga} Dep.: K.d.S. Riga Ravensbrück: 01.10.1944	Befreit 1945 Ort unbekannt „ab 14.2.1945 nach Angriff flüchtig" ITS 1.1.47.1 / 5174277 Senftenberg 18.03.45 Brieske bei Calau Niederlausitz ITS 2.1.4 71076681
57518 **RD** **Sch.H.**	Naegel Anna B: Buchhalterin	15.06.1893 Mariaschein Dep.: Stapo Reichenberg Ravensbrück: 25.09.1943	**Schicksal ungeklärt**
57519 **RD** **VH.** **Aso.**	Nägler Käte [Katharina] B: - B:Hausangestellte/Arb. [Arbeitsvertragsbruch]	13.03.1912 Bonn a /Rh. Dep.: Stapo Köln Ravensbrück: 24.09.1944	Befreit 1945 Ort unbekannt; starb 13.03.1972 in Bonn ITS 1.2.2 ID 12152999 ITS 1.2.2 ID 12153000
57520 **RUS** **Sch.H.**	Naschkowa Anna B: Landarbeiterin	18.06.1916 Leningrad {1916 Wjasma} Dep.: Stapo Stolp Ravensbrück: 24.09.1944	**Schicksal ungeklärt** „ab 14.2.1945 nach Angriff flüchtig" ITS 1.1.47.1 / 5174277
57521 **RD** **VH.** **Aso.**	Navjoks [Naujoks] Herta B: - / Arbeiterin Starb:19.12.97 Siegburg	26.02.1920 Friedrich-Wilhelm-Hütte (Troisdorf) Dep.: Bonn 31.8.44	Befreit 1945 Ort unbekannt [Arbeitsvertragsbruch] ITS 1.2.2 ID 12153014
57522 **RD** **Sch.H.**	Naumann *Richter Gertrud B: -	14.04.1913 Köthen [„Köhten"]	Befreit 1945 Ort unbekannt Starb in Bernburg 1969
57523 **RD** **Sch.H.**	Nerad [Nerat], *Fiser Franziska [Franciska] B: Hausfrau [Slowenin] RavNo.: 73505 73508 ?	13.04.1905 Masun Dep.: Marburg Ravensbrück: 27.09.1944	Befreit 1945 Ort unbekannt PWR: Celje /Slowenien (Jugoslawien) ITS TD 608861
	„In Dresden war ich in der Universellen Maschinenfabrik bei der Herstellung von Flugzeugteilen tätig. Bei der Bombardierung Dresdens um den 15.2.1945 gelang es mir aus dem Lager zu entfliehen, und nach sechswöchentlicher Wanderung in meine Heimat rückzukehren" ITS 6.3.3.2 / 103125063 vgl. Sprengel		

57524 **RD** **[ohne]**	Neuburger =?*Schramm Charlotte [=? Charlotte Sidonie] B: - [=? vor Ehe zum Judentum konvertiert]	[ohne] =? 20.10.1900 Plauen [Tod: 31.08.1980] Dep.: München SVHF 53830,19277 22868, 10837	**Schicksal ungeklärt** =? Befreit 1945 Ort unbekannt PWR: USA seit 1951 ITS 3.1.3 ID 81754589 https://gedenkbuch.mu enchen.de/
57525 **RD** **VH.** **Aso.**	Neumann Hildegard [Hildegart] B: Hausgehilfin	23.11.1921 Essen	Befreit 1945 Ort unbekannt; weniger als 30 Jahre tot
57526 **CZE** **Sch.H.**	Nezhodova Andela {Angela} B: Textilarbeiterin	29.03.1906 Friedberg {29.03.1905 Neudorf} [Neundorf Kreis Friedberg] ITS 2.1.4 70940048	**„an den Folgen der ~~Terror~~angriffe vom 13./14.2.1945 verstorben“** ITS 1.1.47.1 / 5174280 Annenfriedhof Dresden Abt. 29 Reihe 3 Grab 9 **„Todestag 17.4.1945“** ITS 2.1.4 ID 70991260
57527 **RD** **BV.** **VH.**	Niemitz, *Burda Sophie B: Hausfrau RavNo.: 41249 BuNo.: 27996	06.05.1906 Hindenburg Kripol. Kattowitz Ravensbrück: 03.06.1944 Buchenwald: 04.09.1944 (?!) Effekten: 1.9.1944 Altenburg bis 4.9. Ravensbrück Schlieben: 07.09.44 Ravensbrück: 13.09.1944 (?!)	**Schicksal ungeklärt** [Bild?!] ITS 1.1.35 129643345 ITS 1.1.35 129641695 ITS 1.1.35 129640752 ITS 1.1.5 ID 7669008
57528 **RUS** **Sch.H.**	Nikitina {Nikitima} Maria B: -	??.??.1913 {24.07.1918 Pleskau}	**Schicksal ungeklärt** „ab 14.2.1945 nach Angriff flüchtig“ ITS 1.1.47.1 / 5174277
57529 **RD** **Aso.** **VH.**	Nicoley [Nikolay] Elisabeth B: - F.: Schwester von Hans Nicolay (Antragsteller)	27.06.1919 Menden Dep.: Menden „Seit 18.4.45 sind wir ohne Nachricht“ „Ein Todesnachweis liegt nicht vor. Wir sind daher nicht in der Lage, die Ausstellung einer Sterbeurkunde zu veranlassen.“ ITS TD 293843	**Starb 1945** **Ort unbekannt** „am 18.4.45 von Pirna/Sachsen, KZ Lg. verlegt in Richtung Königstein 27.12.**1967 für tot erklärt**: 31.12.1945 St.Amt Sankt Augustin

57530 **RD** **Sch.H.**	Nitsche Hildegard B: -	21.10.1920 Frankstein [Frankenstein]	**Schicksal ungeklärt** Standesamtliche Anfragen ergebnislos
57531 **RD** **Sch.H.**	Nohl Rosa B: Haushälterin	01.04.1922 Hove	**Schicksal ungeklärt** Lohmar Rhein-Sieg Jork Stade ergebnislos
57532 **SERB** **Sch.H.**	Novakovic, *Stankovic Milica B: Hausfrau RavNo.: 70276	07.09.1902 Kiksic [‚19.07.1902‘] [„Nisic“] {19.07.1902 Niksic} Ravensbrück: 17.09.1944	Befreit 1945 Ort unbekannt PWR: Jugoslawien ITS TD 703745 „ab 14.2.1945 nach Angriff flüchtig“ ITS 1.1.47.1 / 5174277
57533 **POL** **Sch.H.**	Nowicka Sabina B: Hausfrau F: Mutter v. Ryszard Nowicki	01.02.1896 Lapy {31.01.1898 Lapi} Dep.: Ravensbrück: 17.09.1944 [Warschauer Aufstand]	Wahrscheinlich befreit 1945; Ort unbekannt ITS TD 1476989 [Antragsteller war der Sohn, vgl. Details] „ab 14.2.1945 nach Angriff flüchtig“ ITS 1.1.47.1 / 5174277
57534 **LAT** **Sch.H.**	Oankoiwva {Pankowa} Fraida {Iraida} B: -	05.03.1917 Lettland {05.03.1917 Osolaine}	**Schicksal ungeklärt** „ab 14.2.1945 nach Angriff flüchtig“ ITS 1.1.47.1 / 5174277
57535 **RUS** **Sch.H.**	Obsor Nadja B: Kindergärtnerin	13.12.1924 n. Dimitrowka {13.12.1924 Charkow}	**Schicksal ungeklärt** „abgestellt nach Lager Zatschke b/Pirna, Auffanglg. d.KZ- Lagers Flössenbürg am 20.2.1945“ ITS 1.1.47.1 / 5174281
57536 **RD** **Sch.H.**	Olier Hedwig B: Haushalt	22.05.1917 Grünwald	**Schicksal ungeklärt**
57537 **POL** **Sch.H.**	Orlikowska Halina [>Gomolysek] B: - RavNo.: 72868 [~~27868~~]	26.10.1926 Plock [07.10.1925 Warschau] Dep.: Ravensbrück: 29.09.1944 Dresden, Pirna, Dresden	Befreit 1945 Ort unbekannt ITS TD 114500 „abgestellt nach Lager Zatschke b/Pirna, Auffanglg. d.KZ- Lagers Flössenbürg am 20.2.1945“ ITS 1.1.47.1 / 5174281

57538 POL Sch.H.	Osiecka, *Szwed Marianna [Maria] F: Ehefrau von Eugeniusz Osiecki *11.06.1919 – 1945 ? B: - RavNo.: 65523	07.12.1924 Warschau Ravensbrück: 07.09.1944	Befreit 1945 Ort unbekannt PWR: Warszawa ITS TD 401220 „ab 14.2.1945 nach Angriff flüchtig" ITS 1.1.47.1 / 5174277
57539 POL Sch.H.	Osiüow [Osipow] {Osipowa} Irena B: Schneiderin	24.12.1918 Warschau	**Schicksal ungeklärt** „abgestellt 2.3.1945" ITS 1.1.47.1 / 5174281 nach Zatzschke überst.
57540 LAT Sch.H.	Osoow [Osoos] {Osols} Lydia B: -	21.08.1905 Lettland {21.08.1915 Semen}	„**Schicksal ungeklärt** ab 14.2.1945 nach Angriff flüchtig" ITS 1.1.47.1 / 5174277
57541 RD VH. Aso.	Otto Ruth B: - B: Arbeiterin Vom Arbeitsgericht Siegburg zu 5 Monaten Gefängnis wegen Arbeitsvertragsbruch verurteilt (142 Tage Untersuchungshaft werden angerechnet)	07.05.1922 Siegburg Siechburg [„Siecburg"] [„Siehburg"] Dep.: Haftanstalt Bonn-Siegburg 26. Juli 1944 entlassen	**Schicksal ungeklärt** ITS 1.2.2.5/12153230 Stamdesamtliche Anfrage ergebnislos
57542 LAT Sch.H.	Pakterika{Pagerita} Genia B: -	??.10.1926 Lettland {06.02.1925 Dysaty}	**Schicksal ungeklärt** „ab 14.2.1945 nach Angriff flüchtig" ITS 1.1.47.1 / 5174277
57543 POL Sch.H.	Pankau Anna [>Anna Bartz] B: Bürogehilfin F: vgl. 57544 RavNo.: 72877 Schreiben 1. Mai 1945: Von Schmidt/Sch Personalbüro der Universelle 6.3.3.2 / 86911471	22.07.1923 Znin 22.07.1924 [Dietfurt] Dep.: Ilberstedt:18.5.1940 bei Bernburg(Saale) ITS 2.2.2 76084457 Ravesnbrück: 29.09.1944	Befreit im Mai 1945 in Dresden durch Sowjetarmee nach Flucht bei Luftangriff 22.03.1945-26.04.1945 wieder bei Universelle Schreiben der Universelle: Vermittlung an den Gartenbaubetrieb Paul Günther Gompitz Bez. Dresden ITS TD 146849 „ab 14.2.1945 nach Angriff flüchtig" ITS 1.1.47.1 / 5174280

57544 POL Sch.H.	Pankau Ewa [Eva] B: Büroangestellte F: vgl. 57543	13.08.1922 Dietfurt {Dietfurth} Ilberstedt:18.5.1940 ITS 2.2.2 76084457	**Schicksal ungeklärt** „ab 14.2.1945 nach Angriff flüchtig“ ITS 1.1.47.1 / 5174277
57545 SERB Sch.H.	Pantic Ljubica B: Hausfrau	*ca. 1904 Lipe Celo [40 Jahre] {28.11.1904 Lipe}	**Schicksal ungeklärt** „ab 14.2.1945 nach Angriff flüchtig“ ITS 1.1.47.1 / 5174277
57546 SERB Sch.H.	Paramentic Leposowa {Leposava} B: Hausfrau	02.11.1899 Celo-Svitarij {13.11.1909 Soileuri}	**Schicksal ungeklärt** „ab 14.2.1945 nach Angriff flüchtig“ ITS 1.1.47.1 / 5174277
57547 RUS Sch.H	Parchomtschuk {Parschontschuk} Maria B: -	23.06.1923 Korostiechew {23.07.1923 Koristeschiw}	**Schicksal ungeklärt** „ab 14.2.1945 nach Angriff flüchtig“ ITS 1.1.47.1 / 5174277
57548 RUS Sch.H. **POL**	Pasdierska{Paszierska} Izidora{Isydora} B: Arbeiterin [Herzschwäche 10.08.1943 bis 25.09.1943] Westig	15.09.1925 Stanislaw [05.09.1925 Stanislau}	**Schicksal ungeklärt** „ab 14.2.1945 nach Angriff flüchtig“ ITS 1.1.47.1 / 5174277 ITS 2.1.2 / 70670255
57549 LAT Sch.H.	Pauck {Pauch} Theodore {Teodore} B: - {Lettin}	*ca. 1915 Lettland [29 Jahre] {1915 Polen}	**Schicksal ungeklärt** „ab 14.2.1945 nach Angriff flüchtig“ ITS 1.1.47.1 / 5174277
57550 SERB Sch.H.	Pauljevitsch Olga B: Hausfrau	??.??.1891 Leskowitza {27.02.1891 Leskovica}	**Schicksal ungeklärt** „ab 14.2.1945 nach Angriff flüchtig“ ITS 1.1.47.1 / 5174278
57551 LAT Sch.H.	Pauls Elfriede B: -	13.03.1915 Lettland {13.03.1915 Pures}	**Schicksal ungeklärt** „ab 14.2.1945 nach Angriff flüchtig“ ITS 1.1.47.1 / 5174278
57552 SERB Sch.H.	Pautic {Pantic} Milanka B: -	*ca. 1928 Lipe Celo [16 Jahre alt] {23.04.1929 Lipe}	**Schicksal ungeklärt** „ab 14.2.1945 nach Angriff flüchtig“ ITS 1.1.47.1 / 5174278
57553 HOL Sch.H.	Peeks Henderkien {Henny} [Henlerkien] B: Krankenschwester HerzNo.: 651	01.04.1906 Gieten Dep.: Eindhoven KZ Herzogenbusch bis 30.08.1944 [Amsterdam 8.9.44]	**Schicksal ungeklärt** „ab 14.2.1945 nach Angriff flüchtig“ ITS 1.1.47.1 / 5174278 ITS 1.1.12 / 398088

57554 **SERB** **Sch.H.**	Penijn Pauline B: Schneiderin	12.06.1905 Melenza {12.07.1905 Melenci}	**Schicksal ungeklärt** „abgestellt nach Lager Zatschke b/Pirna, Auffanglg. d.KZ-Lagers Flössenbürg am 20.2.1945“ ITS 1.1.47.1 / 5174281
57555 **ITA** **Sch.H.**	Peperoni *Ricci Assunta B: Bäuerin	13.08.1908 Affile/Rom [13.08.1909] {03.06.1909 Afile}	Befreit 1945 Ort unbekannt ITS TD 306529 „ab 14.2.1945 nach Angriff flüchtig“ ITS 1.1.47.1 / 5174278
57556 **RUS** **Sch.H.**	Peresoinko {Perescinko} Ilene {Ilena} B: -	15.05.1915 UdSSR [UDRSSR] {15.05.1915 Leningrad}	**Schicksal ungeklärt** „ab 14.2.1945 nach Angriff flüchtig“ ITS 1.1.47.1 / 5174278
57557 **RD** **Sch.H.**	Pernkopf Hermine B: Hausgehilfin	24.11.1923 Goisern [Österreich]	**Schicksal ungeklärt** Kirchliche Anfrage ergebnislos
57558 **SERB** **Sch.H.**	Pesic {Peschic} Danica B: Hausfrau	??.??.1895 Leskowatz {20.12.1894 Leskovac} [20.12.1890 ?!] [Frauengefängnis Leipzig Kleinmeusdorf ?]	**Schicksal ungeklärt** „ab 14.2.1945 nach Angriff flüchtig“ ITS 1.1.47.1 / 5174278
57559 **LAT** **Sch.H.**	Peterson Martha B: -	10.12.1907 Lettland {11.02.1907 Rancane}	**Schicksal ungeklärt** „ab 14.2.1945 nach Angriff flüchtig“ ITS 1.1.47.1 / 5174278 Vgl. ITS 2.2.2.1/74190677
57560 **SERB** **Sch.H.**	Petrovic Milica B: Hausfrau	29.09.1906 Obrenovac {19.09.1906}	**Schicksal ungeklärt** „ab 14.2.1945 nach Angriff flüchtig“ ITS 1.1.47.1 / 5174278
57561 **SERB** **Sch.H.**	Petrovic Verica B: -	??.??.1924 Leskowatz {03.05.1925 Leskovac}	**Schicksal ungeklärt** „ab 14.2.1945 nach Angriff flüchtig“ ITS 1.1.47.1 / 5174278
57562 **RUS** **Sch.H.**	Petrowa Nina B: - RavNo.: 40539 (?)	??.??.1921 UdSSR {17.09.1921 Leningrad} Rav: 30.05.1944 (?)	**Schicksal ungeklärt** „ab 14.2.1945 nach Angriff flüchtig“ ITS 1.1.47.1 / 5174278

57563 **RUS** **Sch.H.** **{POL}** **{UKR}**	Petryczuk Anna B: Landarbeiterin {Polin} {Ukrainerin}	26.11.1919 Babin {26.12.1919 Babenji}	**Schicksal ungeklärt** „abgestellt nach Lager Zatschke b/Pirna, Auffanglg. d.KZ-Lagers Flössenbürg am 20.2.1945“ ITS 1.1.47.1 / 5174281
57564 **„RD“** **Sch.H.** **POL**	Pilch Johanna [Janina Johanna Nina] [>Janina Cwikla] B: Angestellte RavNo.: 72873	06.06.1921 Weichsel Ravensbrück: 29.09.1944	Befreit 1945 Ort unbekannt PWR: Brasilien Foto, Entschädigung Volksliste „DVL III“ ITS TD 885070
57565 **RD** **Sch.H.**	Pilsner *Kraml Maria B: Hilfsarbeiterin	03.05.1911 Gallspach Oberösterreich Dep.: Linz	**Starb 1945** wohl in Dresden Sicherlich ist der 13.**2**.1945 gemeint.
	„Es wird um Ausstellung einer Sterbeurkunde für die am 13.**5**.1945 anläßlich eines Bombenangriffes im Konzentrationslager Dresden ums Leben gekommene Maria Pilsner […] ersucht.“ ITS TD 428882		
57566 **RD** **VH.** **Aso.**	Pink Pauline RavNo.: 43787 B: -	28.11.1918 Dortmund	**Schicksal ungeklärt** Standesamtliche Anfrage unbeantwortet
57567 **POL** **Sch.H.** **{FRA}**	Plaisant {Plaisont} Jaqueline {Jaquelina} B: Arbeiterins {Französin}	03.04.1923 St. Quentin {Paris} [Frankreich]	**Schicksal ungeklärt** „ab 14.2.1945 nach Angriff flüchtig“ ITS 1.1.47.1 / 5174278
57568 **RD** **Sch.H.**	Pochodzala Katharina B: Ehefrau	14.12.1920 Holzheim	**Schicksal ungeklärt** Anfrage ergebnislos 89438 Holzheim
57569 **POL** **Sch.H.**	Pokora *Skubinska Honorate [Honorata] F: Mutter von Henryk Pokora *20.04.1929 B: - RavNo.:	02.11.1895 [“1885”] Pabianice {11.09.1905 Sossnowitz} Dep.: Myslowice, Groß Rosen, Ravensbrück	Befreit 1945 Ort unbekannt [~~Ravensbrück~~] ITS TD 1325187 „ab 14.2.1945 nach Angriff flüchtig“ ITS 1.1.47.1 / 5174278
57570 **POL** **Sch.H.**	Pokora Janina B: Landarbeiterin	20.05.1920 Sokolowa {Soko}	Informatorisch ITS TD 1325188 „ab 14.2.1945 nach Angriff flüchtig“ ITS 1.1.47.1 / 5174278

57571 **POL** **Sch.H.**	Polak Barbara [>Barbara Gdula] B: Bürogehilfin RavNo.: ~~71781~~ 72876	19.12.1922 Inowroclaw {=Hohensalza} Ravensbrück: 29.09.1944	Befreit 1945 Ort unbekannt ITS TD 1002468 „ab 14.2.1945 nach Angriff flüchtig“ ITS 1.1.47.1 / 5174278
57572 **POL** **VH.** **Aso.**	Politalska{Pelitalska} Maria {Marie} B: Bedienerin B:„Kölnerin“ Kellnerin BuNo.: 27111 RavNo.:	25.08.1913 Chodorowka {Hodoruwka} Dep.: SD Krakau KZ Buchenwald Altenburg- Ravensbrück: 04.09.1944	**Schicksal ungeklärt** „ab 14.2.1945 nach Angriff flüchtig“ ITS 1.1.47.1 / 5174278 ITS 1.1.5 / 7683400
57573 **POL** **Sch.H.**	Poplawska Matjana {Marianna} B: Ehefrau	09.01.1902 Brzezinki {09.02.1902 Radom}	**Schicksal ungeklärt** „abgestellt nach Lager Zatschke b/Pirna, Auffanglg. d.KZ-Lagers Flössenbürg am 20.2.1945“ ITS 1.1.47.1 / 5174281
57574 **RD** **Sch.H.**	Poppe Edith B:	18.02.1921 Erfurt [St.Amtl. Anfrage unbeantwortet]	**Schicksal ungeklärt** 25.12.44 entlassen [keine Karteikarte] [keine Effektenkarte]
57575 **CZE** **Sch.H.**	Pospilow {Pospisilowa} Barbara B: Haushalt	11.06.1900 Jaroslawitz {Janoslawitz}	**„an den Folgen der ~~Terror~~angriffe vom 13./14.2.1945 verstorben“** ITS 1.1.47.1 / 5174280 Annenfriedhof Dresden Abt.29 Reihe 3 Grab 10 **„Todestag 17.4.1945“** ITS 2.1.4 / 70991260
57576 **RD** **VH.** **Aso.**	Pretki Martha B: Hilfsarbeiterin	08.11.1915 Berlin	**Schicksal ungeklärt** Standesamtliche Anfrage unbeantwortet
57577 **RD** **Sch.H.**	Prochalska [Prochaska] Berta B: Hausfrau	23.10.1900 Eichthal =Hrastnik ? [Slowenien] ?	**Schicksal ungeklärt** Befreit 1945? [in Slowenien ?]
57578 **CZE** **Sch.H.** **M 1**	Prokop {Prokopowa} Maria [Marie] B: Haushalt [jüdischer Mischling ersten Grades]	14.05.1912 Neuhof	**Schicksal ungeklärt** „ab 14.2.1945 nach Angriff flüchtig“ ITS 1.1.47.1 / 5174278

57579 SERB Sch.H.	Purigracki Jovanka B: Schneiderin	20.01.1904 Kikinda {20.01.1904 Velika}	**Schicksal ungeklärt** „ab 14.2.1945 nach Angriff flüchtig“ ITS 1.1.47.1 / 5174278
57580 LAT Sch.H.	Putninsch Ljuba B: -	21.12.1926 Lettland {25.12.1922 Wentspila}	**Schicksal ungeklärt** „ab 14.2.1945 nach Angriff flüchtig“ ITS 1.1.47.1 / 5174278
57581 POL Sch.H.	Radinsch [Radisch] Maria {Marie} B: Kindergärtnerin	23.03.1927 Kolomea [23.03.1924] {23.03.1924 Roschny}	**Schicksal ungeklärt** „ab 14.2.1945 nach Angriff flüchtig“ ITS 1.1.47.1 / 5174278
57582 SERB Sch.H.	Radiwojevic {Radivojevic} Zagorska [Zagorka] B: Hausfrau	??.??.1907 Takovo {??.05.1907 Takoro}	**„Schicksal ungeklärt** ab 14.2.1945 nach Angriff flüchtig“ ITS 1.1.47.1 / 5174278
57583 LAT Sch.H.	Ranlis, {Rankis} Anna {Alma} B: -	13.11.1921Lettland {13.11.1921 Orenburga}	**Schicksal ungeklärt** „ab 14.2.1945 nach Angriff flüchtig“ ITS 1.1.47.1 / 5174278
57584 LAT Sch.H.	Rasmus Tatiana {Tatjana} B: -	19.07.1911Lettland {19.07.1911 Dundag}	**Schicksal ungeklärt** „ab 14.2.1945 nach Angriff flüchtig“ ITS 1.1.47.1 / 5174278
57585 RD	Raspe [>Forkert] Walburga [Walpurga] [keine Karteikarte] RavNo.: 41628 [Verkehr mit Russe]	10.06.1922 Somsdorf [Standesamt Freital] Ravensbrück: 08.06.1944	Befreit 1944/1945 Entlassen 18.12.44 Stapo Dresden ITS 1.1.35 / 129643371 Aussage 1946 Dresden MatSa-Betriebschronik
57586 [ohne] POL {RUS}	Roszkowa {Roschkowa} Kasza {Karja} B: - {Russin}	[ohne] {03.05.1927 Kiew}	**Schicksal ungeklärt** „ab 14.2.1945 nach Angriff flüchtig“ ITS 1.1.47.1 / 5174278
57587 LAT Sch.H.	Ratinsch Marta B: -	27.09.1901Lettland {27.09.1911 Riga}	**Schicksal ungeklärt** „abgestellt nach Lager Zatschke b/Pirna, Auffanglg. d.KZ-Lagers Flössenbürg am 20.2.1945“ ITS 1.1.47.1 / 5174281

57588 **FRA** **Sch.H.**	Regnier Margarette [Marguerite] B: Arbeiterin 43kg 1,67m (01.06.45) Von Russen vergewaltigt ITS	11.10.1908 [11.10.1907] Seboncourt [„Seboneour"] [„Leboncorata"] Dep.: Ravensbrück	Befreit 1945 Ort unbekannt; Repatriiert über Jena www.bddm.org „ab 14.2.1945 nach Angriff flüchtig" ITS 1.1.47.1 / 5174278
57589 **RD** **VH.** **Aso.**	Raisenhausen [Reifenhausen] Liselotte B: Hausangestellte	29.04.1923 Gettorf	Befreit 1945 Ort unbekannt; Standesamt Dänischer Wohld
57590 **RD** **Sch.H.**	Reinert Gertrud B: Landarbeiterin	26.07.1920 Posnitz	**Schicksal ungeklärt** Standesamtliche Anfragen ergebnislos
57591 **RD** **Aso.**	Reitz Käthe [Katharina] Beruf: - Beruf: Arbeiterin	16.10.1922 Zündorf Gefängnis Bonn [4 Tage Gefängnis w. Unterschlagung] 24.10.-28.10.1941	Befreit 1945 Ort unbekannt; starb 1996 in Troisdorf Standesamt Köln-Porz ITS 1.2.2 / 12153659
57592 **RD** **Sch.H.**	Remde Liselotte B: Schreiberin	27.05.1923 Erfurt	**Schicksal ungeklärt** Standesamtliche Anfrage unbeantwortet
57593 **RUS** **Sch.H.**	Rewjakina Ulawa [Vlawa]{Klara} B: Studentin	08.08.1923 Rewjakino	**Schicksal ungeklärt** „ab 14.2.1945 nach Angriff flüchtig" ITS 1.1.47.1 / 5174278
57594 **LAT** **Sch.H.**	Ribkinskis Anna B: -	11.03.1907 Lettland {11.03.1907 Liwane}	**Schicksal ungeklärt** „ab 14.2.1945 nach Angriff flüchtig" ITS 1.1.47.1 / 5174278
57595 **RD** **Sch.H.**	Richter Berta B: Plätterin RavNo.: 41626	09.08.1924 Ulkern [Ukern] Ravensbrück: 08.06.1944	**Schicksal ungeklärt** ITS 1.1.35 / 129643371
57596 **RD** **Polit.**	Richter, *Rauscher Theresie RavNo.: 57399 B: -	23.09.1899 Passriach Dep.: Ferlach [KZ Freiberg]	Befreit Mai 1945 im KZ Mauthausen ITS TD 293342 ITS 0.1/64675453
57597 **RD** **VH.** **BV.**	Rink Herta B: Arbeiterin	25.04.1916 Weidenau bei Siegen [„Weideau"]	**Schicksal ungeklärt** Anfrage ergebnislos Standesamt Siegen Hochzeit nach d Krieg?
57598 **RD** **VH.** **Aso.**	Ringleb Hildegard B: Arbeiterin	27.05.1914 Königsberg	**Schicksal ungeklärt**

57599 **LAT** **Sch.H.**	Rinkulis Alena {Alma} B: - {Lettin}	05.07.1923 Lettland {05.07.1923 Leningrad}	**Schicksal ungeklärt** „ab 14.2.1945 nach Angriff flüchtig“ ITS 1.1.47.1 / 5174278
57600 **LAT** **Sch.H.**	Risakows {Risakowa} Fiodosia [Fjodoria] B: -	10.03.1915 Lettland {10.03.1915 Resenko}	**Schicksal ungeklärt** „ab 14.2.1945 nach Angriff flüchtig“ ITS 1.1.47.1 / 5174278
57601 **POL** **Sch.H.** **[polit.]**	Rogozinska Rogozinski Stanislawa [>Stanislawa Lenc] B: Köchin RavNo.: 72887	24.04.1906 Jaworzno Dep.: Myslowitz Ravensbrück: 29.09.1944	Befreit 1945 Ort unbekannt PWR: Jaworzno ITS TD 858626 „ab 14.2.1945 nach Angriff flüchtig“ ITS 1.1.47.1 / 5174278
57602 **RD** **VH.**	Roolfs [Rolfs] *Strich [>Jahnke] Klara [Karla] [Keine Effektenkarte] RavNo.: 41033	11.10.1910 Bielefeld Ravensbrück: 01.06.1944	Befreit 1945 Ort unbekannt Standesamt Bielefeld Starb: 16.03.99 ITS 1.1.35 / 129643330
57603 **RD** **Sch.H.**	Rüdiger Margarethe B: Arbeiterin	15.11.1897 Lippehne = Lipiany/Polen	**Schicksal ungeklärt**
57604 **LAT** **Sch.H.**	Rumbis {Rumpis} Emma B: -	10.12.1908 Lettland {10.12.1908 Auguli}	**Schicksal ungeklärt** „ab 14.2.1945 nach Angriff flüchtig“ ITS 1.1.47.1 / 5174278
57605 **POL** **Sch.H.**	Rutkowska Stefania B: Stenotypistin RavNo.: 72886	29.08.1904 Hohensalza Dep.: Ravensbrück 29.09.1944	Befreit 1945 Ort unbekannt ITS TD 1027952 „ab 14.2.1945 nach Angriff flüchtig“ ITS 1.1.47.1 / 5174278
57606 **POL** **Sch.H.**	Sadowska Jadwiga [>Jadwiga Robak] F: Schwester v. 57607 B: Schneiderin RavNo.: 72890	17.03.1914 Opokach [Gr. Hottingen] [Gross Ottingen] Ravensbrück: 29.09.1944	Befreit 1945 Ort unbekannt ITS TD 1007837 „ab 14.2.1945 nach Angriff flüchtig“ ITS 1.1.47.1 / 5174278
57607 **POL** **Sch.H.**	Sadowska Janina [>Janina Kurek] F: Schwester v. 57606 B: Büroangestellte RavNo.: 72891	17.10.1919 Walentynowo [Valentinovo] Dep.: Inowroclaw Ravensbrück: 29.09.1944	Befreit 1945 Ort unbekannt ITS TD 1007837 „ab 14.2.1945 nach Angriff flüchtig“ ITS 1.1.47.1 / 5174278

57608 **LAT** **Sch.H.**	Salans Juliane {Juliana} B: -	22.05.1905Lettland [23.05.1905] {23.03.1905 Ereli}	**Schicksal ungeklärt** „ab 14.2.1945 nach Angriff flüchtig“ ITS 1.1.47.1 / 5174278
57609 **RD** **V.H.**	Sandrock Else [Elsa] B: Köchin	19.02.1919 Köhlingshausen [Röhlinghausen]	Befreit 1945 Ort unbekannt, starb: 15.03.1956 Eickelborn
57610 **LAT** **Sch.H.**	Sarmolis {Sarmulis} Marianne [Marianna] B: -	01.05.1918 Lettland {05.05.1918 Berspils}	**Schicksal ungeklärt** „ab 14.2.1945 nach Angriff flüchtig“ ITS 1.1.47.1 / 5174278
57611 **RD** **Sch.H.**	Sauter Johanna [Joanna] B: Hausangestellte	25.05.1909 Blochingen/Mengen [„Blechingen“]	Befreit 1945 Ort unbekannt; starb 20.04.1968 in Mengen
57612 **POL** **Sch.H.**	Zembik [„Sembik“] Helene [>Helena Popczyk] B: Arbeiterin RavNo.: 72888	02.03.1920 Poraj Ravensbrück: 29.09.1944	Befreit 1945 Ort unbekannt ITS TD 1045713 „ab 14.2.1945 nach Angriff flüchtig“ ITS 1.1.47.1 / 5174278
57613 **LAT** **Sch.H.**	Semiks {Semitis} Mirdsa B: -	27.10.1926 Lettland {27.10.1926 Riga}	**Schicksal ungeklärt** „abgestellt nach Lager Zatschke b/Pirna, Auffanglg. d.KZ-Lagers Flössenbürg am 20.2.1945“ ITS 1.1.47.1 / 5174281
57614 **RD** **VH.** **Aso**	Sengersdorf Käthe B: Prostituierte	19.05.1914 Düren	**Schicksal ungeklärt** Standesamtliche Anfrage unbeantwortet
	Effekten: 1 A[rmband] Uhr g.[old] m.[it] [...],1 Ehering g.[old], 2 Ringe m.[it] An. St.[?] Anstecker/Stein?, 1 Halskette [...] m. Anh.[änger], 1 Armband g.[old]“		
57615 **RUS** **Sch.H.**	Serbiniuk [Serbinjuk] Frieda B: -	09.06.1924 Katerinka {23.06.1925 Odessa}	**Schicksal ungeklärt** „ab 14.2.1945 nach Angriff flüchtig“ ITS 1.1.47.1 / 5174278
57616 **LAT** **Sch.H.**	Sette {Sekke} Anna B: -	18.03.1917 Lettland {18.03.1917 Pale}	**Schicksal ungeklärt** „ab 14.2.1945 nach Angriff flüchtig“ ITS 1.1.47.1 / 5174278
57617 **LAT** **Sch.H.**	Silinsch Kathrina [Katrina] B: -	22.11.1918 Lettland {22.11.1918 Wischki}	**Schicksal ungeklärt** „am 23.3.45 beim Kdo. Dresden, Universelle entflohen“ [Häftlingskarteikarte] ITS 1.1.8.4 / 11086936
	„ab 14.2.1945 nach Angriff flüchtig“ ITS 1.1.47.1 / 5174279	„4.4.45 geflüchtet“ [Eintrag ins Nummernbuch]	

57618 **RUS** **Sch.H.**	Sintschenko Marie B: Hilfsarbeiterin	15.01.1927 Kertsch	**Schicksal ungeklärt** ITS TD 2026978 [nicht eingesehen] „ab 14.2.1945 nach Angriff flüchtig" ITS 1.1.47.1 / 5174279
57619 **LAT** **Sch.H.**	Siromototo {Sirimolotowa} Walentina {Valentina} B: -	23.09.1923 Lettland {23.09.1923 Abrena}	**Schicksal ungeklärt** „abgestellt nach Lager Zatschke b/Pirna, Auffanglg. d.KZ-Lagers Flössenbürg am 20.2.1945" ITS 1.1.47.1 / 5174281
57620 **RUS** **Sch.H.**	Sirofe {Sirote} Wera {Vera} B: Schülerin	26.11.1923 Derejowka [Derjeowka] {26.11.1923 Derejecka}	**Schicksal ungeklärt** „ab 14.2.1945 nach Angriff flüchtig" ITS 1.1.47.1 / 5174279
57621 **RUS** **Sch.H.** **{POL}**	Siwon Maria B: Heimarbeiterin RavNo.: 72892 {Polin}	30.08.1899 Ratibor Dep.: Piotrowice, Myslowice Ravensbrück 29.09.1944 [Zatzschke Pirna]	Befreit 08.05.1945 Ort unbekannt ITS TD 143287 „abgestellt nach Lager Zatschke b/Pirna, Auffanglg. d.KZ-Lagers Flössenbürg am 20.2.1945" ITS 1.1.47.1 / 5174281
57622 **POL** **Sch.H.** **{RUS}**	Skrinik Anastasia B: Landarbeiterin BuNo.: 27774	??.??.1910 Selowiezilawo {1910 Hwitijalowka} KZ Buchenwald Kdo. Altenburg Rav.: 04.09.1944	**Schicksal ungeklärt** „ab 14.2.1945 nach Angriff flüchtig" ITS 1.1.47.1 / 5174279 ITS 1.1.35 / 129641695
57623 **RD** **Sch.H.**	Skora Ilse B: Lageristin	26.03.1921 Dresden	**Schicksal ungeklärt** Standesamtliche Anfrage unbeantwortet
57624 **RUS** **Sch.H.**	Sligowa [Slisgowa] {Sklisgowa} Anna B: -	31.10.1922 UdSSR {31.10.1922 Leningrad}	**Schicksal ungeklärt** „ab 14.2.1945 nach Angriff flüchtig" ITS 1.1.47.1 / 5174279
57625 **POL** **Sch.H.**	Smalska [Smalski] Marta B: - RavNo.: 72290	14.02.1911 Bytom {Rossberg} Ravensbrück: 22.09.1944	Befreit 08.05.1945 Ort unbekannt ITS TD 1024994 „ab 14.2.1945 nach Angriff flüchtig" ITS 1.1.47.1 / 5174279

57626 **LAT** **Sch.H.**	Sminatikowa {Smitanikowa} Uliana [>Uljana Sergejewa]	??.??.1912 Kapin [Lettland] {15.10.1912 Daugawpils} Dep.: Riga, KZ Salaspils, Danzig Ravensbrück	Befreit 1945 Ort unbekannt nach Flucht ITS TD 1771282 [nicht eingesehen] „ab 14.2.1945 nach Angriff flüchtig“ ITS 1.1.47.1 / 5174279
57627 **LAT** **Sch.H.**	Sotes {Suters} Elodia B: -	24.08.1925 Lettland {24.08.1925 Sitgunda}	**Schicksal ungeklärt** „ab 14.2.1945 nach Angriff flüchtig“ ITS 1.1.47.1 / 5174279
57628 **RD** **VH.** **Aso**	Spandig Luisa B: Landarbeiterin	16.05.1911 Gr. Röhrsdorf [Groß-Röhrsdorf]	**Schicksal ungeklärt** Standesamtliche Anfrage unbeantwortet
57629 **RD** **Sch.H.** **[polit.]**	Sprengel *Bolik? Bolck Rita B: Juristin RavNo.: 12867 [Kommunistin] [Verurteilt zu 6 Monaten wegen versuchter Beihilfe zu illegalem Grenzübertritt]	06.01.1907 Tilsit [„Tilsitt“] GefängnisKonstanz Ravenbrück: 04/42 Ravensbrück: 07.08.1942	Geflohen nach Bombardieung Befreit 1945 in Dürröhrsdorf-Ditters- bach [vgl. S.252 in:] „Der rote Faden“ Verstarb: 20.12.1993 Vgl. Brenner S.292 ITS 1.1.35 / 129643218 ITS 1.2.2 / 12057617
57630 **RD** **Sch.H.**	Sprenger, *Menzel Gertrud B: Textilarbeiterin [Judenbegünstigung in Neusalz]	28.02.1904 Deutsch- Wartenberg [„Deutsch-Warth.“] = Otyń [Mockethal- Zatzschke] [„Judenlager Pirna“]	Befreit 08.05.1945 Festung Königstein Nach Flucht bei Luftangriff und Wiederergreifung in Ockerwitz und Frauen- Gefängnis Dresden Georg-Bär-Straße, Mockethal-Zatzschke Judenlager „Weiße Taube“ erneut geflohen PWR: Homberg B 162 – 16325 S.109 B 162 – 16326 S.239ff.
57631 **LAT** **Sch.H.**	Suters Martha F: vgl. 57632 B: -	07.08.1900 Lettland {07.08.1900 Sitgunda}	**Schicksal ungeklärt** „ab 14.2.1945 nach Angriff flüchtig“ ITS 1.1.47.1 / 5174279

57632 **LAT** **Sch.H.**	Suters Sidra F: vgl. 57631 B: -	01.01.1930 Lettland {01.01.1930 Sitgunda}	**Schicksal ungeklärt** „ab 14.2.1945 nach Angriff flüchtig“ ITS 1.1.47.1 / 5174279
57633 **RUS** **Sch.H.**	Swiatkowa {Swatkowa} Maria B: Landarbeiterin	01.04.1920 Pripitschka {01.04.1920 Witebsk}	**Schicksal ungeklärt** „ab 14.2.1945 nach Angriff flüchtig“ ITS 1.1.47.1 / 5174279
57634 **POL** **Sch.H.**	Szimzeiner [Szimszeiner] {Szimizeiner} Maria B: Hausfrau	20.04.1892 Dombrowa {20.04.1892 Orlowa}	**Schicksal ungeklärt** „ab 14.2.1945 nach Angriff flüchtig“ ITS 1.1.47.1 / 5174279
57635 **LAT** **Sch.H.**	Scharakowa [„Schara“] {Schardkowa} Raisa [„Kowa“] B: - [>Protassjewna] [>Raissa Sowan]	25.07.1925 Lettland {25.07.1929 Istra} [Ludzwensky Istrenskaya wolost, d. Borowye]	**Schicksal ungeklärt** Befreit 1945? Ort unbekannt „ab 14.2.1945 nach Angriff flüchtig“ ITS 1.1.47.1 / 5174279
57636 **RD** **BV.**	Scheithaner Scheithauer, *Nitsch Anna B: Haushälterin B: Fabrikarbeiterin [Sudetendeutsche]	21.06.1901 Seifersdorf [bei Jägerndorf] [1 Jahr Zuchthaus wegen Diebstahl] Gefängnis Jauer 27.8.43-12.8.1944	**Schicksal ungeklärt** ITS 1.2.2 / 12160434 Seifersdorf =Zátor/Tschechien [Sudetenland]
57637 **LAT** **Sch.H.**	Schelucha Salomea B: -	??.??.1918 Lettland {12.04.1918 Peregowa}	**Schicksal ungeklärt** „ab 14.2.1945 nach Angriff flüchtig“ ITS 1.1.47.1 / 5174279
57638 **RUS** **Z.A.**	Schidowa Sina B: Hilfsarbeiterin	15.06.1921 Hartschikowka [Hartschikoung] {Hartschikoga}	**Schicksal ungeklärt** „ab 14.2.1945 nach Angriff flüchtig“ ITS 1.1.47.1 / 5174279
57639 **RUS** **Sch.H.**	Schigunowa Manefa B: Arbeiterin	26.11.1906 Schtykani {Stikani}	**Schicksal ungeklärt** „ab 14.2.1945 nach Angriff flüchtig“ ITS 1.1.47.1 / 5174279
57640 **RUS** **Z.A.**	Schikun Ludmila [Ludmia] B: -	[ohne] {24.12.1924 Sewastopol}	**Schicksal ungeklärt** „ab 14.2.1945 nach Angriff flüchtig“ ITS 1.1.47.1 / 5174279

57641 **RD** **Aso.**	Schlifter Irma [>Irma Schlifter] B: -	28.10.1911 Hamburg Dep.: 1937 KZ Lichtenburg [Sterilisation in Ravensbrück ohne Gerichtsurteil]	Geflohen 13.02.1945 bei Luftangriff Befreit in Hamburg nach Rückkehr im März PWR: Hamburg ITS TD 985240
57642 **RD** **VH.** **Aso.**	Schmidt Charlotte [>Leokadia Sehnke] B: - RavNo.: 6441 (?)	03.05.1923 Lodz [„Litzmannstadt"] Dep.: Lodz, Radegau, Thorn Ravensbrück: 06/43 1941 (?)	Befreit 1945 Ort unbekannt geflohen nach Luftangriff auf Dresden PWR: Barsinghausen ITS TD 167167 B 162 / 16325 S.214ff.
57643 **RD** **BV.**	Schmidt Emma B: Kranführerin	25.10.1918 Osnabrück	Befreit 1945 Ort unbekannt starb 1974 in Hannover
57644 **RD** **BH.** **Aso.**	Schmidt Gertrud B: Hausangestellte RavNo.: 12742 [„Bi."]	25.09.1921 Essen Ravensbrück: 31.07.1942 [Bibelforscher?]	Befreit 1945 Ort unbekannt weniger als 30 Jahre tot ITS 1.1.35 / 129643210
57645 **RD** **VH.** **BV.**	Schmidt, *Heidrich Hildegard [>Fischer] B: Arbeiterin [Rückfall Diebstahl 1 Jahr Zuchthaus]	06.03.1896 Plauen im Vogtland Dep.: Cottbus Gefängnis Jauer 19.5.43-18.5.1944	Befreit 1945 Ort unbekannt; starb 10.07.1978 in Plauen ITS 1.2.2 / 12160456
57646 **RD** **Sch.H.**	Schnittker Johanna RavNo.: 26696 [keine Karteikarte] [keine Effektenkarte]	09.11.1916 Cloppenburg Ravensbrück: Januar 1944 (?)	entlassen 4.12.44 nach Cloppenburg Befreit 1945 Ort unbekannt ITS TD 397102
57647 **RD** **Sch.H.**	Schön Rosa B: Landarbeiterin	11.04.1917 Nußbach [Nussbach]	**Schicksal ungeklärt** Anfragen unbeantwortet
57648 **RD** **Sch.H.**	Schoumacher Maria B: Haushalt	13.03.1897 Rossbrüggen [Flandern?]	**Schicksal ungeklärt** Roesbrugge/Belgien
57649 **RD** **VH.** **Aso.**	Schreitz, *Hartl Josepha [„Josefa"] B: Arbeiterin	14.07.1904 Augsburg	Befreit 1945 Ort unbekannt; starb 13.04.1981 in Schwabmünchen
57650 **RD** **VH.** **Aso.**	Schüp [Schüpfer] Martha Ottilie [Ottilie Marta] B: -	14.01.1919 Mainz [„Meinz"]	**Schicksal ungeklärt** Standesamtliche Anfrage ergebnislos

57651 **RD**	Schütz Liselotte B: -	[ohne]	**Schicksal ungeklärt**
57652 **RD** **Sch.H.**	Schulze Gertrud [keine Karteikarte] [keine Effektenkarte]	17.12.1908 ND Rasslau	**Schicksal ungeklärt** entlassen 25.12.44
57653 **RD** **[„RE“]** **VH.** **BV.** **Aso.**	Schwarz Aloisa B: Kellnerin	13.03.1921 Unterrohr	**Schicksal ungeklärt** Standesamt Kammeltal Anfrage ergebnislos, Pocking unbeantwortet, Hartberg in Österreich unbeantwortet
57654 **RD** **Sch.H.**	Schwemmer Sofie [>Sofie Klotz] B: - RavNo.: 20888	10.09.1922 Heilbronn [Neckargastach] Ravensbrück: Block 5, Block 7 Sommer 1943 (?)	Befreit Mai 1945 in Heilbronn: Kranken-haus Weinsberg ITS TD 1101465
57655 **RD** **Sch.H.**	Schwiderski Elise [>Dornieden] B: Näherin	10.07.1902 Czychen	Befreit 1945 Ort unbekannt PWR: Berlin B 162 / 16326 S.242
57656 **RD** **Sch.H.**	Schwigl [>Sviglelj, Sviglji] Anna [>Ancka, Ankidza] B: Angestellte [Slowenin]	10.01.1925 Bostanj [Savenstein] Slowenien	**Starb Februar 1945 beim Luftangriff** vgl. Sprengel [keine Abmeldung] ITS TD 525500 „Dresden Lager 94 Appelstr.“ [?]
57657 **RD** **Sch.H.**	Reinboth [‚Reiboth‘] Elisabeth [>Wiberg] RavNo.: 24532 [keine Karteikarte] [keine Effektenkarte]	12.09.1918 Griffstädt Dep.: Berlin Ravensbrück:	Entlassen 4.12.44 Befreit 1945 Ort unbekannt Entlassungsschein vom 4.12.1944 Abgezeichnet von Kriminaloberassistent Bloemberg B 162 / 16326 S.247ff. Nach Fichtengrund Friedrichstahl über Oranienburg entlassen PWR: Flucht aus Berlin n. Neumünster PWR: 1952 Schweden ITS TD 954196

57658 **CZE** **Sch.H.**	Stablova [Stablowa] Cecilie [Cecilia] B: Haushälterin	09.05.1903 Brünn Brno	**Schicksal ungeklärt** „ab 14.2.1945 nach Angriff flüchtig" ITS 1.1.47.1 / 5174279
57659 **LAT** **Sch.H.**	Stakano {Stankanowa} Tamara B: -	09.02.1915 Lettland {09.02.1916 Jenesei}	**Schicksal ungeklärt** „ab 14.2.1945 nach Angriff flüchtig" ITS 1.1.47.1 / 5174279
57660 **SERB** **Sch.H.**	Staletovic Danica B: Haushalt RavNo.: 30336	12.07.1922Vucitrn {15.08.1922 Vucitru} Dep.: Vucitrn, Banjica	Befreit 1945 Ort unbekannt; ITS TD 1629749 [nicht eingesehen] „ab 14.2.1945 nach Angriff flüchtig" ITS 1.1.47.1 / 5174279
57661 **LAT** **Sch.H.**	Staltans Raidrite {Ekaidritte} B: -	07.10.1923 Lettland {07.10.1923 Riga}	**Schicksal ungeklärt** „ab 14.2.1945 nach Angriff flüchtig" ITS 1.1.47.1 / 5174279
57662 **SERB** **Sch.H.**	Stankovitsch Jovanka B: Hausfrau	??.??.1899 Kusitsch {10.11.1899 Kusic}	**Schicksal ungeklärt** „ab 14.2.1945 nach Angriff flüchtig" ITS 1.1.47.1 / 5174279
57663 **RUS** **Z.A.**	Staruschtschuk [Staruschtschyk] Tatiana [Tatjana] B: -	[ohne] {31.12.1921 Wielicki}	**Schicksal ungeklärt** „ab 14.2.1945 nach Angriff flüchtig" ITS 1.1.47.1 / 5174279
57664 **RD** **VH.** **BV.**	Staudt, *Merz Johanna [Joh. Josepha] B: Hausfrau	02.08.1914 Sackenbach [Sarkenbach]	Befreit 1945 Ort unbekannt; Starb:18.01.1996 St.Amt Lohr am Main
57665 **RD** **Sch.H.**	Steigert Amalia B: -	01.07.1899 Igelbach[Iggelbach] [St.Amt Elmstein VG Lambrecht]	Befreit 1945 Ort unbekannt; Starb: 01.03.1987 Neustadt/Weinstraße
57666 **SERB** **Sch.H.**	Stepic Milica B: Haushalt	19.04.1907 Pozarevac Dep.: Pozarevac, Banjica Ravensbrück:	Befreit 1945 Ort unbekannt ITS TD 1454100 [nicht eingesehen] „abgestellt nach Lager Zatschke b/Pirna, Auffanglg. d.KZ-Lagers Flössenbürg am 20.2.1945" ITS 1.1.47.1 / 5174281

57667 **SERB** **Sch.H.**	Sterjevic *Vojna [Sterejvic] Maria B: Haushalt RavNo.: 70334	27.07.1911 Jermenovci [Jermenovac] [21.07.1911] Dep.: Belgrad Ravensbrück: 17.09.1944	Befreit 08.05.1945 Ort unbekannt ITS TD 1100658 „ab 14.2.1945 nach Angriff flüchtig" ITS 1.1.47.1 / 5174279
57668 **SERB** **Sch.H.**	Stojakovic Desanka B: Hausfrau	02.09.1926 Milosevo [Miloschero] Dep.: Banjica Ravensbrück	ITS TD 1625080 [nicht eingesehen] „ab 14.2.1945 nach Angriff flüchtig" ITS 1.1.47.1 / 5174279
57669 **LAT** **Sch.H.**	Stoljeros {Stolierows} Wera B: -	16.09.1915 Lettland {16.09.1915 Wecslabada}	**Schicksal ungeklärt** „ab 14.2.1945 nach Angriff flüchtig" ITS 1.1.47.1 / 5174279
57670 **D.V.L.** **III.** **{POL}**	Strach Anna B: Haushälterin RavNo.: 70384 {Polin}	10.06.1904 Gorki Male [Gross Gureck] [10.07.1904] {10.07.1904 Grossgurek} Dep.: Cieszyn, Myslowice Ravensbr.: 17.09.44	Befreit 1945 Ort unbekannt ITS TD 445524 Deutsche Volksliste III „ab 14.2.1945 nach Angriff flüchtig" ITS 1.1.47.1 / 5174279
57671 **RD** **VH.** **BV.**	Stracke Helena B: Näherin	09.02.1916 Siegen	**Schicksal ungeklärt** Anfrage ergebnislos 8 Standesamtsbezirke
57672 **RD** **Sch.H.**	Streubel Johanna B: -	02.01.1921 Leipzig Dep.: Linz / Donau	Befreit 1945 Ort unbekannt PWR: Wurzen/Sachsen 30.07.1945 ITS 3.1.1 / 69327797
57673 **RD** **VH** **Aso.**	Studer Franziska B: Fabrikarbeiterin	10.11.1895 Mannheim	**Schicksal ungeklärt** Anfrage ergebnislos Mädchenname unbekannt
57674 **RUS** **Sch.H.**	Tarelnikowa {Tarennikowa} Rosa B: Arbeiterin	01.01.1926 Jeisk {04.01.1920 Jejsk}	**Schicksal ungeklärt** „ab 14.2.1945 nach Angriff flüchtig" ITS 1.1.47.1 / 5174279
57675 **RD** **VH.** **Aso.**	Thalhammer Marie B: Hausgehilfin	21.07.1923 Groß Russbach [Niederösterreich]	Befreit 1945 Ort unbekannt; starb 20.12.1961 in Wien Pfarrei Großrussbach

57676 **RD** **a.W.** **Sch.H.**	Thomes [Thomas?] Mathilde [Frankreich] B: Studentin Mulhouse-Berlin 20.05	16.10.1924 Deutsch Oth =Audun-le-Tiche SL Schirmeck 05/44	Befreit 1945 Ort unbekannt ‚rentrés de déportation' [Lothringen]
57677 **RD** **Sch.H.**	Timm Liesbeth [L. Gertrud] B: - RavNo.: 11025 [Dresden: 25020 ?] [Verkehr mit Ukrainer] ITS 1.1.35 / 129643095	18.12.1919 Jakobsdorf Dep.: Greifswald, Bützow Ravensbrück: 16.05.1942	Befreit 1945 in Pirna OdF [Mariechen Paul Burgstraße 6, Burgkeller]
57678 **LAT** **Sch.H.**	Timofejewa Antonina B: -	17.08.1918 Lettland {17.08.1918 Augschpils}	**Schicksal ungeklärt** „ab 14.2.1945 nach Angriff flüchtig" ITS 1.1.47.1 / 5174279
57679 **LAT** **Sch.H.** **{RUS}**	Timovile {Timofejewa} Anna B: -	28.08.1922 Lettland {23.08.1922 Leningrad}	**Schicksal ungeklärt** „ab 14.2.1945 nach Angriff flüchtig" ITS 1.1.47.1 / 5174279
57680 **LAT** **Sch.H.**	Tschatsch {Tachatscha} Wera B: -	24.06.1925 Lettland {24.06.1925 Tilscha}	**Schicksal ungeklärt** „ab 14.2.1945 nach Angriff flüchtig" ITS 1.1.47.1 / 5174279
57681 **POL** **Sch.H.** **{LAT}**	Tachatscha Jozefa B: - {Lettin}	??.??.1912 {1912 Kaunat} [Kaunas ?]	**Schicksal ungeklärt** „ab 14.2.1945 nach Angriff flüchtig" ITS 1.1.47.1 / 5174279
57682 **RD** **a.W.** **polit.**	Tscherednik Stefanie B: Fabrikarbeiterin	01.01.1923 Jeschenzen =Ješenca [Slowenien]	**Schicksal ungeklärt** Befreit 1945 in Slowenien (?) [Slowenin]
57683 **RD** **polit.**	Tschrepinschek [Crepinsek], Nada [>Nada Ana Oblak] B: Reichsbahnbeamtin	15.10.1921 Cilli [Celje] [Slowenien]	**Schicksal ungeklärt** Befreit 1945 in Slowenien (?) [Slowenin]
57684 **RD** **a.W.** **polit.**	Tschretschnik Anna B: Aufräumerin	12.07.1921 Lindenhof	**Schicksal ungeklärt**
57685 **LAT** **polit.**	Tschudowskis Vera {Wera} B: - [„Tschretschnik"] [vgl. Karteikarte] ITS 1.1.8 / 11090441	26.12.1922 {26.12.1922 Jstras}	**Schicksal ungeklärt** „abgestellt nach Lager Zatschke b/Pirna, Auffanglg. d.KZ- Lagers Flössenbürg am 20.2.1945" ITS 1.1.47.1 / 5174281

57686 **RUS** **Z.A.** **Sch.H.**	Tschukina[Tschjuikina] Tamara[Anna] [>Choroschilowa] B:Hausgehilfin RavNo.: 72777	13.04.1927 Prywolno [15.10.1926] Kriwoi Rog {15.04.1927 Dnepropetrowsk} Ravensbr: 29.09.44	Befreit 1945 Ort unbekannt ITS TD 3032278 „ab 14.2.1945 nach Angriff flüchtig“ ITS 1.1.47.1 / 5174279
57687 **LAT** **polit.**	Tschuscha Alida B: -	29.04.1923 Riga	**Schicksal ungeklärt** „ab 14.2.1945 nach Angriff flüchtig“ ITS 1.1.47.1 / 5174279
57688 **RD** **Aso.**	Urban Irmgard B: Hausfrau	24.01.1911 Altenberg [Altenburg]	**Schicksal ungeklärt** Anfrage ergebnislos Sächsische Schweiz Pfarre 4203 ergebnislos
57689 **LAT** **polit.** **Sch.H.**	Userauks {Uderauks} Emilia [Emilie] B: -	11.05.1923 Riga	**Schicksal ungeklärt** „ab 14.2.1945 nach Angriff flüchtig“ ITS 1.1.47.1 / 5174279
57690 **LAT** **polit.** **Sch.H.**	Uscus {Osols} Elsa B: -	10.04.1915 Puikele	**Schicksal ungeklärt** „ab 14.2.1945 nach Angriff flüchtig“ ITS 1.1.47.1 / 5174279
57691 **SERB** **polit.** **Sch.H.**	Velikic [‚Sibac‘] [>Gina Velikic] B: Studentin	1926 Sibaci [19.06.1924] {19.07.1926 Sibac} Dep.: Belgrad	Befreit 1945 Ort unbekannt ITS TD 1632461 „ab 14.2.1945 nach Angriff flüchtig“ ITS 1.1.47.1 / 5174279
57692 **SERB** **polit.** **Sch.H.**	Vicentic Mladena B: Hausfrau	??.??.1900 Nisch {18.02.1908 Nisch}	**Schicksal ungeklärt** „abgestellt nach Lager Zatschke b/Pirna, Auffanglg. d.KZ-Lagers Flössenbürg am 20.2.1945“ ITS 1.1.47.1 / 5174281
57693 **SERB** **polit.** **Sch.H.**	Vlajkovac D. [Dna] {Danica} B: Hausfrau	??.??.1910 Kusitsch {11.05.1910 Kusic}	**Schicksal ungeklärt** „ab 14.2.1945 nach Angriff flüchtig“ ITS 1.1.47.1 / 5174279
57694 **SERB** **polit.** **Sch.H.**	Vuic {Viuc} Milanka B: Haushalt	??.02.1924 Rabrovac {18.05.1926 Rabrovac}	**Schicksal ungeklärt** „ab 14.2.1945 nach Angriff flüchtig“ ITS 1.1.47.1 / 5174279

<table>
<tr><td>57695
SERB
polit.
Sch.H.</td><td>Vukojicic
Vukosana {Vukoseva}
B: Lehrerin</td><td>03.03.1915
Kavadar
{03.05.1915
Prijepolje}</td><td>Schicksal ungeklärt
„ab 14.2.1945 nach
Angriff flüchtig“
ITS 1.1.47.1 / 5174280</td></tr>
<tr><td>57696
RD
Aso.
VH.</td><td>Waldes
Leopoldine
B: Kindermädchen
[Österreich]</td><td>06.02.1922 Linz
Dep.: Fürsorgeheim
Kloster Baumgarten-
berg nach Hartheim</td><td>Schicksal ungeklärt
Vgl. Waltraud Häupl
S.182 1940
Anfrage unbeantwortet</td></tr>
<tr><td>57697
RD
BV.</td><td>Wallstab *Köbke
Alice
B: -</td><td>21.07.1902
Messenthin
Dep.: Hamburg
Ravensbrück</td><td>Befreit 1945
Ort unbekannt
ITS TD 697950</td></tr>
<tr><td>57698
RD
a.W.
polit.</td><td>Walzl
Anna
[keine Karteikarte?]
[keine Effektenkarte?]</td><td>05.07.1917 Jahring

[Jahrings?]
[Österreich]</td><td>Schicksal ungeklärt
Anfrage ergebnislos
Standesamt Zwettl
Pfarrei ergebnislos</td></tr>
<tr><td>57699
RUS
Z.A.
polit.
Sch.H.</td><td>Wasilschenko
{Wasiltschenko}
Walentina
B: Hilfsarbeiterin</td><td>27.02.1924
Krasnyj Lutsch
{Krasnylucz}</td><td>Schicksal ungeklärt
„ab 14.2.1945 nach
Angriff flüchtig“
ITS 1.1.47.1 / 5174280</td></tr>
<tr><td rowspan="2">57700
LAT
polit.
Sch.H.</td><td>Weber {Webers}
Anna
[>Anna Jekab Vebers]
B: -
RavNo.: 74823</td><td>12.02.1918
Rujiena/Valmiera
{12.02.1918 Rujen}
Dep.: Rujiena, Riga
Ravensbrück:
Oktober 1944</td><td>Befreit 1945
in Langebrück/Dresden
„ab 14.2.1945 nach
Angriff flüchtig“
ITS 1.1.47.1 / 5174280</td></tr>
<tr><td colspan="3">„Nach dem am 13. Februar 1945 erfolgten Luftangriff auf Dresden war alles zerbombt und ich kam dann (soweit ich mich noch erinnern kann) nach „Langebrük“. Dort war ich bis zum Ende des Krieges. Dann konnte ich wieder in die Heimat zurückkehren“ ITS TD 1095963</td></tr>
<tr><td>57701
RD
Aso.
VH.</td><td>Weber
Elisabeth
B: Hausgehilfin</td><td>23.01.1921
Ralingen
[Standesamt
Trier-Saarburg]</td><td>Befreit 1945
Ort unbekannt
Starb: 14.07.1954 in
Würzburg</td></tr>
<tr><td>57702
RD
Aso.
VH.</td><td>Weisshuhn [Weishuhn]
Klara
B: -</td><td>23.05.1915
Neus am Rhein</td><td>Schicksal ungeklärt
Anfrage ergebnislos
St.Amt hat nur nach
Geburtsname gesucht</td></tr>
<tr><td>57703
RD
a.W.
polit.
Sch.H.</td><td>Weissbeck
Gertrud
B: -</td><td>20.05.1915 Metz
[Lothringen]
[Frankreich]</td><td>Schicksal ungeklärt</td></tr>
</table>

57704 **SERB** **polit.** **Sch.H.**	Velikic Maria [Marja] B: Hasufrau	27.08.1906 Sibac [Sibatz]	**Schicksal ungeklärt** „ab 14.2.1945 nach Angriff flüchtig" ITS 1.1.47.1 / 5174280
57705 **RD** **Aso.** **VH.**	Wendt Edith B: Arbeiterin	25.08.1915 Wetter	**Schicksal ungeklärt** Anfrage Wetter/Ruhr unbeantwortet; ergebnislos Wetter/Hessen
57706 **RD** **polit.** **Sch.H.**	Wendler Anna [Anna Frieda] B: Hilfsarbeiterin Krankenkasse 10.03.45	16.05.1909 Cunewalde ‚Kunewalde/Löbau'	Befreit 1945 Ort unbekannt Starb: 1975 in Bautzen Standesamt Cunewalde
57707 **RD** **polit.** **Sch.H.**	Wendtland Benigna F: Mutter von 57708 B: Haushalt RavNo.: 72903	09.05.1891 Hügelhausen Dep.: Myslowitz Ravensbrück 19.09.1944 29.09.1944	Befreit 1945 Ort unbekannt ITS TD 1404226
57708 **RD** **polit.** **Sch.H.**	Wendtland Iris [>Iris Chowaniec] F: Tochter von 57707 B: Buchhalterin RavNo.: 72902	08.09.1922 Kattowitz Dep.: Myslowitz Ravensbrück 19.09.1944 29.09.1944	Befreit 1945 Ort unbekannt ITS TD 1404225 Schreiben der Schwester und Antwort Überstellt am 5.10. nach Flossenbürg
57709 **RUS** **Z.A.** **polit.** **Sch.H.**	Werona Wera B: Arbeiteirn	25.12.1925 Charkow	**Schicksal ungeklärt** „ab 14.2.1945 nach Angriff flüchtig" ITS 1.1.47.1 / 5174280
57710 **POL** **Z.A.** **polit.** **Sch.H.**	Wichniarz Weronika B: Buchhalterin	08.11.1900 Kopanie {Kossanie}	**Schicksal ungeklärt** „ab 14.2.1945 nach Angriff flüchtig" ITS 1.1.47.1 / 5174280
57711 **RD** **Aso.** **VH.**	Wieczorek Bertha B: Dirne [>Berta Marie Loncar]	09.04.1920 Lüneburg	Befreit 1945 Ort unbekannt PWR: Hamburg 01.08.1945 ITS 2.2.2 / 76801055
57712 **POL** **Z.A.** **Sch.H.**	Wilga *Pajak Antonia [>Antonina Wesolowska] B: -	18.01.1912 Kralaw [Krakow?] Krakau	Befreit 1945 Ort unbekannt ITS TD 1106716 „ab 14.2.1945 nach Angriff flüchtig" ITS 1.1.47.1 / 5174280

57713 **RD** **Aso.** **VH.**	Wiamer [Wiemer] Martha B: [Arbeitsvertragsbruch] [Arbeitsentziehung]	04.03.1918 Guben [Guben-Lausetz] Dep.: Berlin Polizeigefängnis Ravensbr: Sept. 44	**Schicksal ungeklärt** ITS 1.2.2 / 12105732 Anfrage ergebnislos Guben Niederlausitz Kein Geburtsregister
57714 **RD** **Aso.** **BV.**	Winter, *???? Rosalia [Rosalie] B: Dirne	25.10.1915 Essen	**Schicksal ungeklärt** 23 Standesamtsbezirke Mädchennamen erford. Anfrage ergebnislos
57715 **RD** **polit.**	Winter Käthe [keine Karteikarte] [keine Effektenkarte] RavNo.: 72584 [>Käte Berger]	22.03.1918 Breslau Ravensbrück: 27.09.1944	15.1.45 entlassen Komm. Breslau Befreit 1945 Ort unbekannt OdF Nr. 10647 PWR: Dresden
57716 **RD** **Aso.** **VH.**	Winter Waltraud B: Artistin RavNo.: 72459	12.07.1918 Niekosken Ravensbrück: 25.09.1944	Befreit 1945 Ort unbekannt ITS TD 1062413
57717 **RD** **polit.**	Winterhoff, *Döring Henriette [>Schenk] [keine Karteikarte] [keine Effektenkarte]	17.04.1915 Lünern [vgl. Meldekartei Hemmerde]	Entlassen 11.12.44 PWR: Unna Anfrage erfolgreich Standesamt Unna
57718 **RD** **polit.** **Sch.H.**	Winzer Dora B: -	05.02.1923 Klemzig =Klępsk/Polen	**Schicksal ungeklärt**
57719 **POL** **Z.A.** **Sch.H.**	Wisniewska Marta B: Landarbeiterin	28.06.1915 Dalkow {15.06.1915 Dachau}	**Schicksal ungeklärt** „ab 14.2.1945 nach Angriff flüchtig" ITS 1.1.47.1 / 5174280
57720 **RD** **BV.** **VH.**	Woll Katharina B: -	12.04.1915 Saarbrücken [„Saarbruck"]	Befreit 1945 Ort unbekannt; St.Amt Saarbrücken
57721 **POL** **Z.A.** **Sch.H.**	Wozniak Natalia {Natalja} B: -	20.07.1909 Kutno	**Schicksal ungeklärt** „ab 14.2.1945 nach Angriff flüchtig" ITS 1.1.47.1 / 5174280
57722 **RUS** **Z.A.** **polit.** **Sch.H.** **{LAT}**	Zacharewitsch {Zacharewicz} Helena {Helene} B: - {Lettin}	08.06.1910 {08.01.1910 Lintupi}	**Schicksal ungeklärt** „ab 14.2.1945 nach Angriff flüchtig" ITS 1.1.47.1 / 5174280

57723 **RD** **polit.** **Sch.H.** **CZE**	Zajic [Zajicova] Stefanie [>Stepanka Linhartova] B: Maschinennäherin RavNo.: 92802 (?)	04.09.1921 Zborov Dep.: Kraliky, Lanskroun, Sumperk, Opava Ravensbrück: 20.09.1944	Befreit 08.05.1945 Ort unbekannt nach Flucht bei Luftangriff; operiert in Liberec (stationär behandelt) ITS TD 242453
57724 **SERB** **polit.** **Sch.H.**	Zakin Kosana B: Hausfrau	26.07.1911 Cerne {25.06.1911 Srpska Cruja}	**Schicksal ungeklärt** „ab 14.2.1945 nach Angriff flüchtig" ITS 1.1.47.1 / 5174280
57725 **SERB** **polit.** **Sch.H.**	Zdankovic {Zdravkovic} Dragica B: Hausfrau	??.??.1923 Novi Pazar {03.04.1923 Novi-Pazar}	**Schicksal ungeklärt** „ab 14.2.1945 nach Angriff flüchtig" ITS 1.1.47.1 / 5174280
57726 **SERB** **polit.** **Sch.H.**	Zec Anna [Anica] [>Ana Klasic] B: Arbeiterin RavNo.: 72997	14.01.1922 Vrdnik Dep.: Vrdnik Dedinje Ravensbrück 30.09.1944	Befreit 1945 Ort unbekannt ITS TD 919872 „ab 14.2.1945 nach Angriff flüchtig" ITS 1.1.47.1 / 5174280
57727 **RUS** **Z.A.** **polit.** **Sch.H.**	Zergiewa [Sergejewa] Klaudia {Klawda} B: -	[ohne] {10.06.1926 Skalinka}	**Schicksal ungeklärt** „ab 14.2.1945 nach Angriff flüchtig" ITS 1.1.47.1 / 5174280
57728 **RD** **polit.** **Sch.H.**	Zienicke [„Zeinicke"] Frieda B: Schraubendreherin	23.04.1920 Forst [in der Lausitz]	Befreit 1945 Ort unbekannt Starb: 1995 St.Amt Forst/Lausitz
57729 **SERB** **polit.** **Sch.H.**	Zivkovic Kostadinka B: Hausfrau	09.05.1924 Kostolar {18.05.1923 Kostolak}	**Schicksal ungeklärt** „ab 14.2.1945 nach Angriff flüchtig" ITS 1.1.47.1 / 5174280
57730 **RD** **Aso.**	Zywicki Marie [keine Karteikarte] [keine Effektenkarte]	22.02.1913 Hamburg	**Schicksal ungeklärt** 11.12.44 Überst. n. Amtsger. Hamburg 08.12.44 Flossenbürg Anfrage unbeantwortet HH Wandsbek

Transport vom 16./19. Januar 1945 aus dem KZ Ravensbrück			
62458 RD polit.	Käppler Ella	09.04.1921 Schönborn	**Schicksal ungeklärt** Anfrage ergebnislos St.Amt Bad Schönborn
62459 GRE polit.	Kalantsc {Kalanski} Afrodice	06.06.1923 Kardeza {06.06.1923 Bolo}	**Schicksal ungeklärt** „abgestellt nach Lager Zatschke b/Pirna, Auffanglg. d.KZ-Lagers Flössenburg am 20.2.1945" ITS 1.1.47.1 / 5174285
62460 Stls. Zig.	Karoly Anna [Ana] [>Pfeiffer] F: Schwester v. 62649 RavNo.: 1847 BuNo.: 28845 RavNo.:	22.06.1921 Steinamanger [=Szombathely} 07.07.1921 Dep.: Markt Allhau [29.06.1939] [07.09.1944 Schlieben]	Befreit 1945 Ort unbekannt PWR: Burgenland Verstorben: 23.10.1971 ITS 129640729
62461 Stls. Zig.	Karoly Theresia Irma [Theresa] RavNo.: 1883 BuNo.: 28331 RavNo.:	08.11.1924 Wiesfleck Dep.: Wiesfleck [29.06.1939] [07.09.1944 Schlieben]	**Starb am 14.02.1945 in Dresden durch Luftangriff** Barch, B162 /16327 S.469 – VP Theresia P. ITS 129640729
62462 RD polit.	Kaspar Mathilde	21.02.1904 Bad Bachhain	**Schicksal ungeklärt**
62463 POL Z.A.	Kazinska [Kaszynska] {Kaszinska} Johanna [>Janina Lanman Sufa]	09.05.1924 Radosc [09.05.1923 Lemberg] {09.06.1923 Lemberg}	Befreit 1945 Ort unbekannt PWR: New York „Transport vom 19.1.1945 nach Angriff flüchtig" ITS 1.1.47.1 / 5174283
62464 RD polit.	Kegenbein Charlotte	13.10.1923 Stettin =Szczecin/Polen	**Schicksal ungeklärt**
62465 RD SV. VH.	Kempermann Karin Klara	13.04.1921 Düsseldorf	**Schicksal ungeklärt** Standesamt Düsseldorf keine Auskunft

62466 **RD** **Aso.** **Zig.**	Kersten, *Klein Hedwig [Zigeunerin]	06.05.1918 Gießen Ravensbrück: 05.08.1940 ?	Befreit 1945 Ort unbekannt Verstorben: 16.02.1951 Heppenheim Landeslungenheilanstalt Barch B 162 – 16325 S.130 ITS TD 1066919
62467 **RD** **Aso.** **VH.**	Kindereit Marianne	01.05.1918 Bremen [Standesamtliche Anfrage unbeantwortet]	**Schicksal ungeklärt** Wahrscheinlich befreit Ort unbekannt Auskunft der Familie
62468 **RD** **polit.**	Kipke Charlotte RavNo.: 5543/5034	01.02.1918 Baumgarten [15.02.1941]	**Schicksal ungeklärt** Anfrage ergebnislos ITS 129642976
62469 **RD** **polit.** **{POL}**	Klarowski, *Bendig Sophia {Polin} RavNo.: 9501/4475	15.03.1906 {15.03.1906 Pr. Stargard}	Befreit 1945 Ort unbekannt „Transport vom 19.1.1945 nach Angriff flüchtig“ ITS 1.1.47.1 / 5174283 PWR: Hof – Saale 12.07.1945, 13.09.1945
62470 **RD** **Aso.** **VH.**	Klein Marianne [>Lodge]	16.08.1922 Langen	[Geflüchtet 20.02.1945 in Freiberg ?] 03.03.45 Befreit 1945 Ort unbekannt PWR: Frankfurt a.M. PWR: Detroit
62471 **RD** **Aso.** **VH.**	Klestz Johanna	01.04.1920 [Händen?]	**Schicksal ungeklärt**
62472 **RUS** **polit.**	Knasiewa Maria	04.12.1924 Makerewka (?) {04.12.1924 Stalinow}	**Schicksal ungeklärt** „Transport vom 19.1.1945 nach Angriff flüchtig“ ITS 1.1.47.1 / 5174283
62473 **RD** **polit.**	Kobaltz Therese [Therese Rita] B: Vorführdame RavNo.: 13481	22.07.1912 Wien Dep.: Wien, Trier, Berlin Ravensbrück: 29.08.1942	**Verstarb 17.04.1945** **in Dresden** **durch Luftangriff** Bestattet: Neuer Annen Friedhof Dresden Abt. 29, Reihe 3, Grab Nr. 8 ITS TD 288462 ITS 1.2.2.1 / 12075860

62474 **RD** **polit.**	Könnecker Dora	21.06.1921 Braunschweig	**Schicksal ungeklärt** Standesamtliche Anfrage unbeantwortet
62475 **RUS** **Z.A.**	Kotowa Anna	04.05.1923 Satschkowische {05.02.1923 Kimow}	**Schicksal ungeklärt** „Transport vom 19.1.1945 nach Angriff flüchtig" ITS 1.1.47.1 / 5174283
62476 **POL** **Z.A.**	Kowalczyk Janina	07.03.1925 Rzeliszewo {07.03.1925 Zeliszew}	**Schicksal ungeklärt** „Transport vom 19.1.1945 nach Angriff flüchtig" ITS 1.1.47.1 / 5174283
62477 **POL** **Z.A.**	Kowalowa Ludmila {Ludmilla}	06.12.1924 Darupol (?) {06.12.1924 Odessa}	**Schicksal ungeklärt** „Transport vom 19.1.1945 nach Angriff flüchtig" ITS 1.1.47.1 / 5174283
62478 **RUS** **Z.A.**	Kozlowa Nadjezda {Nadiezda}	19.09.1922 Klutschi {19.09.1922 Kasachstan}	**Schicksal ungeklärt** „Transport vom 19.1.1945 nach Angriff flüchtig" ITS 1.1.47.1 / 5174283
62479 **RD** **BV.** **VH.**	Krauel Käthe	02.03.1912 Stettin =Szczecin/Polen	**Schicksal ungeklärt**
62480 **RD** **Aso.** **VH.**	Kraus Anna B: Fabrikarbeiterin [Zigeunerin] AuNo.: **Z-4186** RavNo.: 35861	26.05.1923 Stieritz Kreis Brüx [26.01.1923] Dep.: Wegstädtl Auschwitz:15.03.43 Ravensbrück Block 17 und 22	Befreit 23.04.1945 Ort unbekannt/Dresden PWR: Altfraunhofen PWR: Landshut ITS TD 315997 Krankenpapiere: Rettungsstelle „Hermann-Göring-Schule Dresden", Stadt-Krankenhaus Dresden-Friedrichstadt chirurg. Abteilung und Hals- Nasen- Ohren-Klinik
62481 **RD** **polit.**	Krause Marianne [Elsa Marianne]	01.10.1922 Döbeln	Befreit 1945 Ort unbekannt Starb: 1991 Standesamt Döbeln

62482 RD polit.	Krausse Auguste [Auguste Dorothea]	12.02.1923 Gotha	Befreit 1945 Ort unbekannt, starb 1990 in Hannover
62483 RUS Z.A.	Krawzowa Anna	16.12.1924 Nadjeshdowska {16.12.1924 Nadjeschdowka}	**Schicksal ungeklärt** „Transport vom 19.1.1945 nach Angriff flüchtig" ITS 1.1.47.1 / 5174283
62484 POL Z.A.	Krzywanska Jadwiga [>Jadwiga Lachowicz] RavNo.: 12618	23.10.1921 Lodz Dep.: Lodz Ravensbrück: 07/42 24.07.1942	Befreit 1945 Ort unbekannt PWR: Lodz ITS TD 175837 „Transport vom 19.1.1945 nach Angriff flüchtig" ITS 1.1.47.1 / 5174283 ITS 129643200
62485 POL polit.	Kubiak Wanda	06.12.1915 Posen {16.12.1915 Posen}	**Schicksal ungeklärt** „abgestellt nach Lager Zatschke b/Pirna, Auffanglg. d.KZ-Lagers Flössenburg am 20.2.1945" ITS 1.1.47.1 / 5174285
62486 POL Aso. VH.	Kujawa Irena	18.10.1906 Lodz	**Schicksal ungeklärt** „Transport vom 19.1.1945 nach Angriff flüchtig" ITS 1.1.47.1 / 5174283
62487 POL Sch.H.	Kurnytowa Helena	13.08.1907 Swaszow {15.08.1901 Svrzarzow}	**Schicksal ungeklärt** „Transport vom 19.1.1945 nach Angriff flüchtig" ITS 1.1.47.1 / 5174284
62488 POL Z.A.	Kwistkowska {Kwiatkowska} Pelagia [>Drzewiecka] RavNo.: 11899	18.01.1923 Gesina {Gut Gensin} Dep.: Rheine Westfalen Ravensbrück: 18.06.1942 ITS 129643153	Befreit 1945 Ort unbekannt ITS TD 1002389 „Transport vom 19.1.1945 nach Angriff flüchtig" ITS 1.1.47.1 / 5174284
62489 RD Aso. VH.	Latal, *Otto Margarethe [Margarete] [Starb: 06.11.75 Wien] RavNo.: 10392	18.08.1914 Wien 18.08.1911 Ravensbrück: 11.04.1942	Befreit 1945 Foto www.DOEW.at Heimtückegesetz ITS 129643055

62490 RD polit.	Laurent Elsa [Elsa Lina] F: Schwester von Landwirt Max Albert Laurent [Antragsteller] RavNo.: 5532/5040	26.01.1905 Dinglingen Dep.: Lahr-Dinglingen Ravensbrück: [09.11.1940] 15.02.1941 ITS 129642976	Vermisst 1945 [-1953] „Für die Obengenannte ist die Todeserklärung wegen Verschollenheit beantragt." Am 11.09.1953 für tot erklärt „31.12.1945 um 24.00 Uhr" ITS TD 297214
62491 Stls. Zig. RD Aso.	Leitner Franziska RavNo.: 2487 [Zigeunerin] [Analphabetin laut Eigenauskunft]	[08.06.1919] 08.08.1919 Aistersheim Ravensbrück: 07.12.1939	Befreit 1945 Ort unbekannt PWR: Schwarmstedt ITS TD 163125 ITS 129642863
62492 RD polit.	Lemm Sophia [>Sophie Pommerin] RavNo.: 8716 + 31791 [rückfällig]	27.04.1921 Duisburg Maiderich Dep.: Ravensbrück, Berlin-Alexanderpl. Ravensbrück: 15.03.1944	Befreit 1945 Ort unbekannt ITS TD 1018249
62493 RD polit.	Lubinger Anna	26.04.1911 Landwerfen	**Schicksal ungeklärt**
62494 POL Z.A.	Lusinska Anna RavNo.: 41621	06.10.1924 Krakau [Verkehr mit Deutschem] Ravensbrück: 08.06.1944 ITS 129643371	**Schicksal ungeklärt** „abgestellt nach Lager Zatschke b/Pirna, Auffanglg. d.KZ-Lagers Flössenburg am 20.2.1945" ITS 1.1.47.1 / 5174285
62495 RD polit.	Lütz Minna	05.05.1920 Großfahner [„Großfahnen"] [Thüringen]	Befreit 1945 Ort unbekannt Starb: 1987 in Erfurt VG Fahner-Hoehe
62496 RUS Z.A.	Maisaikina Serafina{Sirafina}	18.09.1912 Orel (?) {18.09.1912 Leningrad}	**Schicksal ungeklärt** „Transport vom 19.1.1945 nach Angriff flüchtig" ITS 1.1.47.1 / 5174284
62497 RUS Z.A.	Maksymowa {Maximowa} Zinaida{Sinaida}	23.10.1923 Lisitschensk {23.09.1923} Lisitschank	**Schicksal ungeklärt** „Transport vom 19.1.1945 nach Angriff flüchtig" ITS 1.1.47.1 / 5174284

62498 **RD** **polit.**	Makolla Maria [>Maria Ful] RavNo.: 34533	26.09.1925 Skajboty Ravensbrück: 12.04.1944	Befreit 1945 Ort unbekannt ITS TD 1043192
62499 **POL** **Z.A.**	Marciniak Maria RavNo.: 4981 RavNo.: 30574 „Wer mit einer deutschen Frau oder einem deutschen Manne geschlechtlich verkehrt oder sich ihnen sonst unsittlich nähert, wird mit dem Tode bestraft.“ 1940 Kempten Erklärung unterschrieben	07.09.1918 Wardem / Warden Kalisch-Kempten: 01.02.1940 Gerichtsgefängnis Kempten: 20.06.40 Ravensbrück 02.11.1940 bis 14.02.1942 und ab 10.03.1944 Stapol München	**Schicksal ungeklärt** ITS TD 1029153 [nicht eingesehen] ITS 129642936 ITS 3783370 ITS 3769687 Foto: ITS 73574378 Karteikarte Holleritherfassung Überstellt 16. Januar
62500 **POL** **Z.A.**	Marek Helena {Helene} [>Helena Andryca] RavNo.: 2547 RavNo.: 5180	10.02.1923 Slawkow [23.02.1923] {22.02.1923 Slawkow} Dep.: Salwkow, Opole, Berlin, Breslau, Cottbus, Leipzig Ravensbrück: 07.12.1940	Befreit 1945 Ort unbekannt ITS TD 1009165 „Transport vom 19.1.1945 nach Angriff flüchtig“ ITS 1.1.47.1 / 5174284 ITS 129642952
62501 **POL** **polit.**	Masur Leonarda	04.10.1913 Zolinowo {04.10.1913 Zalinowo}	**Schicksal ungeklärt** „Transport vom 19.1.1945 nach Angriff flüchtig“ ITS 1.1.47.1 / 5174284
62502 **RD** **Aso.**	Mathes Elisabeth [>Schwarz]	07.12.1918 Oberhausen	Befreit 1945 Ort unbekannt; starb 21.10.1991 Oberhausen
62503 **RD** **Aso.**	Matutt Maria [>Bauer] [Maria Christina]	09.06.1922 Hüsby Standesamt Huerup	Befreit 1945 Ort unbekannt, starb 16.10.2013 Deggendorf
62504 **RD** **polit.**	Michalska [Michalski] Ursula [>Urszula Kulinska] RavNo.: 61561	12.10.1924 Kielce Dep.: Posen Ravensbrück: 30.08.1944	Befreit 1945 Ort unbekannt nach Flucht bei Luftangriff, aufgegriffen worden, auf dem Weg ins Lager von Alliierten befreit PWR: Leipzig ITS TD 112491

62505 RD polit.	Michaelis Christel [>Christel Grieschek] RavNo.: 12914	27.11.1919 Danzig Dep.: Ravensbrück: 08.08.1942 ITS 129643220	nach Flucht bei Luftangriff in Dresden Entlassen: 11.03.1945 „wegen Umgangs mit ausländischen Kriegsgefangenen verurteilt" PWR: Berlin ITS TD 1245781 „Die Obengenannte ist zum 11. März 45 entlassen worden. Es wird gebeten deren Effekten, Geld u.s.w. an Ihre Adresse Berlin NO 34 Memelerstr. 4 bei Helm zu schicken" ITS 1.1.8.4 / 11077892 Schreiben an die Verwaltung des Konzentrationslagers Ravensbrück aus Floßenbürg vom 15. März 1945
62506 POL Z.A.	Michalak Maria {Marie}	05.08.1913 Lodz {05.08.1913 Sdunska}	**Schicksal ungeklärt** „Transport vom 19.1.1945 nach Angriff flüchtig" ITS 1.1.47.1 / 5174284
62507 RD polit.	Mietke *Hahn Anneliese	26.05.1903 Dessau Dep.: Konin, Lodz Ravensbrück: 04/44	Befreit 08.05.1945 in Zatzschke bei Pirna ITS TD 286274
62508 POL Z.A.	Milewska {Milewski} Sophia	27.04.1923 Haarlen {27.04.1923 Haarlem}	**Schicksal ungeklärt** „Transport vom 19.1.1945 nach Angriff flüchtig" ITS 1.1.47.1 / 5174284
62509 RD polit.	Moll Viktoria	24.12.1912 Schabbonitz (?)	**Schicksal ungeklärt**
62510 RD polit.	Mücke Johanna RavNo.: 43259	07.04.1923 Sagan Ravensbrück: 23.06.1944	**Schicksal ungeklärt** ITS 0.1/ 58186603
62511 RD Aso.	Müller Dionisia	01.02.1922 Gondringen =Gonderingen	**Schicksal ungeklärt** [Luxemburg?]

62512 **RD** **Aso.**	Müller Irmgard	12.07.1918 Stenn (?) [bei Lichtentanne]	**Schicksal ungeklärt** Standesamtliche Anfrage unbeantwortet
62513 **RD** **BV.**	Müller Margot [=Hildegard Margot] [>Eidam]	01.08.1922 Chemnitz [=01.03.1922]	Befreit 1945 Ort unbekannt Starb 31.08.2002 in Chemnitz
62514 **RD** **polit.**	Nägel [Nagel] Margarete RavNo.: 16778 ?	06.03.1916 Lissa = 06.02.1916 Leszno Dep.: Magdeburg Ravensbrück: 06.02.1943	**Schicksal ungeklärt** Überstellt 16. Januar 1945 nach Flossenbürg Hollerith-Erfassung
62515 **RD** **polit.**	Niemann Paula	27.12.1925 Lübeck 24.12.1925 Lübeck	**Schicksal ungeklärt** gilt 21.3.45 als geflohen; Anfrage unbeantwortet
62516 **RD** **a.W.** **polit.**	Oroschin Theresia {Maria} {Jugoslawin}	21.10.1921Rietz {29.10.1921 Ritz} = Rečica ob Savinji [Slowenien]	**Schicksal ungeklärt** „Transport vom 19.1.1945 nach Angriff flüchtig“ ITS 1.1.47.1 / 5174284
62517 **LAT** **polit.**	Osipowa Anastasia	14.10.1909 Riga	**Schicksal ungeklärt** „Transport vom 19.1.1945 nach Angriff flüchtig“ ITS 1.1.47.1 / 5174284
62518 **RUS** **Z.A.**	Pampuschenko Anna?	06.05.1925 Kiew Dep.: Krupp Essen? Vertragsbruch ? Gußstahlfabrik 16.04.42-10.10.42?	**Schicksal ungeklärt** ITS 70621549 ?
62519 **POL** **Z.A.**	Pawlowska Stefania [>Krzywdzinska] RavNo.: 6065	16.02.1917 Brodnica [=Strasburg] [„Straßburg“] {Strasburg} Ravensbrück: 1941	Befreit 1945 Ort unbekannt ITS TD 1121419 „abgestellt nach Lager Zatschke b/Pirna, Auffanglg. d.KZ-Lagers Flössenburg am 20.2.1945“ ITS 1.1.47.1 / 5174285
62520 **RUS** **Z.A.**	Pawluk Nadja	25.05.1917 Skopcy {18.05.1918 Kiew}	**Schicksal ungeklärt** „Transport vom 19.1.1945 nach Angriff flüchtig“ ITS 1.1.47.1 / 5174284

62521 RD Aso. Zig.	Pfaus Elisabeth [>Reinhardt]	18.05.1919 Heidelberg	Befreit 1945 Ort unbekannt geflohen beim Luft- angriff und versteckt PWR: Mannheim PWR: Weilbach B 162 – 16326 S.202f.
62522 RD polit.	Peetz Käthe [>von Kalm] [>Hubert]	24.10.1921 Hamburg [14.10.1924 Hamburg] Dep.: Neumünster	Befreit 1945 Ort unbekannt [Februar 1945 entlassen] ITS TD 1125839
62523 CZE Sch.H.	Peter Maria	15.06.1922 Libanowka {15.06.1922 Libanuwka}	**Schicksal ungeklärt** „Transport vom 19.1.1945 nach Angriff flüchtig" ITS 1.1.47.1 / 5174284
62524 JUGO polit.	Pezdir Maria	21.08.1911 Plesizica [=Plešivica (?)]	**Schicksal ungeklärt**
62525 POL Sch.H.	Pilatowska Eugenia AuNo.: RavNo.: 39810	15.05.1918 [15.05.1919] Warschau Ravensbrück: 23.05.1944	Befreit 08.05.1945 in Radebeul ITS TD 1041528 „Transport vom 19.1.1945 nach Angriff flüchtig" ITS 1.1.47.1 / 5174284
62526 RUS Z.A.	Piwowarowa Eugenia	08.03.1921 Lesitschansk {08.03.1921 Lissitschansk}	**Schicksal ungeklärt** „Transport vom 19.1.1945 nach Angriff flüchtig" ITS 1.1.47.1 / 5174284
62527 POL Z.A.	Polak Bronislawa B: Verkäuferin StuNo.: 18601	29.01.1920 Hallfeld {29.01.1920 Hallfeld}	**Schicksal ungeklärt** „Transport vom 19.1.1945 nach Angriff flüchtig" ITS 1.1.47.1 / 5174284
62528 RD polit.	Pöttinger Lina	04.03.1913 Mehlmaisch	**Schicksal ungeklärt**
62529 POL Z.A.	Potapiuk Anna	10.07.1893 Radzyn {01.11.1922 Radzin}	**Schicksal ungeklärt** „Transport vom 19.1.1945 nach Angriff flüchtig" ITS 1.1.47.1 / 5174284

62530 RD polit.	Potthoff Elisabeth	05.09.1916 Bonn	Befreit 1945 Ort unbekannt; starb 26.02.1983 Goldbach
62531 RUS Z.A.	Procenko Nadja RavNo.: 13294 [„Ukrainerin"] ITS 129643241	12.02.1923 Popowo {12.10.1923 Saborosche} Ravensbrück: 22.08.1942	**Schicksal ungeklärt** „Transport vom 19.1.1945 nach Angriff flüchtig" ITS 1.1.47.1 / 5174284
62532 RD polit.	Prokscha Emma	17.10.1922 Matrischken	**Schicksal ungeklärt**
62533 RUS Z.A.	Pschenitschnaja Mira	25.06.1925 Stalino {25.07.1925 Stalinow}	**Schicksal ungeklärt** „Transport vom 19.1.1945 nach Angriff flüchtig" ITS 1.1.47.1 / 5174284
62534 RUS Z.A.	Pulajewa Alexandra	05.09.1924 Staromajeitschka {14.12.1924 Nikolai}	**Schicksal ungeklärt** „Transport vom 19.1.1945 nach Angriff flüchtig" ITS 1.1.47.1 / 5174284
62535 RD polit.	Rach Therese	15.10.1920 Kl. Wübizen (?)	**Schicksal ungeklärt**
62536 RUS Z.A.	Rewiuk {Rawiuk} Pawlina	17.03.1923 {07.03.1923 Lysec}	**Schicksal ungeklärt** „Transport vom 19.1.1945 nach Angriff flüchtig" ITS 1.1.47.1 / 5174284
62537 RD polit.	Riehl Hildegard	10.03.1914 Dessau	**Schicksal ungeklärt** Standesamtliche Anfrage nubeantwortet
62538 Stls. Aso.	Rosenfeld Hilda [>Hildegard Kraus] RavNo.: 6104 [„zigeunerischer Abstammung"]	12.10.1925 Horn [Krug] Dep.: Wien Ravensbrück: 07/39 Ravensbrück: rücküberstellt 22.09.1943	Befreit April 1945 in Kufstein; vorher Dresden Zwickauer Str. „Nach dem Luftangriff auf Dresden am 14.2.1944 sei sie als Ausgebombte entlassen worden. Anschließend habe man sie als Landarbeiterin in Kufstein eingesetzt." PWR: Kufstein ITS TD 469997 Foto Auswanderung

62539 RD a.W. polit. {FRA}	Rozlatowski {Rozlatowsky} Lotte {Charlotte} {Französin}	14.02.1924 Lublin	**Schicksal ungeklärt** „Transport vom 19.1.1945 nach Angriff flüchtig" ITS 1.1.47.1 / 5174284
62540 RD polit.	Rühle Frieda [>Frieda Thron] RavNo.: 15838	18.05.1924 Eppelheim bei Heidelberg Dep.: Schwabach Ravensbrück: 23.12.1942	Befreit 1945 Ort unbekannt nach Flucht bei Luftangriff ITS TD 1051550 [gab Fremdarbeitern Brot] 1978 Mannheim
62541 RD polit.	Salber, *Stelzner Emma RavNo.: 13960 [Verkehr mit einem Polen]	01.02.1911 Eilenburg Ravensbrück: 19.09.1942	Befreit 1945 Ort unbekannt, starb 07.06.1986 Eilenburg ITS 129643275
62542 RUS Z.A.	Sanina Anastasia {Anastasia}	23.05.1923 Charkow {12.05.1923 Charkow}	**Schicksal ungeklärt** „Transport vom 19.1.1945 nach Angriff flüchtig" ITS 1.1.47.1 / 5174284
62543 RD BV.	Sandmann Wally [Walli Johanna] [>Chin] [>Nossen]	16.11.1920 Oberwaldenburg / Schlesien Dep.: Berlin Ravensbrück: 06/44	Befreit April 1945 Ort unbekannt ; nach Flucht bei Luft-angriff Aufenthalt im Arnsdorfer Kranken-haus, Lagereinlieferung und erneut geflohen PWR: Berlin B 162 – 16326 S.225f. ITS TD 426216
62544 RUS Z.A.	Saplowa {Saplawa} Fedora {Feodora}	10.02.1924 Kornakowa {02.10.1924 Dniepropietrowsk}	**Schicksal ungeklärt** „Transport vom 19.1.1945 nach Angriff flüchtig" ITS 1.1.47.1 / 5174284
62545 RD polit.	Senkbeil Gertrud	18.10.1914 Gebenbach	**Schicksal ungeklärt** Anfrage ergebnislos VG Hahnbach
62546 RD polit.	Singhuber [>Gabain?] Hildegard	21.07.1918 Grünburg [Österreich]	Befreit 1945 Ort unbekannt; starb: 05.08.96 Eberstallzell
62547 RD a.W. polit.	Slana [Turk] Katherina [Katharina] RavNo.: 42872	25.11.1921 Marburg [25.11.1911] [20.06.1944]	**Schicksal ungeklärt** Befreit 1945? Maribor [Slowenien]?

62548 POL Z.A.	Szadrowska {Szadwrowska} Johanna	15.10.1916 Bolmow {15.06.1916 Bolmow}	**Schicksal ungeklärt** 24.03.1945 geflüchtet NB: „4.4.45 geflüchtet" ITS 1.1.8; „Transport vom 19.1.1945 nach Angriff flüchtig" ITS 1.1.47.1 / 5174284
62549 POL polit.	Szymanowska Alexandra {Alexa}	01.08.1917 Polasie {11.06.1917 Polasche}	**Schicksal ungeklärt** „Transport vom 19.1.1945 nach Angriff flüchtig" ITS 1.1.47.1 / 5174284
62550 RD polit.	Schäfer, *Hohlfeld Wera [Vera] RavNo.: 10705	15.04.1914 Dresden [25.04.1942]	**Schicksal ungeklärt** Anfrage unbeantwortet ITS 129643067
62551 RUS Z.A.	Schewtschenko Sinajida {Sinaida} RavNo.: 13173	22.07.1925 Nickliusch (?) {22.07.1926 Wanufka} Ravensbrück: 17.08.1942	**Schicksal ungeklärt** „Transport vom 19.1.1945 nach Angriff flüchtig" ITS 1.1.47.1 / 5174284 ITS 129643235
62552 RD polit.	Schmuck Elisabeth RavNo.: 34080	29.07.1913 Niecken (?)	**Schicksal ungeklärt** Flucht beim Luftangriff am 2.3.1945 zurück und nach Zatzschke überstellt
62553 POL Z.A.	Stachowiak Maria [>Kuta] RavNo.: 17744	07.11.1923 Jarotschin	Befreit 1945 in Hellerau
62554 RD polit.	Stelzer Christel	14.02.1924 Königsberg	**Schicksal ungeklärt** möglicherw. vermisst ITS TD 294069 Zivilvermißten-registrierung 1950
62555 RUS Z.A.	Stoikowa Sinaida	28.05.1922 Sewerinowka {28.05.1921 Odessa}	**Schicksal ungeklärt** „Transport vom 19.1.1945 nach Angriff flüchtig" ITS 1.1.47.1 / 5174284
62556 POL BV.	Tankiewicz *Brodzka Wladislawa RavNo.: 13268	09.06.1906 Lodz {09.07.1906 Lodz} Ravensbrück: 21.08.1942	**Schicksal ungeklärt** „Transport vom 19.1.1945 nach Angriff flüchtig" ITS 1.1.47.1 / 5174284 ITS 129643240

62557 RUS polit. {UKR}	Tarnowska Rosina{Rosine} {Ukrainerin}	14.09.1919 Kobiecz {14.08.1919 Kopiecz}	**Schicksal ungeklärt** „Transport vom 19.1.1945 nach Angriff flüchtig“ ITS 1.1.47.1 / 5174284
62558 RUS Z.A.	Tschelnokowa Lydija{Lydya} B: Fabrikarbeiterin	25.01.1922 Moskau {24.01.1921 Moskau} Dep.: Simferopol [Fa Woelm Eschwege seit 29.05.1942] Kassel: 23.10.1942	**Schicksal ungeklärt** „Transport vom 19.1.1945 nach Angriff flüchtig“ ITS 1.1.47.1 / 5174284 ITS 2.2.2.1/71196898f.
62559 RD Aso.	Ulbricht *Fischer Erna [>Erna Rosalie Klimpel] RavNo.: 5642	28.02.1917 Freital Dep.: Dresden, Berlin, Ravensbrück: 01.03.1941	Befreit 1945 Ort unbekannt nach Flucht aus Pirna-Zatzschke ITS TD 1571227 [nicht eingesehen]
62560 RD Aso.	Ultes Luise RavNo.: 5559	02.08.1913 Minden Dep.: [15.02.1941]	**Schicksal ungeklärt** Anfrage unbeantwortet ITS 129642977
62561 RD polit.	Vogel Linda RavNo.: 2430	17.12.1917 …stein (?) [23.11.1939]	**Schicksal ungeklärt** ITS 129642860
62562 RUS Z.A.	Wachterowa Jewdokija RavNo.: 30294	05.03.1920 Tscherny-Klusch(?) {05.03.1920 Kubischew} Ravensbrück: 08.03.1944	**Schicksal ungeklärt** „Transport vom 19.1.1945 nach Angriff flüchtig“ ITS 1.1.47.1 / 5174284 ITS 3769675
62563 RD polit.	Wagenrad Erika	02.09.1929 Remscheid	**Schicksal ungeklärt** Standesamtliche Anfrage ergebnislos
62564 RUS Z.A.	Wedermikowa Wera {Russin}	10.07.1924 Riga {23.07.1920 Riga}	**Schicksal ungeklärt** „Transport vom 19.1.1945 nach Angriff flüchtig“ ITS 1.1.47.1 / 5174284
62565 RUS Z.A.	Wesnieckaja {Wesnikaja} Wanda RavNo.: 13282	08.12.1925 Charkow {08.12.1925 Charkow} Ravensbrück: 22.08.1942	**Schicksal ungeklärt** „Transport vom 19.1.1945 nach Angriff flüchtig“ ITS 1.1.47.1 / 5174284 ITS 129643241

62566 **RD** **Aso.**	Will Ilse RavNo.: 21870 F: Tochter v. Karl Will *21.11.1899 Stettin wohnhaft in Gladbeck [Zivilvermißtenregis- trierung 1950]	15.05.1922 Gladbeck	**Schicksal ungeklärt** Starb 1945 in Dresden? ITS TD 59044 „Wurde wegen Weigerung zum Kriegseinsatz ins KZ gesteckt“ Sie schrieb aus Ravensbrück im Dezember 1944 zuletzt an ihre Angehörigen. War bis 1950 vermisst.
62567 **POL** **Z.A.**	Wydmach {Wydmuch} Stanislawa	27.12.1914 Kaski Wielun {25.07.1914 Dorf Helmholz}	**Schicksal ungeklärt** „abgestellt nach Lager Zatschke b/Pirna, Auffanglg. d.KZ- Lagers Flössenburg am 20.2.1945“ ITS 1.1.47.1 / 5174285
62568 **POL** **Z.A.**	Ziomek Michelina [>Michalina Zaplatynska] RavNo.: 12411	[„01.09.1908“] 06.09.1918 Plawna {01.09.1918 Plawna}	Befreit 1945 Ort unbekannt ITS TD 226583 „abgestellt nach Lager Zatschke b/Pirna, Auffanglg. d.KZ- Lagers Flössenburg am 20.2.1945“ ITS 1.1.47.1 / 5174285
62569 **RD** **Aso.**	Zobel Adelheid	31.01.1922 Greifswald	**Schicksal ungeklärt** Standesamtliche Anfrage unbeantwortet
62570 **RD** **Aso.**	Zöllner Margarete [Anna Margareta]	23.07.1906 Bamberg	**Schicksal ungeklärt** Geburt bestätigt Kein Todeseintrag Stadtarch. Bamberg
62571 **POL** **Z.A.**	Zynak {Zysiak} Wladyslawa	12.01.1917 Opoczno {01.12.1917 Opocznow}	**Schicksal ungeklärt** „Transport vom 19.1.1945 nach Angriff flüchtig“ ITS 1.1.47.1 / 5174284
62572 **POL** **Z.A.**	Adamska {Adamsa} Walesja {Valeria}	01.07.1916 Kukszeny (?) {01.07.1916 Kuschina}	**Schicksal ungeklärt** „Transport vom 19.1.1945 nach Angriff flüchtig“ ITS 1.1.47.1 / 5174283

62573 **RD** **Aso** **Stls.** **Zig.**	Adler Hedwig [>Steinbach] **AuNo.: Z-3465** RavNo.: 4????	13.10.1917 Wattenscheid Dep.: Bremerhaven Auschwitz: 03/1943 Ravensbrück: 6/44?	Befreit Mai 1945 in Bremerhaven nach Flucht bei Luft- angriff auf Dresden [Ravensbrück08.05.45] ITS TD 755598 PWR: Bremerhaven
62574 **RUS** **Z.A.**	Agabada {Akabada} Luba	18.06.1922 Armenia {18.06.1922 Rostow}	**Schicksal ungeklärt** „Transport vom 19.1.1945 nach Angriff flüchtig“ ITS 1.1.47.1 / 5174283
62575 **Stls.** **Zig.**	Andreas *Weinlich Helene [Helene Lotte] RavNo.: 2705	27.03.1907 Caminau [‚27.02.1917‘] Dep.: Bobersberg, Frankfurt/Oder, Berlin Ravensbrück: 12/39 26.01.1940	Befreit 1945 Ort unbekannt geflohen bei Luftangriff auf Dresden DPL Königswartha ITS TD 513424 ITS 129642880
62576 **LAT** **Z.A.**	Andruschinko {Andruschenko} Waleria {Valerie}	16.07.1922 Riga	**Schicksal ungeklärt** „Transport vom 19.1.1945 nach Angriff flüchtig“ ITS 1.1.47.1 / 5174283
62577 **BEL** **polit.**	Annys Leontine [>Esparcilhe]	02.04.1922 Zwyndrecht Dep.: Mousset Sarrebourg, Hannover, Kassel, Frankfurt, Magdeburg	Befreit 1945 geflohen bei Luftangriff auf Dresden ITS TD 1064630 Foto: ITS 66432107
62578 **RUS** **Z.A.**	Arsenjuk Olga	08.11.1922 Ositna {08.11.1922 Ossidna}	**Schicksal ungeklärt** „abgestellt nach Lager Zatschke b/Pirna, Auffanglg. d.KZ- Lagers Flössenburg am 20.2.1945“ ITS 1.1.47.1 / 5174285
62579 **RUS** **Z.A.**	Awakowa Osaab {Osana}	18.11.1916 Maschuk {18.11.1918 Rostow}	**Schicksal ungeklärt** „Transport vom 19.1.1945 nach Angriff flüchtig“ ITS 1.1.47.1 / 5174283

62580 RD Aso.	Bauer, *Kühn Frieda RavNo.: 13695	06.02.1910 Ludwigshafen [Oggersheim] [Mockethal- Zatzschke] Ravensbrück: 09.09.1942	Befreit April 1945 in Lohmen nach Flucht bei Fliegerangriff bei Mockethal-Zatzschke Barch B 162 – 16326 VP 05.02.1970 ITS 129643263
62581 RD polit.	Barth Martha	12.12.1912 Leipzig	**Schicksal ungeklärt** Standesamtliche Anfrage unbeantwortet
62582 POL Z.A.	Bednarek Helene [>Helena Wisniewska] RavNo.: 14783	07.08.1920 Zalesie [Salesch]	Befreit 1945 Ort unbekannt ITS TD 1014802 „Transport vom 19.1.1945 nach Angriff flüchtig“ ITS 1.1.47.1 / 5174283
62583 RUS Z.A.	Bereschnaja Alexandra	29.12.1924 Lwow {29.12.1924 Lwow}	**Schicksal ungeklärt** „Transport vom 19.1.1945 nach Angriff flüchtig“ ITS 1.1.47.1 / 5174283
62584 Stls. Zig.	Berger Helena [>Berta] [Österreich]	02.08.1921 Jeitendorf [St. Pölten] [02.08.1924] [St. Pölten]	**Schicksal ungeklärt** 20.2./3.3.45 geflüchtet Gefangen genommen in Freiberg / Kripo Erneut geflüchtet
62585 RD polit.	Behrend Elsbeth	31.07.1925 Sandkrug	**Schicksal ungeklärt** Standesamtliche Anfrage unbeantwortet
62586 RUS Z.A.	Belitsch Schura	23.12.1925 …darnaja (?) Udarnaja (?)	**Schicksal ungeklärt**
62587 RD Aso.	Beyer Johanna RavNo.: 2906 RavNo.: 41395 [rückfällig]	22.03.1913 Zedenick Ravensbrück: 08.03.1940; 07.06.1944	**Schicksal ungeklärt** ITS 129642894 ITS 129643355
62588 RD polit.	Bichler Rosa [>Rosina Hutterberger]	06.12.1922 Waidhofen [St. Georgen]	Befreit 1945 Ort unbekannt nach Luftangriff ITS TD 1112815

62589 POL polit.	Binek Helena [>Helena Purtak] RavNo.: 6908	19.08.1922 Langwege {19.08.1922 Langwege} Dep.: Dresden Ravensbrück	Befreit 1945 Ort unbekannt ITS TD 165122 „Transport vom 19.1.1945 nach Angriff flüchtig" ITS 1.1.47.1 / 5174283
62590 POL B.V.	Blaszczynska, *Dmochowska Honorata RavNo.: 10403	09.01.1902 Polizeigefängnis Litzmannstadt (Lodz) Ravensbrück: 11.04.1942	**Schicksal ungeklärt** „Transport vom 19.1.1945 nach Angriff flüchtig" ITS 1.1.47.1 / 5174283 ITS 129643057
62591 RD Aso.	Bleyer Marianne	05.08.1919 Leipzig	**Schicksal ungeklärt** Standesamtliche Anfrage unbeantwortet
62592 RD Aso.	Broda Margarethe [Margarete] RavNo.: 29359	16.07.1921 Hamburg Dep.: Hamburg Ravensbrück:02/44	Befreit 1945 Ort unbekannt PWR: Hamburg ITS TD 702922
62593 RUS Z.A.	Bolucksawa Olga	06.07.1923 Nowosibirsk	**Schicksal ungeklärt**
62594 RUS Z.A.	Bombirowa Antonia	17.04.1923Kertich [Kertsch] {17.04.1923 Kartsch}	**Schicksal ungeklärt** „Transport vom 19.1.1945 nach Angriff flüchtig" ITS 1.1.47.1 / 5174283
62595 RD polit.	Böhm Berta RavNo.: 5841/6498	28.02.1903 Salzburg Ravensbrück 1941, 21.02.1942 bis 04.04.1942 im Polizeigefängnis Salzburg	**Schicksal ungeklärt** ITS 129642998 ITS 129643036
62596 RD B.V.	Bohne Martha	23.05.1916 Dessau	**Schicksal ungeklärt** Standesamtliche Anfrage unbeantwortet
62597 RUS polit.	Bondarenko Jelena	28.05.1924 Rowinki {25.03.1922 Woroschilograd}	**Schicksal ungeklärt** „Transport vom 19.1.1945 nach Angriff flüchtig" ITS 1.1.47.1 / 5174283

62598 RD Aso.	Braun Hedwig	07.12.1917 Hagen	**Schicksal ungeklärt** Standesamtliche Anfrage ergebnislos
62599 RD polit.	Buchal[l]a, *Milerski Anna[Anna Pauline]	08.03.1907Altdorf Kreis Pless	Befreit 1945 Ort unbekannt PWR: Rheine
62600 POL B.V.	Burchard *Malajec Stefania [>Stefania Radomska] RavNo.: 7680	30.03.1906 Tomaszow M. [13.03.1906] Dep.: Gerichts- gefängnis Petrikau bis 03.08.1941	Befreit 1945 Ort unbekannt ITS TD 984642 „Transport vom 19.1.1945 nach Angriff flüchtig“ ITS 1.1.47.1 / 5174283
62601 RD Aso.	Busskönning [Bußkönning] Gertrud	01.05.1914 Rheche(?) Reken ? [Kreis Borken]	**Schicksal ungeklärt**
62602 LAT polit.	Chomjuck Wella{Welta}	11.06.1919 Wolmar {11.07.1919 Walmera}	**Schicksal ungeklärt** „Transport vom 19.1.1945 nach Angriff flüchtig“ ITS 1.1.47.1 / 5174283
62603 Stls. Zig.	Christ Veronika RavNo.: 13701? [*17.03.1907]	17.05.1907 18.05.1907 5/1907 [06.05.1907] Stadelhofen [Oberfranken] Ravensbrück: [09.09.1942 ?]	Befreit 1945, 20.02.45 NB: 3.3.45 geflüchtet Gefangen genommen in Freiberg / Kripo Erneut geflüchtet ITS 129643263; starb 24.12.1954 Nürnberg
62604 POL Z.A.	Ciezka {Zieska} Stanislawa	16.04.1923 Kotow {16.04.1923 Kotau}	**Schicksal ungeklärt** „Transport vom 19.1.1945 nach Angriff flüchtig“ ITS 1.1.47.1 / 5174283
62605 RD polit.	Diege Käthe	29.10.1912 Weissenfels	**Schicksal ungeklärt** Standesamtliche Anfrage unbeantwortet
62606 RD B.V.	Disztinger, *Hlumsky Anna [>Biergl] RavNo.: 12529	29.07.1919 Wien Ravensbrück: 18.07.1942	Befreit 1945 Ort unbekannt; ITS 129643195, Pfarrei
62607 RUS Z.A.	Djumowa {Djukowa} Anna	23.11.1928 Kalyschin {23.11.1922 Omsk}	**Schicksal ungeklärt** „Transport vom 19.1.1945 nach Angriff flüchtig“ ITS 1.1.47.1 / 5174283

62608 **RD** **polit.**	Dombrower Helena	12.03.1900 Labischin [Polizeigefängnis Litzmannstadt ?]	**Schicksal ungeklärt** =Łabiszyn/Polen
62609 **RD** **Aso.**	Dyck Ida	29.10.1918 Bukowitz	**Schicksal ungeklärt**
62610 **POL** **Z.A.**	Dymek Antonia{Antonie}	04.03.1922 Balicach [Balice] {04.03.1922 Krakau} [04.03.1922 Aleksandrowice] „Alesadrowice" sic! Hausangestellte 1943 in Dienheim Göringstr. 7 ; Stadt Krankenhaus Mainz 20.01. bis 22.02.1943	**Schicksal ungeklärt** „Transport vom 19.1.1945 nach Angriff flüchtig" ITS 1.1.47.1 / 5174283 ITS 70816593 ITS 70816674
62611 **RD** **polit.**	End, *Koch Else [>Oberstrass] RavNo.: 17109	04.12.1918 Creidlitz Dep.: Ravensbrück 20.02.1943	Befreit 1945 Ort unbekannt ITS TD 410140
62612 **BEL** **Aso.**	Engelbeen, *Pradella Bertha RavNo.: 7518 1778? [Ausländerin]	24.05.1912 Oberhausen [Oberhausen- Sterkrade] Dep.: Sterkrade	Befreit Mai 1945 in Radeberg (Radebeul) PWR: St. Georges Belgien ITS TD 156725
62613 **Stls.** **Aso.**	Ernst Muschla	02.08.1906 Schidlitz [bei Danzig?]	**Schicksal ungeklärt**
62614 **RD** **polit.**	Etterer Martha RavNo.: 12532	10.06.1921 München [18.07.1942]	**Schicksal ungeklärt** Anfrage unbeantwortet ITS 129643195
62615 **RD** **Aso.**	Falkenberg Alwine RavNo.: 5679/2693	27.10.1903 Düsseldorf [08.03.1941]	**Schicksal ungeklärt** Anfrage unbeantwortet ITS 129642985
62616 **RD** **Zig.**	Fels, *Berger Maria RavNo.: 9891/402 [wegen „Zugehörigkeit zur Zigeunerrasse"]	19.02.1902 Kollersberg [St. Pölten] Dep.: Ravensbrück: „01/42"/21.03.1942	Befreit 1945 Ort unbekannt ITS TD 839593 ITS 129643026

62617 RD Aso.	Fiedler *Leinweber Erna	29.12.1915 Bochum-Harpen „Bochum-Halpen“	Befreit 1945 Ort unbekannt; starb 17.05.2001 in Herne Standesamt Bochum
62618 POL Sch.H.	Filanowska Agnes [Agnieszka]	20.11.1916 Bosokow {11.03.1920 Suchaczew}	**Schicksal ungeklärt** „Transport vom 19.1.1945 nach Angriff flüchtig“ ITS 1.1.47.1 / 5174283
62619 RUS Z.A.	Fokanowa Diana [Dina Fokanow] RavNo.: 12305 [>Muchina] [Nina Sawwitschna]	10.09.1926 Stalino {Donpass} Dep.: Magdeburg 1942	Befreit 1945 Ort unbekannt; Am 13. Mai 1955 von der Mutter Maria Tschernoglasow [Kostina] gesucht [Argentinien] ITS TD „Transport vom 19.1.1945 nach Angriff flüchtig“ ITS 1.1.47.1 / 5174283
62620 POL Z.A.	Fortunska Johanna	02.01.1923 Gabin {02.01.1923 Gombin}	**Schicksal ungeklärt** „Transport vom 19.1.1945 nach Angriff flüchtig“ ITS 1.1.47.1 / 5174283
62621 CZE polit.	Fried Georgina	19.05.1923 Prag	**Schicksal ungeklärt**
62622 RD polit.	Friedrich *Schwirch Angela [Aniela] RavNo.: 2660	20.12.1901 Czeladz Dep.: Attendorn Dortmund Gestapo-Gefängnis Ravensbrück: 18.01.1940	Am 02.05.1945 in Kiel entlassen AEL Kiel-Russee ITS TD 317597 ITS 129642877
62623 RD BV. (?!)	Gabrecht Ingeborg [>Hoffmann] [Diete] RavNo.: 25857	13.12.1921 Stettin	Befreit 1945 Ort unbekannt ITS TD 945822
62624 RUS Z.A.	Gasai Jekaterina	12.01.1914 Mala Rybitsa [=Mala Rybytsya?]	**Schicksal ungeklärt**

62625 **POL** **Z.A.**	Gawlak Stanislawa [>Rudzak] RavNo.: 32623	09.09.1923 Chabilize {15.09.1923 Chabielice} Ravensbrück: 22.03.1944	Befreit 1945 in Pirna „abgestellt nach Lager Zatschke b/Pirna, Auffanglg. d.KZ-Lagers Flössenburg am 20.2.1945“ ITS 1.1.47.1 / 5174285
62626 **RD** **Aso.**	Gnass, [*Oppermann] Frieda RavNo.: 29981	26.05.1916 Ebenhausen Ravensbrück: 03.03.1944	**Schicksal ungeklärt** Standesamtliche Anfrage unbeantwortet ITS 3769651
62627 **RD** **a.W.** **polit.**	Gniosdors [Gniosdorz] Hildegard	12.01.1916	**Schicksal ungeklärt**
62628 **POL** **Z.A.**	Goc Regina	07.09.1922 Bielsk	**Schicksal ungeklärt**
62629 **RD** **Aso.**	Görres, *Schött Ottilie RavNo.: 3142	14.04.1906 Gummersbach [13.04.1940]	Befreit 1945 unbekannt starb 14.08.1975 Wiehl ITS 129642909
62630 **RD** **polit.**	Goldkuhle Katherina RavNo.: 13476	03.02.1921 Ennigerloh [29.08.1942] [Verkehr mit Polen]	Befreit 1945 Ort unbekannt; starb 2018 Mönchengladbach ITS 129643250
62631 **RUS** **Z.A.**	Golobewa Klara	16.08.1922 Stakanowa {16.08.1922 Stichigry}	**Schicksal ungeklärt** „Transport vom 19.1.1945 nach Angriff flüchtig“ ITS 1.1.47.1 / 5174283
62632 **RD** **Aso.**	Gräser Liesbeth [Martha Lisbeth]	08.07.1918 Chemnitz	Befreit 1945 Ort unbekannt; starb 07.02.1976 Erlabrunn
62633 **RD** **Aso.**	Gräfling [„Grafling“] *Kastel Elisabeth	21.08.1922 Neubrandenburg	Befreit 1945 Ort unbekannt, starb 27.10.2002 Hagenow
62634 **RD** **polit.**	Grascha Matilde *Grunenberg RavNo.: 2500	28.08.1899 Berlin Ravensbrück: 07.12.1939	Befreit 1945 in Pirna [Zatzschke] ITS 129642863
62635 **RD** **polit.**	Grott, *Sieben Margarete RavNo.: 5576/1009	29.12.1917 Bonn [22.02.1941]	Befreit 1945, starb 06.01.1976 in Stolberg ITS 129642978
62636 **RD** **polit.**	Grundmann Lotte	29.08.1923 Stralsund	**Schicksal ungeklärt** Standesamtliche Anfrage unbeantwortet

62637 **RD** **Aso.**	Hagemann Elise *Stoß [Stohs] RavNo.: 5272/4638 RavNo.: 10597	11.10.1910 Hamburg Wandsbeck (?) [14.12.1940] [25.04.1942]	**Schicksal ungeklärt** Anfrage unbeantwortet St.Amt HH Wandsbek ITS 129642958 ITS 129643064
62638 **RD** **B.V.**	Hana Johanna	21.04.1905 Hürth ?	**Schicksal ungeklärt** Standesamtliche Anfrage unbeantwortet
62639 **RD** **polit.**	Hasenedl Juliana [>Hirmann]	12.03.1920 Muggendorf Dep.: Graz, Wien, u.a. Regensburg	Befreit 1945 Ort unbekannt ITS TD 477510
62640 **RD** **Aso.**	Hasselbrino Charlotte	12.02.1915 Hamburg	**Schicksal ungeklärt** Anfrage unbeantwortet St.Amt HH Wandsbek
62641 **RD** **polit.**	Hatzl [‚Hatzel'‌] *Grinschel Maria	26.12.1913 Grabenwarth Dep.: Grabenwarth	Befreit 1945 Ort unbekannt PWR: Steiermark
62642 **RD** **polit.**	Hauswirth, *Karpiczek Maria [kommunistische Betätigung] RavNo.: 3015/2241	08.12.1904 Wien Dep.: Wien Ravensbrück: 06.04.1940	Befreit April 1945 Ort unbekannt Foto Wiener Stadt- und Landesarchiv vgl.DÖW ITS 129642902
62643 **RD** **polit.**	Heibeck Erna	04.03.1919 Tengen	**Schicksal ungeklärt** Standesamtliche Anfrage unbeantwortet
62644 **RD** **polit.**	Heinisch Elsa	30.10.1919 Heinersdorf	**Schicksal ungeklärt** Anfrage unbeantwortet Standesamt Berlin
62645 **RD** **polit.**	Hergeth, *Skwor Maria B: Kinderpflegerin B: Hausfrau RavNo.: 32865	11.07.1905 Aussig Ravensbrück: 23.03.1944	**Starb am 22.02.1945** **in Arnsdorf** **[wahrscheinlich im** **Krankenhaus infolge** **des Luftangriffes]** ITS TD 694766
62646 **RD** **BV**	Hirsch Babette [Barbara]	13.12.1918 Hösbach [Bayern]	Befreit 1945 Ort unbekannt; starb: 03.02.05 Waldaschaff
62647 **RD** **Aso.**	Hoffmann Maria	22.05.1918 Kassel	**Schicksal ungeklärt** Standesamtliche Anfrage unbeantwortet
62648 **ROM** **polit.**	Holderbaum Gisela	31.05.1925 Gora-Humora [=Gura Humorului]	**Schicksal ungeklärt**

62649 **Staatl.** **Zig.**	Horvath Theresia [>Pfeiffer] F. Schwester v. 62460 RavNo.: 1846 BuNo.: RavNo.:	23.06.1922 Spitzzicken Dep.: Markt Allhau Ravensbrück: 29.06.1939	Befreit 1945 Pirna (?) PWR: Burgenland ITS TD 320164 ITS 129642815
62650 **RD** **Zig.**	Horvath [Horwath] Barbara RavNo.: 1597 BuNo.: 28417 AuNo.: ? RavNo.: neu ?	24.08.1904 Neudorf [28.08.1904] Dep.: Markt St. Martin Kripo Wien 29.06.1939 Ravensbrück, Schlieben, Altenburg, Taucha, Auschwitz:25.10.44 Ravensbrück	Befreit 1945 Ort unbekannt ITS TD 306177 ITS 129642807 ITS 7594051
62651 **RUS** **Z.A.**	Hrynienko Maria	11.12.1925 Polana {06.10.1925 Kursk}	**Schicksal ungeklärt** „Transport vom 19.1.1945 nach Angriff flüchtig“ ITS 1.1.47.1 / 5174283
62652 **RD** **Aso.**	Hüttner Käthe RavNo.: 1199	05.05.1913Görlitz Dep.: Dresden Ravensbrück: 06.01.1939	Befreit 1945 Ort unbekannt ITS TD 1133099 ITS 129642778
62653 **RUS** **Z.A.**	Jazenko Klawdia {Klawdija} RavNo.: 17962	20.02.1922 Kiew Dep.:Frankfurt a.M. Merz-Werke	**Schicksal ungeklärt** „Wurde am 29.1.43 wegen kommunisti- scher Propaganda im Ausländerlager der Merz-Werke festgenommen und wird in ein KZ eingewiesen“ ITS TD 1089931 „Transport vom 19.1.1945 nach Angriff flüchtig“ ITS 1.1.47.1 / 5174283
62654 **RUS** **Z.A.**	Iwanowa Elisabeth	??.??.1926 Rostow	**Schicksal ungeklärt**

62655 **RUS** **Z.A.**	Jastreba Nadja	20.05.1919 Juskowze/Juskowzy [20.04.1919]	**Schicksal ungeklärt** ITS 70945065
62656 **ITA** **polit.** **{SLV}**	Javanovia {Ivanova} Stanko {Maria} {Slovenin}	09.06.1922 Mailand {09.06.1922 Milano}	**Schicksal ungeklärt** „abgestellt nach Lager Zatschke b/Pirna, Auffanglg. d.KZ-Lagers Flössenburg am 20.2.1945" ITS 1.1.47.1 / 5174285
62657 **RD** **polit.**	John Lilia (Liane) *Paskowsky RavNo.: 10949	05.02.1904 Odessa (?)	**Schicksal ungeklärt** ITS 12075522 ITS 129643091
Überstellung medizinischen Personals aus Neu Rohlau vom 28.01.1945			
58297 **POL** **Z.A.**	Potoczna, Karolina [>Karolina Oles] B: - AuNo.: **18603** RavNo.:	02.09.1920 Jasien [11.02.1920 Jessen] {02.11.1920 Ustrzyki} Dep.: Utrzyki Dolno, Sanik, Tarnow, Krakow Auschwitz: 29.08.1942 Ravensbrück: Flossenbürg: 22.10.1944/ 2.11.44 **Neu Rohlau: 21.11.1944** Dresden: 28.01.45	Befreit 1945 Ort unbekannt; ITS TD 1010066 Auschwitz Museum: Foto [Erkennungsdienst] „eingetroffen am 22.11.1944" „abgestellt nach Lager Zatschke am 20.2.1945" ITS 1.1.47.1 / 5174281
58300 **FRA** **polit.**	Thabut [Thaubt], *Ferre Marie [>Solange Arlet-Seraphine] B: Krankenschwester RavNo.: 35302	08.06.1913 Ancenis Dep.: Romainville Ravensbrück: 22.04.1944 Flossenbürg: 22.10.1944/ 2.11.44 **Neu Rohlau: 21.11.1944**	Befreit 1945 Ort unbekannt; ITS TD 180605 „eingetroffen am 4.11.1944" „ab 14.2.45 nach Angriff flüchtig" ITS 1.1.47.1 / 5174282

<table>
<tr><td colspan="4">Einzelüberstellung einer Ärztin</td></tr>
<tr><td>59945
POL
Z.A.</td><td>Dr. med Kosziuszko,
[Kosziuszkowa]
*Aydukiewicz
Janina
B: Kinderärztin
AuNo.: 36319
[Revierärztin]</td><td>17.05.1897
Chrzanów [Krenau]
Dep.:
Krakau: 22.02.1942
[Gef. Montelupich]
Auchwitz: 26.02.43
Flossenbürg:
23.11.1944
Neu Rohlau
Dresden: 06.02.45
Nach Luftangriff
Zatzschke b. Pirna
u. zurück nach
Dresden</td><td>Befreit 1945 in Polen
19.05.45 angekommen
nach Flucht während
der Bombardierung
Pirnas am 19.04.1945
ITS TD 947883
„eingetroffen am
20.12.1944“
„abgestellt nach Lager
Zatschke am
20.2.1945“
ITS 1.1.47.1 / 5174281</td></tr>
<tr><td colspan="4">Einzelüberstellung vom 04.11.1944 aus dem Außenlager Holleischen</td></tr>
<tr><td rowspan="2">50331
FRA
polit.</td><td>Herzberger [Herzberg],
*Huber
Elsa
Compiègne: 19746
RavNo.: 27174</td><td>03.07.1909 Zürich
Dep.:
La Celle St. Cloud
Compiègne
Ravensbrück:
31.01.1944</td><td>Befreit 1945
Ort unbekannt
ITS TD 816240
„ab 14.2.45 nach
Angriff flüchtig“
ITS 1.1.47.1 / 5174282</td></tr>
<tr><td colspan="3">„Die Inschutzhaftnahme ist nicht im Zusammenhang mit der Tatsache erfolgt, daß die Herzberger mit einem Juden verheiratet war oder weil an ihrer arischen Abstammung Zweifel bestehen. Der tatsächliche Haftgrund ist politisch-polizeilicher, nicht näher zu erörternder Natur.“

ITS 1.1.35 / 3777301</td></tr>
</table>

4.5 Archivalien

Bundesarchiv:
Barch, B 162 / 16325 ; Barch, B 162 / 16326; Barch, NS4 FL 393 Bd.2
Forderungsnachweise Nr. Flo. 660, 717, 792

International Tracing Service (ITS) – Bad Arolsen:
Bestand 1.1.8.4 ; 1.1.47.1 ; 2.2.2. ; 6.3.3.2 u.a.

National Archives and Records Administration – Washington:
NARA M-1935 Rolls 1-4
M-1204 Records of the United States Army War Crimes Trials, United States of America v. Friedrich Becker, et al., June 12, 1946-January 22, 1947

Sächsisches Staatsarchiv:
Bestand 11683 Universelle-Werke J.C. Müller & Co.

Signatur 035
"Außenlager des Konzentrationslagers Ravensbrück, Dresden Florastraße 5"

Signatur 029
"Aufstellung der Gefolgschaftsmitglieder einschließlich der Häftlinge"

4.6 Fotonachweis

Państwowe Muzeum Auschwitz-Birkenau
Archiv der Gedenkstätte bzw. des Staatsmuseums Auschwitz-Birkenau
Erkennungsdienstliche Kartei Karolina Potoczna = F1 [S.49]

Sächsisches Staatsarchiv:
Bestand 11683 Universelle-Werke J.C. Müller & Co.
Signatur 026
"Fotos vom Werk nach dem Luftangriff am 13./14. Februar 1945…"
F2 [S.150] = Bildunterschrift: "Hintere Ansicht des Werkes 1945"

Coverfoto: CC BY-SA 3.0 DE
Deutschen Fotothek: Zerstörte Gebäude und Anlagen der Verpackungs- und Zigarettenmaschinenfabrik "Universelle"

4.7 Literaturverzeichnis

Benz, Wolfgang. Distel, Barbara. Der Ort des Terrors.
Geschichte der nationalsozialistischen Konzentrationslager. Band 4
C.H.Beck Verlag. München. 2006

Brenner, Hans. Zur Rolle der Außenkommandos des KZ Flossenbürg im System der staats-monopolistischen Rüstungswirtschaft des faschistischen deutschen Imperialismus und im antifaschistischen Widerstandskampf 1942-1945. Dissertation an der Pädagogischen Hochschule. Dresden 1982

Czech, Danuta. Kalendarium der Ereignisse im KZ Auschwitz-Birkenau 1939-1945. Rowohlt. Reinbek bei Hamburg. 1989

Cziborra, Pascal. Frauen im KZ
Möglichkeiten und Grenzen der historischen Forschung
am Beispiel des KZ Flossenbürg und seiner Außenlager.
Lorbeer Verlag. Bielefeld. 2010

Cziborra, Pascal. KZ-Autobiografien. Geschichtsfälschungen zwischen Erinnerungsversagen, Selbstinszenierung und Holocaust-Propaganda.
Lorbeer Verlag. Bielefeld. 2012

Cziborra, Pascal. KZ Dresden Reick. Tödlicher Typhus
Lorbeer Verlag. Bielefeld. 2014

Cziborra, Pascal. KZ Dresden Striesen.
Das Familienlager Bernsdorf & Co. in der Schandauerstraße 68
Lorbeer Verlag. Bielefeld. 2018

Cziborra, Pascal. KZ Flossenbürg. Gedenkbuch der Frauen.
Lorbeer Verlag. Bielefeld. 2015

Cziborra, Pascal. KZ Freiberg. Geheime Schwangerschaft.
Lorbeer Verlag. Bielefeld. 2015

Cziborra, Pascal. KZ Hainichen. Beim Schwarzen Uhu.
Lorbeer Verlag. Bielefeld. 2016

Cziborra, Pascal. KZ Mockethal-Zatzschke. Dachs VII in Pirna.
Lorbeer Verlag. Bielefeld. 2015

Cziborra, Pascal. KZ Oederan. Verlorene Jugend.
Lorbeer Verlag. Bielefeld. 2021

Cziborra, Pascal. KZ Venusberg. Der verschleppte Tod.
Lorbeer Verlag. Bielefeld. 2015

Cziborra, Pascal. KZ Zschopau. Sprung in die Freiheit.
Lorbeer Verlag. Bielefeld. 2016

Häupl Waltraud. Der organisierte Massenmord an Kindern und Jugendlichen in der Ostmark 1940-1945. Gedenkdokumentation für die Opfer der NS-Euthanasie. Böhlau-Verlag. Wien 2008

Heigl, Peter. Konzentrationslager Flossenbürg. In Geschichte und Gegenwart. Bilder und Dokumente gegen das zweite Vergessen.
Mittelbayrische Verlagsgesellschaft. Regensburg. 1989

Neutzner, Matthias. Abschlussbericht der Historikerkommission zu den Luftangriffen auf Dresden zwischen dem 13. und 15. Februar 1945. 2010

Philipp, Grit. Kalendarium der Ereignisse im Frauen-Konzentrationslager Ravensbrück 1939-1945. Metropol Verlag. Berlin. 1999

Siegert, Toni. 30000 Tote mahnen! Die Geschichte des Konzentrationslagers Flossenbürg und seiner 100 Außenlager von 1938 bis 1945.
Verlag der Taubald'schen Buchhandlung. Weiden. 1987

Sprengel, Rita. Der rote Faden. Lebenserinnerungen. Ostpreußen, Weimarer Republik, Ravensbrück, DDR, Die Wende. Edition Hentrich. Berlin. 1994

Tzani, Fotini. Zwischen Karrierismus und Widerspenstigkeit – SS-Aufseherinnen im KZ Alltag. Lorbeer Verlag. Bielefeld. 2011

Weinmann, Martin. Das nationalsozialistische Lagersystem.
Zweitausendeins. Frankfurt am Main. 2001

Mahn- und Gedenkstätte Ravensbrück. Gedenkbuch
für die Opfer des Konzentrationslagers Ravensbrück 1939-1945.
Metropol Verlag. Berlin. 2005